# Kunstfibel

Henschelverlag Berlin 1989

Erika Thiel · Mechthild Frick

# KUNST FIBEL

ISBN 3-362-00148-3

# Inhaltsverzeichnis

# Die Kunst in der Frühzeit der Menschheit

50 000–8000 v. u. Z. Jungpaläolithikum. 40 000–25 000 Früheste künstlerische Darstellungen auf Steintafeln. 12 000 Malereien und Ritzzeichnungen in frankokantabrischen Höhlen. 8000–4500 Mesolithikum in Europa, Felskunst Ostspaniens. 10.–4. Jahrtausend Neolithikum im Vorderen Orient. Ab 10. Jahrtausend Bauerntum der Erstzüchtungen im Vorderen Orient. Ende 7. Jahrtausend Erste Keramik und Anfänge der Kupferbearbeitung. 5. Jahrtausend Älteste Bauernkulturen in Oberägypten. 4. Jahrtausend Tempelstädte in Südmesopotamien. 4500–1800 Neolithikum in Mittel- und Westeuropa. 1800–800 Bronzezeit in Europa. Ab 800 Eisenzeit in Europa.

## Die Geburt der Kunst in der Eiszeit

Die Geschichte der Kunst ist etwa 40 000 Jahre alt. Das scheint eine sehr lange Zeit zu sein. Doch die drei Millionen Jahre zurückreichende Menschheitsgeschichte läßt ermessen, welche gewaltige Entwicklung der Mensch durchlaufen mußte, ehe er erste Kunstwerke hervorbringen konnte. Seine prometheischen Taten waren zunächst die Benutzung von Werkzeugen und die Bändigung des Feuers. Die ersten Geräte dürften Steine, Stöcke und die Knochen erlegter Tiere gewesen sein. Wirkliche Werkzeuge entstanden aber erst, als der Mensch die naturgegebenen Materialien seinen Zwecken gemäß zu bearbeiten begann. Er legte damit nicht nur den Grundstein für den gewaltigen Apparat unserer heutigen Technik und Zivilisation, sondern auch für die Entfaltung der Kultur. Seit der Mensch seine schöpferischen Kräfte erkannt hatte, ruhte er nicht, durch seine Arbeit die natürliche immer mehr in eine »menschliche« Umwelt zu verwandeln. Die Entwicklung der Werkzeuge zeigt, mit welcher Zielstrebigkeit er dabei vorging, wie aus ältesten, grob behauenen Faustkeilen, die als Universalgeräte dienten, immer differenziertere und damit leistungsfähigere Werkzeuge entstanden, und wie der Mensch mit ihrer Hilfe immer mehr Macht über die Natur gewann.

Dennoch mußten nach der Herstellung erster Werkzeuge noch nahezu eine Million Jahre vergehen, ehe sich die Kunst am Ende der letzten Eiszeit entfaltete und ihre erste Blüte erlebte. Erst jetzt war die Existenzgrundlage des Menschen offenbar soweit gesichert, daß er geistige Bedürfnisse entwickeln und Kunstwerke hervorbringen konnte. Die Vervollkommnung der Werkzeuge, durch welche sich der Jetztmensch gegenüber dem Neandertaler auszeichnete, ließ größere und dauerhaftere Gemeinschaften, erfolgreichere Jagdmethoden und folglich größere Lebensmittelreserven entstehen. Aus zuvor im lockeren Sippenverband lebenden Hordenmitgliedern wurden »gesellschaftliche« Menschen, die eine gemeinsame »Weltanschauung« zusammenschloß und die eines Verständigungsmittels bedurften, das ihnen das für das Wohl der Gemeinschaft notwendige praktische und geistige Wissen vermittelte.

Die Kunst am Anfang ihrer Entwicklung ist nicht mit dem heutigen Begriff von Kunst zu charakterisieren. Sie war noch ein untrennbarer Teil des gesamten Lebensprozesses des Kollektivs und erfüllte in dieser frühen Zeit viele jener Funktionen, die später von Religion, Wissenschaft und Schrift übernommen wurden. Sie diente dem Kult, vor allem der Magie, sollte durch das künstlerische Abbild wichtige materielle und geistige Erfahrungen und Erkenntnisse weitergeben und Gefühle und Ideen in anschaulicher Form ausdrücken.

Kult und Magie sind älter als die Kunst. Schon der Neandertaler hat vor etwa 60 000 Jahren seine Toten kultisch bestattet, ihnen Waffen, Werkzeuge und Wegzehrung mitgegeben und offenbar bereits an ein Weiterleben nach dem Tode geglaubt. Die Toten wurden mit einer Schicht roten Ockers bedeckt, der Farbe des Blutes und des Lebens. Auch der Tierkult führt bis in die Zeit des Neandertalers zurück. Es fanden sich Teilbestattungen des Höhlenbären, vor allem seines Schädels, an geschützten Stellen in Höhlen und in Steinkisten. Diesem Kult lag vermutlich

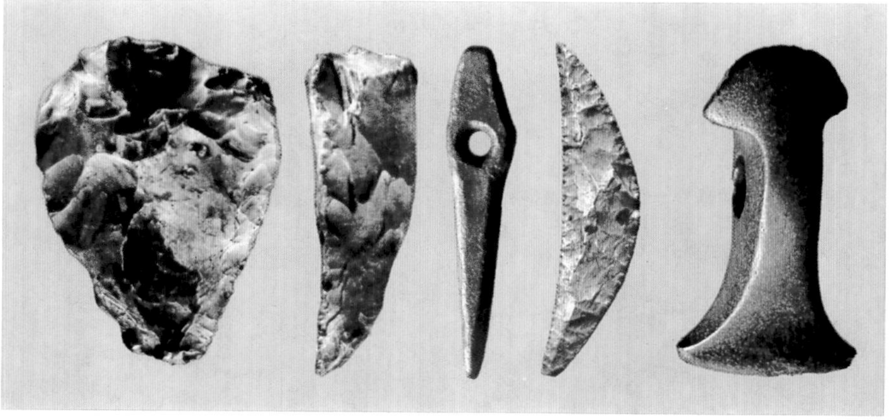

1 Entwicklung der Werkzeuge von grob behauenen Steinen der Altsteinzeit bis zu differenzierten Arbeitsinstrumenten der Jungsteinzeit: Faustkeil und Schaber. Altsteinzeit; Geröllhaue. Ausgehende Mittelsteinzeit; Messer und Doppelaxt. Jungsteinzeit. Halle, Landesmuseum für Vorgeschichte

1

2

der Wunsch nach Wiederbelebung und Versöhnung der getöteten Tiere zugrunde.
Auch die Wurzeln der Kunst reichen weiter als bis in die späte Eiszeit zurück. Schon bei der Herstellung der Werkzeuge dürfte der Mensch die zweckmäßigste als die vollkommenste Form angesehen und damit ein ästhetisches Empfinden entwickelt haben. Die rote Farbe, die der Neandertaler beim Totenkult benutzte, wird er als Farbe des Lebens zugleich als die »schönste« empfunden haben. In der Frühzeit des Menschen wurden viele Kunstwerke sicher auch aus vergänglichen Materialien hergestellt, vor allem aus Holz, das ja heute noch in der Kunst der Naturvölker eine große Rolle spielt. Der Fund eines Speers aus Eibenholz mit scharfer, im Feuer gehärteter Spitze, mit dem bereits vor 150000 Jahren ein Elefant erlegt worden war, beweist, daß der Mensch schon in dieser Zeit Holz zu präparieren und kunstvoll zu bearbeiten verstand. Lange vor dem Entstehen von Plastik und Malerei dürften außerdem Tanz und Gesang in Verbindung mit Masken, Tier- und Tarnverkleidungen beim Kult als künstlerische Mittel eingesetzt worden sein.
Da der Neandertaler seine Toten in oft kunstvoll geschlagenen Höhlen bestattete, gehen die allerersten Anfänge der Architektur ebenfalls bis in diese Zeit zurück. Kulträume, in denen sich Menschen zu feierlichen Zeremonien zusammenfanden, wurden jedoch offenbar erst vom Homo sapiens gestaltet. Das sind die weltbekannten Höhlen in Frankreich und Spanien, jene »Kathedralen der Eiszeit«, die mit mehreren tausend Malereien, Ritzzeichnungen und Flachreliefs ausgestattet sind. Während diese Heiligtümer meist an den unzugänglichsten Stellen tief im Innern der Höhlen liegen, wurden für Wohnzwecke nur die Höhleneingänge benutzt, bevorzugt die nach Süden geöffneten, die man durch Baumstämme und Felle nach außen abschloß. Die Wohnfläche war bereits in mehrere Räume unterteilt und bisweilen gepflastert. Spuren von Rotfärbung mit Hämatit, die auf dem Boden und an der Decke mancher Höhlen gefunden wurden, lassen erkennen, daß der Mensch auch in seinem Wohnbereich bereits ästhetische Bedürfnisse besaß.
Entgegen früheren Annahmen wohnte der Eiszeitmensch aber nicht mehr vorwiegend in Höhlen, zumal diese ja nur in einigen Gegenden vorhanden waren. Wo es keine Höhlen gab, errichtete er Zelte oder Hütten aus Fellen, die auf ein Stangengerüst gelegt und unten mit Knochen, Steinen oder Erde beschwert wurden. Vorläufer dürften aus Zweigen gebildete Windschirme gewesen sein, mit denen sich wohl schon der Neandertaler vor den Unbilden der Witterung schützte. Die Zelte waren in den Boden eingetieft oder standen zu ebener Erde oder aber auf einem Steinsockel. Sie waren rund, oval oder auch rechteckig und maßen drei bis zwölf Meter im Durchmesser. Auch bei einigen Zelten sind Spuren gepflasterter Steinfußböden sowie der Rotfärbung erhalten.
Besondere Sorgfalt wurde auf die Errichtung dauerhafterer Winterlager verwandt. In einem solchen ist bereits eine Doppelhütte, bestehend aus einem Wohnzelt und einem durch einen Gang verbundenen Vorratszelt, nachweisbar. Auch hufeisenförmige Außenzelte, die zur Isolierung der Luft dienten, konnten rekonstruiert werden. Für die Wohnkultur des Eiszeitmenschen sprechen herdartige Feuerstellen und Funde von Lampen.
Erst vor diesem veränderten Bild, das aufgrund neuer Forschungsergebnisse von der Anpassungsfähigkeit, dem Erfindungsreichtum und dem Lebensniveau des Eiszeitmenschen gewonnen wurde, sind die großartigen Leistungen seiner Kunst und die Frage nach ihren Vorläufern verständlich. In der bildnerischen Gestaltung wird sie viel-

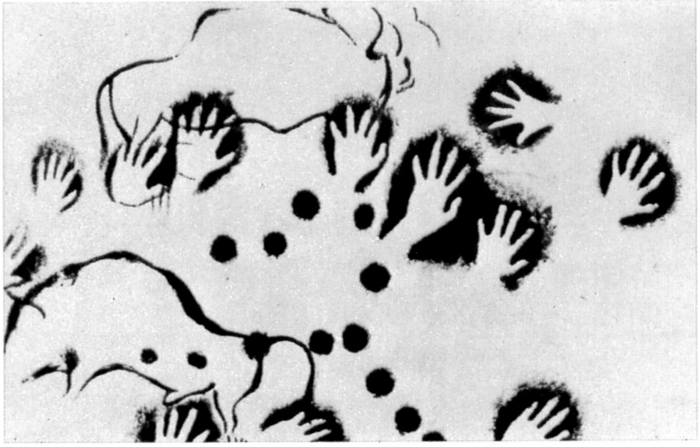

3

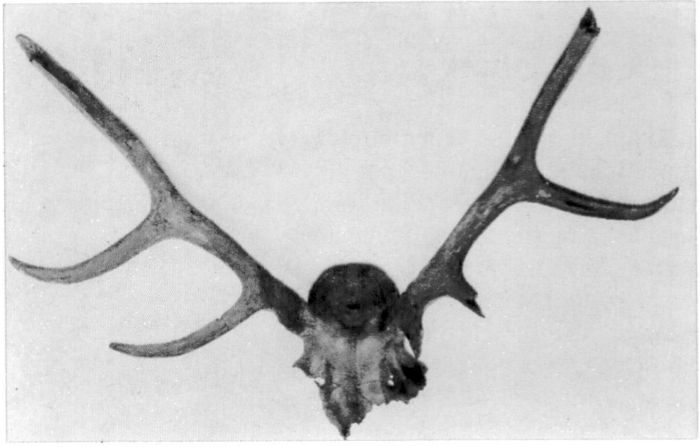

4

leicht durch jene Lehmplastiken beantwortet, die in einigen Höhlen der späten Eiszeit gefunden wurden. Daß hier ältere Kult- und Kunstformen weiterlebten, zeigt vor allem ein aus Lehm geformter Bär ohne Kopf. Da der Bärenkörper nur in groben Umrissen ausgearbeitet ist, nimmt man an, daß ihm bei kultischen Handlungen ein echter Kopf aufgesetzt – man fand einen Bärenschädel zu Füßen der Plastik – und wohl auch das Fell des Tiers übergestreift wurden. Geschoßspuren an anderen Lehmplastiken lassen erkennen, daß auch Scheintötungen vollzogen wurden, die den Erfolg der Jagd vorwegnehmen sollten. Von der Lehmplastik mit übergezogenem Fell war es nur ein Schritt zur »reinen« Kunst. Die ältesten Vollplastiken stellen allerdings in der Minderzahl Tiere dar. Das häufigste vom Atlantik bis zum Baikal zutage getretene Fundmaterial sind nur wenige Zentimeter große, mit geringen Ausnahmen unbekleidete Frauenstatuetten, meist mit auffallend starkem Fettansatz und übermäßiger Betonung der Geschlechtsmerkmale, wohingegen Arme, Beine und Kopf vernachlässigt oder verkümmert sind. Diese Statuetten aus Knochen, Elfenbein, Geweih, Stein und Mergel zeigen zum Teil Spuren roter Bemalung. Neben naturnahen Plastiken gibt es stark stilisierte weibliche Statuetten. Naturalistische und abstrakte Gestaltungen existierten also von Anfang an nebeneinander, was wahrscheinlich auf unterschiedliche Inhalte und Verwendungszwecke hinweist. Hinzu kommt, daß sich in dem Zeitraum von 20000 bis 25000 Jahren, in dem solche Bildwerke entstanden, zusammen mit den wirtschaftlichen und sozialen Verhältnissen auch die Bedeutung der Kunstwerke und ihre Darstellungs- und Sehweise verändert haben müssen. Dennoch trifft wohl generell zu, daß diese Frauenstatuetten mit der mutterrechtlichen Organisation der Sippe zusammenhingen. Es ist möglich, daß man im Sinnbild der Mutterschaft eine Ahn- und Stammesmutter verehrte, die dann nach der Entstehung des Ackerbaus mit der »großen Mutter«, der Urmutter allen Lebens, in den Mittelpunkt des Kults rücken sollte. Viele Statuetten waren in Kultnischen oder Gruben bei den Herdstellen der Behausungen aufgestellt. Andere Deutungen bringen sie mit dem Totenkult in Verbindung und sehen in ihnen nach schamanischen Vorstellungen Behälter für die Seelen der Verstorbenen. Bildwerke, die an den Füßen gelocht sind, mögen als Amulett getragen worden sein. Einige Frauenstatuetten, die eine Fellkleidung mit Tierschwanz tragen, lassen vermuten, daß die Frauen auch aktiv am Kult teilgenommen haben. Die Haartrachten, die im Vergleich zu den stark vernachlässigten Gesichtszügen auffallend vielfältig und genau gekennzeichnet sind, könnten Sippenabzeichen gewesen sein.

5

6

Neben den Frauenstatuetten ist die Zahl der männlichen Figuren verschwindend gering. Häufiger treten jedoch geschlechtslose und Mischwesen aus Mensch und Tier auf, die ebenfalls mit dem Kult in Verbindung zu bringen sind. Die künstlerische Reife vieler Tierdarstellungen deutet darauf hin, daß ihnen Vorläufer in Holz vorangegangen sind. Sie finden sich vor allem an Geräten, die – wie die Speerschleudern und Lochstäbe – einen besonderen Gebrauchswert oder kultischen Rang hatten; Haltung und Körperumriß der Tiere sind in bewundernswürdiger Weise der naturgegebenen Form des aus Geweihknochen oder Elfenbein bestehenden Materials angepaßt.

Die aufsehenerregendste Kunst der Eiszeit ist die Felsbild-

7

2 Wildpferd mit Einschußlöchern. Lehmzeichnung in der Höhle von Montespan (Frankreich). 12000 v. u. Z.

3 Handnegative an einer Höhlenwand von El Castillo (Spanien). 35000–25000 v. u. Z.

4 Maske aus einem Hirschschädel. Gefunden in Berlin-Biesdorf. 7. Jh. v. u. Z. Berlin, Märkisches Museum

5, 6 Weibliche Idolplastiken der Altsteinzeit: Venus von Willendorf. 25000 v. u. Z. Wien, Naturhistorisches Museum; Stilisierte Venusfigur in Form einer Gabel. Aus Dolní Věstonice (ČSSR). 25000 v. u. Z.

7 Frauenkopf aus Elfenbein. Aus der Grotte Du Pape bei Brassempouy (Frankreich). 25000–20000 v. u. Z. St.-Germain-en Laye, Museum der Nationalen Altertümer

8

kunst in den Höhlen auf französischem und spanischem Boden. In jüngster Zeit wurden auch im südlichen Ural und in Höhlen der Türkei Felsbilder entdeckt. Es handelt sich um Flachreliefs, Ritzzeichnungen oder Malereien in roter, gelber, weißer, brauner und schwarzer Farbe, die aus Eisenoxyden und Knochen- oder Holzkohle gewonnen wurde. Die bekanntesten und am reichsten ausgestatteten Höhlen sind Altamira in Nordspanien, Les Trois Frères in den Pyrenäen und Les Combarelles, Font-de-Gaume und Lascaux im Périgord (Frankreich). Dargestellt ist vor allem das große Jagdwild: Pferd, Bison, Mammut, Ren, Rind, Hirsch und Steinbock. Die Tiere sind so erstaunlich naturgetreu wiedergegeben, daß sie geradezu »modern« anmuten und man bei der Entdeckung der ersten Höhlenmalereien an Fälschungen glaubte. Die Felsbilder zeigen große Lebendigkeit und Ausdruckskraft. In dem Bemühen um Plastizität und Räumlichkeit wurden die natürlichen Unebenheiten des Gesteins genutzt. Allerdings sind die einzelnen Tiere nur in den seltensten Fällen zu einer szenischen Darstellung verbunden.

Auf die Frage nach den Vorstufen beziehungsweise Anfängen der Höhlenkunst verweist die Forschung meist auf die ebenfalls in den Höhlen vorhandenen Handabdrücke oder Handsilhouetten sowie Fingerabdrücke in Lehm. Auch glaubt man, daß mit den mit Fingern gezogenen wellenförmigen Linien, die in den ältesten Schichten der Höhlen entdeckt wurden, vielleicht die Kratzspuren des Höhlenbären nachgeahmt wurden. Als nächste Entwicklungsstufe gelten bandartige, ebenfalls noch mit den Fingern gezogene Umrißlinien von Tieren und weiblichen Gestalten, deren zunächst sehr unbeholfene und schematisierende Darstellungsweise schließlich bereits lebensnahen Umrißzeichnungen weicht. Spätere Bilder geben die Tiere in Bewegung wieder, durch Binnenzeichnung sind charakteristische Merkmale betont und wird sogar die Beschaffenheit des Fells veranschaulicht.

Da die Tiere dem Menschen die Rohstoffe für Nahrung, Kleidung, Wohnung und viele seiner Geräte lieferten, war ihre genaue Kenntnis für den steinzeitlichen Jäger eine Lebensnotwendigkeit, weshalb die meisten Tiere weit realistischer als die Menschen dargestellt sind. Auch der Inhalt dieser oft an unzugänglichen Stellen der Höhlen angebrachten Malereien und Ritzzeichnungen ist mit der Jagd und Fruchtbarkeit der Tiere in Verbindung zu bringen. Sie dienten dem Zweck, die Tiere durch Analogiezauber magisch herbeizurufen, sie festzubannen oder zu ihrer Vermehrung beizutragen. Wie manche Plastiken zeigen auch einige Bilder Spuren von Beschuß und Einstichen, oder Speere und Pfeile sind in die Körper eingezeichnet. Auch trächtige oder sich paarende Tiere treten auf. Da die ver-

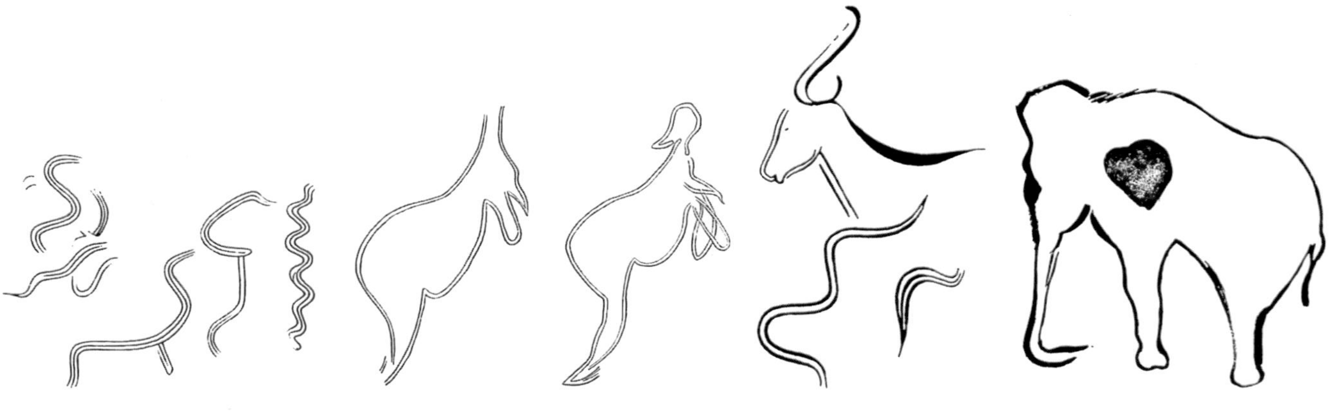

9

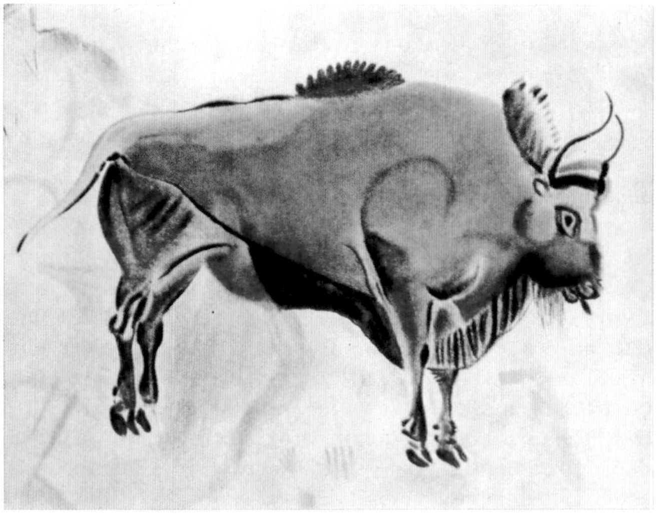

10

11

meintliche Wirksamkeit des Analogiezaubers auf der Ähnlichkeit des Abbilds beruht, strebte der Eiszeitmensch danach, die Tiere immer lebensnaher zu erfassen. Allerdings sind manche wichtige Details überbetont, andere dagegen vernachlässigt oder ganz weggelassen, so daß man auch hier ähnlich wie bei den Frauenstatuetten von einem gedanklich bestimmten Realismus sprechen muß.

Mit dem Jagd- und Fruchtbarkeitszauber kann der Inhalt der Eiszeitkunst allerdings nicht erschöpfend gedeutet werden. Es ist ein vielschichtiges kultisches Geschehen zu vermuten, das alle materiellen und geistigen Bereiche des Lebens umfaßte, die der Erhaltung und Stärkung der Gentilgemeinschaft dienten. Das Weltbild der eiszeitlichen Jäger läßt sich mit Hilfe der Völkerkunde zumindest annähernd erschließen. Gewisse Rückschlüsse lassen vor allem die Überlieferungen und Kulte der heutigen sibirischen Jägervölker zu. Viele der kleinen Abbildungen und auch Plastiken, die keine Zeichen des Tötens oder der Fruchtbarkeit aufweisen, könnten als »Seelenfänger« oder »Seelenbehälter« gedeutet werden. Das würde auf schamanische Vorstellungen verweisen, die sich auf den vermeintlichen Seelendualismus von Mensch und Tier gründen. Der Schamane bannt die Schattenseele der Tiere, um diese wehrlos zu machen oder den Jäger vor ihrer Rache zu schützen, und er veranlaßt sie außerdem zu einer Wiederbelebung. Auch der Totemismus, der auf der Annahme geheimnisvoller verwandtschaftlicher Beziehungen zwischen Menschen und Tiergattungen beruht, dürfte in Kult und Kunst der Eiszeit eine Rolle gespielt haben. In den halb menschlichen, halb tierischen Wesen an den Höhlenwänden könnten sich solche Vorstellungen verkörpern. Andere Deutungen wollen in diesen anthropomorphen Wesen den Schamanen selbst sehen. Die verzierten Lochstäbe und Speerschleudern könnten zu seinen Kultgeräten gehört haben. Möglicherweise handelt es sich bei dem berühmten »Zauberer« in der Höhle Les Trois Frères aber nicht mehr um einen maskierten Schamanen, sondern um einen Tiermenschen, der bereits als »höheres Wesen« angesehen wurde und damit als Vorläufer des von den späteren jungsteinzeitlichen Viehzüchtern verehrten »Herrn der Herde« gelten kann.

Die vielfältigen und unterschiedlichen Deutungsversuche lassen ermessen, welche Probleme und womöglich Überraschungen die Eiszeitkunst noch bereithält. Ungeklärt und umstritten sind die Sexualsymbole sowie die schildförmigen und gitter- oder schachbrettähnlichen Zeichen, Ovale, Dreiecke, Stäbchen und Pfeile, die auf viele Höhlenwände graviert oder gemalt sind. Letztlich aber waren alle Kunstwerke der Eiszeit Piktogramme beziehungsweise Ideogramme, die sich im Laufe der Jahrtausende durch

**8** Große Halle der Stiere in Lascaux. 14000 v. u. Z.

**9** Entwicklung der Zeichnung im Jungpaläolithikum von den ersten, noch ungegenständlichen Linien bis zur naturgetreuen Umrißführung: Mit den Fingern gezogene Linien. La Pilata (Spanien); Mit zwei Fingern gezeichnete weibliche Figuren. Pech-Merle (Frankreich); Fingerzeichnung eines Steinbocks und Umrißzeichnung eines Elefanten mit eingemaltem Herzen. Pindal-Höhle (Spanien)

**10** Bison. Wandmalerei in der Höhle von Altamira (Spanien). 12000 v. u. Z.

**11** Verwundeter Bison. Kohlezeichnung in der Niaux-Grotte (Frankreich). 12000 v. u. Z.

**12** Verwundeter Bär. Ritzzeichnung in der Höhle von Les Trois Frères (Frankreich). 12000 v. u. Z.

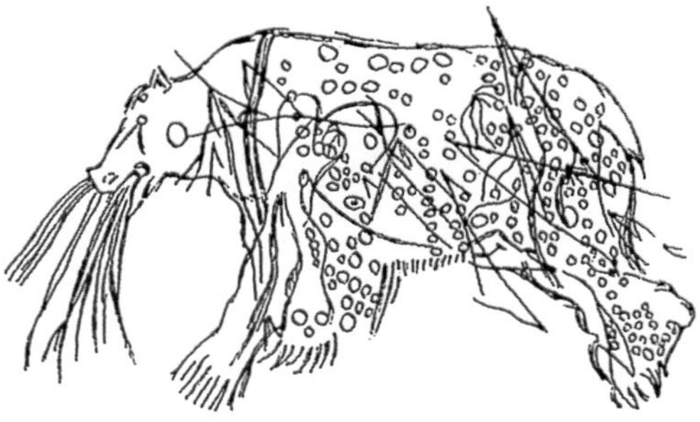

12

12

13

fortschreitende Abstraktion in Richtung auf die Schrift entwickelten. Während jedoch die um 3000 v. u. Z. entstandene Hieroglyphenschrift der Ägypter zum Wissensgut der Priester und »Schriftgelehrten« wurde, las das Volk im Grunde noch bis in das Mittelalter hinein in der »Bibel der Armen« – wie man die Wandmalereien in den Kirchen treffend genannt hat – die Bilderschrift der Eiszeit.
Schon in der Mittelsteinzeit, als seit dem 8. Jahrtausend das Klima endgültig wärmer wurde und sich in Fauna und Flora tiefgreifende Veränderungen vollzogen, begannen sich auch das Weltbild der Jäger und mit ihm Inhalte und Ausdrucksformen der Kunst zu wandeln. Der Wald, der in Europa die Tundra verdrängte, verbesserte die Lebensbedingungen für Mensch und Tier. Während das Rentier in nördlichere Zonen abwanderte, konnte das Standwild, vor allem Rothirsch und Reh, in den Wäldern heimisch werden. Außerdem begann der Fischfang für den Nahrungserwerb eine große Rolle zu spielen. Als die wildreichen Wälder und fischreichen Seen zur wichtigsten Nahrungsquelle der Menschen wurden und die Jäger nicht mehr dem ziehenden Wild zu folgen brauchten, konnten sie zu einer seßhaften Lebensweise übergehen, womit die Voraussetzungen für die ökonomische und soziale Entwicklung der nächsten Jahrtausende geschaffen waren. Die – wenn auch erst begrenzte – Seßhaftigkeit gestattete es dem Menschen schon in der Mittelsteinzeit, dauerhaftere Wohnungen zu errichten. Die Hütten der Siedlungen, die jetzt oft in Wassernähe und in geschützter Lage auf Halbinseln oder Inseln errichtet wurden, bestanden aus Holz oder Schilf und enthielten oft Feuerstellen.
Die Felskunst dieser Epoche aus den gebirgigen Gegenden Ostspaniens zeigt, wie sehr sich mit der Lebensbasis auch Kult und Kunst veränderten. Nicht mehr das Tier, sondern der Mensch steht im Mittelpunkt dieser Bilder, die in vielfigurigen, handlungs- und bewegungsreichen Kompositionen das Leben der mittelsteinzeitlichen Jäger und Sammler schildern. Bei der Jagd, die das zentrale Thema blieb, werden jedoch weniger einzelne Menschen, sondern ihre gemeinsamen Aktionen zur Sicherung der Beute dargestellt. Erstmals sind kriegerische Auseinandersetzungen zwischen Stämmen, die jetzt offensichtlich um Gebietsansprüche zu kämpfen begannen, wiedergegeben. Auch hier ist die Verdeutlichung der Zusammenhänge und der Kriegstaktik wichtiger als die Kennzeichnung einzelner Personen. Da viele dieser »Historienbilder« mehrfach übereinandergemalt wurden, nimmt man an, daß feindliche Stämme auf diese Weise ihren Anspruch auf erobertes Territorium »besiegeln« wollten. Neu sind auch episodische Szenen wie die einer Frau, die ihr Kind an der Hand führt.
Diese Bilder befinden sich nicht mehr im Innern von Höhlen, sondern an den Außenwänden der Felsen und wandten sich offensichtlich bereits an eine »breite Öffentlichkeit«. Obgleich viele der mit roter, schwarzer und gelegentlich auch weißer Farbe gemalten Menschen und Tiere kaum größer als 20 bis 40 Zentimeter sind und die größten nur 75 Zentimeter messen, sind die Anzahl der Figuren und der Umfang der Gesamtkompositionen doch erstaunlich.

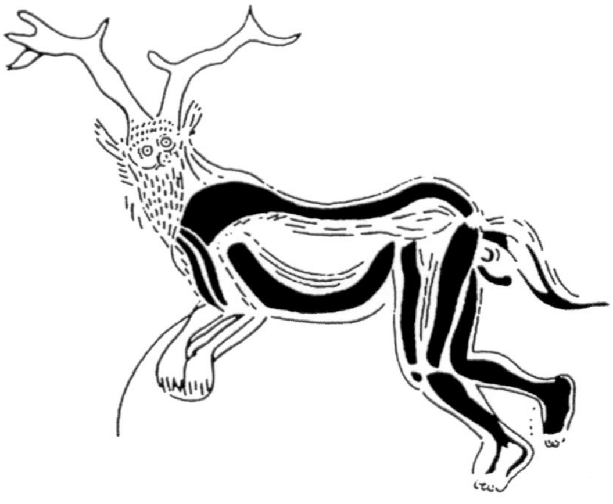

14

15
16

Auch im Stil unterscheiden sich diese Bilder von ihren eiszeitlichen Vorläufern. Sie zeigen eine zunehmende Tendenz zur Stilisierung und erreichen in manchen Fällen eine Virtuosität, wie sie nur in Spätphasen der Kunst zu finden ist. Während der lebensnahe Realismus der Eiszeitkunst verfiel, begann sich die Kunst auf ihre vielfältigeren Aufgaben im Rahmen einer entwickelten Gesellschaft, die neue kollektive Organisationsformen finden mußte, einzustellen. Dem stärker gedanklichen Inhalt entsprechend schuf sie eine abstraktere Sprache und näherte sich somit der geometrischen Kunst, die nach dem Entstehen von Akkerbau und Viehzucht die abbildhaft-realistische ablösen sollte.

In jenen Teilen der Welt, wo die Jagd weiterhin die Lebensgrundlage der Menschen darstellte, blieb die Kunst der Jäger noch lange lebendig. Als afrikanische Jäger und Sammler das damals blühende Land der Sahara besiedelten, entstanden seit dem 8. Jahrtausend an den zerklüfteten Felsen Nordafrikas eingeritzte und reliefhafte realistische Monumentalbilder von Elefanten, Rhinozerossen und Flußpferden. Auch in Norwegen und Nordosteuropa (Weißes Meer, Onegasee) hat man Zeugnisse einer Jägerkultur entdeckt, die erst in der Jungsteinzeit und dem darauf folgenden Metallzeitalter entstanden sind. Mit den sozialökonomischen Bedingungen lebten hier auch die Kunst- und Kultformen der Jägervölker fort, während in weiten Teilen der Welt Gesellschaft und Kunst bereits völlig neue Wege beschritten hatten.

Auch am Anfang der Geschichte der Kleidung und des Schmucks stand das »Naturprodukt« – Felle, Zähne, Knochen und Klauen erlegter Tiere –, standen die Magie und der Glaube an den Analogiezauber, herrschte doch auch hier die Vorstellung, daß mit dem Anlegen der Felle die Kräfte der getöteten Tiere auf den Jäger übergingen. Ursprüngliche Kleidungs- und Schmuckformen dürften in der Kulttracht der Zauberer weitergelebt haben, die schon damals – ebenso wie die heutigen Kulttrachten – »konservativ« an alten Formen festhielt, während sich in der »Mode« der späten Eiszeit die Fellverkleidung schon längst zu einer Fellkleidung gewandelt hatte. Wie in der heutigen Zeit tragen schon auf spanischen Felsmalereien aus der Steinzeit die Frauen Röcke und die Männer Jacken und Hosen.

## Die Kunst der ersten Ackerbauer und Viehzüchter



Die Entwicklung von Ackerbau und Viehzucht, durch welche der Mensch zum Produzenten von Nahrungsmitteln wurde und sich endgültig seßhaft machen konnte, gehört zu den entscheidenden Wendepunkten in der Geschichte und hatte zur Folge, daß die Menschheit innerhalb weniger Jahrtausende schneller voranschritt als zuvor in Zehntausenden von Jahren. Eine »epochemachende« Erfindung folgte der anderen: Die Töpferei, das Spinnen und Weben, Rad und Wagen, der Pflug und die Erfindung des Metallgusses sind die großen Kulturleistungen der Bauernvölker der Frühzeit. Sie schufen die Voraussetzungen dafür, daß sich Handwerk und Handel entfalten, Städte entstehen und sich schließlich jene ersten Staaten herausbilden konnten, mit denen die Geschichte der Klassengesellschaft begann.

In den letzten Jahrzehnten haben Ausgrabungen und Funde in Vorderasien das Wissen über die letzte Epoche der Urgesellschaft, die mit der Jungsteinzeit begann und bis in das Metallzeitalter reichte, wesentlich erweitert. Nachdem im von Palästina bis zum Iran reichenden Hügel- und Bergland Vorderasiens im 10. Jahrtausend zunächst Wildgetreide geerntet wurde, ging man schon gegen Ende dieses Jahrtausends in den Regenbaugebieten zur Aussaat von Getreide und zur Tierhaltung über. Bis Ende des 6. Jahrtausends vollzog sich die erste große Arbeitsteilung, bei der sich die Bodenbauer von den Hirtenstämmen trennten, welche wie die Jäger weiterhin ein Nomadenleben führten. Um die Wende zum 5. Jahrtausend begannen die Bauern ihre Anbaugebiete zu erweitern und die fruchtbaren Schwemmlandböden künstlich zu bewässern. Nachdem die Uferstreifen an den Oberläufen von Euphrat und Tigris für den Ackerbau erschlossen worden waren, setzte die Besiedlung Südmesopotamiens ein.

Die wirtschaftliche und kulturelle Überlegenheit, die Mesopotamien erlangte, führte dazu, daß auch seine Kunst auf die angrenzenden Gebiete des Irans, Palästinas und sogar bis nach Ägypten ausstrahlte, wo sich im 5. Jahrtausend Bauern aus Vorderasien im Nildelta und am Fajum-See niederließen und die ersten lokalen Ackerbaukulturen gründeten. Seit dem 5. Jahrtausend begannen Ackerbau

**13** Jagdszene. Nachzeichnung einer Felsmalerei aus der Valltorta-Schlucht bei Albocácer, Castellón (Spanien). 8 000 bis 5000 v. u. Z.

**14** Zauberer. Nachzeichnung einer Felsmalerei aus der Höhle Les Trois Frères (Frankreich). 12000 v. u. Z.

**15** Frau mit Kind. Nachzeichnung einer Felsmalerei aus Minateda (Spanien). 8000–5000 v. u. Z.

**16** Mann mit Kniehose. Nachzeichnung einer Felsmalerei aus Els Secans (Spanien). 8000–5000 v. u. Z.

**17** Rekonstruktion eines Wohnviertels in Chatal Hüyük (Anatolien). 5800 v. u. Z.

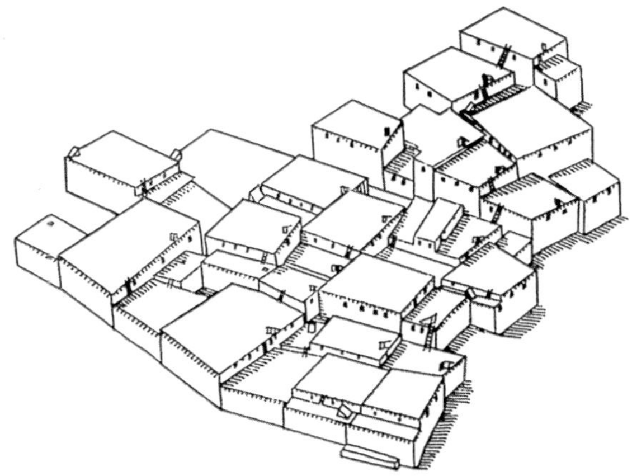

17

und Viehzucht auch nach Europa vorzudringen und seine kulturelle Entwicklung zu prägen.

Die Grabungsfunde lassen erkennen, daß die urgemeinschaftlichen Verhältnisse in den Ursprungsgebieten des Ackerbaus noch jahrtausendelang weiterlebten, ehe sich hier – wie auch in Ägypten – die ersten Hochkulturen des Altertums entwickelten. Erst im 6. Jahrtausend bildete sich eine reichere Oberschicht heraus. Siegelfunde aus dem folgenden Jahrtausend belegen, daß das Privateigentum entstanden war. Das Fundmaterial läßt bereits eine Vielzahl lokaler Kulturen und Stile unterscheiden. Da es noch keine Schrift gab, können diese aber noch nicht mit Stammes- oder Völkernamen in Verbindung gebracht werden, weshalb die Kulturen nach ihren Hauptfundorten benannt werden.

Anhand der archäologischen Funde läßt sich der Wandel der religiösen Vorstellungen und ihrer künstlerischen Ausdrucksformen verfolgen. Mit der Entwicklung des Ackerbaus erlangte die Verehrung der »großen Mutter«, die schon bei den Jägern eine Rolle spielte, wachsende Bedeutung. Denn dem fruchtbaren Schoß der Erdmutter entsproß im Frühjahr alles pflanzliche und tierische Leben, um dann in ihn zurückzukehren – ewige Wiederholung des Schöpfungsprozesses, wie er sich dem Ackerbauer in der Folge von Aussaat und Ernte darstellte. Seiner Abhängigkeit von klimatischen Bedingungen entsprang auch die Verehrung von Naturerscheinungen, vor allem der Wetterkräfte. Da sich die komplizierter und abstrakter werdende Vorstellungswelt der Ackerbauer nicht durch naturgetreue Abbilder darstellen ließ, setzte sich auch in der Kunst eine symbolhafte Sprache immer stärker durch, so daß der Realismus der Eiszeitkunst aus Malerei und Plastik zunehmend verschwand.

In der Baukunst begann der Mensch seine unmittelbare Abhängigkeit von naturgegebenen Materialien und Formen zu überwinden, wodurch er zum Schöpfer der eigentlichen Architektur wurde. Eine charakteristische Erfindung dieser »geometrischen Epoche« war der Lehmziegel, der – aus dem zunächst verwendeten Stampflehm hervorgegangen – geformt und an der Luft getrocknet wurde. In Gegenden wie Südmesopotamien, wo es weder Stein noch Holz gab, ermöglichte er überhaupt erst die Entfaltung der Architektur. Die frühesten Wohnbauten aus dem 10. Jahrtausend waren ähnlich wie die Zelte der Jäger Rundbauten, errichtet über einer steinummauerten Grube. Ihre Wände bestanden jedoch nicht mehr aus Fellen, sondern aus Zweiggeflechten, die mit Lehm verkleidet waren. Neben geräumigen Häusern, die eine Großfamilie beherbergten, gab es auch Dörfer mit kleineren Einzelbauten. Diese Rundhütten wurden aber schon früh durch rechteckige Häuser ersetzt, die zur Grundform der vorderasiatischen Architektur wurden. Eine rasche Entwicklung nahm die Baukunst in den Städten, die schon in dieser frühen Epoche vor allem an für Karawanenhandel und Schiffahrt günstig gelegenen Orten entstanden. Die bedeutendste durch Grabungen erschlossene Stadt war Jericho in Palästina, deren unterste Fundschicht um 9500 datiert wird. Im 8. Jahrtausend wurde diese Stadt mit einer noch bei der Ausgrabung vier bis sechs Meter hohen und 1,75 Meter starken Steinmauer mit steinernen Rundtürmen umgeben. Einen erstaunlichen Komfort weisen schon in dieser Zeit Wohnbauten im kleinasiatischen Dscharmo auf, wo eines der Häuser bereits sieben Räume hat. Die Schornsteine waren in die Wände eingebaut; ein Raum konnte sogar von außen beheizt werden. Die Eingänge wurden mit Holztüren geschlossen. Siedlungen aus dem 6. Jahrtausend weisen eine weitere Neuerung auf: Reste von Treppen und Pfeilern deuten auf Zweistöckigkeit der Häuser hin.

Seit dem 7. Jahrtausend verlagerte sich das Schwergewicht der Entwicklung nach Anatolien. Hier wurde in Chatal Hüyük (Konya) eine Stadt des 7. und 6. Jahrtausends ausgegraben, die drei- bis viermal größer war als Jericho. Die einheitlich geplante Anlage bestand aus rechteckigen Lehmhäusern, die Mauer an Mauer errichtet waren, so daß der Verkehr über die lehmverputzten Dächer erfolgte und man auch in die Häuser über die Dächer einstieg. Die aus einem Hauptraum und ein oder zwei Vorräumen bestehenden Wohnungen hatten Einbauten zum Kochen, Backen und zur Vorratshaltung. Ungewöhnlich ist, daß jedes dritte bis vierte Haus ein mit Reliefs, Plastik und Malerei geschmückter Tempel war. Solche frühen Tempel hatten wie die Wohnhäuser rechteckigen Grundriß und waren nicht größer als diese. Inmitten der Wohnviertel gelegen, unterschieden sie sich nur durch Opferaltar, Kultnische und Schmuck von den Häusern der Menschen.

18

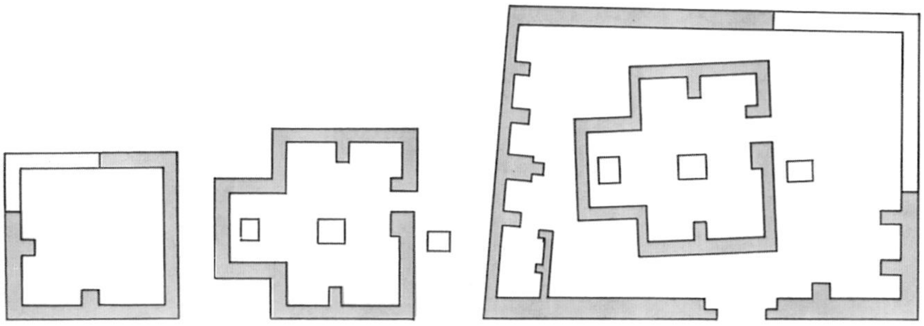

**18** Grundrißentwicklung des Tempels in Eridu von dem frühesten Gebäude (Schicht XVII) zu dem ersten, 4 × 4 m messenden Tempel (Schicht XVI), der in späterer Zeit mit einer rechteckigen Umwallung versehen wurde

Da die Naturgottheiten ursprünglich in heiligen Hainen, an Quellen und auf Berggipfeln verehrt wurden, künden die Tempel dennoch bereits den Verfall der Urgesellschaft an. Sie waren wohl Wohnsitze von Häuptlingspriestern, die eine Vorrangstellung einnahmen und schließlich zu Stellvertretern der Götter aufstiegen, wodurch auch ihr Haus zur Wohnstatt der Götter wurde. Seit der zweiten Hälfte des 6. Jahrtausends erscheint im befestigten Zentrum der Siedlungen neben dem Tempel ein besonders großer Bau mit vielen Räumen, in denen reichere Funde zutage traten als in den übrigen Häusern. Da dieser »Palast« jedoch noch nicht befestigt war, dürften seine Bewohner zwar die militärische Führer-, aber noch keine Herrscherrolle eingenommen haben.

Die wachsende Bedeutung der Tempel läßt sich an den Grabungsbefunden der im südlichen Mesopotamien liegenden ältesten Tempelstadt Eridu, die 18 Tiefschichten aufweist, gut ablesen. Während die frühen Tempelbauten nur 4 × 4 beziehungsweise 6 × 8 Meter maßen und lediglich eine Kultnische und einen Opfertisch bargen, wurde der Tempel von Eridu im 5. Jahrtausend auf einer zwei Meter hohen Terrasse errichtet, die ihn vor Hochwasser schützte und zugleich über die Wohnhäuser erhob – Urform des späteren Tempelturms. Die Wände waren bereits durch vorgesetzte Pfeiler und Rücksprünge gegliedert. Es gab einen Haupt- und mehrere Nebenräume, die wohl als Priesterwohnungen und Speicher dienten. Dieser Tempel war von einer festungsartigen Mauer umgeben, die nicht nur den Bewohnern der Stadt bei feindlichen Überfällen Schutz gewährte, sondern den heiligen Bezirk auch vor den Gläubigen selbst abschloß, was auf die wachsenden sozialen Gegensätze zwischen der Masse der Bevölkerung und der immer reicher und mächtiger werdenden Oberschicht schließen läßt.

Zu den bedeutenden Zeugnissen früher Architektur gehören die Grabbauten. Besonders wichtig für ihre Geschichte sind die Großsteingräber, die vom 5. bis 3. Jahrtausend in Jordanien und Palästina entstanden. Zu ihnen gehören viele hundert Ganggräber, die zum Teil von Steinkreisen umgeben sind und mit ihrer Verbindung von Gang und Zentralraum als Bautypus bis zu den Sakralbauten der Antike, des Mittelalters und bis in die Neuzeit zu verfolgen sind.

Während die Entwicklung von Ackerbau und Viehzucht in Vorderasien bis in das 10. Jahrtausend zurückreichte, drangen diese Errungenschaften erst im 5. Jahrtausend – und zwar auf zwei verschiedenen Wegen – nach Europa ein: Eine Neolithisierungswelle breitete sich über den Balkan donauaufwärts aus, und eine weitere verlief vom Vorderen Orient über Afrika und Spanien bis nach Mitteleuropa. Während sich in Mesopotamien und in Ägypten im 4. und 3. Jahrtausend die Sklavenhaltergesellschaft herausbildete, lebten die Urgesellschaft und ihre Kunst in Europa aber

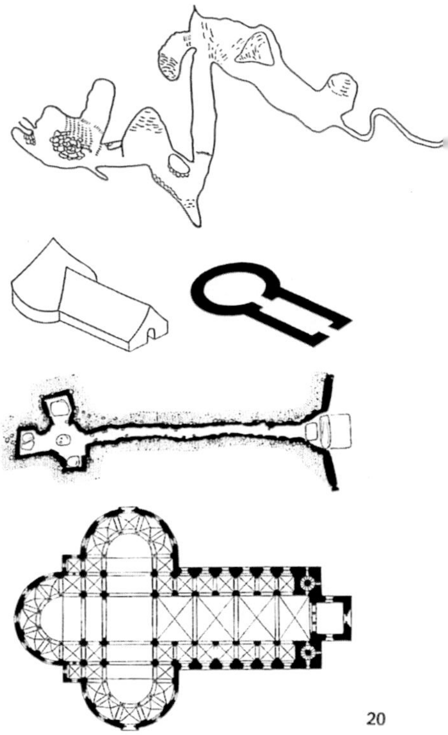

20

noch Jahrtausende fort. Da die Träger der verschiedenen europäischen Kulturen erst gegen Ende dieser Epoche faßbar sind, muß die Periodisierung nach archäologischen Gesichtspunkten vorgenommen werden: Auf die Jungsteinzeit folgte seit etwa 1800 die Bronzezeit und seit 800 die Eisenzeit.

Kennzeichen des westlichen Kulturkreises, der von Spanien bis Mitteleuropa reichte und auch den Norden des Kontinents beeinflußte, sind die aus gewaltigen Natursteinen errichteten Megalithbauten, die zwischen 4000 und 2000 entstanden und ihre Vorbilder in den Großsteingräbern des Vorderen Orients haben dürften. In Europa gab es drei Typen solcher Sippen- und Familiengräber: den Dolmen, der aus einer rechteckigen, später polygonalen Grabkammer bestand, das Ganggrab und – als technisch fortgeschrittenste Form – das Kuppelgrab, bei dem über einen Steinring jeweils ein kleinerer, etwas vorkragender Ring gelegt und auf diese Weise ein »falsches Gewölbe«

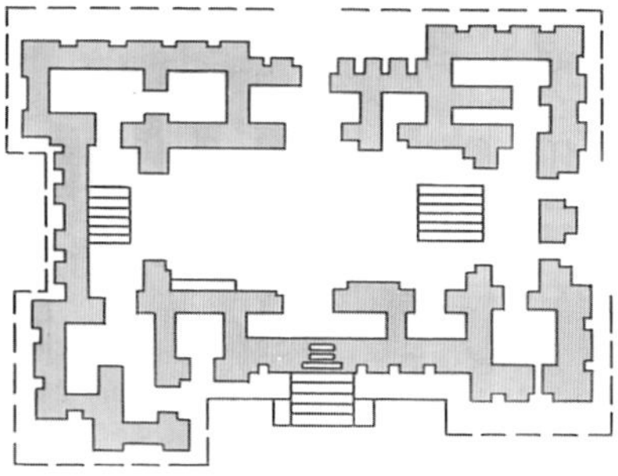

19

**19** Grundrißrekonstruktion des Tempels in Eridu (Schicht VII). 5. Jahrtausend v. u. Z.

**20** Grundrißentwicklung von den steinzeitlichen Kulthöhlen bis zur mittelalterlichen Sakralarchitektur: Höhle von Altamira (Spanien). Benutzt vom Eiszeitmenschen; Grund- und Aufriß eines Tholos-Tempels (?) in Tell Arpatschija (Mesopotamien). 4000 v. u. Z.; Grundriß eines steinzeitlichen Grabes aus New Grange (Irland). Anfang 2. Jahrtausend v. u. Z.; Grundriß von St. Aposteln in Köln. Um 1200 u. Z.

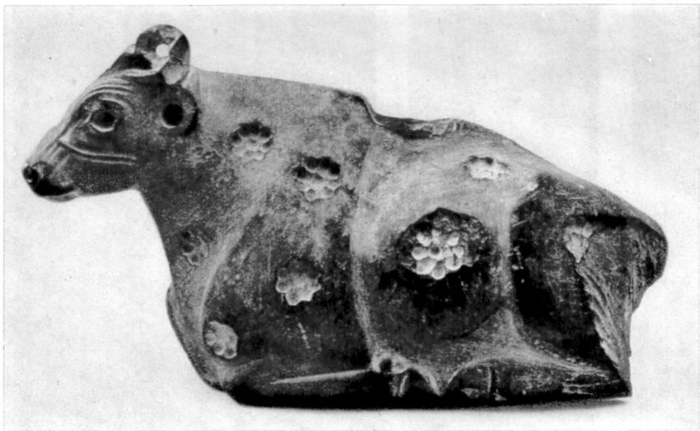

31

nach Mitteleuropa verbreiteten. Auch bei diesen Figuren läßt sich eine Stilisierung der natürlichen Formen und das Entstehen einer nahezu abstrakten Plastik verfolgen. Ihre Vorläuferinnen waren die eiszeitlichen Mutter- und Fruchtbarkeitsidole, deren Verehrung für die frühen Bauernvölker zum wichtigsten kultischen Anliegen wurde. Seit dem Entstehen der Tempel verschwanden sie in Vorderasien allerdings aus den Wohnhäusern, und der Tempel wurde zu ihrer alleinigen »Wohnstatt«. Im ägäischen Raum, dem südlichsten Teil Europas, wohin Kultur und Kunst der Ackerbauer Vorderasiens zuerst gelangten, dienten die sogenannten Inselfiguren als Weihgeschenke und Grabbeigaben, später vielleicht auch schon als Kultbilder. In der Bronzezeit wurden ihre anfangs naturgetreuen plastischen Formen brettartig flach, bis in den gitarreförmigen Gebilden kaum noch die menschliche Gestalt zu erahnen ist.

Neben den Frauenidolen kamen auch Tieridole – vor allem Haustiere – als Symbole der Viehzucht und des männlichen Fruchtbarkeitsprinzips vor. Der »Herr der Herde«, der anfangs in Gestalt eines Bocks, dann aber auch als Stier und Widder verehrt wurde, begann eine Rolle zu spielen. Auch Statuetten von Reitern auf Rindern sowie tönerne Stierköpfe mit eingesetzten Hörnern wurden in Anatolien gefunden.

Bis vor wenigen Jahrzehnten nahm man an, daß die frühen Ackerbauer keine Monumentalmalerei hervorgebracht hätten. Jüngste Ausgrabungen legten jedoch Reste bedeutender Wandmalereien frei. Die wichtigsten stammen aus Chatal Hüyük. Hier sind zwei Tempel aus dem 7. und 6. Jahrtausend mit Malereien geschmückt, die allerdings noch dem Jagdkult dienten. Ähnlich wie bei den Felsbildern sind Tanzrituale um Stier, Hirsch, Rind, Schwein, Bär, Onager und vor allem den Leoparden dargestellt. Neben realistischen Bildern treten aber auch abstrahierte Formen aus Sonne, Kreuz und Doppelaxt auf.

Zu den großen künstlerischen Leistungen der Ackerbauer gehören die Malereien auf der Gefäßkeramik, welche im 7. Jahrtausend im Vorderen Orient entstand. Die frühen Tongefäße lassen oft noch die als Vorbilder dienenden Flaschenkürbisse, Hirnschalen sowie Körbe, Stein- und Holzgefäße erkennen, die den Menschen vor der Erfindung der Keramik als Behälter dienten und auch weiterhin in Gebrauch blieben. Die frühen Keramiken waren grob gearbeitet und lediglich mit Ritzmustern verziert, bis auf einer jüngeren Entwicklungsstufe die Gefäßmalerei einsetzte, die in der Buntkeramik des 5. Jahrtausends ihren Höhepunkt erreichte. Die Dekorationen der Töpferware bestanden aus farbigen Tonschlemmen, die durch Bemalen, Inkrustieren und Brennen auf die Innen- und Außenwände der Gefäße aufgetragen und fixiert wurden. Bei der Bemalung kommen geometrische und naturalistische Motive gleichzeitig vor. Die Muster sind vor allem dem Pflanzenreich entnommen, bisweilen jedoch so stark abstrahiert, daß rein geometrische Formen entstanden. Die Bedeutung vieler ornamentaler Verzierungen ist ungewiß. Da Rad und Kreuz Zeichen für die Sonne, kamm- und tannenzweigartige Gebilde Symbole für Regen und Spiralen sowie Wellenlinien Zeichen für Wasser waren, dürften sicherlich auch andere Muster eine Bedeutung gehabt haben und gleichsam eine Zwischenstufe zwischen der Bilderschrift der Eiszeit und den ersten Schriftzeichen darstellen.

Nach Europa gelangte die Gefäßkeramik seit dem 5. Jahrtausend vom Vorderen Orient zusammen mit der Ackerbaukultur der sogenannten Bandkeramik. Die frühen, natürlichen Behältnissen nachgebildeten Formen wurden durch zweckmäßigere ersetzt und gleichsam nach dem Vorbild des Menschen mit einem Standfuß, einem bauchförmigen Leib und einem schlanken Hals versehen. Form und Dekor entwickelten so charakteristische Züge, daß die Frühgeschichtsforschung – wie schon in Vorder-

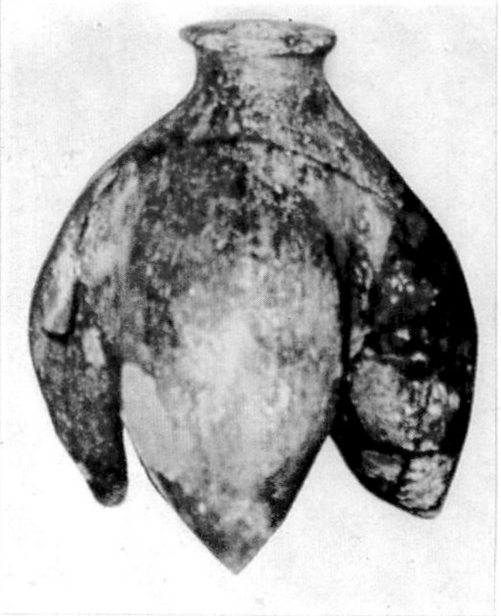

32
33
34

asien – die Kulturkreise nach ihnen benennt. Die Grenzen zwischen symbolhaltigen Zeichen und reinem Dekor können auch hier schwer gezogen werden. Viele Ornamente sind der Weberei entnommen, die in dieser Zeit erfunden wurde und als geometrische Kunst par excellence gelten kann. Denn welcher Antrieb gehörte dazu, nachdem der Mensch bereits eine hochentwickelte Fellkleidung besaß, Pflanzen- und bald auch Tierfasern zu Fäden zusammenzuspinnen und diese durch Bildung unendlicher geometrischer Muster zu einem Gewebe zu verarbeiten. Auch die farbigen Stoffmuster bestanden aus Karos und Dreiecken. Beim Kleiderschnitt setzte sich ebenfalls die geometrische Form durch – das rechteckige Stück Stoff, das zur Grundlage der orientalischen Gewänder und zur Standardform der griechischen Tracht werden sollte.
Die großen Erfindungen der frühen Ackerbauer führten dazu, daß das Kunsthandwerk in dieser Epoche eine erste Blütezeit erlebte. Die meisten dieser Erzeugnisse wurden bis in die Eisenzeit hinein von Frauen geschaffen. Sie spannen die Fäden, webten die Stoffe und nähten die Gewänder, auch die Gefäße wurden von ihnen geformt und mit kanonisierten Mustern geschmückt. Im Orient begann aber bereits seit dem 7. Jahrtausend eine handwerkliche Produktion der »Volkskunst« Konkurrenz zu machen. Zu den ältesten Handwerkern zählt der Schmied, der die technisch aufwendigen Metallwaren herstellte. Schon Ende des 7. Jahrtausends wurden in Vorderasien Blei und Kupfer aus Erzen geschmolzen und zu Gefäßen, Waffen und Schmuck verarbeitet – die Jungsteinzeit wurde durch das Metallzeitalter abgelöst. Das Auftreten der Buntkeramik setzte wohl auch das Entstehen eines Töpferhandwerks voraus. Die Handwerker genossen eine bevorzugte Stellung. In frühen Tempel-Palast-Komplexen wurden reich ausgestattete Töpferwerkstätten ausgegraben. Die Erfindung der Bronze im 3. Jahrtausend ließ einen weiteren Handwerkszweig entstehen. Die Herstellung und Verarbeitung der Bronze, die aus einem Teil Zinn und neun Teilen Kupfer bestand, trug wesentlich zur Entwicklung des Bergbaus und des Fernhandels bei. Bronze war neben Kupfer, Gold, Silber, Edel- und Halbedelsteinen und dem Bernstein, der auf den »Bernsteinstraßen« von der Nord- und Ostsee bis nach dem Orient gehandelt wurde, auch ein begehrter Rohstoff für die Schmuckherstellung.

35

Die Schmuckkunst erlebte in Europa in der Bronzezeit, als die herrlichen Bronzefibeln, Armbeugen und Halskragen entstanden, einen Höhepunkt. Die meisten Funde stammen aus Gräbern. Die großen Unterschiede in deren Ausstattung lassen auf eine zunehmende soziale Differenzierung schließen. Dieser Prozeß beschleunigte sich in der Eisenzeit, als die Stammeshäuptlinge bereits zusammen mit ihren Frauen und Dienern bestattet wurden, und führte schließlich auch in Europa zum Untergang der Urgesellschaft. Auch die gesellschaftlichen und kulturellen Unterschiede zwischen den einzelnen Völkerschaften zeichneten sich in der Eisenzeit immer stärker ab, so daß man am Ende der Epoche in Europa erstmals die wichtigsten Kulturträger erfassen kann. Während die Kelten, Germanen und Slawen noch in urgemeinschaftlichen Verhältnissen lebten, entstanden bei den Griechen und dann auch bei den Etruskern und Römern auf der Basis der Sklavenhaltergesellschaft antike Hochkulturen, wie sie sich in Mesopotamien und Ägypten bereits Jahrtausende früher herausgebildet hatten.

**31** Liegendes Rind aus Uruk. 2800–2700 v. u. Z. Berlin, Staatliche Museen
**32** Ägyptisches Milchgefäß. 2850 v. u. Z. Berlin, Staatliche Museen
**33** Bemalter Tonbecher aus Samarra (Mesopotamien). 3900–3600 v. u. Z. Berlin, Staatliche Museen
**34** Trichterkrug mit Kerbschnittverzierung aus Hundersingen (Württemberg). 1600–1200 v. u. Z.
**35** Bemalte Schale der Tell-Halaf-Kultur aus Arpatschija. 4. Jahrtausend v. u. Z. Bagdad, Irak-Museum
**36** Keltische Fibel aus Wegzahna (Kr. Jüterbog) 5.–1. Jh. v. u. Z. und Spiralplattenfibel aus Krumpa-Lützkendorf (Kr. Merseburg). 1000 v. u. Z. Halle, Landesmuseum für Vorgeschichte

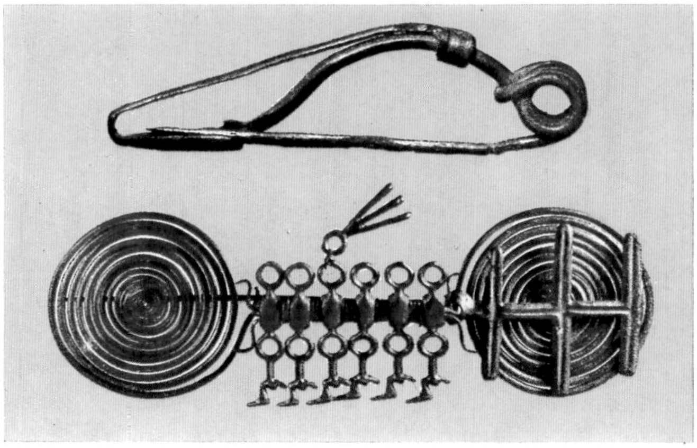
36

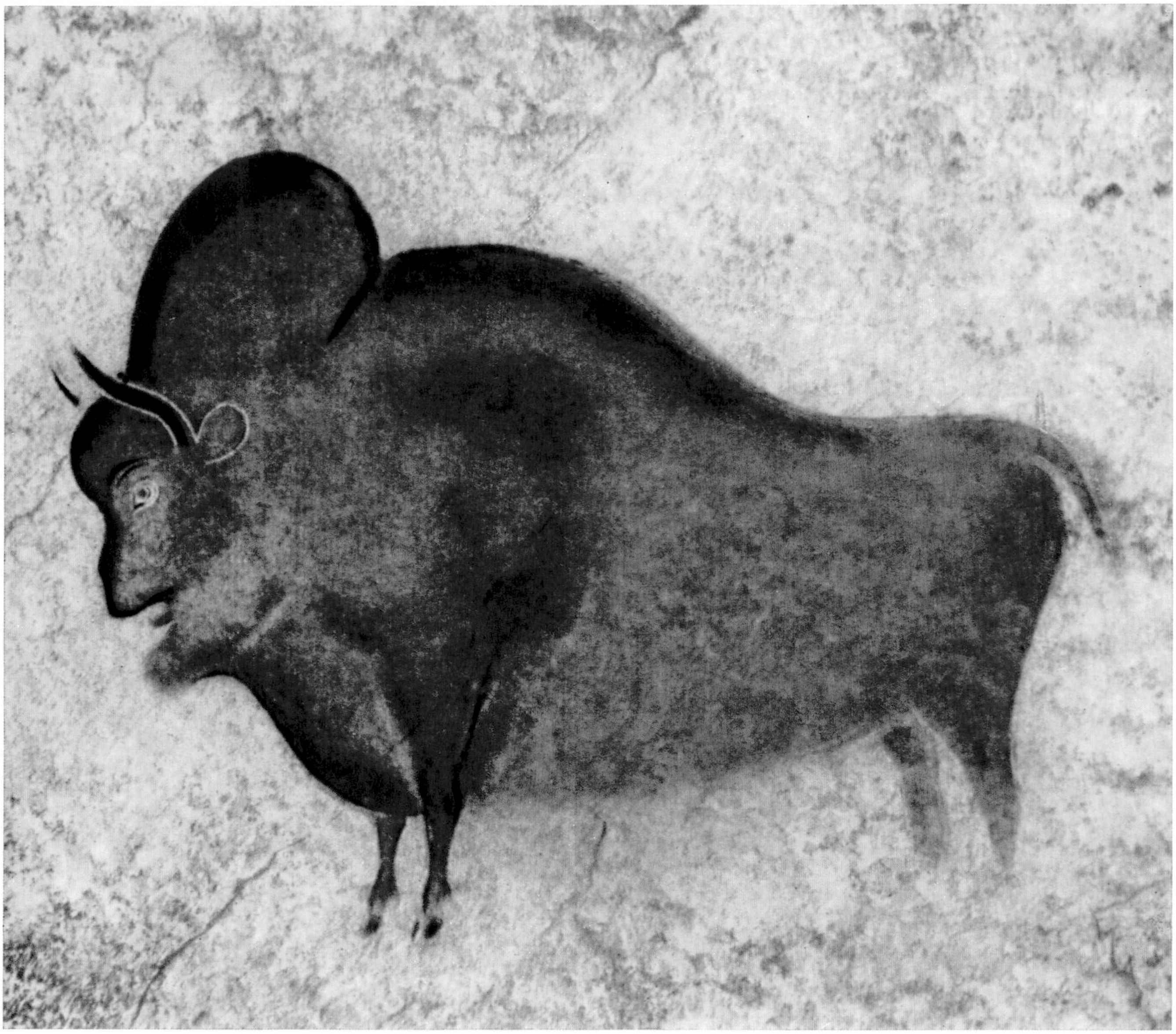
37

## *Vom Eiszeitnaturalismus zur geometrischen Kunst*

*Die Malereien in den Höhlen der Eiszeit waren nicht als Kunstwerke gedacht, sondern sollten magische Abbilder sein und dem Jagdzauber dienen. Je ähnlicher das Bild dem Tier war, das man erlegen wollte, um so wirkungsvoller mußte nach den Vorstellungen des Eiszeitmenschen der Analogiezauber sein. So begann die Entwicklung der Kunst mit einer Malerei, die nach größter Naturnähe strebte.*

*Mit den Lebensbedingungen wandelte sich auch das Weltbild des Menschen und mit ihm Inhalt und Form seiner Kunst. Auf den Felsbildern Nordafrikas, wo die Kunst der Jäger noch lange lebendig blieb, ist der Mensch bereits wichtiger als das zu erbeutende Tier. Auf vielfigurigen, aktionsreichen Bildern sind neben Szenen der kollektiven Jagd vermutlich auch schon Stammeskämpfe wiedergegeben. Um die neuen Inhalte darstellen zu können, wandelte sich die »Bilderschrift« der Eiszeit immer mehr zu einer Zeichensprache. Als aus Jägern Bauern wurden, die die Natur nach ihren Bedürfnissen umzugestalten begannen, traten an die Stelle der magischen Abbilder Symbole und schließlich symbolhaltige Ornamente, wie sie die zahlreich erhaltene Gefäßkeramik der frühen Bauernkulturen schmücken.*

37 Bison. Felsmalerei aus der Höhle Font-de-Gaume (Frankreich). 12000 v. u. Z.

38 Kampf um die heilige Kuh. Felsbild von Kargur Talh (Nordafrika). 8000–6000 v. u. Z.

39 Bemalter Tonbecher mit Darstellung eines Steinbocks aus der Nekropole von Susa (Mesopotamien). 4. Jahrtausend v. u. Z. Paris, Louvre

40 Attisch-geometrische Halsamphora mit Tierfriesen und Ornamentbändern. Nach 725 v. u. Z. Berlin, Staatliche Museen

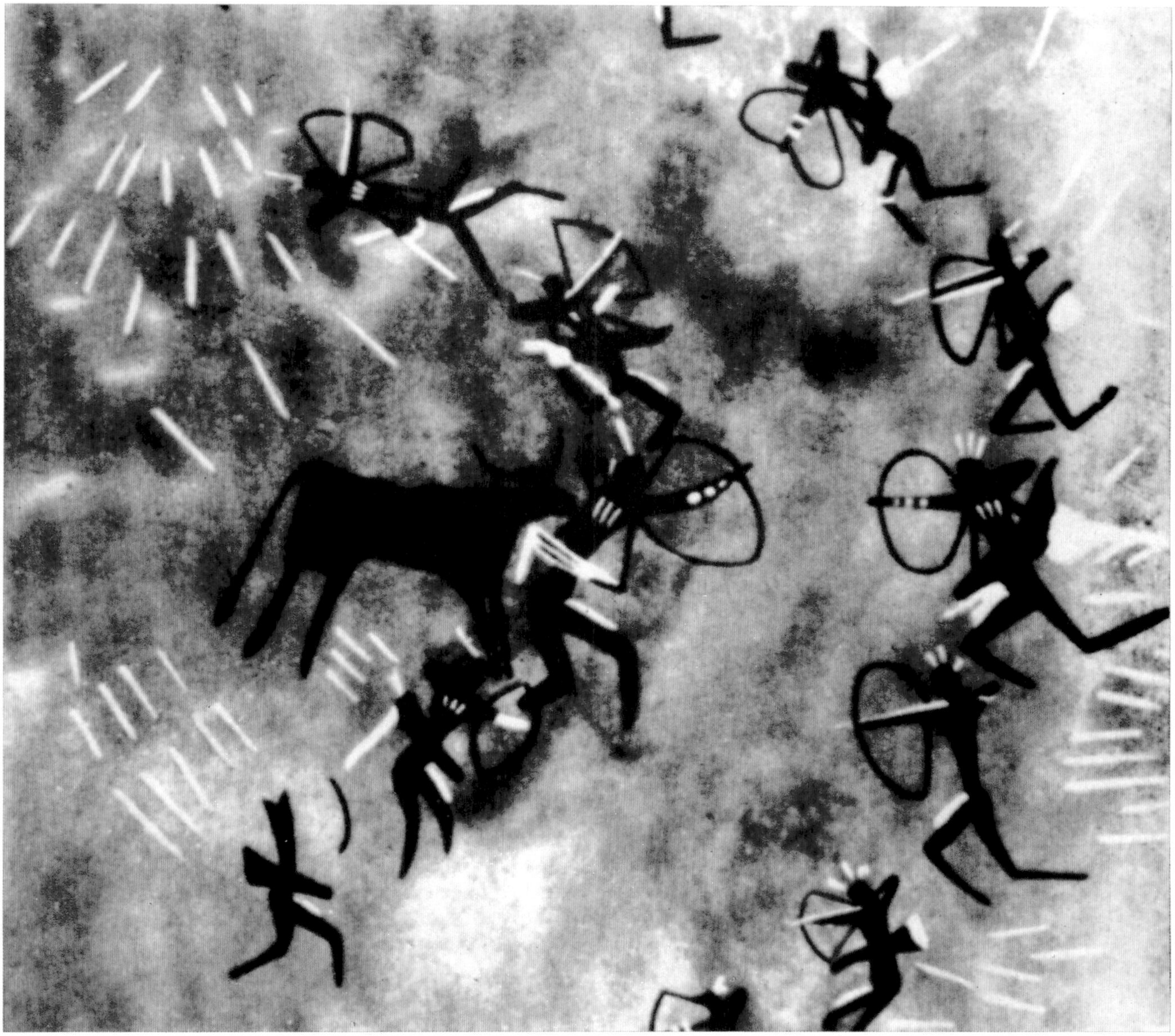

38

39
40

# Die Kunst der Großstaaten des Altertums

2850–2700 Blüte der sumerischen Stadtstaaten. 27.–22. Jh. Altes Reich in Ägypten. 2350 Gründung des akkadischen Großreichs durch Sargon I. in Mesopotamien. 2150 bis Anfang 2. Jahrtausend Neusumerische Zeit. 21.–17. Jh. Mittleres Reich in Ägypten. 1792–1750 Hammurapi, König von Babylon. 2. Hälfte 18. bis 15. Jh. Blüte des kretischen Staates. 1550–1080 Neues Reich in Ägypten. 2. Hälfte 16. bis 13. Jh. Churri-Mitanni-Staat. 15.–13. Jh. Blütezeit des mykenischen Königreichs. 1400–1200 Hethitisches Großreich. 1365–1349 (?) Amenophis IV. Echnaton – Amarna-Zeit in Ägypten. Nach 1300 Aufstieg Assyriens zum mächtigsten Reich im Vorderen Orient. Um 1240 Trojanischer Krieg. 13.–12. Jh. Reich von Elam. 1100 Dorische Wanderung. 754/753 Gründung Roms. 8.–6. Jh. Höhepunkt der etruskischen Stadtstaaten. Nach 600 Blüte des neubabylonischen Reichs. 594 Reformen des Solon in Athen. 560–527 Tyrannis des Peisistratos in Athen. 539 Eroberung Babylons durch die Perser, Mesopotamien wird persische Provinz. 525 Errichtung der Perserherrschaft über Ägypten. 500–449 Perserkriege in Griechenland. 5.–1. Jh. Epoche der römischen Republik. 431–404 Peloponnesischer Krieg. 336–323 Herrschaft Alexanders von Makedonien. 323–30 Dynastie der Ptolemäer in Ägypten. 312–64 Herrschaft der Seleukiden von Kleinasien bis Indien. 146 Unterwerfung Griechenlands durch Rom. 49–44 Diktatur Caesars. 31 v. u. Z. – 476 u. Z. Epoche des römischen Kaiserreichs. 235–285 u. Z. Römische Soldatenkaiser.

In den großen Stromtälern von Euphrat, Tigris und Nil, wo die alljährlichen Überschwemmungen die Fruchtbarkeit des Bodens bewirkten, das Kulturland aber nur durch künstliche Dämme und Kanäle nutzbar gemacht werden konnte, wurden gewaltige Gemeinschaftsleistungen notwendig, die den Rahmen der bisherigen gesellschaftlichen Organisation sprengten und zum Entstehen der Klassengesellschaft führten. Zwar hatten schon die Bauernvölker der Frühzeit im Zweistromland Deiche und Kanäle gebaut, doch reichten diese lokal begrenzten Systeme nicht aus, um Land und Menschen vor den verheerenden Naturkatastrophen zu schützen, von denen die Mythen der Völker und die Bibel über die Sintflut berichten sowie jene gewaltigen Schlammassen Zeugnis ablegen, die bei Ausgrabungen zutage kamen. Die Umweltbedingungen zwangen hier früh zur Zentralisierung der Verwaltung. Da Planung und Organisation der Arbeit in den Händen der Priesterhäuptlinge lagen, erhielten diese eine gesellschaftliche Überlegenheit, die mit der Größe der Aufgaben wuchs: Aus Priesterhäuptlingen wurden Priesterfürsten und schließlich Gottkönige, während die freien Bauern zu Zwangsarbeitern herabsanken. Das Entstehen einer von der körperlichen Arbeit befreiten Schicht war aber auch die Voraussetzung dafür, daß sich die Anfänge der Wissenschaften herausbilden, die Künste erblühen und sich seit dem 4. Jahrtausend die Hochkulturen des Altertums entfalten konnten. Aus den Wirtschaftsaufzeichnungen der großen mesopotamischen Tempelverwaltungen entstand die sumerische Keilschrift. Die Entwicklung der Naturwissenschaften setzte ein, erforderten doch Planung und Organisation der Arbeit, wie die jährlich vorzunehmende Vermessung und Verteilung des Ackerlands und des Saatguts und die Berechnungen für die Anlage des Bewässerungssystems, sowohl große praktisch-technische Kenntnisse als auch das Wissen um mathematische, chemische, physikalische und astronomische Zusammenhänge, das erstmals in Leitsätzen und Handbüchern zusammengefaßt wurde. Aber auch Handwerk und Handel erblühten in den zu Wirtschaftszentren anwachsenden Tempelwirtschaften, in denen sich schon damals die meisten der heute bekannten Handwerkszweige herausgebildet hatten.

Je größer das von den Priestern erworbene und sorgsam gehütete Wissen wurde, je mehr sie in ihren Händen die ökonomische und politische Macht vereinten, um so mehr diente die Religion der Sanktionierung ihrer Herrschaftsansprüche. Zwar lebten im Kult der Fruchtbarkeitsgöttin die alten mutterrechtlichen Vorstellungen noch fort, doch

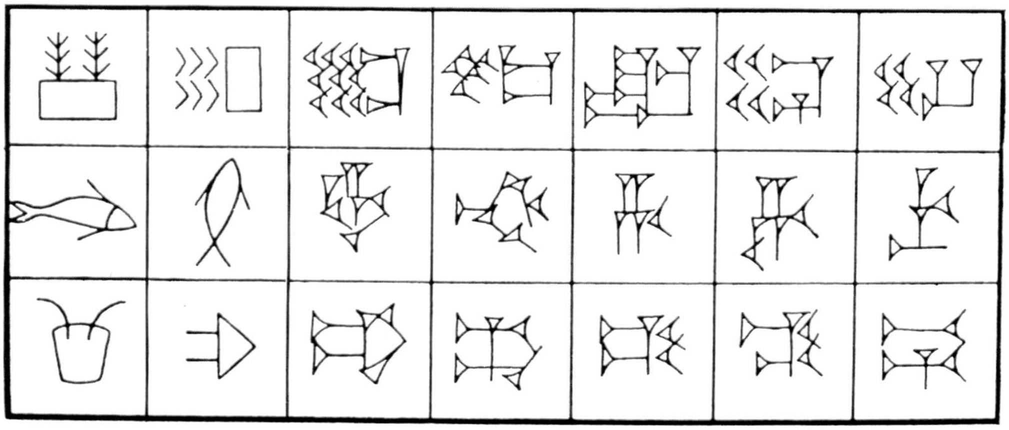

**41** Entwicklung von Keilschriftzeichen von 3000 bis 250 v. u. Z.

kam der männlichen Götterwelt und ihren Vertretern, dem Priester und später dem vergöttlichten König, immer größere Bedeutung zu. Es entstand der Glaube an einen Weltenherrscher und eine Götterhierarchie, an den Sieg der neuen Himmelsgötter über die alten Erdgötter, die zu Dämonen und Untieren herabsanken.
Mit den religiösen Vorstellungen wandelten sich wiederum Inhalt und Form der Kunst. Während bei den früheren Kulturen das Tier im Mittelpunkt des Kultes und der Kunst stand, trat nunmehr der Mensch an seine Stelle; doch nicht der Mensch schlechthin, sondern der »Übermensch«, der idealisierte Gottmensch beziehungsweise der nach dem Vorbild des Herrschers geschaffene Gott.
Je größer die Ansprüche wurden, die Priester- und Königtum an die bildende Kunst stellten, um so mehr lösten sich die Künstler aus der Schicht der Laien und um so vollkommener wurden ihre Leistungen. Dieser Fortschritt wurde jedoch – wie aller Fortschritt in der Klassengesellschaft – auf Kosten der arbeitenden Schichten erzielt.
Obgleich Künstler wie Bauleute, die die bedeutenden Kunstwerke dieser Epoche schufen, aus den arbeitenden Schichten kamen, mußten sich diese selbst mehr und mehr mit den Erzeugnissen der Massenproduktion zufriedengeben, die in dieser Zeit entstand und die Verarmung der eigentlichen Volkskunst einleitete.
Aufgrund der historischen Besonderheiten weist die Entwicklung der Sklavenhaltergesellschaft in Mesopotamien, Ägypten und Südeuropa allerdings große gesellschaftliche, kulturelle und auch zeitliche Unterschiede auf: Während sich im Zweistromland schon im 4. Jahrtausend die Tempel zu Wirtschaftszentren und Stadtstaaten entwickelten, spielten die Tempel in Ägypten für die Staatenbildung keine entscheidende Rolle. Obgleich die Kultivierung des Niltals später als die des Zweistromlands einsetzte, wurde das Land aber bereits um 3000 zu einem Großreich zusammengeschlossen. In Europa begann die Staatenbildung zuerst im Süden, wo seit dem 3. Jahrtausend zunächst auf Kreta, seit dem 2. Jahrtausend auf dem griechischen Festland und im 1. Jahrtausend auch auf italischem Boden Hochkulturen entstanden.
Wenngleich die Grundzüge der gesellschaftlichen und kulturellen Entwicklung im Orient und Okzident ähnlich verliefen, bildeten sich andererseits wichtige Unterschiede heraus. Die Kriege, die die Herrschenden zur Sicherung und Erweiterung ihrer Macht führten, ließen die Masse der Kriegsgefangenen und damit die Zahl der Sklaven wachsen, die zusammen mit den in Abhängigkeit geratenen Freien und Halbfreien die ökonomische Basis bildeten. Während aber in den orientalischen Despotien, wo der Herrscher oberster Grundherr und Herr über Leben und Tod aller Untertanen war, nicht nur die Sklaven völlig rechtlos waren, sondern auch die Masse der bäuerlichen Bevölkerung zunehmend in Schuldknechtschaft geriet, spielte die freie arbeitende Bevölkerung in den griechischen und römischen Sklavenhalterdemokratien ökonomisch und sogar politisch eine nicht unwichtige Rolle im Staat. Ihre demokratischen Freiheiten und Rechte fanden auch in der Kunst ihren Ausdruck, so daß die Kultur der klassischen Antike wiederholt zum Vorbild humanistisch gesinnter Epochen werden konnte.

42

43

42 Das Ischtar-Tor von Babylon.
Um 580 v. u. Z.
Berlin, Staatliche Museen
43 Teil des Löwenfrieses von der Prozessionsstraße von Babylon.
Um 580 v. u. Z.
Berlin, Staatliche Museen

## Die Kunst in Mesopotamien

Im Zweistromland siedelte eine Vielzahl von Völkerschaften, deren Reichtum vor allem auf dem Bewässerungsfeldbau und der Viehzucht beruhte. Das nach allen Seiten offene Land wurde jedoch immer wieder zum Angriffsziel kriegerischer Bergvölker, die die alten Staatengebilde zerstörten und neue an ihre Stelle treten ließen. Träger der ersten Stadtstaaten waren die Sumerer, unter deren Herrschaft im Süden des Landes Tempelstädte wie Eridu, Ur, Uruk und Lagasch zu reichen Wirtschaftszentren erblühten. Das erste Großreich schufen um 2350 v. u. Z. die semitischen Akkader unter Sargon I., der die kleinen sumerischen Stadtstaaten unter seiner Herrschaft zusammenfaßte und sich »erster echter König« (Scharrukin) nannte. Nach einer wechselvollen Geschichte, in der das von Sargon geschaffene Reich wieder verfiel, erstarkten in der ersten Hälfte des 2. Jahrtausends v. u. Z. die neuen Machtzentren Babylon und Assur. Unter Hammurapi reichte das babylonische Reich vom Persischen Golf bis in die assyrischen Berge. Seit dem 12. Jahrhundert v. u. Z. begann der Aufstieg Assyriens zu einem Militärstaat, der bis nach Ägypten Eroberungsfeldzüge führte, ohne die unterworfenen Länder auf Dauer zu einem einheitlich verwalteten Reich vereinen zu können. Im 7. Jahrhundert v. u. Z. wurde Babylon unter Nebukadnezar II. zu jener reichen Metropole der Wirtschaft, des Handels, der Kultur und Kunst, die in den biblischen Berichten als »Sündenbabel« angeprangert wird. Die Eroberung der Stadt durch den Perserkönig Kyros II. 539 v. u. Z. bedeutete das Ende der alten mesopotamischen Großreiche, deren Erbe nun Persien antrat.

Die Geschichte der Kunst folgt dem vielfachen politischen Machtwechsel, zeigt das Gegen- und Miteinander der Kulturen der Bauern und semitischer Nomaden sowie den Einbruch kunstarmer Bergvölker, aber auch die Verschmelzung dieser widersprüchlichen und vielschichtigen Elemente, aus denen die sumerische und akkadische und später die assyrische und babylonische Kunst hervorgingen. Wie in der Geschichte bestanden auch in Kultur und Kunst enge Beziehungen zu den angrenzenden Völkerschaften und Staaten Kleinasiens (Hethiter und Churriter), des Armenischen (Urartäer) und des Persischen (Elamiter, Meder) Hochlands sowie des Mittelmeergebiets – Syrien, Palästina, Phönizien.

Obgleich die Kunst Mesopotamiens also von vielen Völkern mitgeprägt wurde, lebten die Traditionen, die in sumerischer Zeit wurzelten, vor allem in der Baukunst, aber auch in der Plastik und im Kunsthandwerk über vier Jahrtausende fort. Die Kunst nahm jedoch im Laufe der Zeit wie die Herrscher selbst immer despotischere Züge an und erlangte wie wohl kaum anderswo staatserhaltende Bedeutung. Da die Religion der Sanktionierung der Herrschenden diente, mußte auch der Tempel zur Verherrlichung und Sicherung ihrer Macht beitragen. Die Entwicklung der Zikkurat, die seit dem 3. Jahrtausend zum Haupttempel wurde, läßt sich in Eridu von ihren Anfängen bis zum Entstehen der gewaltigen »Himmelsberge« verfolgen. Während die Tempel zunächst nur auf einer Terrasse errichtet wurden, vermehrte man deren Zahl, bis diese Bauten zu riesigen, fünf- oder siebenstufigen und bis zu 90 Meter hohen Türmen geworden waren. Der auf der obersten Terrasse stehende Tempel der »heiligen Hochzeit«, den nur die Oberpriesterin und der König betreten durften, sollte den Göttern möglichst nahe sein. Die Bibellegende vom Turmbau zu Babel berichtet über den Bau einer solchen gewaltigen Zikkurat. Die einzelnen Terrassen, die durch Treppen oder Rampen miteinander verbunden waren, hatten einen Kern aus luftgetrockneten Ziegeln und waren bisweilen von einer Schale aus gebrannten Ziegeln umgeben.

Auch die Tieftempel, die in den reichen Städten in großer Zahl errichtet wurden, entwickelten sich zu ausgedehnten Anlagen, die nicht nur Kultbauten, sondern auch Wirtschafts- und Handwerksstätten umfaßten. Diese Tempelpaläste hatten oft zwei Hofsysteme. Der Tempel selbst bestand aus einem rechteckigen Mitteltrakt, an dessen Längsseiten sich in mehr oder weniger symmetrischer Anordnung kleine Nebenräume anschlossen. Da die Holzdecken keine größeren Räume überspannen konnten und freistehende Säulen und Pfeiler nur selten vorkamen, waren die Räume allerdings nur klein. Die Außenmauern waren nahezu fensterlos und nur durch Nischen gegliedert.

Nach der Trennung von Herrscher- und Priesteramt wurde neben dem Tempel der Palast zur wichtigsten Auf-

44 

**44** Stiftmosaik von der Wand des Tempels der Eanna in Uruk. 3000 v. u. Z. Berlin, Staatliche Museen
**45** Modell des Marduk-Heiligtums in Babylon. Um 580 v. u. Z. Berlin, Staatliche Museen
**46** Entwicklung der Zikkurat: Tempel von Eridu VI. 3500 bis 3000 v. u. Z.; Hochtempel des Anu in Uruk. 2800 v. u. Z.; Tempelturm des Marduk in Babylon. Um 580 v. u. Z. (Rekonstruktionszeichnungen)

45

gabe der mesopotamischen Architektur. Die älteste Königsresidenz wurde in Kisch ausgegraben. Neu war hier ein Saal mit einer Säulengalerie. In späterer Zeit ließen sich vor allem die assyrischen Despoten riesige Palastanlagen und neue Residenzen errichten, aus Furcht vor Aufständen ihrer Untertanen oft abseits der alten Hauptstädte. So entstand Dur-Scharrukin mit dem Palast Sargons II., der etwa 200 Wohn- und Repräsentationsräume sowie Wirtschaftsräume umfaßte und durch die unerhörte Prachtentfaltung seine Vorgänger übertraf. Berühmt war auch der Palast des babylonischen Herrschers Nebukadnezar II. mit den »hängenden Gärten« der Semiramis, die im Altertum als eines der sieben Weltwunder galten, und einem Museum, in dem Plastiken, zumeist wohl Kriegstrophäen, aufbewahrt wurden.

Tempel und Palast sollten die Macht der Despoten nicht nur repräsentieren, sondern auch sichern. Während die frühen Tempel ohne Mauern inmitten der Städte lagen, entwickelten sie sich wie die Paläste zu gewaltigen Wehranlagen, deren meterdicke, mit Zinnen und Schießscharten versehene Mauern ihre Bewohner nicht nur gegen äußere Feinde, sondern auch vor der einheimischen Bevölkerung schützen sollten. Der Zutritt zu den Tempeln, der noch zu Anfang des 3. Jahrtausends der ganzen Bevölkerung erlaubt war, wurde für die Uneingeweihten immer mehr eingeschränkt und ihnen schließlich ganz versagt.

Auch die Städte waren von Festungsgräben und schützenden Mauern mit Türmen und befestigten Stadttoren umgeben, Wehranlagen, wie sie in Jericho schon aus dem 8. Jahrtausend bekannt sind. Dem sagenhaften Helden Gilgamesch schrieb man den Bau des doppelten, neun Kilometer langen und fünf Meter breiten, mit 800 Türmen versehenen Mauerrings von Uruk zu. Die Militärbaukunst des Zweistromlands blieb – von Byzanz und den Kreuzrittern übernommen – bis zur Einführung der Feuerwaffen unübertroffen.

Auch hinsichtlich der Bautechnik war die Architektur Mesopotamiens zukunftsweisend. Das gilt vor allem für die Technik des Rundbogen- und Gewölbebaus. Das echte Tonnengewölbe, das in Mesopotamien bereits bekannt

46

47

war, wurde allerdings fast ausschließlich zur Überdachung von Grabkammern genutzt und erst später von den Römern vervollkommnet und bei der Überdeckung größerer Räume angewandt.

Die Größe vieler mesopotamischer Städte läßt bereits Vergleiche mit modernen Großstädten zu. Ur soll um 2000 1,5 Millionen Einwohner gehabt haben. Viele Städte besaßen schon ein rechtwinkliges Straßennetz und Kanalisation. Sanitäre Anlagen gab es allerdings nur in den Häusern der Reichen. Nach außen bildeten die Wohnhäuser einen fensterlosen, massiven Kubus, die Straßenzüge zeigten lediglich durch Vor- und Rücksprünge gegliederte geschlossene Mauern. Sämtliche Räume waren vom Innenhof zu betreten. Die Armen aber, die in den Vorstädten außerhalb der Stadtmauern in Häusern aus Flußschilf lebten, hatten an den zivilisatorischen Errungenschaften keinen Anteil.

Auch in der Plastik läßt sich das Entstehen einer mächtigen Priesterschaft und eines vergöttlichten Herrschertums verfolgen. Während die frühen sumerischen Bildwerke noch rundköpfige bäurische Typen zeigten, nahmen die Bildnisse schon in akkadischer Zeit jene idealen Züge an, die den Dargestellten gegenüber seinen Mitmenschen auszeichneten und ihm auch in der assyrischen und babylonischen Kunst jene gottgleichen Eigenschaften verliehen, die seine Herrschaft rechtfertigten. Die Beterstatuetten, die in den Tempeln für ihre Stifter Fürbitte leisteten, zeigen, daß die Kunstwerke wie in der Frühzeit die Rolle des Stellvertreters übernahmen. Auch der magisch-bannende Blick der weitgeöffneten Augen und die noch wenig differenzierte Darstellungsweise der Köpfe, Gliedmaßen und des Rumpfes erinnern an die Kunst der Frühzeit. Womöglich sollten diese Bildwerke auch jene rituellen Menschenopfer ersetzen, wie sie in Sumer noch um 3000 nachweisbar sind. In Grabanlagen, die man in Ur entdeckte, wurden die Überreste von bis zu 80 Angehörigen des königlichen Hofstaates gefunden, die ihrem Herrscher in den Tod gefolgt waren.

Da der Grabkult in Mesopotamien aufgrund anderer Jenseitsvorstellungen eine viel geringere Rolle als in Ägypten spielte, diente die Kunst weit mehr als die ägyptische der Verherrlichung der lebenden Herrscher: Schon bei den Beterstatuetten von Eschnunna, bei denen der expressive Ausdruck noch Zeichen religiöser Inbrunst und Gläubigkeit ist, läßt die unterschiedliche Größe auf die Darstellung von Rangunterschieden schließen. Neben der Bedeutungsperspektive wurden die strenge Frontalität und das reine Profil zum Kanon erhoben, der auch in der Haltung alle zufälligen menschlichen Regungen ausschloß. Die Unvergänglichkeit des Steins und Metalls, aus dem die Bildnisse nunmehr hergestellt wurden, machte die Dargestellten unsterblich wie die Götter.

Der berühmte Frauenkopf aus Uruk zeigt, daß es schon am Beginn der mesopotamischen Plastik neben der noch in den Traditionen der geometrischen Kunst stehenden magisch-kultischen Richtung Bildnisse gab, die Symbol und Abbild zu einem Idealporträt verschmolzen. Es könnte sich um das Bildnis einer jener Priesterinnen handeln, die zu dieser Zeit in den Tempeln die Stellvertreterfunktion der Fruchtbarkeitsgöttin übernahmen. Dieser Frauenkopf zeichnet sich – trotz seiner übergroßen, ehemals inkrustierten Augen – noch nicht wie die späteren assyrischen Herrscherbildnisse durch übermenschliche Größe, sondern durch seine hoheitsvolle Menschlichkeit aus. Da die Frauen in der Klassengesellschaft nicht mehr den gleichen Rang wie die Männer einnahmen, waren Darstellungen selbst vornehmer Frauen – ebenso wie die von Vertretern sozial tieferstehender Schichten – nicht einer so strengen Kanonisierung unterworfen.

Bei dem Kopf aus Ninive sind Symbol und Abbild endgültig zu jenem Idealbild des siegreichen Herrschers verschmolzen, das für die mesopotamische Kunst typisch wurde: Während die wichtigsten Züge und Proportionen des Gesichts, die zur Kennzeichnung des Dargestellten notwendig waren, Porträtähnlichkeit anstrebten, verliehen die absolute Frontalität des Kopfes, die strenge Stilisierung von Kopf- und Barthaar und der Verzicht auf individuelle Merkmale diesem Herrscherbildnis eine Monumentalität,

48

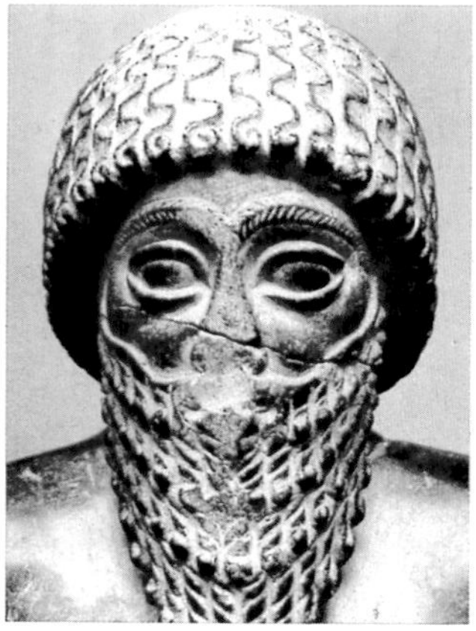

49

**47** Statuette eines Herrschers von Assur. 2400 v. u. Z. Berlin, Staatliche Museen

**48, 49** Kopf eines Sumerers. 2140 v. u. Z.; Kopf einer Statuette des Ur-Ningirsu von Lagasch. 2025 v. u. Z. Berlin, Staatliche Museen

**50** Beterstatuetten aus dem Abu-Tempel von Tell Asmar (Eschnunna). 2600 v. u. Z. Chicago, Orientalisches Institut der Universität und Bagdad, Irak-Museum

**51–54** Kopf der größten Beterstatuette aus dem Abu-Tempel von Tell Asmar (Eschnunna). 2600 v. u. Z. Bagdad, Irak-Museum; Frauenkopf aus Uruk (Abguß). 2800–2700 v. u. Z. Berlin, Staatliche Museen; Kopf eines akkadischen Königs aus Ninive (Abguß). 2300 v. u. Z. Berlin, Staatliche Museen; Sargon II. von Assur. Um 720 v. u. Z. Turin, Museo Civico

die den Dargestellten weit über seine Mitmenschen erhob, strenge Unterwerfung fordernd. Ideal der assyrischen Kunst, in der der Kanon, wie er für die Königsbildnisse vieler Jahrhunderte verbindlich bleiben sollte, im 1. Jahrtausend v. u. Z. seine endgültige Ausprägung fand, war der muskelstrotzende Kraftmensch und martialische Krieger. Übermenschliche Dimensionen und die ebenso unmenschliche Blockhaftigkeit der Formen, eine jedem Gefühl fremde Härte, ja Grausamkeit des Gesichts ließen das Herrscherbild trotz seiner gewissen Porträtähnlichkeit zum Symbol absoluten Machtanspruchs werden.

50

Auch in der Reliefplastik, die seit sumerischer Zeit neben der Vollplastik eine gleichbedeutende Rolle spielte, erreichte der Kanon in der assyrischen Kunst seinen Höhepunkt. Die Entwicklung beginnt auch hier mit einer Darstellungsweise, die noch an die geometrische Kunst der frühen Bauernvölker erinnert und weniger repräsentieren als vielmehr erzählen will. Davon zeugen auch die Schriftzeichen, die viele Gestalten überziehen. Die Darstellungen auf den Reliefplatten, die die unteren Wandzonen der assyrischen Paläste schmückten, sind dann einem Kanon unterworfen, der weder Volumen noch Raum, weder plastische noch malerische Werte kannte. Die große Zahl der Künstler und die gewaltigen Aufgaben, die ihnen gestellt wurden, führten jedoch dazu, daß sie eine zuvor nie gekannte Meisterschaft erlangten. Durch die assyrischen Herrscher, die sich über das Priestertum erhoben, wurden die Grundlagen für die erste Kunst weltlichen Inhalts geschaffen. Auf den ehemals farbig bemalten steinernen Reliefplatten sind überwiegend historische Ereignisse wiedergegeben, die die Heldentaten ihrer Auftraggeber verherrlichten: die zahlreichen Kriegszüge, die Eroberung feindlicher Städte, der Triumph der Sieger und die grausame Bestrafung der Gefangenen. Die in die Reliefs eingemeißelten Keilschrifttexte erinnern noch an die sumerische Kunst, aus den naiven Erzählungen sind jedoch Exklusivberichte geworden, die nicht nur die Taten, sondern auch die Prachtentfaltung der Herrscher der Öffentlichkeit kundtun.

Eine große Bedeutung kam noch immer dem Tierbild zu, das allerdings weniger als Symbol der Fruchtbarkeit galt, sondern Sinnbild der Kraft wurde. So trat an die Stelle des Stiers der Löwe als »König der Tiere«. Über fünf Meter hohe Fabelwesen, wie die Mischwesen früherer Epochen aus Mensch und Tier oder aus verschiedenen Tieren zusammengesetzt, hielten an den Eingängen der Paläste Wache. Da diese Tiere die unüberwindliche Kraft des Herrschers symbolisieren sollten, wurden sie ebenfalls stark stilisiert. Allerdings bestimmte auch bei diesem Genre der

51
52
53
54

55

56

Darstellungsinhalt die Darstellungsweise. Auf Reliefs mit Jagdszenen, wo das Tier nicht Sinnbild, sondern lediglich das zu erbeutende Wild sein sollte, erreichte die Wiedergabe einen hohen Grad von Natürlichkeit. Die Leidenschaft der Assyrer für die Jagd ließ hier lebensvolle Bilder entstehen, die das Wesen der Tiere großartig erfassen. Tierdarstellungen erscheinen häufig auch auf den Stempeln und Rollsiegeln, einer im Zweistromland in Umlauf gebrachten Form der Eigentumskennzeichnung, die zur Entfaltung der spezifisch mesopotamischen Steinschneidekunst führte. Die Tiere sind meist zu beiden Seiten einer Herrscher- oder Göttergestalt symmetrisch-antithetisch angeordnet, eine Darstellungsweise, die im Wappenschema bis in die Gegenwart weiterlebt.

Die Malerei trug ebenfalls symbolischen oder schmückenden Charakter. Schon die Wände der frühen Tempel waren mit verschiedenfarbenen Streifen bemalt. Die Stufen der Zikkurats trugen unterschiedliche Färbung: Die unterste Terrasse war meist schwarz (Bitumen), die mittlere rot (gebrannter Ziegel) und die oberste geweißt. Beim berühmten Stufenturm von Babylon kam noch je ein Geschoß in Purpur, Silber und Gold hinzu, der Tempel auf der obersten Plattform war blau. Obgleich auf den Lehmmauern nur wenige Reste von Malereien erhalten blieben, dürften diese eine größere Rolle gespielt haben als früher angenommen. Die zum Teil erhaltenen Wandmalereien im Palast der Stadt Mari – der Konkurrentin des alten Babylons – wurden einst als »Weltwunder« gerühmt.

57

58

Typischer für das Zweistromland sind jedoch die Steinstiftmosaike und vor allem die Keramikplatten, mit denen die Wände der Tempel und Paläste verkleidet waren. Schon die frühen sumerischen Tempel hat man mit Mosaiken aus farbigen Steinstiften, die in den noch weichen Lehm eingeschlagen und zu geometrischen Mustern zusammengesetzt wurden, verziert. In den Palästen der assyrischen und babylonischen Herrscher übernahmen farbig bemalte Steinreliefs und emaillierte Keramikplatten die Aufgaben der Malerei. Auf dunkelblauem Grund wurden gelbe, schwarze, grüne und weiße Ornamente sowie figürliche Darstellungen geschaffen. Von der Farbenpracht dieser Kunst zeugen das Ischtar-Tor und die zum Heiligtum des Stadtgotts Marduk führende Prozessionsstraße von Babylon. Ihre Mauern sind mit farbig glasierten Ziegeln geschmückt und zeigen auf strahlend blauem Grund schreitende Stiere, Löwen und Fabelwesen, aber auch geometrische Ornamente, wie sie in Mesopotamien als Erbe der bäuerlichen Kulturen stets lebendig blieben.

Das Kunsthandwerk, das sich aufgrund verschiedener neuer Erfindungen spezialisierte, nahm eine glanzvolle Entwicklung. Während es im Dienst von Priestertum und Hof immer mehr zum Luxushandwerk wurde, mußte sich die Bevölkerung allerdings mit billigen Massenartikeln begnügen. Die Verwendung der schnell drehenden Töpferscheibe trug schon seit 4000 v. u. Z. dazu bei, daß die Gefäßkeramik ihre künstlerische Qualität einbüßte und zur Massenware wurde. Für das metallverarbeitende Kunsthandwerk waren Fortschritte in der Metallurgie von großer Bedeutung: Die ersten Goldfunde datieren bereits in das frühe 4. Jahrtausend, seit 2700 v. u. Z. wurden Erzeugnisse aus echter Zinnbronze und seit etwa 1200 v. u. Z. aus Eisen hergestellt. In Anatolien setzte die Eisenzeit sogar schon im 3. Jahrtausend ein. Dieses Metall war für die Vervollkommnung der Waffen von großer Bedeutung, auf ihm beruhte die militärische Schlagkraft der Assyrer.

Auch die Herstellung von Münzen, die wie so viele andere epochemachende Errungenschaften zuerst in Mesopotamien begann, ließ einen neuen Handwerkszweig entstehen: Nachdem der Tauschhandel schon in sumerischer Zeit durch eine »Getreidewährung« ersetzt worden war, ging man zur Metallwährung auf der Grundlage von Silber und – indem man die Silberstücke prüfte und mit einem Stempel versah – zur Herstellung von Münzen über.

Vorderasien blieb während des ganzen Altertums das Zentrum der Luxuswarenherstellung. Schon in den Königsgräbern von Ur aus der Zeit um 2500 v. u. Z. wurden Meisterwerke der Juwelierkunst gefunden: Diademe, Kronen in Form von Kopfbinden, ein gehämmerter Goldhelm, Halsschmuck, Armbänder, Nadeln und Anhänger aus Gold, Silber, Lapislazuli und Karneol, silberne und goldene Waffen, Gefäße und Geräte. Besonders beliebt waren Intarsienarbeiten in unterschiedlichen Materialien mit wirkungsvollen Farbkontrasten. Die berühmte Mosaikstandarte von Ur zeigt auf einem Holzgrund ein figürliches Mosaik aus Muscheln, rotem Kalkstein und Lapislazuli. Einen späten Höhepunkt erlebte das Kunsthandwerk in der reichen Wirtschafts- und Handelsmetropole Babylon, deren Produkte auch ins Ausland gingen.

59

Ein Vergleich zwischen den aus Fellen oder Wolle hergestellten Zotterröcken der Sumerer und den prachtvollen Gewändern der Assyrer und Babylonier läßt die gewaltige Spanne der technischen, künstlerischen und sozialen Entwicklung von den Anfängen bis zur vollen Entfaltung der Sklavenhaltergesellschaft erkennen. Auch in der Kleidung waren die kostbaren gemusterten Stoffe wie der edle Schmuck Privileg einer kleinen Oberschicht. Mit der hierarchischen Ordnung bildeten sich Standestrachten sowie Rang- und Würdezeichen heraus, die die Priester, Beamten und Soldaten und innerhalb dieser Stände wiederum die jeweiligen Rangstufen voneinander unterschieden. Bei den Standestrachten herrschte im Grunde das gleiche Prinzip wie in der Kunst: Auch in der Kleidung wurden das Maß an Prachtentfaltung, der Grad der Stilisierung und Monumentalisierung zum Maßstab für den sozialen Rang; so machten insbesondere hohe Kopfbedeckungen die »überragende« Stellung ihrer Träger sichtbar.

**55** Hammurapi betend vor dem Sonnengott Schamasch. Oberteil der Gesetzesstele des Hammurapi von Babylon (Abguß). 1750 v. u. Z. Berlin, Staatliche Museen

**56** Assurbanipal (668–626 v. u. Z.) auf dem Prunkwagen. Teil eines Reliefs vom Palast in Ninive. Paris, Louvre

**57** Löwe vom Burgtor in Sam'al. 9. Jh. v. u. Z. Berlin, Staatliche Museen

**58** Sterbender Löwe. Teil eines Reliefs vom Palast Assurbanipals (668–626 v. u. Z.) in Ninive. London, Britisches Museum

**59** Ziegenbock am Lebensbaum. Weihfigur aus den Gräbern von Ur. 2500 v. u. Z. London, Britisches Museum

**60** Rollsiegel aus Uruk. 2800–2700 v. u. Z. Berlin, Staatliche Museen

60

## Die Kunst im alten Ägypten

Während die Anfänge von Ackerbau und Viehzucht in Vorderasien bis in das 10. und die Entwicklung der Städte bis in das 8. Jahrtausend zurückreichten, setzte die bäuerliche Besiedlung des Niltals erst im 5. Jahrtausend ein. Die historischen Besonderheiten führten jedoch dazu, daß sich die Auflösung der Urgesellschaft in Ägypten schneller vollzog. Nachdem es schon im 4. Jahrtausend zur Bildung von Gauen gekommen war, ging um 3000 aus der Vereinigung von Ober- und Unterägypten der einheitliche ägyptische Staat hervor. Er basierte auf den gleichen gesellschaftlichen und ökonomischen Bedingungen wie der mesopotamische Sklavenhalterstaat, war jedoch aufgrund seiner günstigeren geographischen Lage wesentlich stabiler. Allerdings mußte auch die Einheit Ägyptens dreimal erneuert werden, so daß man von einem Alten (27. bis 22. Jh.), einem Mittleren (21. bis 17. Jh.) und einem Neuen Reich (1550–1080) spricht.

Der Pharao, der als irdische Verkörperung der Himmelsgottheit galt und nach seinem Tode als Gott verehrt wurde, war noch mächtiger als die mesopotamischen Despoten, und die religiösen Traditionen, die die Rechtmäßigkeit seines Herrschaftsanspruchs begründeten, waren so stark, daß sie auch Zeiten des Verfalls und der Fremdherrschaft überdauerten.

In der Kunst wirkten die Traditionen ebenfalls ununterbrochen und von außen kaum beeinflußt über Jahrtausende bis in hellenistische und römische Zeit fort. Da nach den Jenseitsvorstellungen der Ägypter ein Weiterleben nach dem Tode nur in einem unvergänglichen Körper (daher die Sitte der Mumifizierung) oder seinem plastischen Ebenbild möglich war, war die Kunst nicht nur für die Verherrlichung der lebenden Herrscher, sondern auch im Totenkult unentbehrlich. Sie mußte die steinernen Abbilder schaffen, die die Toten unsterblich machten, ihnen die »Häuser der Ewigkeit« bauen und mit allem Inventar und allen notwendigen Dingen ausstatten, die der Verstorbene für ein standesgemäßes Leben auch nach dem Tode benötigte. Die ägyptische Kunst umfaßt daher weit mehr als die des Zweistromlands alle Bereiche des Lebens bis in die private Sphäre hinein.

Der Grabbau des Pharao war zugleich kultischer und politischer Mittelpunkt des ganzen Landes. Schon im Alten Reich entstand mit der Pyramide die charakteristische Schöpfung der ägyptischen Baukunst. Sie ist wohl das rationalste und zugleich irrationalste Bauwerk, das je geschaffen wurde – rational in ihrer Kegelform, ihrer bis zur letzten Konsequenz geführten Geometrisierung; irrational durch ihre Aufgabe, Grabbau eines einzigen Menschen zu sein. Mit der Stärke der Zentralgewalt wuchsen auch die Ausmaße der Pyramiden, deren Bau schließlich die jahrzehntelange Arbeit Zehntausender von Arbeitskräften erforderte. Über einer Grundfläche von 230 × 230 Metern erhob sich über 140 Meter die Cheopspyramide, deren Höhe erst wieder zur Zeit der Gotik vom Turm des Straßburger Münsters erreicht werden sollte.

Nicht nur ihre Größe, auch ihre Form strebte nach dem Absoluten: Aus den rechteckigen, kastenförmigen Grabbauten der ägyptischen Frühzeit, den Mastabas, entstand die Stufenpyramide und aus dieser die über quadratischem Grundriß errichtete Pyramide. Für die Ewigkeit bestimmt, wurden

61

62

**61** Die Pyramiden des Mykerinos, Chephren und Cheops bei Giseh. 26. Jh. v. u. Z.
**62** Terrassentempel der Hatschepsut in Der el-Bahari. 1. Hälfte 15. Jh. v. u. Z.

63

die Grabmonumente der Pharaonen nicht mehr aus Ziegelsteinen, wie die älteren Mastabas, sondern aus Hausteinen errichtet und mit Kalksteinplatten verkleidet. Auch für alle anderen Kunstgattungen sollte der unvergängliche Stein das bevorzugte Material bleiben, so daß in der ägyptischen Kunst die »Steinzeit« gleichsam noch über Jahrtausende weiterlebte. Der Analogiezauber, der ebenfalls auf uralte magisch-religiöse Vorstellungen zurückging, wirkte besonders stark fort, waren doch die Pyramiden letztlich nichts anderes als künstlich errichtete Berge, auf denen zuvor die Völker der Frühzeit ihre Götter verehrten, und die Grabkammern in den Pyramiden kaum mehr als Höhlen, zu denen man wie zu den Kulthöhlen der Eiszeit durch einen langen Gang gelangte. Im Mittleren Reich, als man die Toten in Felsengräbern beisetzte, kehrte die Kunst sogar zur altsteinzeitlichen »Höhlenarchitektur« zurück. Nicht Neukonstruktion im Sinne der Architektur des Zweistromlands, sondern Nachbildungen natürlicher Vorbilder waren auch die Säulenhallen der Tempel mit ihrer Vielzahl engstehender Stützen – steinerne Abbilder der heiligen Haine der Frühzeit, über denen einst die nunmehr auf die Decke gemalten Sterne leuchteten und Geier kreisten.
Viele Elemente der ägyptischen Architektur bildeten Formen aus dem Lehm- und Holzbau nach, wie Holzpfosten und Holztüren. Die Pylone, die die Eingänge zu den Tempelbezirken flankierten, erinnern an die aus Nilschlamm errichteten geböschten Deiche. Die als Stützen dienenden Säulen, die die ägyptische Architektur im Gegensatz zur mesopotamischen zahlreich und vielfältig verwandte, gleichen gebündelten Bambus- oder Papyrusstengeln und ihre Kapitelle Lotosblüten oder -knospen.
Die Meisterung der gewaltigen Bauaufgaben, die vollendete Präzision, mit der alle großen und kleinen Bauteile bearbeitet sind, machen deutlich, daß nicht mangelnde technische und konstruktive Fähigkeiten, sondern religiöse Vorstel ungen, der Glaube an die magisch-stellvertretende Kraft des Abbildes, der ägyptischen Kunst ihre Grenzen setzten, ihr aber auch einmalige Ausdruckskraft gaben, ein Glaube, der die Herrscher veranlaßte, neben den Pyramiden ganze Totenstädte mit Palästen, Tempeln, Speichern anzulegen – magische Abbilder ihrer Residenzen. Im Gegensatz zur Eiszeitkunst sollte dieser Analogiezauber aber nicht nur für den Augenblick, sondern für die Ewigkeit wirksam sein und sollte die Monumentalisierung gleichzeitig herrscherliche und staatliche Größe und Allmacht verleihen. Die nach außen gewandten repräsentativen Züge traten im Neuen Reich zunehmend hervor. Während die frühen Totenstädte aus einem Nebeneinander von offenbar planlos angelegten Bauten bestanden, setzte sich im Laufe der Entwicklung ein ordnendes und gliederndes Prinzip durch, das den Tempelanlagen Ziel und Richtung gab: Eine von Widdern und Sphinxen gesäumte Allee führte zu den mit monumentaler Plastik geschmückten Eingangspylonen; dahinter lag ein großer, von Säulen umstandener Hof, dem wiederum eine riesige Säulenhalle folgte, von der der Weg zum eigentlichen, im geheimnisvollen Dunkel gelegenen Heiligtum mit dem Bild des Gottes beziehungsweise des Pharao führte. Der Totenkult wurde immer mehr zum Staatskult, zur geordneten Prozession, die jedem Teilnehmer wie im Leben seinen Platz und Weg vorschrieb, ihn die ganze Größe göttlicher und staatlicher Macht, aber auch seine eigene Bedeutungslo-

64

**63** Säulensaal des Tempels von Luxor. 1400 v. u. Z.
**64** Stufenpyramide des Djoser bei Sakkara. 2620 v. u. Z.

65

sigkeit erleben ließ. Trotz dieser »Säkularisierung« blieb die ägyptische über alle Zeiten hinweg vor allem eine dem Totenkult der Herrschenden dienende Kunst. Dieser besonderen Bedeutung entsprechend nahm auch der Künstler eine bevorzugte Stellung ein. Schon aus dem Alten Reich sind Namen von Baumeistern überliefert, die aus königlichem Hause stammten. Imhotep, der Schöpfer der Stufenpyramide des Djoser und ältester namentlich bekannter Baumeister, wurde sogar zum Sohn eines Gottes erhoben und später von den Griechen ihrem Heilgott Äskulap gleichgesetzt

Die Großartigkeit der Monumentalbauten läßt leicht vergessen, daß die armen Bevölkerungsschichten über Jahrtausende hinweg in lehmverschmierten Schilfhütten lebten und sich nur die bessergestellten Handwerker kleine Häuser leisten konnten. Die Häuser der Vornehmen lagen in anderen Stadtbezirken und zeichneten sich durch beträchtliche Größe aus. Zentrum des Hauses war ein von vier Säulen umstandener Hof, dem sich eine Vielzahl von Räumlichkeiten und meist auch ein Garten mit Teich und Lauben anschlossen, wie er auf einigen Wandmalereien detailreich wiedergegeben ist.

Wie die offizielle Baukunst stand auch die Plastik im Dienst des Totenkults. »Der lebendig macht«, so lautet die wörtliche Übersetzung des ägyptischen Worts für Bildhauer. Da der Mensch nach den Vorstellungen der Ägypter mehrere unsichtbare Seelen besaß, die sich in unterschiedlicher Weise verkörperten, brachte die Kunst verschiedene kanonisierte Statuentypen hervor. Um die Lebenskraft »Ka« zu verewigen, die die substantielle Verkörperung des Verstorbenen war, mußten die Bildwerke Porträtähnlichkeit aufweisen; um aber auch die gottähnlichen Eigenschaften des Herrschers sichtbar zu machen, mußten sie seine individuellen menschlichen Züge mit übermenschlichen vereinen und jene für die ägyptische Plastik so typische Synthese von Porträt und Idealbildnis schaffen.

Die ersten ägyptischen Herrscher wurden nach alten totemistischen Vorstellungen sogar noch in der Gestalt von Tieren dargestellt. Auch in späterer Zeit versah man sie häufig mit tierischen Attributen, wie überhaupt das Tier in der ägyptischen Götterwelt und damit auch in der Kunst eine außerordentliche Rolle spielte. Der Sphinx, der den Kopf des Menschen mit dem Körper des Löwen vereint, wurde zum Inbegriff der ägyptischen Kunst. Er war bezeichnenderweise das erste Königsstandbild, das außerhalb der Totentempel aufgestellt wurde, also den Volksmassen zugänglich war. Aber auch in Ägypten wurde der Ausdruck des Übermenschlichen bald nicht mehr nur durch Animalisierung, sondern durch Stilisierung erreicht.

66

**65** Mykerinos mit seiner Gemahlin. 2560 v. u. Z. Boston, Museum der Schönen Künste

**66** Pavian des Narmer. 3000 v. u. Z. Berlin, Staatliche Museen

**67** Hatschepsut als Sphinx. 1500 v. u. Z. Berlin, Staatliche Museen

67

68

Das Naturbild wurde in den geometrischen Steinblock gebannt, dessen dauerhaftes Material und absolute Form es gleichsam der Sphäre des Menschlichen enthoben. Zu den kanonisierten Typen gehörte die Standfigur mit vorgestelltem linken Bein, die Sitzfigur auf würfelartigem Thron und die sitzende Figur mit gekreuzten Beinen. Die wohl typischste Schöpfung der ägyptischen Plastik war der Würfelhocker, bei dem der Körper fast völlig zum Kubus umgestaltet ist und nur noch der Kopf sein menschliches Aussehen bewahrt. Die Ägypter bevorzugten besonders harte, unvergängliche Gesteinssorten wie Diorit, Basalt und Granit. Holz wurde meist für Darstellungen von Menschen verwendet, die nicht zu den vornehmen Schichten gehörten. Je niedriger der soziale Rang war, um so wirklichkeitsgetreuer war die Wiedergabe. Die hölzernen Dienerfiguren, die den Gräbern der Vornehmen beigegeben wurden, sind zwar mit weniger Kunstfertigkeit gestaltet, zeigen jedoch die ganze Vielfalt alltäglicher Verrichtungen, die zum Wohlleben der Toten notwendig waren.

In der Königsplastik gewann diese naturalistische Tendenz nur einmal – um 1350 in der sogenannten Amarna-Zeit – die Oberhand über die kanonische Idealisierung, als der »Ketzerkönig« Echnaton, um den übermächtigen Einfluß der Priesterschaft des Hauptgotts Amun einzudämmen, die monotheistische Religion der Sonnenscheibe Aton einführte und seine Residenz von Theben in das neuerrichtete Achet-Aton verlegte. Die hier ausgegrabene Werkstatt des Bildhauers Thutmose beweist, daß die Künstler ihre Plastiken nach Gipsabgüssen vom lebenden Modell schufen. Die individuellen Gesichtszüge und charakteristischen Körpermerkmale des Echnaton, der sich in intimen Szenen im Kreise seiner Familie darstellen ließ, wurden sogar in geradezu karikierender Weise betont. Nach der Restaurierung der alten Verhältnisse knüpften spätere Dynastien jedoch wieder an die »geheiligten« Kunsttraditionen des Alten Reichs an, wobei ähnlich wie in der Architektur eine Steigerung vom Monumentalen zum Kolossalen und Überladenen erfolgte: Die Sitzstatuen Ramses' II. in Abu Simbel sind 20 Meter hoch, und der Tempel der Königin Hatschepsut in Der el-Bahari barg über 200 Standbilder.

Als Schmuck der Tempelwände, Pylone und Säulenschäfte diente das Reliefbild, das immer bemalt war. Neben dem Basrelief gab es als ägyptische Sonderform das versenkte Relief. Noch konsequenter als die mesopotamische wählte die ägyptische Kunst für die Wiedergabe der menschlichen Gestalt die strenge Frontalität und das Pro-

69

70

**68** Echnaton und Nofretete. 1360 v. u. Z. Berlin (West), Staatliche Museen
**69, 70** Der Gutsvorsteher Dersenedi. 2500 v. u. Z.; Würfelhocker des Senen-mut mit der Prinzessin Nefru-re aus Theben. Um 1480 v. u. Z. Berlin, Staatliche Museen
**71** Prunkpalette des Narmer aus Hierakonpolis (Abguß). 3000 v. u. Z. Berlin, Staatliche Museen

71

72

fil. Beim Relief verband sie beide Ansichten, indem sie Kopf und Füße im Profil, den Rumpf aber frontal darstellte. Auch in Ägypten wurde die soziale Differenzierung durch unterschiedliche Größe der Figuren sichtbar gemacht. Die kompositionelle Anordnung szenischer Bilder, in die fast immer erläuternd und ergänzend Hieroglyphen einbezogen sind, erfolgte in verschiedenen Zonen. Während die Reliefbilder des Alten und Mittleren Reichs den Dargestellten zumeist beim Mahl, umsorgt von einer zahlreichen Dienerschaft, oder bei der Jagd zu Boot im Papyrusdikkicht wiedergeben, verherrlichen die Triumphalreliefs des Neuen Reichs die Kriegszüge der Pharaonen und die Unterwerfung fremder Völkerschaften, die dem Herrscher huldigen und ihren Tribut darbringen.

Im Mittleren Reich erlangte die Wandmalerei – eine Temperamalerei mit Mineralfarben auf trockener Oberfläche – selbständige Bedeutung. Da auch sie in erster Linie magische Verewigungen von Menschen, Tieren und Geräten schaffen wollte, die den Verstorbenen mit allem für das Weiterleben nach dem Tode Notwendigen und Angenehmen versorgen sollten, ist ihr Themenkreis sehr weitgespannt, zumal wenn es sich um Malereien in Gräbern etwa von Beamten handelt, bei denen die Repräsentation weniger wichtig war als bei den Totentempeln der Pharaonen. Oft sind Vertreter des Volkes – Handwerker und Bauern, Diener und Sklaven – in naturgetreuen Szenen bei ihren täglichen Verrichtungen dargestellt. Im Mittelpunkt aber stand selbstverständlich auch hier das Leben der Vornehmen, von dem jedoch weniger Krieg und Kampf als vielmehr die schönen und angenehmen Seiten geschildert wurden: festliche Gelage, Tanz und Spiel und nicht zuletzt die aus der assyrischen Kunst nahezu verbannte Frau als Gattin, Hetäre, Tänzerin oder Dienerin. Wie auch beim Relief wurde die natürliche Umgebung des Menschen, der Landschaftsraum, die Tier- und Pflanzenwelt, in die Darstellungen einbezogen, welche durch nuancierende Farbgebung malerische Werte gewannen. Zur Zeit des Neuen Reichs bildete sich in Ägypten die Graphik heraus. Auf Papyrus entstanden Zeichnungen zu den Texten des »Buchs der Unterwelt«, die auf die Entwicklung der Wandmalerei zurückwirken sollten.

Das ägyptische Kunsthandwerk erlebte im Dienst der reichen Oberschicht und vor allem des Königshofs eine außerordentliche Blüte. Die wichtigsten künstlerischen Zeugnisse der Frühzeit sind Werke der Kleinkunst wie die Prunkpaletten, die schon Ende des 4. Jahrtausends nur noch rituelle Funktion hatten. Hohe Meisterschaft erreichte die Steinbearbeitung: In Gräbern wurden monolithe Gefäße aus Alabaster oder Schiefer von einem Meter Höhe gefunden. Sitzmöbel, Schreine und Truhen – die bedeutendsten Funde stammen aus dem berühmten Grab des Tut-ench-Amun – wurden meist aus Edelhölzern gefertigt, vergoldet oder mit Gold und anderen kostbaren Materialien eingelegt. Die Sessel und Betten werden von nachgebildeten Stier- oder Löwenbeinen getragen, wie überhaupt das Tier auch im ägyptischen Kunsthandwerk als Schmuck und Bedeutungsträger zugleich fungiert und das Weiterleben des magischen Eiszeitnaturalismus bezeugt. Fayencen, vor allem in den Farben Blau und Türkis, stellen Säugetiere, Fische und Vögel dar. In der ersten Hälfte des 14. Jahrhunderts v. u. Z. wurde die Glasherstellung erfunden, ein Material, aus dem man Gefäße und Masken in der magischen grünen Farbe der Jugend und Gesundheit oder in der blauen Symbolfarbe der Götter formte. Gefäße aus Glas und Fayence wie auch die Werke der hochentwickelten Juwelierkunst bilden neben Tieren oft stilisierte Lotos- und Papyruspflanzen nach.

73

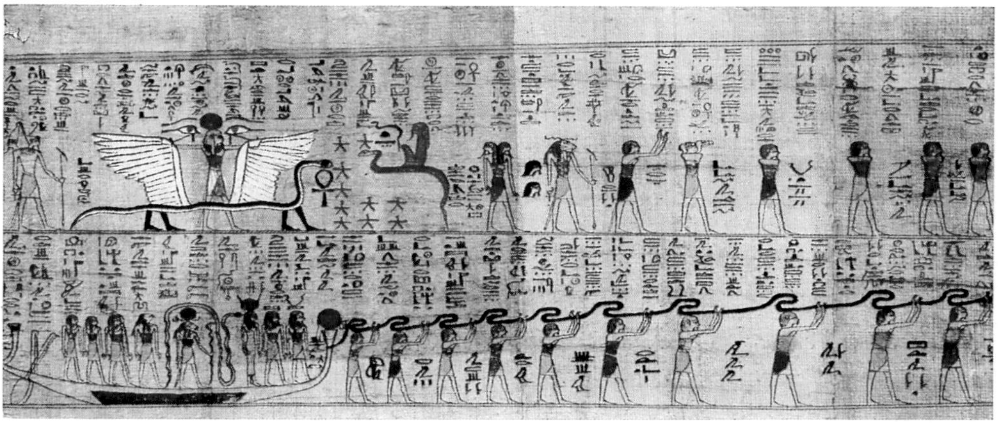

74

75

76

Während ursprünglich alle Männer nur einen Lendenschurz und die Frauen einen mit Trägern gehaltenen Rock trugen, wurde die Kleidung der Vornehmen durch Obergewänder ergänzt, die den Körper verhüllten und wie die Kunst stilisierten. Vornehme Männer begannen mehrere Schurze übereinander zu tragen, und der Pyramidenschurz nahm die geometrische Dreiecksform an. Die Kleidung wurde jedoch aus so dünnen Stoffen hergestellt, daß der Körper hindurchschien – ähnlich wie in der Plastik die natürlichen Körperformen durch den starren Steinblock. Auch die Perücken, die ursprünglich zum Schutz vor der Sonne dienten, entwickelten sich zum Standesabzeichen und erhielten wie die übrige Kleidung der Vornehmen eine geometrische Form, die den Kopf blockartig umrahmte. Mit den Klassen und Schichten hatte sich die Kleidung zur Standestracht entwickelt, deren soziale Skala von der völligen Nacktheit der Sklaven bis zu einem exklusiven Kleiderluxus an den Höfen reichte. Zu ihm gehörte eine raffinierte Kosmetik, die für den Ägypter genauso wichtig war wie Kleidung und Schmuck. Andererseits lebten in der ägyptischen Tracht steinzeitliche Traditionen fort wie etwa im Leopardenfell des priesterlichen Ornats.

## Die griechische Kunst



Während in Mesopotamien und Ägypten bereits Großreiche bestanden, lebte in Europa die Gentilordnung noch Jahrtausende fort. Nur im östlichen Mittelmeer, in nächster Nachbarschaft zum Orient, gab es schon seit dem 3. Jahrtausend, lange vor der Geburt des historischen Griechenlands, auf Kreta die bedeutende minoische Kultur, die nach dem sagenhaften König Minos von Kreta benannt wurde. Um die Mitte des 2. Jahrtausends wurde diese Hochkultur zerstört und von der mykenischen Kultur des griechischen Festlands abgelöst. Da die Inselwelt der Ägäis der Bildung einer starken Zentralgewalt ungünstig war, konnten sich weder auf Kreta noch in Griechenland Großstaaten und Despotien entwickeln. In der minoischen Kunst lebten sogar viele Formen der Urgesellschaft fort. Wie bei den Völkern der Frühzeit standen auf Kreta der Fruchtbarkeitszauber, die in den orientalischen Despotien entthronte Muttergöttin und der Stierkult im Mittelpunkt der Kunst. Der Kult wurde noch in den Heiligtümern der Häuser oder im Freien und wie in den Zeiten des Matriarchats meist von Frauen abgehalten. Da noch keine mächtige Priesterorganisation existierte, gab es weder Tempel noch großplastische Kultbilder, sondern nur unterirdische Grabanlagen und Grabtempel. Paläste mit teils Hunderten von Räumen zeugen jedoch davon, daß sich auf der Insel bereits eine Klassengesellschaft ausgebildet hatte. Die Paläste waren aber noch nicht befestigt, und die Anordnung ihrer Räume war so wenig repräsentativ und so unübersichtlich, daß der Palast des Königs Minos in Knossos, der der Sage nach den Minotauros beherbergte, den späteren Griechen wie ein »Labyrinth« erschien. Treppenanlagen, die die zwei beziehungsweise drei Geschosse miteinander ver-

77

**72** Malerei im Grab des Nacht in Theben. 1400 v. u. Z.
**73** Fragment einer Wandmalerei aus dem Grab Chnumhoteps III. in Beni Hassan. Um 1900 v. u. Z.
**74** Mythologische Darstellungen aus dem »Buch von dem, was in der Unterwelt ist«. Papyrusmalerei aus Theben. 12. Jh. v. u. Z. Berlin, Staatliche Museen
**75** Mumiensarg des Amunpriesters Pai-es-Tenef aus Theben. Um 550 v. u. Z. Berlin, Staatliche Museen
**76** Kopf der Nofretete aus der Werkstatt in Achet-Aton. 1350 v. u. Z. Berlin (West), Staatliche Museen
**77** Schlangengöttin aus dem Palast von Knossos. Frühes 16. Jh. v. u. Z. Heraklion, Archäologisches Museum
**78** Spätminoische Tongefäße aus Palaikastro. 1500 und 1400 v. u. Z. Heraklion, Museum

78

 banden, Luftheizung, Bäder, Toiletten mit Wasserspülung wie überhaupt ein geradezu modern anmutender Komfort zeugen von dem hohen Stand der technischen und kulturellen Entwicklung. Das anspruchsvolle, daseinsfreudige Leben der Bewohner offenbaren auch die Wandmalereien. Szenen aus dem höfischen und kultischen Leben, deren Schauplatz vor allem die Höfe der Paläste sind, wurden in einer naturverbundenen, lebendigen Sprache dargestellt. Neben der Malerei gab es eine reiche Kleinkunst, unter der die Keramik an erster Stelle stand. Ihre fußlosen Gefäßformen weisen noch auf eine sehr frühe, die Naturformen nachbildende Stufe der Töpferei zurück. Naturalistisch war auch die minoische Vasenmalerei, die dem Bereich des Meeres entstammende Tiere und Pflanzen bevorzugte. Aus Ton bestehen ebenfalls die kleinen Frauenstatuetten, Darstellungen der Muttergöttin beziehungsweise ihrer Priesterinnen. In der minoischen Kunst ist die Fruchtbarkeitsgöttin allerdings zur »großen Dame« geworden, die in den Palästen den Ton angab. Die Mode zeigt einen betont femininen Charakter, aber auch Spätkulturen eigene Züge der rokokohaften Verfeinerung und des raffinierten Lebens- und Kunstgenusses – Spiegelbild einer nur noch durch die Gunst der Verhältnisse weiterlebenden Gesellschaft und Kultur.

Diese hochzivilisierte Kultur auf der Basis einer frühen Klassengesellschaft fand ihr Ende, als noch in der Gentilordnung lebende kriegerische Stämme in mehreren Wellen vom Balkan her das griechische Festland und die Inselwelt überfluteten. Die Mykener, die die direkten Vorfahren der Griechen waren und um die Mitte des 2. Jahrtausends v. u. Z. Kreta eroberten, unterwarfen die eingesessene Bevölkerung und bildeten eine Herrenschicht, die von Raub und Kriegszügen lebte, wie sie Homer in seiner »Ilias« beschreibt. Zur Hauptaufgabe der mykenischen Architektur gehörte demzufolge der Bau von Zwingburgen, die aus riesigen unregelmäßigen Monolithen errichtet wurden und von gewaltigen Mauern umgeben waren. Obgleich die Eroberer auch viele Errungenschaften der ihnen weit überlegenen minoischen Kultur übernahmen, ist der Einfluß der geometrischen Kunst vor allem in der Architektur deutlich. Während die kretischen Paläste einen »labyrinthischen« Grundriß hatten, zeichnete sich die Anlage der Königsburg von Tiryns durch

79

80

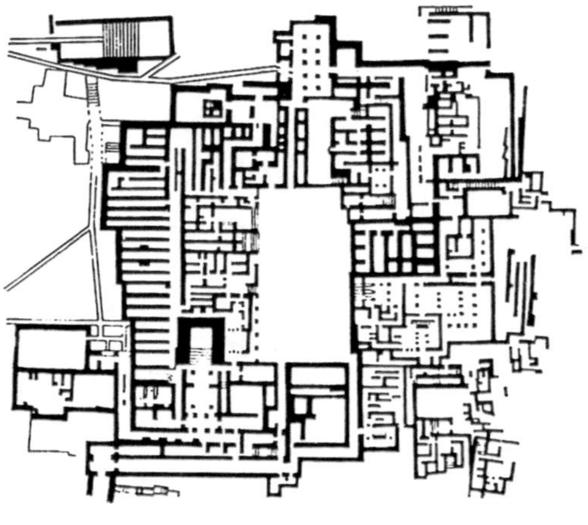
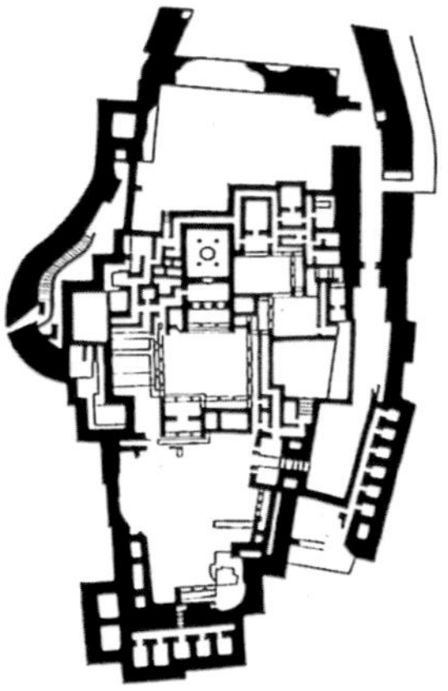
81
82

**79** Heratempel II, sog. Poseidontempel in Paestum. Um 450 v. u. Z.
**80** Korenhalle des Erechtheions auf der Akropolis in Athen. Um 420–406 v. u. Z.
**81** Grundriß des Palastes von Knossos. Um 1580–1550 v. u. Z.
**82** Grundriß der Burg von Tiryns. 14. Jh. v. u. Z.

Ordnung der Bauteile aus. Auch die mykenischen Grabanlagen, die wie viele Hünengräber aus Gang und Rundraum (Tholos) bestehen, der mit einem falschen Gewölbe gedeckt ist, zeigen das Streben nach geordneter monumentaler Form. Obgleich die mykenischen Malereien eine größere Nähe zur minoischen Kunst verraten, lassen auch sie eine zunehmende Verfestigung der Zeichnung und damit die Tendenz zur Geometrisierung erkennen. Ihre Vorliebe für Jagd- und Kampfszenen unterscheidet sie ebenfalls von der minoischen Kunst und offenbart den kriegerischen Geist der Eroberer.

Mit dem Vorstoß neuer Stämme aus dem Balkangebiet, der sogenannten dorischen Wanderung, fand auch diese noch von der minoischen Kunst mitgeformte Adelskultur ein Ende. Seit 1100 v. u. Z. herrschten in Griechenland zunächst wieder urgemeinschaftliche Verhältnisse und eine geometrische Kunst, die die Erzeugnisse der Keramik prägte. Zu Herren eines großen Landes geworden, dessen Einflußbereich durch Kolonisierung sich im Osten über Kleinasien bis zum Schwarzen Meer und im Westen bis nach Spanien ausweitete, bedurften die griechischen Stämme jedoch einer staatlichen Ordnung. Da die geographischen und gesellschaftlichen Bedingungen sowie die Stammesverschiedenheiten der Ausbildung einer starken Zentralgewalt entgegenstanden, konnten die Stadtstaaten, die Poleis, in Griechenland weitgehend ihre Autonomie bewahren. Die Städte errangen im Verlauf des 7. und 6. Jahrhunderts v. u. Z. das wirtschaftliche und politische Übergewicht über den Adel, dessen Macht auf Grundbesitz beruhte. Nicht allmächtige Despoten, sondern eine gleichberechtigte Schicht von freien Bürgern lenkten die Geschicke der Polis. So entstand zwar auch in Griechenland der Glaube an einen Götterhimmel sowie eine diesen Glauben demonstrierende Kunst, die Tempel und Kultbilder schuf; diese dienten aber nicht der Vergöttlichung von Herrschern, sondern der Vermenschlichung der Götter, die menschliches Aussehen und menschliche Eigenschaften annahmen. Nicht der Übermensch, sondern der Mensch in seiner Eigenverantwortung und Würde war der Maßstab der griechischen Kunst.

Dieses Ideal bildete sich allerdings erst im Laufe der Jahrhunderte heraus: Der geometrischen Kunst der Frühzeit (10. bis 8. Jh.) folgte die archaische Epoche (7. bis 6. Jh.) mit

83

ihren stark vom Orient geprägten, noch aristokratischen Zügen. Den Höhepunkt der griechischen Kunstentwicklung bildete die Klassik des 5. Jahrhunderts v. u. Z., die Kunst der griechischen Demokratie. Diese erreichte ihre Vollendung in Athen, dessen Bürger in gemeinsamer Anstrengung die persischen Invasoren besiegt und die Regierung des attischen Staates übernommen hatten. Doch schon im Verlauf des 4. Jahrhunderts v. u. Z. wurde die Kluft zwischen der Oberschicht, die die politische Macht an sich riß, und dem Demos immer tiefer. Der Spätklassik, die bereits größeren Wert auf ästhetische statt auf ethische Wirkungen legte, folgte der Hellenismus, dessen Kunst die Entstehung des monarchisch regierten Großreichs spiegelte. Alexander der Große ließ sich nach orientalischem Vorbild als Gott verehren. Zur Zeit des Hellenismus entwickelte sich eine gesamthellenische Kultur, die während der sogenannten Diadochenreiche neben Makedonien und dem griechischen Mutterland Asien und Ägypten umfaßte und vielfältigsten Einflüssen unterlag.

84

**83** Markttor von Milet. Um 130 u. Z. Berlin, Staatliche Museen

**84** Rekonstruierter Aufriß vom Ehrenhof mit Fassade des großen Sitzungssaals vom Rathaus von Milet. Um 170 v. u. Z. Berlin, Staatliche Museen

85

funden – das Kapitell als Kopf, der Säulenschaft als ein sich unter der Last des Gebälks emporstemmender Körper, dessen Säulenmantel wie die Falten eines Gewands gestaltet wurde. In ihrer Gesamtheit bildeten die Stützen keinen unübersehbaren Säulenwald wie in der ägyptischen Architektur, wo sich der Mensch klein und verloren vorkam, sondern sie standen überschaubar und als eine Gemeinschaft gleichberechtigter und geordneter Glieder nebeneinander – Sinnbild einer Gesellschaft, die – wenn auch mit großen Einschränkungen – die erste demokratische Ordnung der Geschichte schuf.

In Griechenland war der Tempelbau die vornehmste Aufgabe der Architektur. Diese Tempel waren jedoch weder Totenpaläste noch Schutzburgen für die Herrscher, sondern die sich nach allen Seiten öffnenden kultischen Mittelpunkte der Polis. Sie hatten die Aufgabe, als würdige und schützende architektonische Hülle für das Götterstandbild zu dienen. Der eigentliche Kult wurde an einem im Freien errichteten Altar zelebriert, war also ganz und gar öffentlich. Wie das griechische Haus bestanden die Tempel ursprünglich aus einem rechteckigen Innenraum (Naos) und einem vorn offenen und mit zwei Säulen versehenen Vorraum (Pronaos). Sie wurden allerdings bald größer und vielgestaltiger, erhielten einen dreistufigen Unterbau und eine beziehungsweise sogar zwei um den Innenraum geführte Säulenhallen (Peristyl), die ihnen ein repräsentatives Aussehen verliehen. Die Proportionen des griechischen Tempels blieben im Gegensatz zu den orientalischen Kultbauten stets überschaubar und in allen Einzelformen auf den Menschen bezogen. Säule und Gebälk wurden gleichsam körperlich als tragend und lastend empfunden – das Kapitell als Kopf, …

Die Entwicklung der griechischen Säulenordnung beweist, daß der Mensch in der griechischen Kunst immer das Maß aller Dinge blieb: Schon in der sogenannten dorischen Ordnung wirken die Säulen wie menschliche Körper, die, vergleichbar den Koren des Erechtheions, das Gebälk tragen. In der klassischen Zeit stehen die Säulen freier und ungezwungener da, und neben der schweren dorischen findet immer häufiger die schlankere ionische Säule Verwendung. Verglichen mit der Repräsentationskunst des Orients wirken sogar die korinthischen Säulen, die im Hellenismus bevorzugt wurden, maßvoll.
Nach dem Tempel waren öffentliche, der Allgemeinheit dienende Bauten Hauptaufgabe der griechischen Architektur. Der von Säulenhallen umgebene Marktplatz – die Agora –, die der Erziehung und Ertüchtigung der Jugend dienenden Gymnasien und nicht zuletzt die Theater, in denen sich die Bürger unter freiem Himmel zusammenfanden, um den Aufführungen der Tragödien des Sophokles, Euripides und Aischylos beizuwohnen, prägten das Bild der Städte. Der Wohnhausbau gewann vor allem im Helle-

86

**85** Aufbau des großen Altars von Pergamon. Um 180–160 v. u. Z. Berlin, Staatliche Museen
**86** Griechische Tempeltypen: Antentempel, Prostylos, Peripteros, Dipteros und griechische Säulenordnungen: dorisch, ionisch, korinthisch

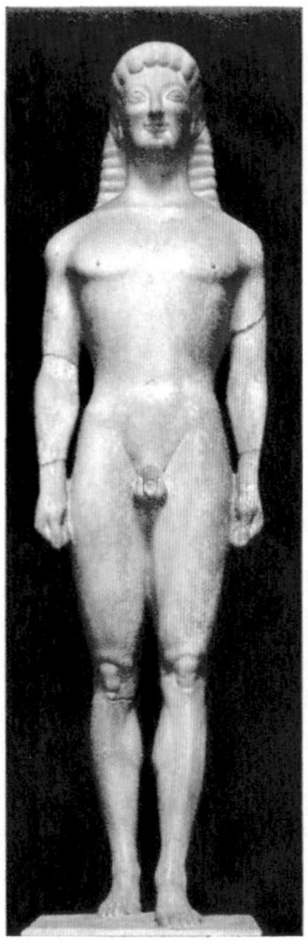

87
88
89
90
91

nismus, als sich das Leben zunehmend privatisierte, an Bedeutung. Die Wohnräume, nach außen gänzlich durch Mauern abgeschlossen, gruppierten sich um einen Innenhof und erhielten nur durch die Türen Licht. Die in den Kolonien neugegründeten Städte wurden nach einheitlichem Plan mit rechtwinkligem Straßennetz errichtet.
Auch die griechische Plastik wollte keine Übermenschen, sondern beispielgebende Vorbilder schaffen. Da Verwaltung, Kult und Verteidigung von allen freien Bürgern gemeinsam ausgeübt wurden, da es kein Beamtentum gab, sondern das Los über die Verteilung der Ämter entschied, war die umfassende Bildung der Persönlichkeit, die Entfaltung aller geistigen und körperlichen Kräfte, das Ziel der griechischen Erziehung und bestimmend für das Ideal der griechischen Plastik, in dem sich die Vorstellung vom Schönen und Guten vereinte. In der archaischen und später der hellenistischen Periode stand die Bildhauerkunst allerdings unter orientalischem Einfluß. In vorklassischer Zeit galt das vor allem für die ionischen Kolonien auf kleinasiatischem Boden, deren Kunst und Mode vorübergehend sogar für Athen bestimmend wurden. Dennoch offenbaren bereits die archaischen Statuen – der unbekleidete Jüngling, der Kuros, und das bekleidete Mädchen, die Kore – die über Zwang und äußere Gebundenheit hinausstrebende freie Persönlichkeit: Innere Kräfte sprengen gleichsam die einengende Blockform, und ein Lächeln, die wohl menschlichste Regung überhaupt, macht die Kultstatuen zu Menschen. Es läßt selbst die Götter, denen diese Jünglinge und Mädchen geweiht waren, menschlich erscheinen. Zur vollen Entfaltung gelangte das griechische Menschenideal aber erst zur Zeit der athenischen Demokratie in den Werken von Myron, Phidias und Polyklet, als nach der Beseitigung der Adelsherrschaft die Widersprüche zwischen der Freiheit des Einzelnen und der Gleichberechtigung aller freien griechischen Bürger überwunden schienen. Der klassische Kontrapost, der das noch soldatisch stramme Stand- und Schrittmotiv der Archaik in Stand- und Spielbein auflöste und so Ruhe und Bewegung miteinander verband, gab den Statuen eine zuvor nicht gekannte Bewegungsfreiheit, die jedoch durch maßvolle

87 Kuros von Tenea. Um 560 bis 550 v. u. Z. München, Glyptothek
88 Kore von der Akropolis (sog. Große Chiotin). Um 520 v. u. Z. Athen, Akropolis-Museum
89 Statue der Artemis. 1. Hälfte 5. Jh. v. u. Z. Rom, Vatikan
90 Sophokles aus Terracina. Römische Kopie nach griechischem Bronzestandbild. Um 340 bis 330 v. u. Z. Rom, Lateran
91 Venus von Milo (Melos). Um 150 v. u. Z. Paris, Louvre
92 Bildnis des Perikles. Römische Kopie nach griechischem Bronzestandbild. Um 430 v. u. Z. Berlin, Staatliche Museen
93 Idealporträt eines hellenistischen Herrschers aus Pergamon. Anfang 2. Jh. v. u. Z. Berlin, Staatliche Museen

92
93

94

95

Selbstbeherrschung zum Ausdruck menschlicher Würde erhoben wurde. Diese aus innerer Haltung geborene Würde war nicht mehr wie in Mesopotamien und Ägypten an Rang und Stand gebunden und bedurfte keiner übermenschlichen Größe, keiner Attribute und Standestrachten – sie konnte sich am unbekleideten Körper sogar am reinsten zeigen. Die Griechen haben daher auch ihre Götter erstmals nackt dargestellt. Indem sich in der körperlichen Schönheit ethische Werte offenbarten, wurde zugleich die Erotik aus dem magisch-kultischen Bereich des Fruchtbarkeitszaubers ins Menschliche transponiert. Nicht umsonst war der »lebende« Marmor, dessen Oberfläche wie die Haut zu atmen scheint, neben der Bronze das bevorzugte Material der griechischen Künstler.

Der Verfall der griechischen Demokratie und das Entstehen des hellenistischen Weltreichs unter Alexander dem Großen führten zum Verlust dieses Menschenideals. Unter dem Einfluß der monarchischen Kunst des Vorderen Orients ging das klassische Maß verloren. Der muskelstarke Kraftmensch wurde auch in Griechenland zum Symbol herrscherlicher Macht. An die Stelle der beherrschten Bewegung traten oft geschraubte, weit in den Raum ausgreifende Gesten. Dennoch ging echte Menschlichkeit auch in der hellenistischen Kunst nicht verloren, nur zog sie sich in persönliche Bereiche zurück. Das gilt schon für die Kunst des 4. Jahrhunderts, in dem Praxiteles, Skopas und Lysipp ihre Bildwerke schufen. In dem Maße wie die demokratischen Ideale im öffentlichen Leben ihre reale Basis einbüßten, traten in der Kunst seelische Stimmungen in den Vordergrund, je mehr das Bildnis auf seine verpflichtende Vorbildlichkeit verzichtete, um so stärker wurde die Individualität des Dargestellten betont. Neben den Herrscherporträts ist aus hellenistischer Zeit eine beachtliche Anzahl von Porträts berühmter Geistesgrößen erhalten. Die Trennung der Kunst in eine offizielle und eine private Richtung ermöglichte auch die Darstellung des arbeitenden Menschen, für den die Klassik keinen Raum bot, da auch der griechische Bürger die körperliche Arbeit ablehnte und den arbeitenden Menschen sogar verachtete. Dieser tritt uns nun in Genredarstellungen – die es in Archaik und Klassik nur in der Kleinplastik gab – entgegen. Während der Mensch zuvor in der Blüte seiner Jugend dargestellt wurde, entdeckte der Hellenismus das

**94** Reitergruppe aus dem Parthenon-Westfries. Um 447 bis 438 v. u. Z. London, Britisches Museum
**95** Gruppe der Keto am Nordfries des Großen Altars von Pergamon. Um 180–160 v. u. Z. Berlin, Staatliche Museen
**96** Trauernde Dienerin aus Menidi in Attika. 3. Viertel 4. Jh. v. u. Z. Berlin, Staatliche Museen
**97** Trunkene Alte. 160–150 v. u. Z. München, Glyptothek
**98** Grabrelief eines Mädchens aus der ehem. Sammlung Giustiniani. Um 460 v. u. Z. Berlin, Staatliche Museen
**99** Vasenmalerei auf einer Hydria aus Vulci. Um 510 v. u. Z. Ehem. Berlin, Staatliche Museen (zerstört)
**100, 101** Frühgeometrische Amphora von Kerameikos. 9. Jh. v. u. Z. Athen, Nationalmuseum; Attische Halsamphora. Um 550–540 v. u. Z. Berlin, Staatliche Museen

96
97

98

Kind, aber auch den Greis als Thema großplastischer Gestaltung.

Auch beim Relief, das sich als Architekturplastik vor allem am Giebeldreieck – dem Tympanon – und am Gebälk der Tempel findet, führte die Entwicklung von archaischer Gebundenheit zu lebensvoller Nähe und innerer Gelöstheit. Auf dem von Phidias geschaffenen berühmten Fries vom Parthenon der Athener Akropolis sind nicht mehr Szenen aus dem Leben der Götter und Heroen dargestellt, sondern der Festzug der Athener Bürgerschaft zum Panathenäenfest. Dieser klassischen Kunst folgten dann einerseits eine gefühlsmäßige Verinnerlichung, die eine Vielzahl schöner Grabreliefs entstehen ließ, andererseits die Entwicklung zum Repräsentativen und Dekorativen. Je unplastischer die Auffassung wurde, um so mehr gab das Relief seine Bindung an die Architektur auf, je dekorativer es wurde, um so mehr eroberte es sich den Raum, um so malerischer wurden seine Mittel.

Einen Höhepunkt hellenistischer Reliefkunst stellt der berühmte Zeus-Altar der kleinasiatischen Stadt Pergamon dar, der in seinen riesigen Ausmaßen und mit dem reichen Skulpturenschmuck einerseits vom Repräsentationsanspruch des pergamenischen Herrschers, andererseits aber auch von seinem Wunsch zeugt, als Fortsetzer der Traditionen der griechischen Vergangenheit zu gelten.

Von der Malerei, die zu ihrer Zeit hoch angesehen und weithin berühmt war, ist kaum etwas erhalten, ebenso wie von den ehemals leuchtenden Farben, mit denen Plastiken und Architekturteile bemalt waren. Um so zahlreicher ist die Malkunst der Griechen mit den Vasenbildern auf uns gekommen. Es ist erstaunlich, daß schon die frühesten Gefäße des geometrischen Stils typische Merkmale der griechischen Kunst aufweisen. Wie auch bei den Baukörpern sind bei den Gefäßkörpern alle Teile auf den Menschen bezogen, setzen sich Hals, Rumpf und Fuß voneinander ab, wobei die Malerei diese plastischen Funktionen noch verdeutlicht. In der Vasenmalerei offenbaren sich viele Züge des griechischen Lebens, die in der offiziellen Kunst nicht dargestellt wurden. Neben kultischen und mythologischen Themen bildeten oft dionysische Szenen den Inhalt der Vasenbilder – Darstellungen überschäumender Lebensfreude sind gleichsam der Gegenpol zum griechischen Maß. Seit dem ausgehenden 5. Jahrhundert v. u. Z. setzte allerdings ein Verfall der Vasenmalerei ein, die nun figurenreiche und lebhaft bewegte Szenen, welche die Gefäßform nicht mehr berücksichtigen, bevorzugte. Das Zentrum des griechischen Kunsthandwerks verlagerte sich nach Kleinasien. Seine Formen wurden gekünstelter und komplizierter. Die Prunk und Luxus liebende Oberschicht bevorzugte teure Silbergefäße, die mit Reliefs verziert wurden. Im Hellenismus überwog auch in der Gefäßkunst die dekorative Tendenz. Hervorhebenswert sind die Herstellung von Gläsern und Möbeln sowie auch die Werke der Steinschneidekunst (Glyptik). Für Schmuck wurden seit dem Hellenismus Edel- und Halbedelsteine verarbeitet, die Kostbarkeit des Materials wurde nun höher geschätzt als die künstlerische, also die vom Menschen geschaffene Form.

Das gilt auch für die griechische Kleidung, die in der Klassik keine Rangabzeichen kannte und jeden übertriebenen Luxus ablehnte. Ihre Schönheit lag in der Art, wie die Gewänder gefibelt, die Gürtung angelegt und vor allem die Falten geordnet wurden. Wie keine Tracht vor ihr und nach ihr war sie Ausdruck des persönlichen Geschmacks. Im Hellenismus aber hielten kostbare und gemusterte Stoffe wie überhaupt orientalischer Luxus Einzug, so daß der Verfall der griechischen Demokratie auch in der Mode zum Verfall des humanistischen Ideals führte. Alexander der Große legte nach persischem Vorbild sogar einen Herrscherornat an.

99

100

101

## Die römische Kunst

Römische Kultur und Kunst entwickelten sich – ähnlich wie die griechische – auf dem Boden einer älteren Hochkultur: der Kultur der etruskischen Stadtstaaten, die sich im 8. Jahrhundert vor allem im Gebiet der heutigen Toskana herausgebildet hatten. Auf die Kunst der Etrusker, deren Zeugnisse fast ausschließlich aus Gräbern stammen und bis zur Zeitenwende reichen, hatte die griechische Kunst bedeutenden Einfluß. Doch war die etruskische eine in magischen Vorstellungen wurzelnde Totenkunst und damit unklassisch im griechischen Sinne.

Grabanlagen, gewaltige Nekropolen, die oft eine größere Fläche einnahmen als die Städte selbst, sind die charakteristischen Leistungen der etruskischen Architektur. Tumuli, Schacht-, Kammer- und Kuppelgräber, die in die Erde oder in Berge führen, lassen das Weiterleben steinzeitlicher Traditionen erkennen. Beim Tempelbau, wo es offenbar noch keine verpflichtenden Traditionen gab – das wichtigste Heiligtum Etruriens war ein heiliger Hain –, konnte sich der griechische Einfluß am stärksten durchsetzen. Übernommen wurde aber nur die Säulenhalle. Ungriechisch war das hohe Podium, auf dem die etruskischen Tempel errichtet wurden und das nur über eine Treppe an der Vorhalle erstiegen werden konnte. Der Oberbau aus Holz und Ziegeln zeigte eine betonte Fassadenwirkung und Tiefenstaffelung, die zusammen mit dem Podium später für den römischen Tempelbau übernommen wurden.

Wie alle magisch-verewigende Kunst wollten Plastik und Malerei vor allem die angenehmen Seiten des Daseins, worunter die Etrusker mehr als jedes andere Volk des Altertums das private und familiäre Leben verstanden, über den Tod hinaus erhalten. Auf den Sarkophagen sind Ehepaare beim Mahl oder in zärtlicher Umarmung dargestellt. Wo die Künstler griechische Vorbilder nachahmten, übernahmen sie nur deren äußere Haltung. Da nach dem Glauben der Etrusker alle Toten göttlich werden konnten, mußten die Künstler die Individualität jedes einzelnen erhalten, wobei sie bisweilen bis an die Grenze von Karikatur und Groteske gingen. Etruskische Bronzeporträts, die sogar noch in römischer Zeit entstanden, beeindrucken durch ihre geradezu modern anmutende Direktheit. Die den Griechen so entgegengesetzten Lebensideale der Etrusker lassen vor allem die Wandgemälde erkennen, auf denen die im Tode wiedervereinigten Ehepaare bei festlichen Gelagen, unterhalten von Tänzern, Musikanten und Gauklern, ein wahrhaft paradiesisches Dasein führen. Auch die Werke der Kleinkunst künden von der zunehmenden Neigung zu Wohlleben, Reichtum und Luxus. Besondere Meisterschaft verraten die in feinster Granulationstechnik hergestellten Goldschmiedearbeiten, die heute noch jene Faszination ahnen lassen, die das Gold auf die Etrusker ausgeübt haben muß. Gerade in der Kleinkunst zeigt sich das starke Weiterwirken magischer Vorstellungen, lebt die dämonische Welt der Fabelwesen der Frühzeit noch ungebrochen fort.

Dennoch war die etruskische die unmittelbare Vorläuferin der römischen Kunst, der zweckdienlichsten Kunst des Al-

102

tertums. Die Römer waren keine landfremden Eroberer, sondern die bis etwa 500 v. u. Z. von etruskischen Königen beherrschten Nachbarn dieses Volkes. So haben die Römer auch dessen Kunst mehr annektiert als zerstört und ihre abbildende Funktion sowie die Bereitschaft zur Nachahmung fremder Vorbilder übernommen. Während der tausendjährigen Geschichte Roms von der Republik zum Kaiserreich und zum weltumspannenden Imperium bis zu dessen Verfall und Untergang war die römische Kunst ständig neuen Einflüssen unterworfen: Dem etruskischen Einfluß folgten die Hellenisierung und schließlich die Orientalisierung und Barbarisierung. Dennoch besaß die

103

römische Kunst eigenständigen Charakter. So viele Formen etruskischer Herkunft sein mögen – man kann sich kaum größere Gegensätze vorstellen als zwischen dem Ideal des Wohllebens und der in den römischen Bürgertugenden sich manifestierenden Lebensauffassung, zwischen dem magisch-irrationalen Weltbild der Etrusker und dem funktionell-organisatorischen Denken der Römer, das sie nicht nur befähigte, ein Weltreich zu erobern, sondern es auch über ein halbes Jahrtausend wirtschaftlich zu entwickeln und politisch zu verwalten.

Wie bei den Griechen wollte die Kunst Vorbilder für die Lebenden schaffen, nur wurden diese nicht an dem Grad menschlicher Vollkommenheit, sondern nach ihren Verdiensten für das Vaterland und ihren Erfolgen im privaten und öffentlichen Leben gemessen. Als Rom jedoch zur Großmacht wurde, suchte es nach allgemeingültigeren, »internationalen« Idealen, die in allen Teilen des Reichs verstanden wurden. Zu Nachfolgern des hellenistischen Weltreichs geworden, begannen die Römer daher, die griechische Kunst nachzubilden. Augustus rühmte sich, ein tönernes Rom übernommen und ein marmornes hinterlassen zu haben. Wie die orientalischen Despoten setzten auch die römischen Kaiser ihren Ehrgeiz darein, ihren Ruhm durch prunkvolle Bauten zu verewigen. Ihre Monumente waren aber keine Totenpaläste, sondern wie bei den Griechen öffentliche Bauten. Die bedeutendsten sind die Kaiserforen, ins Riesige erweiterte Marktplätze, an denen in symmetrischer Anordnung die Markt- und Gerichtshallen, die Bildungsstätten und in der Mittelachse ein dem Kaiser geweihter Tempel lagen. In der römischen Architektur, bei der der einzelne Bau oft seine Individualität aufgab und nur als Teil einer Gesamtanlage Bedeutung hatte, wurden die von den Griechen übernommenen Einzelformen – wie etwa das reich ornamentierte Kompositkapitell und die die Wände schmückenden Halbsäulen – jedoch zur Dekoration. Aus der griechischen Klassik wurde der römische Klassizismus. Die Millionenstadt Rom und das riesige Imperium stellten zudem andere Aufgaben an die Baukunst als die griechische Polis: Nicht Kult- und Repräsentationsbauten, sondern profane Zweckbauten waren Hauptaufgabe der Architektur, weshalb nicht der äußere Baukörper, sondern sein Innenraum ihr eigentliches Anliegen wurde. Überall dort, wo die römische Ar-

104

105

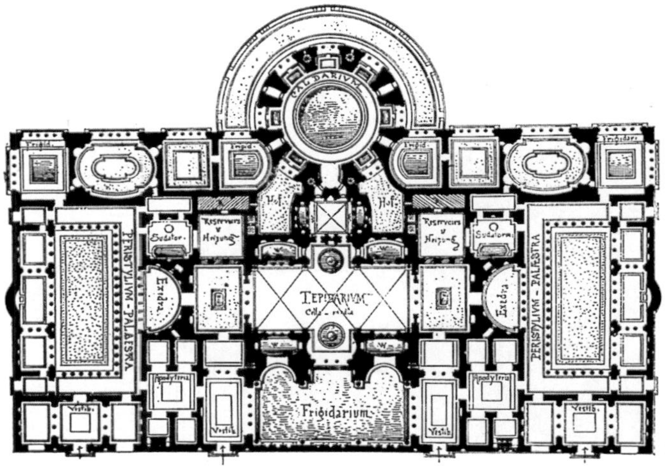
106

**102** Etruskischer Tonsarkophag aus Cerveteri (Caere). 530 bis 520 v. u. Z. Rom, Villa Giulia

**103** Etruskische Wandmalerei aus dem Grab des Leoparden in Tarquinia. Um 480–470 v. u. Z.

**104** Römischer Tempel, sog. Maison carrée in Nîmes. Um die Zeitenwende

**105** Triumphbogen des Trajan in Benevent. 114 u. Z.

**106** Grundriß der Thermen des Caracalla in Rom. 211–216

107

chitektur eigene Traditionen weiterführte oder auf keine Vorbilder zurückgreifen konnte, hat sie Neues geschaffen und Großartiges geleistet. Sie war es, die den von den Griechen nicht weiterentwickelten Bogen- und Gewölbebau vervollkommnete und durch die Erfindung des Mörtels, Zements und durch die Verwendung des Gußmauerwerks zuvor nicht geahnte Leistungen, vor allem beim Bau gewaltiger Innenräume, ermöglichte.

Das eindrucksvollste Beispiel römischer Raumschöpfung und Wölbetechnik ist das Pantheon, dessen Kuppel einen Raum von über 40 Meter Durchmesser und der gleichen Scheitelhöhe überspannt. Die Triumphbögen, die man zu Ehren siegreicher Feldherrn errichtete, beruhen ebenfalls auf der Anwendung des Rundbogens. Weit wichtiger als Tempel und Siegesmale sind jedoch jene Bauten, mit denen die römischen Kaiser nach der Devise »panem et circenses« (Brot und Spiele) die Gunst des Volkes zu gewinnen suchten: Theater, Amphitheater, Stadien, Circusanlagen und Thermen. Das bedeutendste Amphitheater, in dem meist Tierhetzen und Gladiatorenspiele abgehalten wurden, war das Colosseum in Rom, ein Meisterwerk der Bogen- und Gewölbekonstruktion und der Gußmauertechnik, das nahezu 70000 Zuschauern Platz bot. Die Thermen sind ein italisch-römischer Bautyp, für den es in Griechenland keine Vorbilder gab. Diese in der Regel symmetrisch gegliederten Anlagen beherbergten als eigentlichen Kern Kaltbad, Lauwarmbad und Warmbad, daneben aber auch Sport- und Vergnügungsstätten, in denen bisweilen mehrere tausend Menschen Zerstreuung und Erholung finden konnten.

Ihre größten Leistungen hat die römische Architektur auf dem Gebiet der sogenannten Ingenieurbauten vollbracht, deren technischer Stand oft erst durch die modernen Eisenkonstruktionen überboten wurde. Vorbildlich bis in

108

109

die Neuzeit waren die Straßen- und Brückenanlagen, die zur wirtschaftlichen Erschließung und militärischen Beherrschung des Weltreichs notwendig waren, sowie die kilometerlangen, die Städte mit Wasser versorgenden Aquädukte. Ähnlich wie die moderne funktionalistische Architektur verzichtete diese römische Zweckarchitektur bereits auf schmückendes Beiwerk und wirkt allein durch ihre großzügigen Proportionen und gewaltigen Dimensionen, die die Barbarenvölker wohl eindrucksvoller als Tempel von der Macht Roms überzeugt haben mögen.
Von großer Bedeutung für die Architekturentwicklung waren die Markt- und Gerichtshallen, deren basilikale Anlage mit überhöhtem durchfenstertem Mittelschiff und apsidialem Abschluß zum Ausgangspunkt für den mittelalterlichen Kirchenbau werden sollte. Unsere Vorstellungen vom römischen Wohnhaus basieren vor allem auf den Ausgrabungen in der 79 u. Z. durch einen Vesuvausbruch verschütteten Provinzstadt Pompeji. Die meisten pompejanischen Häuser setzten sich aus zwei Teilen zusammen: dem altitalischen Atriumshaus, das durch eine Dachöffnung Licht empfing, und dem griechisch-hellenistischen Peristylhaus mit Säulenhof. Nach außen war der Komplex durch Mauern völlig abgeschlossen. Im Wohnhausbau der Hauptstadt wird das große soziale Gefälle offensichtlich: Die Mehrheit der Bevölkerung lebte in von Spekulanten errichteten mehrstöckigen Mietshäusern, während die reichen Römer neben ihren Stadthäusern noch luxuriöse Villen auf dem Lande besaßen.
Die römische Plastik fand ihre bedeutendste Ausprägung im Porträt. Die Wurzeln dieser Kunst lagen in der alten Sitte, von den Gesichtern der Toten Wachsmasken abzunehmen, die in den Atrien der Häuser als eine Art Ahnengalerie aufgestellt wurden. Der Realismus dieser Masken, die erst an der Wende vom 2. zum 1. Jahrhundert v. u. Z.

110

111
112

**107** Das flavische Amphitheater (Colosseum) in Rom. Um 80 u. Z.
**108** Pont du Gard (Aquädukt) bei Nîmes. Ende 1. Jh. v. u. Z.
**109** Atrium im Haus der Silbernen Hochzeit in Pompeji. Anfang 1. Jh. v. u. Z.
**110** Römische Matrone mit ihren Söhnen. 2. Jh. v. u. Z. Rom, Galleria Borghese
**111** Porträtkopf eines Römers aus Praeneste. Um 70 v. u. Z. Berlin, Staatliche Museen
**112** Porträtbüste des Caracalla. Um 211 u. Z. Berlin, Staatliche Museen

113

durch Porträts aus dauerhaftem Material ersetzt wurden, hatte eine Parallele in der etruskischen Porträtkunst, die die römische stark beeinflußte. Die Herkunft von der Totenmaske erklärt, warum die römische Bildnisplastik lediglich auf den Kopf Wert legte, den Körper dagegen für so unwesentlich hielt, daß man bei Porträtstatuen die Köpfe sogar austauschte. Mit der Entstehung des römischen Kaisertums wurde es allerdings nötig, nicht nur die Individualität des Dargestellten, sondern sein überragendes Herrschertum anschaulich zu machen. Seit Augustus orientierte sich die römische Bildniskunst an der griechischen Plastik, von der nach der Eroberung Griechenlands ganze Schiffsladungen nach Rom gebracht wurden. In dieser so sehr der Realität verpflichteten römischen Welt wurde die klassische Haltung zur klassizistischen Geste. Doch sogar in dieser entliehenen Haltung blieb der Römer civis Romanus, dessen Erfolg aus der persönlichen Leistung resultierte und einer individuellen Charakterisierung bedurfte. Da die römische Plastik das Bild des Dargestellten dem Gedächtnis der Mit- und Nachwelt erhalten sollte, wurde aus dem Porträt das Denkmal, das in Reiterdenkmalen wie dem des Marc Aurel seinen repräsentativsten Ausdruck fand.

Das Relief hatte die Aufgabe, einmalige Ereignisse, meist siegreiche Schlachten, den Lebenden und der Nachwelt als Vorbild vor Augen zu führen. Auch hier gelangte die römische Kunst über das Abbild und über die mythologische Verallgemeinerung hinaus zum Denkmal und Geschichtsbild. Wie beim Einzelporträt zählten bei diesen Massenporträts die Leistungen und Taten. Obgleich Monumente wie die Trajanssäule und der Konstantinsbogen zum Ruhm siegreicher Kaiser und Feldherrn errichtet wurden, sind – trotz aller Verherrlichung ihrer Person – letztlich nicht sie die Hauptakteure, sondern die Masse der Soldaten, die die Brücken bauten, Festungen belagerten und Siege erfochten. Die historische Treue forderte auch

114

115

**113** Darstellung eines Brückenbaus von der Trajanssäule in Rom. 113 u. Z.

**114** Marc Aurel beim Opfer. Relief von einem Triumphbogen des Marc Aurel. 178 u. Z. Rom, Konservatorenpalast

**115** Grabrelief eines römischen Ehepaars von der Via Appia bei Rom. Um 20–10 v. u. Z. Berlin, Staatliche Museen

die realistische Schilderung der Natur, in der sich die Ereignisse abspielten. Doch setzte sich in der römischen Reliefkunst neben dem malerisch-illusionistischen Stil immer wieder eine an griechischer Kunst geschulte strenge klassizistische Strömung durch. Hier waren allegorische Darstellungen beliebt, die dem didaktischen Rationalismus der Römer entsprachen und geeignet waren, über die reine optische Anschauung hinaus Gedankliches und Begriffliches zum Ausdruck zu bringen. Von dieser Darstellungsweise sollte die frühchristliche Kunst ihren Ausgang nehmen.

Der Illusionismus fand in der römischen Wandmalerei, deren bedeutendste Beispiele in Pompeji erhalten sind, seinen Höhepunkt. Zu den Hauptthemen gehörten reiche Scheinarchitekturen und Landschaftsausblicke, in denen die Illusion des Raumes durch neue perspektivische Mittel erzielt ist. In der privaten Sphäre der Häuser der Vornehmen wird der hellenistische Einfluß besonders deutlich. Griechische Form und Idealität dienten allerdings dem rein ästhetischen Genuß; die griechische Mythologie wurde zum Bildungsgut und dekorierte die Wände von Wohn- und Schlafzimmern. Zur Ausgestaltung der Villen und Paläste wurde das Kunsthandwerk in seinen vielfältigen Erscheinungsformen herangezogen. Die Fußböden bestanden aus bunten Marmorplatten oder waren mit Mosaiken geschmückt. In vielen Haushalten gab es Silbergeschirr.

Wie die gesamten Lebensformen waren Schmuck und Kleidung in Rom ursprünglich sehr schlicht und unterlagen strengen Vorschriften, so besonders die Toga, das Staats- und Ehrenkleid der Römer. Auch in seiner Tracht war der freie Römer in erster Linie civis Romanus – die Gleichheit der Bürger bedingte die Gleichheit der Kleidung. Während zur Zeit der Republik nur hohe Beamte purpurne Zierstreifen tragen durften, entwickelte sich in der Kaiserzeit nach orientalischem Vorbild der herrscherliche Ornat. Aus den eroberten Ländern kamen neue Moden nach Rom. Luxus und Verschwendungssucht traten an die Stelle der ehedem gerühmten Bürgertugenden. Den hellenistischen folgten die orientalischen Moden, bis in der Spätzeit sogar die Barbarenvölker, die den Untergang des Römischen Reichs und seiner Kunst herbeiführen sollten, modischen Einfluß gewannen.

116

117

118

**116** Sog. Aldobrandinische Hochzeit (Ausschnitt). Wandgemälde vom Esquilin in Rom. Um die Zeitenwende. Rom, Vatikan

**117** Wandgemälde aus dem Haus des bestraften Amors in Pompeji. Um 60–70. Neapel, Nationalmuseum

**118** Zwei Kameen der späten Kaiserzeit. Berlin, Staatliche Museen

119

120

## *Die Kultbauten in den Großstaaten des Altertums*

*Bei den mesopotamischen Tempelanlagen verschmolzen Kult- und Wehrbau miteinander. Meterhohe, fensterlose Ziegelmauern schützten die innerhalb der befestigten Tempelbezirke wohnenden Priesterkönige in Notzeiten vor äußeren Feinden, aber auch vor Aufständen des eigenen Volkes. Der Stufentempel, die wichtigste Tempelform in Mesopotamien, diente ebenso der Verherrlichung wie der Sicherung der Macht des Herrschers. Diese Zikkurate aus gewaltigen, aufeinandergetürmten Blöcken errichtet, glichen künstlichen Bergen. Der eigentliche Tempel, den nur der König und die Oberpriesterin betreten durften, lag auf der Spitze dieser »Himmelsberge«.*

*Die ägyptischen Pyramiden wurden nicht den lebenden Herrschern errichtet, sondern waren die Grabbauten der verstorbenen Pharaonen, die sich nach dem Glauben der Ägypter in unsterbliche Gottheiten verwandelten. Im Innern dieser bis zu 140 Meter hohen Bauwerke befand sich lediglich die kleine, abgeschlossene Grabkammer mit der Mumie des Pharao. Abstrakt wie die Funktion war die*

**119** Modell des Marduk-Tempels in Babylon. Um 580 v.u.Z.
**120** Cheopspyramide von Giseh mit dem Sphinx des Chephren. 26. Jh. v.u.Z.
**121** Hephaistos-Tempel (sog. Theseion) in Athen. Um 450–440 v.u.Z.
**122** Pantheon in Rom. 118–125 u.Z.

121

122

*Form dieser Kultbauten: riesige Pyramiden, deren Spitze kein menschlicher Fuß betreten durfte.*
*In Griechenland, wo es keine Gottkönige gab und nicht allmächtige Despoten, sondern eine gleichberechtigte Schicht von freien Bürgern die Geschicke der Stadtstaaten lenkte, kannte man weder burgähnliche noch Grabtempel. Die griechischen Tempel waren als Wohnstatt der Götter die kultischen und politischen Mittelpunkte der Polis; allöffentlich wirkte ihre Anlage mit den Säulenumgängen und ihren auf den Menschen bezogenen Maßen und Proportionen.*

*Beim römischen Pantheon ist die griechische Säulenvorhalle zur Dekoration und vorgesetzten Fassade geworden – die Klassik wandelte sich zum Klassizismus. Neue großartige Leistungen vollbrachte die römische Architektur allerdings bei der Gestaltung von Innenräumen und der Entwicklung der Gewölbetechnik, die erst im 19. Jahrhundert von der modernen Eisenkonstruktion übertroffen wurde. Das gilt auch für die Ingenieur- und Zweckbauten wie Wasserleitungen und Brücken, die zur Erschließung und Beherrschung des riesigen Reichs wichtiger waren als Kultbauten.*

123
124

## *Das Bild des Menschen in der Kunst des Altertums*

*Nicht Menschen, sondern gottgleiche Herrscher wollte die mesopotamische und ägyptische Großplastik darstellen. Strenge Frontalität, blockhafte Formen, wie überhaupt eine archaische Monumentalität lassen die Könige, die über Tod und Leben ihrer Untertanen entschieden, als übermenschliche Wesen erscheinen. Der grausame Despotismus und Militarismus Assyriens spiegelt sich in muskulösen Herrscher- und Kriegergestalten wider. Zeitlos und vom Tagesgeschehen unberührt wirken die ägyptischen Plastiken. Da sie dem Totenkult dienten und als Wiederverkörperung der Verstorbenen galten, strebte die ägyptische Kunst eine gewisse Porträthaftigkeit an.*

*Die Statuen der Griechen hingegen zeigen nicht despotische Gottkönige, sondern sittlich-moralische Vorbilder der Polis. Menschliche Würde und Schönheit, die Vereinigung der geistigen und körperlichen Kräfte in einem Idealbild, das bei Darstellungen von Göttern wie Menschen*

125

126

*gleichermaßen bestimmend war, sind der Hauptinhalt der klassischen Kunst. In Rom, wo die Plastik nicht Idealbilder schaffen, sondern um den Staat verdienten Männern und später den Herrschern ein Denkmal setzen wollte, entstand eine lebensnahe Porträtplastik. Ihr Naturalismus geriet allerdings in Widerspruch zu den von den Griechen übernommenen Gewandstatuen, deren klassische Haltung den Einklang des Guten und Schönen verkörpert hatte und nicht mehr zu den von oft skrupelloser Willenskraft geprägten »Römerköpfen« passen wollte.*

**123** Standbild des Assyrerkönigs Assurnasirpal II. (883 bis 859 v. u. Z.) aus Kalchu (Nimrud). London, Britisches Museum

**124** Standbild des Pharao Amenemhet III. Um 1830 v. u. Z. Berlin, Staatliche Museen

**125** Wagenlenker von Delphi. Um 470 v. u. Z. Delphi, Museum

**126** Standbild des Marcus Porcius Cato. 1. Jh. u. Z. Rom, Lateran

# Das Entstehen der feudalistischen Kunst des Mittelalters

324 Verlegung der Hauptstadt des Römischen Reichs nach Byzanz. 375 Einfall der Hunnen in Europa. 391 Das Christentum wird zur Staatsreligion erhoben. 395 Teilung des Römischen Reichs. Ende 4.–7. Jh. Völkerwanderung. 410 Einnahme Roms durch die Westgoten, 455 durch die Wandalen. 457–751 Dynastie der Merowinger im Frankenreich. 493–526 Theoderich der Große herrscht als König der Ostgoten über Italien. 555 Abschluß der Eroberung Italiens durch Byzanz. 568–774 Langobardenreich in Italien. 680–1018 Erstes Bulgarisches Reich. 719–754 Mission des Bonifatius in Hessen und Thüringen. 751–888 (911) Dynastie der Karolinger im Frankenreich. 756 Gründung des Kirchenstaats. 800 Kaiserkrönung Karls des Großen in Rom. 843 Vertrag von Verdun – Teilung des Frankenreichs.862–1132 Kiewer Rus. Um 1000 Höhepunkt der Macht des Byzantinischen Reichs. 1147 Gründung Moskaus. 1187–1396 Zweites Bulgarisches Reich. 1204 Eroberung Konstantinopels durch die Kreuzfahrer. 1237–1238 Eroberung Rußlands durch die Mongolen. Um 1350 Blüte des Serbischen Königreichs. 1453 Eroberung Konstantinopels durch die Türken. 1480 Endgültige Befreiung Rußlands von der Mongolenherrschaft.

127

Nachdem schon Kaiser Konstantin 324 seine Hauptstadt nach Byzanz verlegt hatte, erfolgte 395 die endgültige Teilung des von allen Seiten bedrohten Römischen Reichs. Während das Weströmische Reich schon im 5. Jahrhundert dem Ansturm germanischer Eroberer erlag, blieb das Oströmische aber noch ein Jahrtausend erhalten. Als auf dem Territorium des ehemaligen Westroms neue Barbarenreiche entstanden, erlebte das Byzantinische Reich, das schließlich den Balkan, Kleinasien, Syrien, Palästina, die Mittelmeerinseln, Nordafrika und Südspanien umfaßte, noch den Höhepunkt seiner Macht. Allerdings erwuchs ihm in dem arabischen Staat ein starker Gegner, der im Laufe der Jahrhunderte immer mehr Teile des Imperiums er-

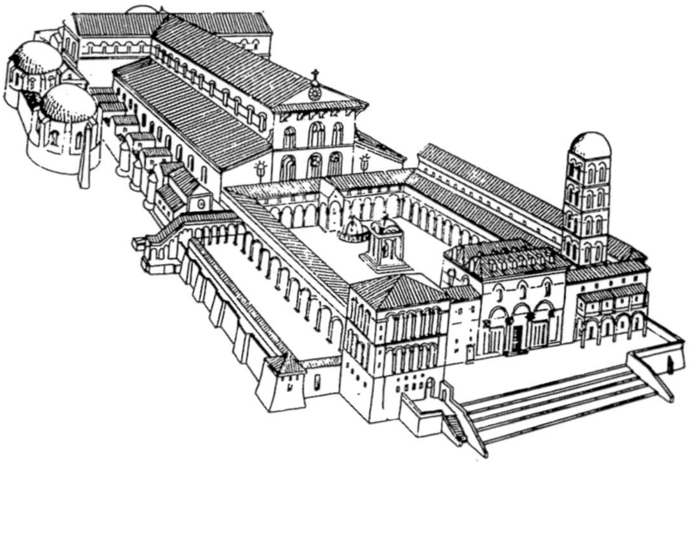
128

**127** S. Maria Maggiore in Rom. Um 435
**128** Alt-St.-Peter in Rom. 319–326. Skizze des ursprünglichen Zustands

oberte, so daß dieses schließlich vor den Mauern der Hauptstadt endete, die 1453 von den Türken gestürmt und vernichtet wurde.

Während die Barbaren mit dem Weströmischen Reich auch die Sklavenhaltergesellschaft zerstörten und schon zur Zeit der Völkerwanderung frühfeudalistische Verhältnisse einleiteten, konnte der Untergang der Sklavenhaltergesellschaft in Ostrom aufgehalten, aber auf die Dauer ebenfalls nicht verhindert werden. Da die ständige militärische Bedrohung die byzantinischen Kaiser zur Verteilung von Land an die Soldaten zwang, entstanden freie Bauerngemeinden; auch die Slawen, die als Siedler und Eroberer in das Reich kamen, vergrößerten diese Schicht der Freien. Aus den Reihen der Offiziere und Beamten entstand jedoch ein grundbesitzender Adel, der die Bauern wieder in seine Abhängigkeit brachte und – ähnlich wie in den Barbarenreichen des Westens – die Oberschicht einer neuen Klassengesellschaft bildete, deren hierarchische Ordnung die frühmittelalterlichen Staaten stabilisierte. Ihre wichtigste ideologische Stütze war die christliche Kirche, deren Lehre Ende des 4. Jahrhunderts zur Staatsreligion erhoben wurde. Um die Mitte des 11. Jahrhunderts kam es allerdings zu einer Kirchenspaltung: Während der Patriarch von Byzanz den Kaiser als obersten Priester anerkannte, beanspruchte der Papst als Bischof von Rom und Nachfolger Petri die Oberhoheit auch über die weltlichen Gewalten. Dennoch wurden die feudalistischen Herrschaftsstrukturen auch von der Papstkirche als gottgegeben und unveränderlich sanktioniert.

129

## Die byzantinische Kunst

Schon durch seine Lage bildete Byzanz die Brücke zwischen Okzident und Orient. Je mehr die politische Macht Roms schwand, um so wichtiger wurden die wirtschaftlich starken Länder des Vorderen Orients sowie Ägypten für Ostrom. Das byzantinische Kaisertum nahm nach dem Vorbild des Orients despotischere Formen an. Im gleichen Maße wuchs der Einfluß östlicher Kulturen, der zusammen mit dem Christentum dazu beitrug, daß sich die spätantike zur byzantinischen Kunst wandelte.

Die kulturelle Einheit blieb allerdings auch nach der Teilung des Römischen Reichs noch etwa zwei Jahrhunderte lang erhalten. Nach der Anerkennung des Christentums

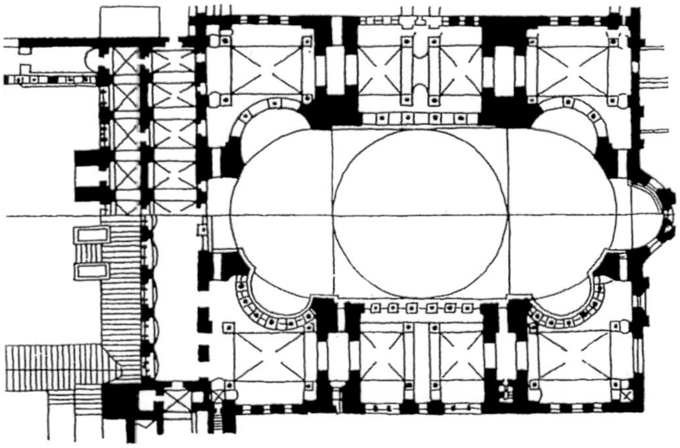

130

**129, 130** Hagia Sophia in Konstantinopel. 532–537. Innenraum und Grundriß

131

sondern der Gemeinde als Versammlungs- und Andachtsraum diente, wählte sie nicht den antiken Tempel, sondern die römische Markt- und Gerichtsbasilika zum Vorbild. Deren Grundriß wurde schon bald erweitert: Die Zahl der Seitenschiffe wuchs, und die Kirchen erhielten ein Querschiff, eine Eingangshalle (Narthex) und einen von Säulen umstandenen Hof (Atrium). Dennoch war und blieb ihr Innenraum stets kultisches und damit auch künstlerisches Zentrum. Neben der Basilika entstand schon früh eine Vielzahl anderer Kirchentypen. Dazu gehören die Zentralbauten, die über den Gräbern von Märtyrern errichtet wurden und in den antiken Mausoleen ihre Vorbilder hatten. Aus dem Vorderen Orient fanden Kuppel- und Kreuzkuppelkirche Eingang. Wichtige Anregungen gingen von Syrien, Armenien und Georgien aus, wo das Christentum schon früh eine eigenständige Architektur ausbildete.

Während in Rom die Basilika der vorherrschende Kirchentyp blieb, setzte sich in Byzanz der Zentralbau weitaus stärker durch. Basilika, Zentralraum und Kreuzkirche verschmolzen hier zur Kreuzkuppelkirche. Bei der in den Jahren 532 bis 537 errichteten berühmten Hagia Sophia in Konstantinopel sind Lang- und Zentralbau zu einer Einheit ge-

trat in West- und Ostrom der Kirchenbau in den Vordergrund; die frühen Sakralbauten unterschieden sich aber nur durch ihre Funktionen von den antiken Vorbildern, so daß diese Periode in Byzanz wie in Rom ebensogut als spätantik wie als frühchristlich bezeichnet werden kann. Da die christliche Kirche kein Wohnhaus der Götter war,

worden, sind Klarheit und Ordnung der spätantiken Basilika zugunsten eines mystischen Raumerlebnisses aufgegeben. Die gewaltige Kuppel mit einer Scheitelhöhe von 54 Metern überschritt alle damaligen Maß- und Raumvorstellungen. Der Eindruck übermenschlicher Größe wird noch dadurch gesteigert, daß in diesem Raum alle stati-

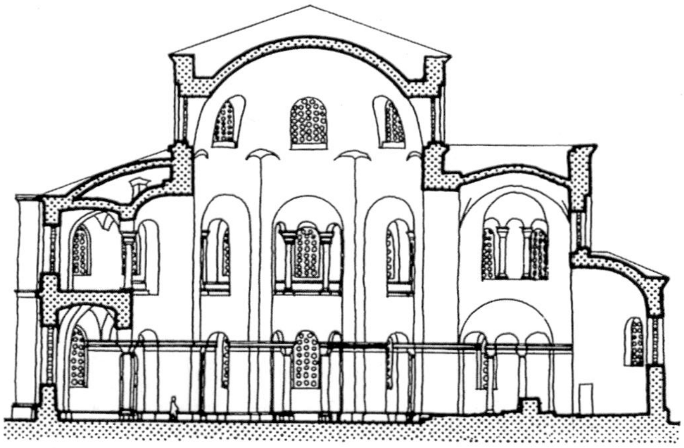

132

**131–133** S. Vitale in Ravenna. 526–547. Innenraum, Aufriß, Kapitell mit Kämpfer

133

schen Gesetze aufgehoben scheinen. Da die Kuppel auf Zwickeln ruht und ihre untere Zone durchfenstert ist, scheint sie schwerelos im Raum zu schweben, zumal die sie stützenden Haupt- und Nebenpfeiler in die Seitenwände eingebaut und diese selbst wiederum durch Rundbogengalerien und Fenster aufgelöst sind. Zudem schließen sich in der Längsachse zwei gewaltige Halbkuppeln an, deren Mauerwerk auf die gleiche Weise optisch entmaterialisiert ist. Unplastisch wurde auch das architektonische Detail, die schlanken Säulen mit ihren korb-, falt- und trapezförmigen Kapitellen und deren eingeschnittenem Dunkelornament. Die Bedeutung des Zentralraums führte zu einer Weiterentwicklung des Bogen-, Gewölbe- und Kuppelbaus: Byzanz schuf die vollkommene Lösung der Pendentivkuppel, bei der der Übergang vom quadratischen Unterbau zur kreisförmigen Kuppel durch Hängezwickel erfolgt.

Die Hagia Sophia war die größte Kirche der Christenheit und zugleich die gewaltigste Manifestation des byzantinischen Kaisertums. Wie in den altorientalischen Despotien bildeten Palast und Kirche eine von Mauern abgegrenzte architektonische Einheit. Berühmt waren auch die Stadtmauern von Byzanz, die ihre Bewohner ein Jahrtausend lang vor feindlichen Angriffen zu schützen vermochten.

In der Plastik läßt sich die Entwicklung von der spätantiken zur byzantinischen Kunst noch deutlicher verfolgen. In den frühen Porträts lebte der spätantike Naturalismus noch fort. Schon bald aber wurden die Gesichtszüge expressiv vereinfacht, die Augen weiteten sich gleichsam zum Spiegel überirdischen Erlebens, aber auch zum Ausdruck übermenschlicher Kräfte. Wie im Orient wurden strenge Stilisierung, Frontalität und Reihung zum Kanon erhoben. Der Körper, der bei den Griechen Träger menschlicher Schönheit und Würde war, dem Christentum aber als Inbegriff der Sünde galt, wurde unter Gewändern verborgen und die Vollplastik von der Kirche schließlich sogar abgelehnt.

Das Relief spielte nur in der Sarkophagplastik und in der Kleinkunst eine Rolle. Besonders gut ablesbar ist die Entwicklung an den mit ihrem Entstehungsdatum versehenen Konsulardiptychen, zusammenlegbaren Schreibtäfelchen aus Elfenbein, die von den Konsuln bei ihrem Amtsantritt verliehen wurden. Im gleichen Maße wie das Konsulat und mit ihm die alten römisch-republikanischen Traditionen ihre Bedeutung einbüßten, ging auch in der Kunst das antike Erbe verloren, wurde die Stilisierung immer strenger und linearer, die Frontalität immer starrer.

Da die Kirche die plastische Darstellung als Götzenkult ablehnte, wurde die Malerei zum wichtigsten Ausdrucksmittel der byzantinischen Kunst. Dabei ist es kein Zufall, daß das Mosaik bevorzugt wurde, welches den Darstellungsgegenstand in kleine Partikel auflöste und die Körper in Linien und Flächen umbildete. Der Hintergrund verlor jede Beziehung zum natürlichen Raum und wurde zum überirdischen Goldgrund, auf dem die Heiligen ihr himmlisches Dasein führten. Die Mosaike lassen auch erkennen, wie sehr das Gottesbild nach dem weltlichen Herrscher geprägt wurde. Aus dem Guten Hirten und dem Lehrer, die

134

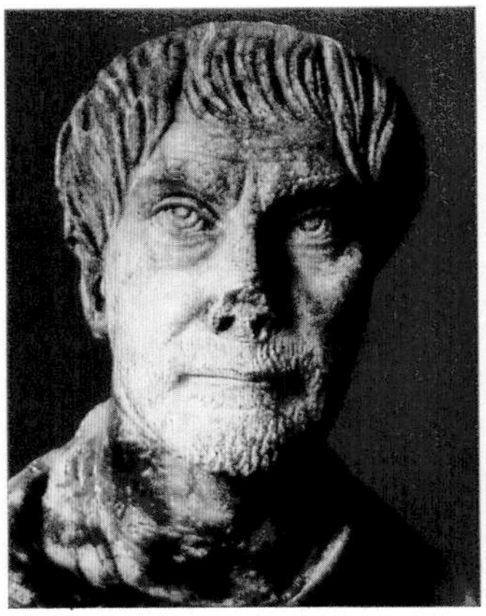
135

136

134 Sog. Barberinisches Elfenbeindiptychon. Anfang 6. Jh. Paris, Louvre

135 Kopf der Statue eines Beamten. Ende 4. Jh. Istanbul, Archäologisches Museum

136 Kopf einer Kolossalstatue des Kaisers Konstantin. Um 330. Rom, Konservatorenpalast

137

in den Zeiten der Christenverfolgungen wie das Kreuz, der Fisch und andere Symbole als Sinnbilder für Christus galten, wurde der Pantokrator, der unnahbare Allbeherrscher. Die Heiligen verwandelten sich in seine Leibgarde, für die die gleichen Gewänder und das gleiche Zeremoniell wie am Kaiserhof verbindlich waren.
Da die christliche Religion für das aus vielen Völkerschaften bestehende Byzantinische Reich die ideologische Grundlage der staatlichen Einheit bildete, wurden die kirchlichen Glaubenssätze zum Staatsgesetz erhoben, das von allen Gläubigen unbedingte Befolgung forderte und jeden, der gegen das kirchliche Dogma verstieß, nicht nur als Ketzer, sondern auch als Staatsverbrecher verurteilte. In der kirchlichen Kunst entstanden kanonische Typen und eine feststehende Ikonographie, über deren Einhaltung Staat und Kirche wachten. So konnten neue Ideen nur schwer Eingang finden und viele Motive jahrhundertelang nahezu unverändert fortleben. Das trifft besonders für die Ikonenmalerei zu, die von den Gläubigen verehrten und nach ihren Vorstellungen mit magischen Kräften ausgestatteten Heiligenbilder. Da diese Ikonen als die authentischen Abbilder der Dargestellten galten, konnte die Ikonenmalerei nur in einer möglichst genauen Nachahmung der »nicht von Menschenhand gemalten« Vorbilder bestehen. Bei dieser spezifisch byzantinischen Kunst lassen sich die orientalischen Quellen sogar direkt nachweisen: Die Art der Stilisierung und die Wachstechnik der frühen Ikonen führen ganz offensichtlich zu den Mumienporträts Ägyptens zurück, wo der Glaube an die magische Kraft des Abbilds stets lebendig geblieben war und wo die ersten christlichen Klöster entstanden, die später zu Zentren der Bilderverehrung wurden.
In der Kleinkunst, abseits der repräsentativen offiziell-religiösen Kunst, gingen die antiken Traditionen allerdings nie verloren. In der Völkerwanderungszeit wurde Byzanz zum wichtigsten Hort und Bewahrer antiker Kunst- und Handwerkstraditionen auch für Europa. Abgesehen davon, daß die Kunst bei profanen und intimeren Darstellungen ohnehin nicht der Monumentalisierung bedurfte, hat es in Byzanz auch immer eine breite Schicht von Gebildeten gegeben, die die antike Kultur und Wissenschaft weiter pflegten. Sie werden auch die Auftraggeber für jene antikisierenden Kunstwerke gewesen sein, die zu allen Zeiten neben der offiziellen Staats- und Kirchenkunst entstanden. Die antike Kultur wirkte allerdings auch immer wieder auf die offizielle Kunst zurück und hat vor allem die sogenannte Makedonische Renaissance des 9. bis 11. Jahrhunderts geprägt. Vor allem in vielen Buchmalereien blieb der spätantike Illusionismus erhalten; aber auch auf dem

138
139

**137** Kaiser Justinian mit Gefolge. Wandmosaik in S. Vitale in Ravenna. Um 547
**138** Christus Pantokrator. Kuppelmosaik der Klosterkirche in Daphni bei Athen. 2. Hälfte 11. Jh.
**139** Maria mit Kind. Ikone aus Korfu. 14. Jh. Berlin, Staatliche Museen

140

Gebiet der Elfenbeinschnitzerei sowie der Gold- und Silberschmiedekunst entstanden zahlreiche antikisierende Werke. Dieser weltoffene Charakter der Kleinkunst mag unter anderem darauf zurückzuführen sein, daß sie einen wichtigen Exportartikel darstellte. Exportiert wurden auch die byzantinischen Textilien, die vor allem nach der im 6. Jahrhundert erfolgten Gründung einer byzantinischen Seidenindustrie jahrhundertelang begehrte Luxusartikel waren und dadurch auf die Mode in ganz Europa entscheidenden Einfluß ausübten.

In der byzantinischen Mode war der nackte beziehungsweise der entblößte Körper nicht nur zum Zeichen der Sünde, sondern auch zum Zeichen niederen Standes geworden. Nur der Hofstaat trug die verhüllenden langen Seidengewänder, während das Volk sich weiterhin mit der kurzen Tunika aus Leinen oder Wolle begnügen mußte. Wie in der Kunst galt jetzt auch in der Mode das Natürliche als »gemein« und häßlich. Je differenzierter die Gesellschaft, desto differenzierter wurde auch die byzantinische Tracht. Zu den höchsten Trachtenprivilegien gehörte der Purpur, von dem bestimmte Sorten ausschließlich dem Kaiserhaus vorbehalten waren. Die Ähnlichkeit zwischen dem Kaiser- und dem Priesterornat machte die enge Verbindung zwischen diesen beiden gesellschaftlichen Mächten sichtbar.

## Die Kunst in den osteuropäischen Ländern

Besonders enge Bindungen bestanden zwischen Byzanz und jenen slawischen Völkerschaften, die sich seit dem 6. Jahrhundert im Oströmischen Reich ansiedelten und schließlich einen wesentlichen Bestandteil seiner Bevölkerung ausmachten. Aber auch die Kunst der entstehenden südslawischen Staaten, wie Bulgarien und Serbien, blieb mit Byzanz, woher die Grundlagen der Schrift und der orthodoxe Glaube übernommen wurden, verbunden. Im gleichen Maße wurde die Kultur des ersten Feudalstaats der Ostslawen, der Kiewer Rus, von Byzanz geprägt. Mit dem kirchlichen Ritus nahmen die Kreuzkuppelkirche, die griechisch-orthodoxe Ikonographie, die Mosaikkunst sowie die Fresken- und Ikonenmalerei ihren Weg nach Osteuropa. Hier stieß die byzantinische Kunst allerdings auf starke lokale Traditionen, die zwar noch keine Steinarchitektur und Plastik, dafür aber eine reiche Schmuckkunst kannten. Und wie der christliche Glaube wurde die byzantinische Kunst in die heimische Vorstellungswelt übersetzt. Das Repräsentations- und Luxusbedürfnis wandelte sich in eine ursprüngliche Schmuckfreudigkeit, die Strenge der Heiligen verlor sich in volkstümlichen Zügen.

Obgleich dieser Prozeß für die Kunst aller slawischen Länder charakteristisch war, bildeten sich doch nationale Eigenheiten heraus, die aus dem historischen Schicksal eines jeden Landes und aus seiner geographischen Lage resultierten. Zu den frühesten Zeugnissen einer slawischen Architektur gehören die Bauten des Ersten Bulgarischen Reichs. Da dieses auf dem Boden des ehemaligen Römischen Reichs entstanden war, dürfte es kein Zufall sein, daß wie in Rom zunächst die Basilika dominierte. Erst als Bulgarien im 11. und 12. Jahrhundert unter byzantinische Herrschaft geriet, verbreiteten sich die byzantinischen Bautypen.

Die Bauten des Serbischen Reichs, das in der zweiten Hälfte des 12. Jahrhunderts entstand, zeigen ebenfalls die enge territoriale und kulturelle Verbundenheit zur römischen Kultur. Mit ihren Bogenfriesen und flächengliedernden Lisenen scheint die serbische Baukunst der romanischen Architektur Westeuropas sogar näherzustehen als der byzantinischen.

141

**140** Byzantinischer Seidenstoff. Um 921–931. Siegburg
**141** Miniatur aus dem Codex graecus 533. 11. Jh. Paris, Nationalbibliothek

142

143

Während diese reiche Entwicklung in den südslawischen Ländern in der zweiten Hälfte des 14. Jahrhunderts durch die Türkenherrschaft beendet wurde, unter der es sogar verboten war, monumentale Bauten zu errichten, konnte sich die Kunst im mittelalterlichen Rußland kontinuierlicher entfalten. Kulturelle Zentren waren die Fürstentümer Kiew, Wladimir-Susdal, Nowgorod und seit dem 15. Jahrhundert Moskau. Die russischen Städte bildeten sich meist um einen feudalen, weltlichen und religiösen Mittelpunkt, den befestigten Kreml. Festungsartigen Charakter hatten auch die großen Klosteranlagen. In der altrussischen Architektur wurden die in der heimischen Holzbaukunst wurzelnden slawischen Traditionen besonders sichtbar. Auch die Nachbarschaft zum Orient hinterließ ihre Spuren. Am stärksten wurde die russische Baukunst aber von Byzanz beeinflußt, woher die Kreuzkuppelkirche kam. Doch besaßen bereits die ersten, in Holz errichteten Kirchen aus dem 10. Jahrhundert jene Vielzahl von Kuppeln und Seitenschiffen, wie sie für die russische Architektur des Mittelalters typisch wurde. Ihre volkstümliche Schmuckfreudigkeit geht offensichtlich auf die Holzschnitztechnik zurück. Nicht byzantinisch ist auch der leuchtende Anstrich der Kirchen, deren Weiß noch vom Gold oder Blau der Zwiebelkuppeln überstrahlt wurde.

Der ersten Blüte der russischen Kunst setzte der Mongoleneinfall im zweiten Viertel des 13. Jahrhunderts ein Ende, doch folgte nach der Befreiung 1480 ein zweiter großer Aufschwung. Die nationalen Züge traten noch stärker hervor. Als typische Bauform entstanden die

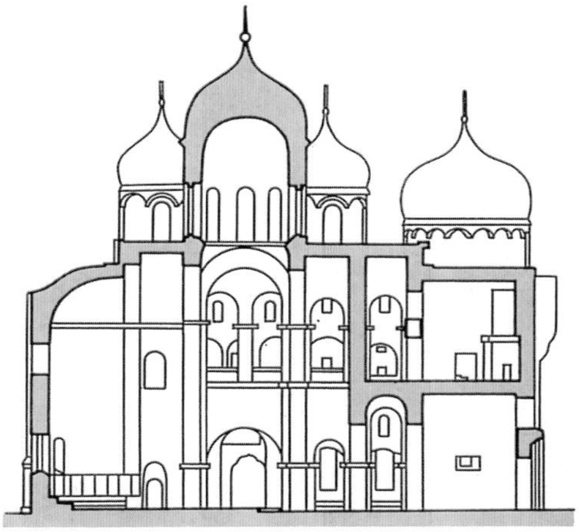

144

**142** Erlöserkirche in Dečani (Serbien). 1327–1335
**143, 144** Sophienkathedrale in Nowgorod. 1045–1050 und 12. Jh. Außenansicht und Aufriß

Zeltdachkirchen, die die gleiche Konstruktion wie die russischen Festungstürme aufwiesen. Seit der zweiten Hälfte des 16. Jahrhunderts, als die politische und soziale Lage des Landes durch die erbitterten Machtkämpfe und bäuerlichen Unruhen unsicher und verworren wurde, zeigte auch die russische Architektur eine verwirrende Häufung der Bauformen. Während die Kirchenbauten Moskaus seit 1583 einem »Amt für Steinbauwesen« unterstanden, welches die koordinierenden Funktionen einer Bauhütte übernahm und das konservative Fünf-Kuppel-Schema als Ausdruck des Staatsgedankens propagierte, lebten in den anderen Landesteilen die lokalen Traditionen mit ihrer Ornament- und Detailfreudigkeit weiter.

145

146

Auch das Menschenbild wurde in den slawischen Ländern von Byzanz übernommen; dabei standen ebenfalls Wandmalerei und -mosaik sowie die Ikonenmalerei im Vordergrund, während die Plastik sich kaum entfaltete. Deutlicher noch als in der Architektur wurden in der Malerei jene beiden Hauptströmungen sichtbar, die die slawische Kunst des Mittelalters kennzeichneten. Neben Kunstwerken, die sich an die byzantinischen Vorbilder hielten, entstanden solche, in denen das Übernommene in die eigene Vorstellungs-, Farben- und Formenwelt übersetzt wurde. Solange den slawischen Großfürsten noch die despotischen Züge der byzantinischen Herrscher beziehungsweise des späteren russischen Zarismus fehlten, erschienen auch die Heiligen menschlicher als in der byzantinischen Kunst. Sie wurden zu Fürbittern der Menschen oder – wie der heilige Georg – zu Gottesstreitern, die den Slawen im Kampf gegen die Heiden, das heißt gegen ihre türkischen und mongolischen Unterdrücker, beistanden. Die Heiligen vereinigten alle menschlichen Tugenden in sich, und die Heiligengeschichten und biblischen Wunder nahmen in den Malereien oft märchenhafte Züge an, wie sie dem Volksempfinden entsprachen.

In Bulgarien und Serbien traten die römischen Traditionen auch in der Malerei stärker hervor. Bereits im Mittelalter gab es porträthafte Darstellungen; die bedeutendsten Beispiele dafür sind die Fresken der Kirche im Dorf Bojana bei Sofia. Eine besondere Rolle übernahm die Kunst der Slawen im Kampf um ihre nationale Unabhängigkeit. Die Begebenheiten der Bibel wurden in die eigene Zeit transponiert und zu Volksszenen erweitert, die mit ihren dem Alltag entnommenen Details oft große Aktualität hatten. Das vergegenwärtigte biblische Geschehen konnte auf diese Weise zu einem mitreißenden Erlebnis werden oder einen lyrisch-poetischen, volksliedhaften Ton anschlagen. Sogar die Heiligen auf den Ikonen waren oft von gefühlsbetonten Stimmungen getragen. Auch die russische Kunst

147

**145** Himmelfahrtskathedrale in Kolomenskoje bei Moskau. 1532
**146, 148** Wassili-Blashenny-Kathedrale in Moskau. 1555–1560. Außenansicht, Grund- und Aufriß
**147** Nikolaikirche in Schujerezkoje (Karelo-Finnische SSR). 1595

148

149 

bevorzugte Themen, die betont menschlichen Gehalt besaßen. So gehörte die Deesis, die Fürbitte durch Maria und Johannes, zu den häufigsten Kompositionen der Ikonostasen. Diese aus vielen Ikonen zusammengesetzten Bilderwände, die den Altar vom Gemeinderaum scheiden, sind ein typisches Beispiel für die Freude der slawischen Kunst am Dekorativen.

Ihren Höhepunkt erlebte die altrussische Malerei im 14. und 15. Jahrhundert, als nach der Befreiung von der Mongolenherrschaft auch die Kunst einen neuen Aufschwung nahm und von so tiefem humanistischem Geist erfüllte Werke wie die Dreifaltigkeitsikone des Andrej Rubljow entstanden. Dennoch führte der Weg der russischen Kunst nicht zur Renaissance. Die Fremdherrschaft hatte die wirtschaftliche und soziale Entwicklung und damit die freie Entfaltung des Städtebürgertums gehemmt. Während in Westeuropa das Bürgertum zur führenden wirtschaftlichen und teilweise sogar politischen Macht aufstieg, erstarkte in Rußland der Despotismus. Der Zar betrachtete sich nach dem Vorbild der byzantinischen Kaiser als von Gott eingesetzter und geheiligter Alleinherrscher. Wie der mittelalterliche Feudalstaat lebte die mittelalterliche Kultur in Rußland noch bis ins 18. Jahrhundert fort, bis die Reformen Peters I. schließlich auch die Kunst aus ihrer Erstarrung befreiten.

## Die karolingische Kunst

Auch Mittel- und Westeuropa standen jahrhundertelang unter byzantinischem Einfluß. Dennoch vollzog sich hier nicht die gleiche kontinuierliche Entwicklung von der spätantiken zur frühmittelalterlichen Kunst wie in Byzanz. Mit dem Zerfall des Weströmischen Reichs, dessen Erbe germanisch-romanische Völkerschaften antraten, gingen in diesen Gebieten nicht nur die antiken Kunsttraditionen, sondern überhaupt das Verständnis für die antike Kultur weitgehend verloren. Solange die Völkerschaften in Bewegung waren und nur eine geräteschmückende Kunst besaßen, galt ihr Interesse ausschließlich dem antiken Kunsthandwerk. Die Goldschmiedearbeiten in feinster Granulations- und Filigrantechnik, die farbigen Zellverglasungen und Tauschierarbeiten der Völkerwanderungszeit dürften nicht ohne Kenntnis des spätantiken Kunsthandwerks entstanden sein.

Die Bildung junger Barbarenstaaten und die Christianisierung ihrer Bevölkerung führten jedoch zu einem grundlegenden Wandel der gesellschaftlichen, religiösen und künstlerischen Auffassungen. Wie in Byzanz wurden jetzt auch Kirchen und Paläste gebaut. In Ravenna, der Hauptstadt des Ostgotenreichs, ließ König Theoderich wie die byzantinischen Herrscher einen Palast und Kirchen errichten und demonstrierte damit, daß er sich als Nachfolger der römischen Kaiser, ebenbürtig den byzantinischen, betrachtete. Das Grabmal des Theoderich, bei dem ein antikes Mausoleum wie ein Hünengrab mit einem einzigen Monolithblock in Form einer Scheinkuppel geschlossen wurde, ist bereits ein Beispiel für die Verschmelzung von antiker und germanischer Kunst.

150 

151 

**149** Andrej Rubljow. Dreifaltigkeitsikone. Um 1410–1420. Moskau, Tretjakow-Galerie

**150** Kopf der Dessislawa aus einem Fresko der Kirche in Bojana (Bulgarien). 1259

**151** Ikone der Gottesmutter von Wladimir (Ausschnitt). Um 1130. Moskau, Tretjakow-Galerie

152

153

Es dauerte aber noch viele Jahrhunderte, ehe aus der Vereinigung der frühchristlich-byzantinischen mit den germanischen Kunsttraditionen die mittelalterliche Kunst hervorging. Denn ebenso wie das Ostgotenreich zerfielen auch die anderen Barbarenreiche bald wieder. Mit den antiken Städten gingen nun auch die spätantiken Handwerkstraditionen fast völlig unter. Als im Frankenreich, der größten und dauerhaftesten der frühen germanischen Staatengründungen, unter Karl dem Großen das erste mittelalterliche Imperium entstand, war die antike Kultur bereits soweit in Vergessenheit geraten, daß der Kaiser eine Akademie zu ihrer Erforschung schuf. Diese Bestrebungen brachten aber vor allem eine Hinwendung zur byzantinischen beziehungsweise zur ravennatischen Kunst; so war San Vitale in Ravenna das Vorbild für die Pfalzkapelle Karls in Aachen. Die »Karolingische Renaissance« blieb außerdem im wesentlichen auf die höfische Kultur beschränkt. Und selbst hier mußten sich die byzantinischen Vorbilder den so andersartigen Verhältnissen anpassen – mit den Funktionen mußten sich auch die Formen der Architektur wandeln. So waren die Kirchen im Frankenreich, wo es keine Städte mit schützenden Mauern und noch kaum befestigte Feudalburgen gab, meist die einzigen Steinbauten und als solche notfalls zugleich Flucht- und Wehranlagen. Diese Aufgabe kam vor allem dem Westbau zu, der bereits bei der Aachener Pfalzkapelle von zwei Ringtürmen flankiert wurde. Im Innern übernahm der Westbau ebenfalls neue Funktionen. Sein Untergeschoß diente in Aachen als Taufkapelle, in seinem Obergeschoß befand sich die Kaiserloge. Da die römischen Kaiser und ihre Nachfolger im Gegensatz zu den byzantinischen keinen priesterlichen Rang besaßen, waren sie in der Kirche nur Laien, die allerdings

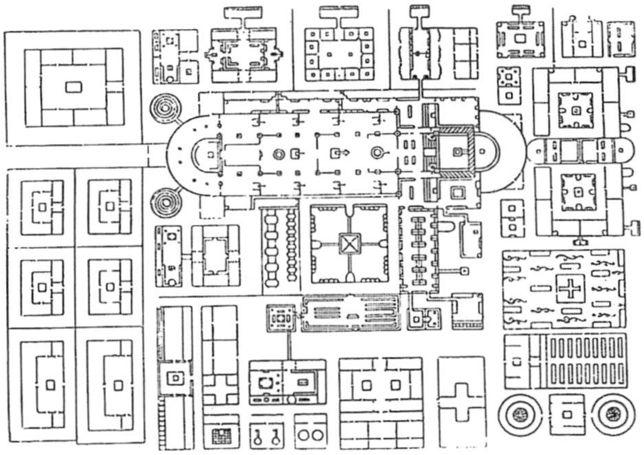

154

**152** Grabmal des Theoderich in Ravenna. Um 520
**153** Torhalle des Benediktinerklosters in Lorsch. 774
**154** Plan des Benediktinerklosters St. Gallen. Kopie (um 820) eines älteren Plans. St. Gallen, Stiftsbibliothek

155

156

einen ihrer privilegierten Stellung gemäßen Platz beanspruchten. Dieser Platz wurde beim basilikalen Bau mit dem Westchor geschaffen, wie ihn bereits der Idealplan für Klosteranlagen in St. Gallen aufweist.
Die Trennung von weltlicher und geistlicher Gewalt mag auch dazu beigetragen haben, daß in West- und Mitteleuropa ebenso wie in Rom selbst – der Hauptstadt der Kirche und dem Krönungsort der fränkischen Herrscher – nicht die byzantinische Kreuzkuppelkirche, sondern die Basilika der Hauptkirchentyp blieb. Die mit einer Flachdecke oder einem offenen Dachstuhl versehene Basilika erforderte bautechnisch auch kein so hohes Können wie der Gewölbebau. Abseits der karolingischen Hofkunst und vor allem nach dem Zerfall des Frankenreichs fehlten nicht nur alle handwerklichen Voraussetzungen für den Gewölbebau, sondern überhaupt das Verständnis für den Steinbau. Zwar wurde für wichtige Gebäude der antike Steinbau übernommen, jedoch im Sinne der heimischen Holz- oder der Megalithbauten verstanden und abgewandelt. An die Stelle der Säulen traten wieder mächtige Stützen und unprofilierte Mauerpfeiler. Die Kapitelle nahmen anorganische Blockform an und wurden wie die Pfeiler oft mit Flecht- oder Ritzmustern verziert, deren Vorbilder im heimischen Kunstgewerbe und der Holzschnitztechnik zu finden sind.
Auch hinsichtlich der Bedeutung des Bauwerks vermischten sich antike und christliche mit germanischen Vorstellungen. Für die in primitiven religiösen Anschauungen befangenen Bewohner des Frankenreichs, die in weiten Gebieten niemals mit der antiken Kultur in Berührung gekommen waren oder nur eine provinziell-römische Kultur kennengelernt hatten, besaßen Religion und Kunst noch magische Bedeutung. Die Kirche konnte diesen heidnischen Glauben an die Magie der Dinge nur überwinden, indem sie ihn absorbierte und in ihrem Sinn umdeutete. So erlebte der heidnische Totenkult gleichsam im christlichen Gewand seine Auferstehung: Die frühchristliche Gemeindekirche, die man oft über Märtyrergräbern errichtet hatte, wurde zu einem von magischen Kräften erfüllten Sakralraum, und der »Tisch des Herrn« zum Altar, auf dem sich die mystische Verwandlung von Brot und Wein in Leib und Blut Christi vollzog. Die Gebeine der Heiligen galten als wundertätige Reliquien, nach deren Besitz jede

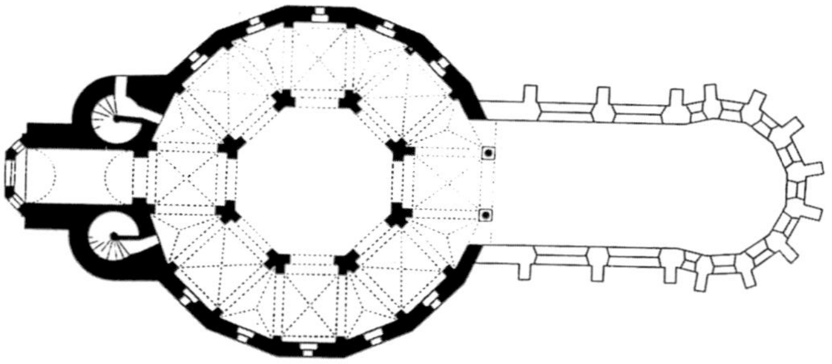

155

155 Pfalzkapelle Karls des Großen in Aachen. Um 795 bis 805. Innenansicht und Grundriß
156 St. Michael in Fulda. Um 820

157
158
159

Kirche strebte. In der bildenden Kunst nahmen die Heiligen oft ein geheimnisvolles, ja unheimliches Aussehen an. Sie erhielten Körper und Gesichter, die – ähnlich wie die Idole der Frühzeit – nicht Abbilder, sondern Sinnbilder übernatürlicher Kräfte sein sollten.
Die erhaltenen plastischen Bildwerke der karolingischen Zeit sind Kleinkunst. Beliebtestes Material war – wie noch während des ganzen Mittelalters – das Elfenbein, das nicht in den heimischen Kunsttraditionen verwurzelt war: Die Elfenbeinschnitzereien, die meist für Buchdeckel gefertigt wurden, standen unter dem Einfluß byzantinischer Vorbilder, die durch Export und als Geschenke nach Europa kamen, und sind somit meist Werke der Karolingischen Renaissance. Ihre größten Leistungen vollbrachte die karolingische Kunst aber auf dem Gebiet der Goldschmiedearbeit, wo die Kunsttraditionen der Völkerwanderungszeit am lebendigsten waren.
Die Vielfalt der Richtungen, die noch nebeneinander bestanden und erst langsam zu einem neuen Stil verschmelzen sollten, zeigen die Miniaturmalereien, mit denen man seit dem 4. Jahrhundert die Codices, die nun die antiken Papyrusrollen ablösten, verzierte. Die Arbeiten aus der Palastschule vom Hof Kaiser Karls des Großen knüpften an die spätantiken Traditionen an. Andere Handschriften jedoch zeigen schon deutlich das Streben nach feierlich-hieratischer Bildauffassung oder aber nach leidenschaftlich-dramatischem Ausdruck. Je weiter Kunst und Künstler zeitlich und örtlich von der Antike und dem fränkischen Hof entfernt waren, um so mehr wandelten sich Form und Inhalt des Kunstwerks, desto stärker wurde es als magisch wirkende Kraft empfunden, als Symbol, das sich nur langsam mit christlichen Vorstellungen füllte.
Eine ähnliche Bedeutung erhielten auch die Gewänder und Insignien, die die fränkischen Herrscher bei ihrer Krönung anlegten. Noch in späteren Jahrhunderten personifizierten sie die herrscherliche Gewalt, so daß bei Machtkämpfen der Besitz der Reichsinsignien über den Besitz der Kaiserwürde entscheiden konnte.

160
161

**157** Pfeiler aus der Kirche in Cravant (Frankreich). 9.–10. Jh.
**158** Elfenbeinbuchdeckel aus Lorsch. Um 810. Rom, Vatikan
**159** Buchdeckel des Codex Aureus von St. Emmeram in Regensburg. Um 870. München, Bayerische Staatsbibliothek
**160** Kreuzigung. Fragment eines bronzenen Buchdeckelbeschlags aus Athlone (Irland). Um 750. Dublin, Nationalmuseum
**161** Evangelistar aus St. Gallen. Um 850

162

163

164

## *Die Entwicklung der byzantinischen Mosaikkunst*

*Als das Christentum zunächst toleriert und dann zur Staatsreligion erhoben wurde, stieg auch die christliche Kunst aus den Katakomben an die Öffentlichkeit und schmückte nun Apsiden und Wände der Kirchen. Zunächst ist Christus noch wie in den Zeiten der Verfolgung in der Gestalt der alten Sinnbilder dargestellt. Die Mosaike wurden jedoch bald prunkvoller, der naturalistische Hintergrund wandelte sich zum immateriellen Goldgrund. Da die kirchliche Lehre den Körper für sündig erklärte, gingen auch die antiken Traditionen allmählich verloren. Die Mosaike wurden immer stilisierter, die Körper verhüllten lange und steife Gewänder, wie die Priester sie trugen und wie die byzantinische Hoftracht sie vorschrieb. Auch der Inhalt des Christusbildes wandelte sich: Aus dem Guten Hirten, dem Heiland der Unterdrückten und Sklaven, wurde der Pantokrator, der gestrenge und unnahbare Allbeherrscher – ein Abbild der byzantinischen Kaiser.*

**162** Christus als Guter Hirte. Mosaik über dem Eingang des Mausoleums der Galla Placidia in Ravenna. Mitte 5. Jh.
**163** Heiliger Apollinaris mit Schafen. Apsismosaik von S. Apollinare in Classe in Ravenna. Um 540
**164** Christus als Lehrer mit den Aposteln. Apsismosaik in S. Pudenziana in Rom. Um 400
**165** Christus Pantokrator. Apsismosaik in der Kathedrale von Cefalù (Sizilien). Nach 1148

165

166

**166** Evangelist Matthäus aus dem Evangeliar Karls des Großen. Anfang 9. Jh. Wien, Kunsthistorisches Museum

**167** Evangelist Markus aus dem Ada-Evangeliar. Um 800. Trier, Stadtbibliothek

**168** Evangelist Matthäus aus dem Evangeliar des Ebo von Reims. Vor 835. Epernay, Stadtbibliothek

**169** Matthäus-Symbol aus dem Book of Durrow. Um 650 bis 700. Dublin, Trinity College

167

168

## *Die Miniaturmalerei in karolingischer Zeit*

*Die Buchmalereien, die von Mönchen in den klösterlichen Skriptorien geschaffen wurden, verarbeiteten unterschiedliche Quellen und Anregungen. Die bedeutendsten Codices entstanden im Auftrag des Kaisers und hoher Würdenträger in den Hofschulen von Aachen, Metz und Reims. Diese Miniaturen griffen bewußt auf spätantike und frühbyzantinische Vorbilder zurück. So sind die Evangelisten des Reichsevangeliars, das aus der Palastschule Karls des Großen stammt, in plastischer Körperlichkeit vor malerischen Landschaften dargestellt. Antikisierend ist auch der Figurenstil des Ada-Evangeliars, das ebenfalls aus der Hofschule hervorging. Neben den antiken Traditionen werden hier aber schon Tendenzen zur zeichnerischen Ornamentalisierung spürbar, die für die mittelalterliche Buchmalerei typisch werden sollten. Für die Schule von Reims sind Figuren in einem sehr bewegten Linienstil in Landschaften mit antikischen Versatzstücken charakteristisch.*
*Am weitesten von den antiken Vorbildern entfernt war die irische Buchmalerei, die – ähnlich wie die keltisch-germanische Kunst der Völkerwanderungszeit – die menschliche Gestalt zu linear-flächigen Ornamenten umbildete. Solche insularen Miniaturmalereien, die ihren Höhepunkt bereits im 7. und 8. Jahrhundert hatten, gelangten durch die ausgedehnte irische Missionstätigkeit auch in karolingische Klöster wie St. Gallen, wo ihr stilistischer Einfluß nicht selten nachzuweisen ist.*

169

# Die Kunst der feudalistischen Gesellschaft West- und Mitteleuropas

919 Mit der Königswahl Heinrichs I. Gründung des Deutschen Reichs. 962 Kaiserkrönung Ottos I. in Rom. 987–1328 Dynastie der Capetinger in Frankreich. 1077 Gang Heinrichs IV. nach Canossa. 1096 Erster Kreuzzug. 1150–1250 Höhepunkt der deutschen Italienpolitik unter den Staufern. 1160 Höhepunkt der deutschen Ostexpansion unter Heinrich dem Löwen. 1254–1273 Interregnum in Deutschland. 1255 Gründung der Pariser Sorbonne. 1268 Untergang der Hohenstaufen in Italien. 1270 Achter (letzter) Kreuzzug unter Ludwig IX. (»dem Heiligen«) von Frankreich. 1302 Erste Einberufung der Generalstände in Paris. 1309–1376 »Babylonische Gefangenschaft« der Kirche in Avignon. 1337–1453 Hundertjähriger Krieg zwischen Frankreich und England. 1347–1378 Karl IV., deutscher Kaiser und König von Böhmen. 1350 Größte Pestepidemie in Europa. Um 1350 Höhepunkt der Macht der Städtehanse. 1381 Zusammenschluß des Rheinischen und des Schwäbischen Städtebunds gegen die Ritter. 1419–1436 Hussitenkriege. 1439 Erste Bundschuhbewegung in Südwestdeutschland.

Mit der Teilung des Fränkischen Reichs fielen endgültig die Gebiete des einstigen Weströmischen Reichs auseinander, die unter den Karolingern noch einmal für kurze Zeit zu einem Imperium vereint worden waren. Es wurden jene territorialen Grenzen abgesteckt, innerhalb derer sich in den folgenden Jahrhunderten Deutschland, Frankreich und Italien entwickelten. Das Feudalsystem setzte sich im Verlauf des 10. Jahrhunderts endgültig durch und stellte auch die Kunst immer stärker in den Dienst seiner hierarchischen Ordnung. Da es bei der Herausbildung der Nationalstaaten zeitliche Verschiebungen und wirtschaftliche wie politische Besonderheiten gab, entwickelte sich auch die Kunst unterschiedlich, so daß man erstmals von einer deutschen, französischen und italienischen Kunst sprechen kann. Über alle nationalen Unterschiede hinweg lassen sich aber in Mittel- und Westeuropa die gleichen Phasen verfolgen: Aus der Kunst der Karolingerzeit, in der die gemeinsamen Grundlagen für die mittelalterliche Kultur gelegt wurden, entwickelte sich nach einer Übergangszeit die romanische Kunst, die in Frankreich um 1000 und in Deutschland erst um 1050 zur vollen Entfaltung gelangte. Im 12. beziehungsweise 13. Jahrhundert wurde die romanische Kunst von der Gotik abgelöst. In deren Schoß wuchs bereits eine bürgerliche Kunst heran, die sich von den gesellschaftlichen und künstlerischen Idealen des Mittelalters zunehmend emanzipierte, um schließlich mit der Renaissance die Kunst der Neuzeit einzuleiten.

Kultur und Kunst der Romanik wurden vor allem durch die Kirche geprägt, die sich im 11. Jahrhundert zu einer straff organisierten Macht und zum größten Feudalherrn entwikkelte und nicht nur die geistige Führung, sondern auch die Oberhoheit über die weltlichen Gewalten beanspruchte. In Deutschland, wo die Ottonen die Zentralgewalt vorübergehend festigen konnten, blieben Kirche und Staat als Kulturträger in der Frühromanik aber noch eng miteinander verbunden. Seit der zweiten Hälfte des 11. Jahrhunderts verbündete sich jedoch die Papstkirche, die die Italienpolitik der deutschen Kaiser fürchtete, mit den Territorialfürsten gegen die Zentralgewalt. Die Kämpfe zwischen Kaiser- und Papsttum, die die Geschichte während des ganzen Mittelalters begleiteten, hatten zur Folge, daß die Kunst immer stärker unter den Einfluß der Kirche geriet. Dieser Einfluß war um so größer, als die Pflege von Kunst und Wissenschaften fast ausschließlich bei den Klöstern lag, die sowohl als Hauptproduzenten als auch als Hauptauftraggeber von Kunstwerken auftraten. Die Klöster waren auch die Stätten, in denen die über den Zusammenbruch des Römischen und Karolingischen Reichs hinweggeretteten Reste antiker Kultur- und Handwerkstradition bewahrt wurden.

170
171
172

**170–172** Entwicklung des romanischen Kapitells: Hildesheim, St. Michael. 1010–1033; Paulinzella, Klosterkirche. Begonnen 1112; Königslutter, Kloster-Kreuzgang. Ende 12. Jh.

Auch in Frankreich war die romanische Kunst vor allem Kirchenkunst. Eine wichtige Rolle spielte die Reformbewegung, die seit dem 10. Jahrhundert vom Kloster Cluny ausging und die Basis für die Zentralisierung der kirchlichen Macht schuf. Seit dem 12. Jahrhundert, als die königliche Zentralgewalt erstarkte und Paris zum politischen und kulturellen Mittelpunkt Europas wurde, nahm jedoch die französische Kunst einen höfischen Charakter an. Da der Papst zunehmend in Abhängigkeit von Frankreich geriet, so daß er schließlich sogar seine Residenz nach Avignon verlegen mußte, waren das kirchliche Dogma und mit ihm die geistigen Grundlagen der romanischen Kunst erschüttert. Die Kreuzzüge, zu denen die Päpste unter der Losung der Befreiung des Heiligen Grabes aufgerufen hatten, trugen ebenfalls dazu bei, daß sich das mittelalterliche Weltbild weitete und die romanische der gotischen Kunst weichen mußte.

Die Geschichte der Gotik ist aber nicht nur die Geschichte der höfisch-mittelalterlichen Kunst, sie ist zugleich die Geschichte der bürgerlichen Kultur der Städte, welche – Verbündete der Könige im Kampf gegen die Feudalherrn – im 13. und 14. Jahrhundert ihre erste Blütezeit erlebten. Obgleich die Scholastik immer noch die Philosophie zur Magd der Kirche erklärte, erwuchsen selbst aus dieser kirchlichen Bewegung in der Folgezeit Strömungen, die den Glauben nicht mehr über den Erkenntnisdrang stellten und als Wegbereiter der Naturwissenschaften bereits bürgerliches Denken erkennen lassen. Solange die Städte noch in die Feudalordnung eingebunden waren, ging das bürgerliche Kunstschaffen allerdings weitgehend in der feudalistischen Kunst auf. Je mehr jedoch mit der Geldwirtschaft und der Ausweitung des Handels Reichtum und Einfluß der Städte wuchsen, je größer die Widersprüche zwischen den wirtschaftlichen und politischen Interessen des Hofes und der Kirche und denen des Bürgertums wurden, desto offener traten die Gegensätze auch in der Kultur und Kunst hervor. Mit der Gründung von Universitäten verlagerten sich die Zentren der Bildung und des Wissens in die Städte, die jetzt auch als Auftraggeber für große Kirchenbauten auftraten. Die ausübenden Künstler selbst gingen seit dem 14. Jahrhundert immer seltener aus den Bauhütten der Ordensklöster hervor, sondern waren als Laienhandwerker in Zünften organisiert.

173

174

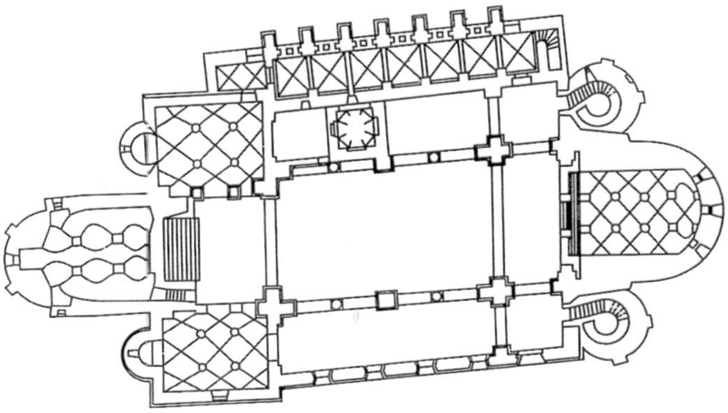

175

**173, 175** Stiftskirche St. Cyriakus in Gernrode. Begonnen 961. Außenansicht und Grundriß

**174** Stiftskirche St. Servatius in Quedlinburg. 1070–1129

176

177

## Die kirchlich-mittelalterliche Kunst (Romanik)

In Deutschland, wo die Übergangszeit zwischen der karolingischen und der romanischen Kunst nach den ottonischen Kaisern benannt wird, lebten die karolingischen Traditionen am stärksten fort. Wie die karolingische Reichskunst sollte die Kunst in dem wiedererrichteten Heiligen Römischen Reich den alten Reichsgedanken und damit den Herrschaftsanspruch der – in Rom gekrönten – Ottonen ideologisch untermauern. Dieser Anspruch kam vor allem in der Bautätigkeit zum Ausdruck, deren Zentrum das sächsische Kernland nahe dem Harz und an der Elbe war, wo die königlichen Besitzungen lagen. Die Doppelchörigkeit, die bereits in karolingischer Zeit die Teilung der weltlichen und kirchlichen Macht spiegelte, wurde nun zum spezifischen Kennzeichen deutscher Kirchen. Der Westteil der Basilika, die der vorherrschende Kirchentyp blieb, entwickelte sich zu einem dem Ostteil völlig gleichwertigen Bau: Wie der Ostchor wurde er häufig mit einem Querschiff, mit Vorchor und Apsis versehen; gleichrangig erhoben sich im Osten und Westen die Vierungstürme und die Treppentürme der Seitenschiffe, deren Anordnung und Gestaltung den Kirchen einen burgähnlichen Charakter gaben. Auch im Innern standen sich Priester- und Königschor ebenbürtig gegenüber. Zwischen beiden lag das für das Volk bestimmte Langhaus, so daß die architektonische Anlage der Kirche die feudalistische Ordnung spiegelte, in der Geistlichkeit, Adel und Volk ihren festen Platz einnahmen. Die straffe Gliederung wurde noch dadurch betont, daß im Innern wie im Außenbau alle Raumteile baukastenartig zusammengefügt waren. Durch die Anlage der Krypta entstand in vielen Kirchen ein erhöhter Chor, so daß dieser den Klerikern vorbehaltene Raum auch äußerlich hervorgehoben war.
Als im 11. Jahrhundert die Papstkirche und mit ihr die Ordensklöster zur größten politischen und kulturellen Macht in Europa aufstiegen, ging von dem Zentrum der kirchlichen Reformbewegung, dem französischen Benediktinerkloster Cluny, auch die Reformierung des Kirchenbaus aus, die das Langhaus auf das geistige Zentrum orientierte und Einfachheit und Schmucklosigkeit forderte. Auch in Deutschland, wo die Reformbewegung von der Hirsauer

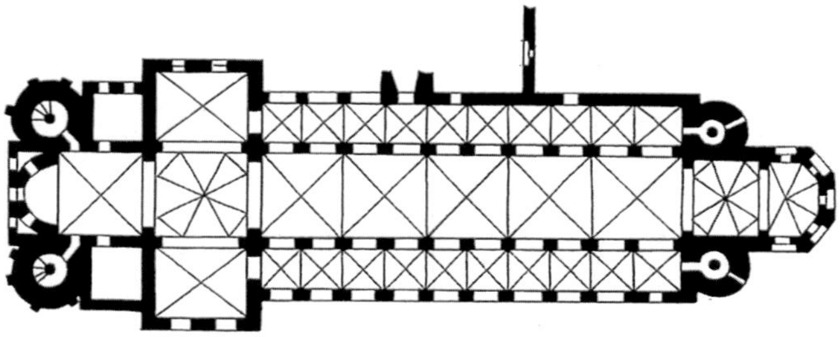

178

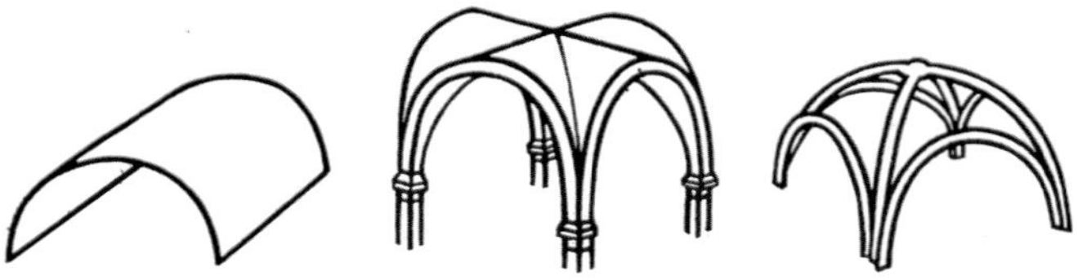

179

180
181

Bauschule vertreten wurde, setzten sich der Richtungsgedanke und die Formenstrenge durch. Bei den rheinischen Kaiserdomen, aber auch bei einigen Klosterkirchen wie der Abteikirche von Maria-Laach, lebte jedoch die Doppelchörigkeit noch bis ins 13. Jahrhundert fort. Räumlich-konstruktiv hatten aber alle hochromanischen Kirchen nur noch ein Zentrum: die Vierung. Dieser im Schnittpunkt von Langhaus und Querhaus liegende quadratische Raumteil wurde zum Grundmaß für den gesamten Bau. Bei diesem »gebundenen System« erhielten Chorquadrat, Querschiff-Flügel und die Joche des Langhauses die gleichen Ausmaße und die Seitenschiffe die halbe Breite des Vierungsquadrats. Der einheitliche, geschlossene Charakter, die rhythmische Gliederung und die strukturelle Klarheit der hochromanischen Kirchen wurden vor allem durch den Gewölbebau erreicht, der seit etwa 1100 die flachen Holzdecken zu ersetzen begann. Grundlage der romanischen Architektur war der Rundbogen, der dem Eingangsportal und den Fensteröffnungen ihre Form gab, im Innern bei den Arkadenstellungen und Emporen, den Gurt- und Gewölbestützbögen auftrat und selbst den Bogenfriesen, Blendarkaden und Zwerggalerien ihre Form verlieh. Es entstand eine Vielzahl von Gewölbetypen wie das Tonnengewölbe, das Kreuzgewölbe, das Kreuzrippen- und Klostergewölbe. Die Einwölbung der Mittel- und Seitenschiffe bedingte wiederum die Weiterentwicklung des Stützensystems: Den Wänden und Pfeilern wurden Halbsäulen mit Kämpfern und Kapitellen vorgelegt, auf denen die Gurtbögen der Gewölbe ruhten. Der Ostteil der Kirchen wurde durch Nebenapsiden oder – vor allem in den großen französischen Wallfahrtskirchen – durch einen Umgang mit Kapellenkranz erweitert, wodurch die Vierung stärker in die Mitte des Baukörpers rückte und der Grundriß die Form eines lateinischen Kreuzes annahm. Die Bedeutung der Vierung konnte noch durch eine Kuppel hervorgehoben werden. In der Außenarchitektur wurde sie durch den Vierungsturm gekennzeichnet, dem alle anderen Teile des Baus untergeordnet waren: Im Osten erhoben sich stu-

**176–178** Dom St. Peter in Worms. Vollendet um 1225. Außenansicht, Innenansicht des Westchors und Grundriß
**179** Gewölbe der Romanik: Tonnengewölbe, Kreuzgewölbe, Kreuzrippengewölbe
**180** Abteikirche Maria-Laach. 1093 bis um 1200
**181** Klosterkirche in Paulinzella. 1112 bis Ende 12. Jh.
**182** Palas der Wartburg bei Eisenach. 1180–1250

182

183

184

fenartig Umgangskapellen, Chorumgang und Hochchor, im Norden und Süden die Querschiff-Flügel und im Westen die oft von zwei Türmen flankierte Langhausfassade – sie alle gipfelten in dem Vierungsturm und verschmolzen mit ihm zu einem gewaltigen pyramidalen Denkmal göttlicher und kirchlicher Macht. Eine neue Lösung wurde auch für die Westfront geschaffen. Dort, wo sich bei vielen deutschen Kirchen der Königschor befand, wurde in Frankreich das Kirchenportal eingefügt, das – stufenartig nach innen gestaffelt – ebenfalls auf das Zentrum hinwies.

Da Rom als Sitz des Papstes geistiges und kulturelles Zentrum der Christenheit war, fanden auch die alten römischen Traditionen Eingang in die romanische Kunst. Die antike Basilika erfuhr sogar eine großartige Bereicherung: Die Gewölbetechnik wurde wiederbelebt, und das römische Triumphbogenmotiv feierte in den Portalen seine Auferstehung. Doch unterschied sich die romanische Kunst wesentlich von der römischen. Vorbild und Maßstab war nicht mehr der Mensch, sondern Architektur wie alle Künste dienten als Symbolträger religiöser Ideen. Die »Romanisierung« der mittelalterlichen führte also nicht zu einer Renaissance der antiken Kunst. Die von der Antike übernommenen Techniken und Einzelformen dienten der Monumentalisierung im Sinne einer archaischen Kunst: Der Baukörper wurde auf einfachste kubische Formen reduziert – Würfel, Zylinder und Kegel –, deren Gegensatz zu den organischen antiken Baugliedern das aus mächtigen Steinquadern zusammengefügte Mauerwerk noch unterstreicht. Das geradezu klassische Beispiel für die romanische Formgebung ist das Würfelkapitell, bei dem nichts mehr an die spätantiken Akanthus- und Kompositkapitelle erinnert. Soweit sie mit plastischem Schmuck versehen waren, wandelten sich die natürlichen Vorbil-

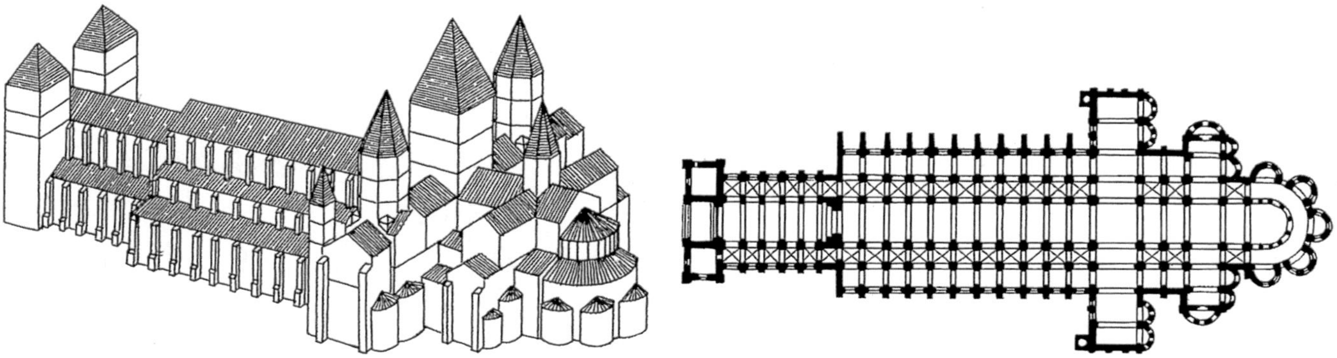

185

der in stilisierte Ornamente oder in phantastische Masken und dämonische Wesen.
Der abweisende, festungsartige Charakter der romanischen Kirchen hatte allerdings auch reale, wehrtechnische Ursachen. In der Geschichte des romanischen Kirchenbaus spiegelt sich daher zugleich ein Teil der Geschichte des Burgenbaus wider, der in der romanischen Epoche, als die städtische Architektur noch eine untergeordnete Rolle spielte, neben der Pfalz den wichtigsten Typ der Profanarchitektur darstellte. Während die Kirchen von den Wehrbauten die Türme, die oft schießschartenartig schmalen Fenster wie überhaupt das festungsartige Mauerwerk übernahmen, machte sich der Burgenbau die technischen und künstlerischen Fortschritte der Sakralarchitektur zu eigen. Der zunächst viereckige, dann aus wehrtechnischen Gründen runde Donjon beziehungsweise Bergfried – die Urform der feudalistischen Burg – wurde zu einer vielgliedrigen Anlage erweitert. Seit im 11. Jahrhundert die Palisaden der Burgen durch Steinmauern ersetzt wurden, konnten die Wohnräume aus dem Donjon herausgenommen werden. Auf dem Burghof entstanden Wirtschafts- und Wohnbauten, so der Palas mit dem Rittersaal, wie er noch heute auf der Wartburg erhalten ist. Die architektonischen Details, die Rundbogenfenster, -arkaden und -friese glichen denen der Kirche. Da die Burg auch in gotischer Zeit noch als Schutz- oder Zwingburg diente, bewahrte sie lange ihren romanischen Charakter.
Wie die romanische Architektur gelangte die romanische Plastik erst im Verlauf des 11. Jahrhunderts zur vollen Reife. Auch hier griff die ottonische Kunst in Deutschland noch einmal auf die karolingische und ihre Wiedererweckungsversuche der Antike zurück, so daß man sogar von einer »Ottonischen Renaissance« spricht. Wie in karolingischer Zeit gab es – bis auf wenige Ausnahmen – keine Monumentalplastik. Das Metall blieb das wichtigste Material. Zu den bedeutendsten Werken gehören die in Bronze gegossenen Türen des Augsburger und des Hildesheimer Doms. Bei der Augsburger Bronzetür ist die Anlehnung an spätantike Vorbilder noch offensichtlich, während die Figuren der Hildesheimer Türflügel – obgleich sie früher entstanden – bereits eine der Antike fremde, zur Romanik hinführende Haltung zeigen. Das überirdische Geschehen

186

187

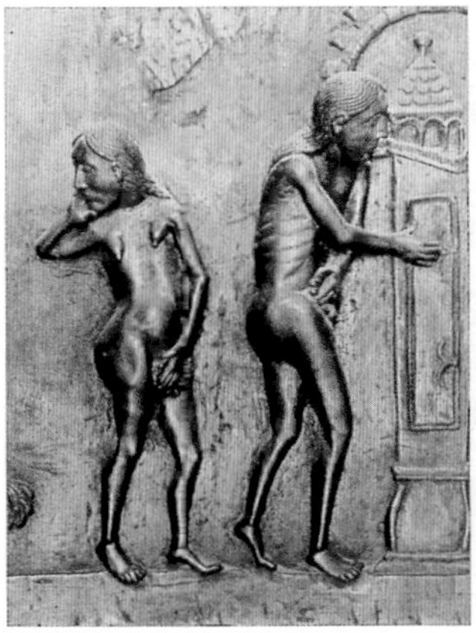

188
189

**183** Chor der Abteikirche Notre-Dame in Paray-le-Monial. Ende 11. und 12. Jh.
**184** Notre-Dame-la-Grande in Poitiers. Beg. Ende 11. Jh.
**185** Rekonstruktion des dritten Baus der Abteikirche in Cluny. Begonnen 1088. Modell und Grundriß
**186** Gerokreuz. Um 970. Köln, Dom
**187** Baseler Antependium. 1. Viertel 11. Jh. Paris, Museum Cluny
**188** Adam und Eva. Relief (Ausschnitt) der Bronzetür von St. Michael in Hildesheim. 1007–1015
**189** Der Herbst. Relief der Bronzetür des Augsburger Doms. Mitte 11. Jh.

190

191

spiegelt sich allerdings in einer übersteigerten Expressivität und seelischen Erregtheit der Menschen wider, die eher realistisch als symbolhaft wirkt.
Zutiefst menschlich empfunden ist der Christus vom sogenannten Gerokreuz, eine der wenigen Großplastiken dieser Epoche. Hier ist der Gekreuzigte noch nicht der triumphierende Gott romanischer Bildwerke, sondern ein leidender Mensch.
Die Weiterentwicklung zur hochromanischen Kunst ging auch für die Plastik von Frankreich und speziell von den Klöstern der Reformbewegung aus. Nicht mehr der leidende und sterbende, sondern der thronende Christus des Jüngsten Gerichts war das Hauptthema hochromanischer Plastik. Im Tympanon der Kirchenportale hielt Christus als Weltenrichter und Weltenherrscher am »Tag des Zorns« unerbittliches Gericht über die Menschheit, entschied er über ewige Seligkeit oder ewige Verdammnis, schied er Himmel und Hölle. Der Hölle verfiel jeder – ob Kaiser, Bischof oder Bauer –, der gegen die Gebote Gottes und damit gegen die Gesetze der Kirche verstieß. So wurde die Kunst zu einer Mahnung an alle jene weltlichen und geistlichen Kräfte, die sich dem Machtanspruch der Kirche widersetzten. Nicht ohne Grund wurden die Qualen der Hölle, in welcher die heidnische Geister- und Dämonenwelt gleichsam ihre Auferstehung erlebte, meist eindrucksvoller geschildert als die himmlischen Freuden. Wie in der Antike gewann nunmehr die Steinplastik eine neue Bedeutung. Die Vollplastik blieb allerdings auch der hochromanischen Kunst, die ja Unfaßbares darstellen wollte, im wesentlichen fremd. Ihre Hauptwerke waren der monumentale Skulpturendekor der Kirchen, daneben die Kult- und Grabmalplastik im Innenraum. Auch hier bedeutete Romanisierung zugleich Archaisierung: Der menschliche Körper büßte seine natürlichen Proportionen ein, seine organischen Formen wurden in anorganische kubische oder linear-flächenhafte Gebilde übersetzt, die geistige Ausdruckswerte darstellten.
Abseits der religiösen Zentren der Reformbewegung legte die Plastik allerdings oft ihre kultbildhafte Strenge ab. Vor allem im mit der antiken Kultur besonders eng verbunde-

192

**190** Christus in der Mandorla. Relief im Chorumgang von St.-Sernin in Toulouse. Um 1096

**191** Christus als Weltenrichter. Tympanon der Kirche in Beaulieu. 1. Hälfte 12. Jh.

**192** Eva. Türsturz-Fragment vom Nordportal der Kathedrale St.-Lazare in Autun. Um 1125. Autun, Museum Rolin

nen Süden Frankreichs, wo die mittelalterlichen Städte früher als in anderen Teilen des Landes erblühten, bewahrte die Kunst größere Menschlichkeit und Natürlichkeit.
Auch in Deutschland wirkte der Kampf zwischen Kaiser- und Papsttum dem absoluten Machtanspruch der Kirche in der Kunst entgegen. Die Grabplatte des Friedrich von Wettin ist ein Beispiel dafür, wie hier die Romanisierung zur Steigerung der menschlichen Persönlichkeit zu führen vermochte. Selbst das Tier sank in Deutschland nicht ausschließlich zum Symbol des Dämonischen herab, sondern konnte sogar, wie der Löwe, den Herzog Heinrich vor seiner Burg in Braunschweig aufstellen ließ, zum Symbol der Macht der herrschenden Geschlechter werden.
Im wesentlichen aber brachte die Hochromanik auch für Deutschland den Höhepunkt der Klerikalisierung. Die Malerei wurde zur »Magd der Kirche«. Die Kirchenwände schmückten Fresken, die Leben und Leiden Christi schilderten und dem des Lesens unkundigen Volk den Inhalt der Bibel ins Anschaulich-Bildhafte übersetzten. Die Glasmalereien, deren tiefe Farben im Widerschein des »himmlischen Lichts« erglühten, erschienen den Gläubigen wie überirdische Visionen. Von der Wand- wie von der Glasmalerei sind allerdings nur wenige Reste erhalten.
In ottonischer und frühromanischer Zeit erlebte die Buchmalerei eine Blüte, während die großen Prachthandschriften der Hochromanik künstlerisch stagnierten. Die Buchmalerei entwickelte nicht mit der gleichen Konsequenz wie die Wandmalerei eine »Bilderschrift«. Da die in kaiserlichen und klösterlichen Skriptorien angefertigten Illuminationen ausschließlich für eine gebildete Eliteschicht bestimmt waren, griffen sie immer wieder auf spätantike, byzantinische oder karolingische Vorbilder zurück und verzichteten auf volkstümlich-vereinfachende Darstellungen.

193

194

Die Erzeugnisse der Kleinkunst – Antependien, Reliquiare, Monstranzen und Abendmahlskelche, Tragaltäre und Schreine – entstanden fast ausschließlich für die Kirche. Da in der frühfeudalistischen Periode der Naturalwirtschaft die Klosterwerkstätten nahezu die einzigen Orte waren, an denen Kunsthandwerker ausgebildet wurden, bezogen auch die Fürsten Kunstgegenstände und Luxuswaren von den Klosterwerkstätten oder aber über den Fernhandel aus Byzanz. Zu den herausragenden Kunstwerken zählen die Goldschmiedearbeiten, deren schönste aus dem rheinisch-maasländischen Gebiet und aus Limoges stammen. Gold, Edelsteine und Perlen bewahrten weiterhin ihren magisch-symbolhaften Charakter, nur wurde das Gold jetzt zum Widerschein des Göttlichen. In der Kleinkunst bezog man das Tier in dienender Funktion als Aquamanile, aber auch als Pult- oder Taufbeckenträger in den kirchlichen Ritus ein. Die Herrschaft der Kirche drückte sogar der Mode dieser Jahrhunderte ihren Stempel auf. Der Priesterornat wurde sozusagen modebestimmend: Nicht nur Priester und Kaiser, sondern der gesamte Adel legten im 11. Jahrhundert die lange Tunika an. Das Volk behielt weiterhin den kurzen Rock bei.

195
196

**193** Grabplatte des Erzbischofs Friedrich von Wettin. Um 1152. Magdeburg, Dom
**194** Löwendenkmal Heinrichs des Löwen. 1166. Braunschweig, Domplatz
**195** Verkündigung an die Hirten. Miniatur aus dem Perikopenbuch Heinrichs II. aus Bamberg. Zwischen 1007 und 1014. München, Bayerische Staatsbibliothek
**196** Mathildenkreuz. Anfang 11. Jh. Essen, Münsterschatz

## Die höfisch-mittelalterliche Kunst (Gotik)

Seit dem 12. und vor allem im 13. Jahrhundert wurde das französische Königtum, dem im Bündnis mit den Rittern und den Städten die Zentralisierung des Landes gelang, zur führenden politischen Kraft in Europa. Das Papsttum erlebte zwar an der Wende vom 12. zum 13. Jahrhundert noch einmal einen Höhepunkt seiner Macht, doch wurden die kirchlichen Dogmen durch die Weitung des geistigen Blickfelds, durch neue philosophische Strömungen und nicht zuletzt durch die südfranzösischen Ketzerbewegungen der Albigenser und Waldenser zunehmend relativiert oder gar untergraben. Paris, die Residenz der französischen Könige, entwickelte sich zum kulturellen Mittelpunkt für ganz West- und Mitteleuropa. Als neuer Kulturträger trat das Rittertum auf. Aus dem Bewußtsein einer erlesenen christlichen Gefolgschaft erhob es Treue, Tapferkeit, Minnedienst und Mut zum Edlen zu seinen Standestugenden, wie sie im Minnesang und in der Ritterepik ihren künstlerischen Ausdruck fanden.

Die Kreuzzüge hatten neue Ansprüche und Bedürfnisse geweckt, die sich nicht nur in der ritterlichen Kultur niederschlugen, sondern auch die Entfaltung von Handel und Handwerk vorantrieben und die Entwicklung der städtischen Kultur begünstigten. Solange das Königtum der unentbehrliche Garant für Selbständigkeit und Prosperität der Städte war, blieb der französische Hof aber in der Kunst tonangebend. Nicht zufällig entstand die gotische Kunst in der Île-de-France, der königlichen Domäne, wo sich um die Mitte des 12. Jahrhunderts der Übergang von der Romanik zur Gotik vollzog. Allerdings galt auch die veränderte Welt als ein Spiegelbild der göttlichen Ordnung, weshalb die höfische im wesentlichen eine kirchliche Kunst blieb. Es war der Kirche jedoch nicht mehr möglich, Empfinden, Denken und Handeln der Menschen ausschließlich auf das Jenseits auszurichten und die Anforderungen der Realität zu mißachten. Sie mußte auch in der Kunst immer mehr Konzessionen an die Wirklichkeit machen, wobei sie allerdings – mit Hilfe der Scholastik – nach einer Synthese aus Glauben und Vernunft suchte und Mystisches und Reales miteinander verflocht.

Wie in der Romanik blieb der Kirchenbau die Hauptaufgabe der Kunst. Doch waren nicht mehr die Klöster, sondern die bischöflichen Residenzstädte Zentren der Bautätigkeit. Die hier errichteten Kathedralen, Dome und Münster sollten zudem nicht nur von der göttlichen und kirchlichen Allmacht, sondern auch von der wachsenden Macht der Städte

197

198
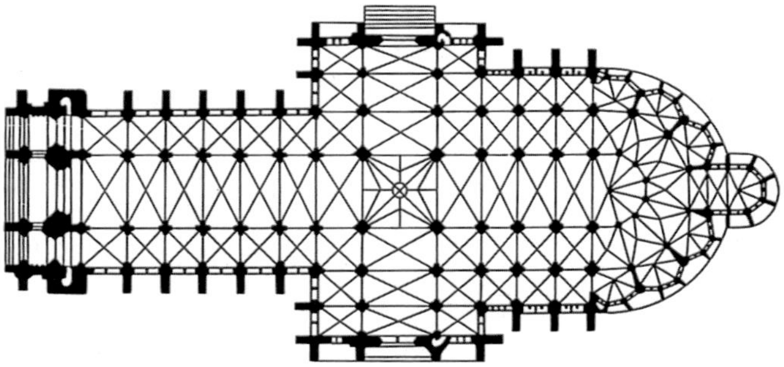

**197** Kathedrale Notre-Dame in Paris. 1163–1330
**198** Kathedrale Notre-Dame in Amiens. 1220–1268. Grundriß und Axonometrie

199

200

zeugen, weshalb ihr Bau von der ganzen Stadtbevölkerung als eigenstes Anliegen verstanden wurde. Sie dienten ursprünglich auch nicht ausschließlich dem Gottesdienst; so tagten in Paris vor dem Bau des Rathauses in der Kathedrale die Obrigkeit der Stadt und die Zünfte; sogar Vorlesungen wurden hier abgehalten. Mit den Aufgaben wandelte sich die Konstruktion der Bauten. Die von der Öffentl chkeit für die Öffentlichkeit errichteten gotischen Kirchen wurden im wahrsten Sinne des Wortes durchschaubar und allöffentlich. Da die Kathedralen innerhalb der starken Stadtmauern lagen, die in Notzeiten bewaffnete Bürger verteidigten, konnten sie auf die romanische Wehrhaftigkeit verzichten. An die Stelle des Massenbaus trat der Skelettbau, der die konstruktiven Ele-

201

**199, 201** Kathedrale Notre-Dame in Reims. 1211–1311. Westfront und Strebepfeiler vom Langhaus

**200** Münster Unser Lieben Frauen in Freiburg im Breisgau. 1255–1513

202

203

mente der Architektur bloßlegte. Die den Wänden und Pfeilern vorgelagerten säulenartigen Stützen, die Dienste, setzten sich in den nunmehr tragenden Rippen der Gewölbe fort und vereinigten sich hier im Spitzbogengewölbe, dessen Konstruktion völlig neue architektonische Lösungen ermöglichte: Im Gegensatz zum Rundbogen leitete der Spitzbogen den Gewölbeschub stärker in vertikaler Richtung auf die Pfeiler ab, die jetzt anstelle der Mauern zum wichtigsten statischen Träger wurden. Zum gotischen Stützensystem gehörten neben den Kreuzrippen und den Bündelpfeilern mit den Diensten auch die Strebepfeiler und -bögen des Außenbaus, die ebenfalls den Gewölbeschub abfingen. Je vollkommener das gotische Stützensystem wurde, desto mehr verkümmerten die Mauern zum Füllwerk, das beliebig reduziert und durchfenstert werden konnte. Dadurch konnten die Kirchenräume immer höher werden und das Mittelschiff innerhalb eines Jahrhunderts von durchschnittlich 20 Metern (Laon, 1155–1160, 24 Meter) auf nahezu 40 Meter (Chartres, begonnen 1194, 36,5 Meter) bis an die Grenze des technisch Möglichen (Beauvais, begonnen 1227, 47,5 Meter) ansteigen. Das gotische Konstruktionsprinzip durchdrang den ganzen Bau; auch die Fenster nahmen Spitzbogenform an und wurden immer größer. Sie erhielten ein aus Rippen bestehendes Gerüst, das Maßwerk, welches zugleich schmückende Funktion hatte. Sogar die Türme verloren ihre Massigkeit und wurden wie die Wände in ein Filigran von Maßwerk aufgelöst.

204

**202** Dom St. Peter und Paul in Naumburg/Saale. 1210–1330
**203** Dom St. Peter und St. Maria in Köln. Begonnen 1248
**204** Kapitelle am Westlettner des Naumburger Doms. Um 1250–1260

Der »Höhepunkt« der Kirche verlagerte sich vom Ostteil nach dem Westteil: Der Vierungsturm wurde aufgegeben beziehungsweise durch einen zierlichen Dachreiter ersetzt, während die Türme der Westfront zu weithin sichtbaren Wahrzeichen der Städte emporwuchsen. Wie eng die gotische Kathedrale mit dem städtischen Leben verbunden war, bezeugt auch die Entwicklung des Portals, das zum reichsten und repräsentativsten Teil der Kirchen wurde. Aus dem in der Romanik nur zaghaft angedeuteten Stufenmotiv des Eingangs entwickelte sich das gotische Stufen- und Figurenportal; dem mittleren wurden noch zwei Nebenportale beigegeben, wobei die Gewände so ineinander übergingen, daß die ganze Westfront einem einzigen Portal glich.

Das Kircheninnere büßte seine Massigkeit und Schwere ein. In dem lichterfüllten Raum, in dem die Vertikaltendenz den Blick der Gläubigen in die Höhe emporführte, hatte die Krypta keinen Platz mehr. Das Kreuzrippengewölbe, bei dem ein schmales Mittelschiffsjoch jeweils einem quadratischen Seitenschiffsjoch entsprach, und die höher und schlanker gewordenen Bündelpfeiler schufen zusammen mit den großen Fenstern eine neue Raumeinheit. Selbst die anfangs noch übliche horizontale Vierteilung der Wände in Arkaden, Empore, Triforium und Obergaden wurde im Laufe der Entwicklung reduziert, bis mit der Zweizonigkeit von Arkaden und Fenstern ein Höchstmaß an Vereinheitlichung erreicht war.

Die gotische Architektur, die in den Kathedralen von Chartres, Paris, Reims und Amiens zur vollen Reife gelangte, verbreitete sich von Frankreich aus über alle europäischen Länder. Eindrucksvolle Zeugen dafür sind das Straßburger Münster und der Kölner Dom. Allerdings entwickelten die einzelnen Länder Sonderformen der Gotik. Viele deutsche Kirchen zeichneten sich vor allem durch ihre schönen Türme aus. Dazu gehören insbesondere die Türme des Freiburger und des Ulmer Münsters sowie des Regensburger Doms, deren Helme trotz ihrer gewaltigen Höhe nur noch aus Maßwerk bestehen.

Auch für die gotische Bildhauerkunst lagen Ausgangspunkt und Zentrum der Entwicklung in der Îsle-de-France. In der Bauplastik vollzog sich eine Hinwendung zum Natürlichen: Nicht mehr Masken und Dämonen, sondern die Blüten und Blätter der heimischen Flora schmückten die

205
206

Kapitelle, oft scheinen Kriechblumen, die Krabben, die Bauglieder fast zu überwuchern. Der Mensch selbst nahm wieder natürliche Proportionen an, und mit den Formen wurden die Darstellungsinhalte menschlicher. Die Bildhauer erlangten die Fähigkeit, Gemütszustände und seelische Regungen wiederzugeben, den Körper mit geistiger Bewegung zu erfüllen. Die irdische Welt hörte auf, die Antithese zur überirdischen zu sein, und galt in ihrer Vielfalt als Beweis der unendlichen Größe ihres Schöpfers. In das reiche ikonographische Programm der Kathedralplastik – die Kathedrale von Chartres ist mit über 8000 Bildwerken geschmückt – wurden neben den biblischen Gestalten auch solche aus der nationalen Geschichte übernommen, die geeignet waren, das Ansehen der Zentralgewalt zu festigen. Aber auch bei den Heiligenfiguren siegte Lebensbejahung über klösterliche Askese. Christus blieb nicht mehr der unerbittliche Richter der romanischen Kunst.

207

**205, 206** Madonna mit Kind und Engel des hl. Nikasius vom Westportal der Kathedrale in Reims. Um 1220
**207** Marientod. Tympanon vom südlichen Querschiffsportal des Straßburger Münsters. Um 1230

208
209
210

Ebenso wie der König wurde auch er in dieser Zeit der sich festigenden Zentralmacht gleichsam als »primus inter pares« (Erster unter Gleichen) dargestellt, als »Beau Dieu« (schöner Gott), der sein Gefolge allein durch das Maß seiner Tugenden überstrahlt. Der ritterliche Minnedienst fand in dem zunehmenden Madonnenkult seinen Niederschlag, mit dem die Frau auch im kirchlichen Ritus neue Bedeutung erlangte. Anstelle des Jüngsten Gerichts wurde die Krönung Mariae zum beliebtesten Thema der Kathedralplastik. Am Eingang der Kathedralen steht nun die Madonna, umgeben von ihren Angehörigen und Vorfahren, und empfängt die Eintretenden huldvoll. Die Gottesmutter ist keine unnahbare Heilige mehr, sondern eine schöne Frau, die ihr Kind stolz auf dem Arm hält oder in edlem Schmerz den Tod des Sohnes beklagt.

Ähnlich wie in Griechenland erwuchs auf der Grundlage der Demokratie der herrschenden Klassen eine Kunst, die den Menschen in ihren Mittelpunkt stellte. Der Körper, den die »ritterliche Klassik« neu entdeckte, wurde zwar weiterhin unter Gewändern verborgen, doch ließen diese seine natürlichen Formen und Proportionen deutlich erkennen. Durch die S-förmige Körperbiegung wurde sogar ein dem antiken Kontrapost vergleichbares Standmotiv geschaffen. Für die Art, die Gewänder zu tragen und ihre Falten zu ordnen, gab es – ähnlich wie in der Antike – Vorschriften, deren Kenntnis den Höfling gegenüber den

211

212

213

214

ungebildeten Städtern und Bauern auszeichnete. Das Menschenbild der klassischen Kunst des Mittelalters stellte also ebenfalls ein auf die herrschenden Klassen begrenztes Ideal dar, das den arbeitenden Schichten auch in der Kunst eine ihrem Stand gemäße untergeordnete Stellung zuwies und sie von den Edlen nicht nur durch ihre Kleidung, sondern im wahrsten Wortsinn auch durch ihr »gewöhnliches« Aussehen unterschied.

Außerhalb Frankreichs, vor allem in Deutschland, wo kein beispielgebender Hof existierte, trug die höfische Kunst weniger idealisierende Züge. Mit den Stifterfiguren des Naumburger Doms entstanden sogar porträthaft gemeinte Bildwerke, die eher durch wehrhaftes Auftreten als durch höfisches Gebaren ihren Führungsanspruch demonstrierten. Daneben zeigte die deutsche Plastik – so in den Lettnerreliefs des Naumburger Meisters – eine volkstümliche Tendenz zur genrehaften Darstellung.

Das höfische Ideal mußte verlorengehen, als die Ritter im Zuge der sich entwickelnden Geldwirtschaft im Kriegsfall immer häufiger durch Söldner ersetzt wurden und das Rittertum – seiner wichtigsten Funktion beraubt – in Verfall geriet, als das Königtum mit absolutistischem Machtanspruch auftrat und das Städtebürgertum nicht mehr bereit war, die hierarchische Ordnung widerspruchslos anzuerkennen. Die Kathedralplastik wurde seit dem 14. Jahrhundert immer mehr von der Grabmals- und Memorialplastik abgelöst, die sowohl vom Auftrag als auch von der künstlerischen Gestaltung her privateren Charakter hatte und sich bereits um porträthafte Wiedergabe bemühte. Die höfische Plastik hingegen erschien immer konventioneller, manierierter, der Faltenwurf immer komplizierter und die S-förmige Körperbiegung immer gekünstelter. Sie erlebte ihren Ausklang Anfang des 15. Jahrhunderts mit dem sogenannten »weichen Stil«, dessen wieder breiter und realistischer werdende Formen und üppiger, weich fließender Faltenwurf bereits ein neues Schönheitsideal erkennen läßt und bürgerlichen Einfluß verrät.

Die gleiche Entwicklung läßt sich in der Malerei verfolgen, die allerdings in dieser Epoche nicht die Bedeutung der Plastik erlangte. Das gilt zumindest für die Wandmalerei, für die in den gotischen Kathedralen kein Platz mehr war. Ihre Aufgaben wurden von der Glas- und schließlich von der Tafelmalerei übernommen, die seit der Mitte des 14. Jahrhunderts zur führenden Gattung der Malkunst auf-

**208** Ekkehard und Uta. Stifterfiguren im Westchor des Naumburger Doms. Um 1250

**209** Grabmal des Bischofs Friedrich von Hohenlohe im Bamberger Dom. 1352

**210** Grabmal Herzog Rudolfs IV. und seiner Gemahlin Katharina von Pfirt im Stephansdom zu Wien. Um 1380

**211, 212** Abendmahl und Gefangennahme Christi. Reliefs am Westlettner des Naumburger Doms. Um 1250–1260

**213** Hl. Dreifaltigkeit mit Maria und Johannes. Altaraufsatz aus Soest/Westfalen. Um 1250–1270. Berlin (West), Staatliche Museen

**214** Thronende Maria mit Kind und Stifter, sog. Glatzer Madonna. Böhmisch. Um 1350. Berlin (West), Staatliche Museen

215

**215** Reliquienkästchen aus Limoges. 1. Drittel 13. Jh. Eisenach, Wartburg-Stiftung

216

217

gessen, daß es sich hier um Gebetbücher handelt. Dennoch stellen diese Miniaturen bereits einen Abgesang der höfisch-ritterlichen Idealwelt des Mittelalters dar. Die Landschaften, in denen sich die Schlösser der Herzöge erheben, sind weder sinnbildhaft noch als Ideallandschaften aufgefaßt. Auch die Angehörigen des Hofes sind in all ihrer Pracht doch wirklichkeitsgetreu wiedergegeben und gehören bereits ebenso zur realen Welt wie die Bauern, die die Felder bestellen.

rückte. Auch unter den Tafelbildern gab es Werke, die an den mittelalterlichen Traditionen festhielten und diese zu letzter Verfeinerung steigerten. Andererseits bahnte sich gerade in dieser Gattung eine realistischere, erzählfreudige Auffassung an, die die höfisch-mittelalterliche bald ablösen sollte. Am uneingeschränktesten konnte sich die höfische Kunst noch in der Miniaturmalerei entfalten, die schon früh ihre Bindung an die Kirche durchbrach und oft einer rein weltlichen Literatur diente. Auch die Fertigung der illuminierten Handschriften ging in die Hände von Laien über. Die bekanntesten Buchmalereien vom Anfang des 14. Jahrhunderts enthält die Manessische Handschrift, eine Sammlung von Minnesängerliedern, in der auf über 130 ganzseitigen farbigen Miniaturen die ersten »Dichterporträts« sowie das ritterliche Leben dargestellt sind. Am burgundischen Hof, der im 15. Jahrhundert die Nachfolge des durch den Hundertjährigen Krieg mit England geschwächten französischen Hofes antrat, erlebten höfischer Lebensstil und höfische Kunst ihre Spätblüte. Die Miniaturen der sogenannten Stundenbücher, Gebetbücher vornehmer Laien für verschiedene Tagesstunden, schildern dieses von der Etikette bestimmte höfische Leben in einer zuvor nicht gekannten Pracht und lassen ver-

Das gotische Formprinzip durchdrang alle Bereiche des Kunstgewerbes und ließ überall den Spitzbogen und das Maßwerk zum vorherrschenden Motiv werden. Noch immer galten Reliquienschreine und liturgische Geräte wie Kreuze und Kelche als vornehmste Aufgabe, obgleich der Hof neue Anforderungen an das Kunstgewerbe stellte, bei denen der Schmuck an die erste Stelle trat. Beliebt für Altäre und Gebrauchsgerät war die in Limoges ausgebildete Technik der Emailmalerei. Die Frauengemächer der Adelssitze wurden mit gewirkten Bildteppichen nach Entwürfen burgundischer und flämischer Künstler geschmückt.

In der Mode siegte die gotische Vertikale über die romanische Horizontale. Die menschliche Gestalt konnte nicht schlank und groß genug erscheinen und wurde deshalb durch hohe Kopfbedeckungen und Schleppen verlängert. Seide, Silber- und Goldbrokate waren das bevorzugte Material für die kostbaren Gewänder von Adel und Geistlichkeit. Die Kleidung fragte immer weniger nach kirchlichen Moralvorschriften: die Taille, das Dekolleté und – für die Männer – die kurze Schecke wurden modern. Auch in der Mode war der Hof tonangebend, aber auch hier begnügte sich das Bürgertum auf die Dauer nicht mit seiner »angeborenen« Stellung und trat in Wettstreit mit dem Adel.

**216** Miniatur aus der Manessischen Liederhandschrift. Um 1320. Heidelberg, Universitätsbibliothek

**217** Monat August. Miniatur aus den Très riches heures des Herzogs von Berry. Um 1413–1416. Chantilly, Musée Condé

**218** Brosche aus den Niederlanden. Um 1450. Wien, Kunsthistorisches Museum

218

## Das Entstehen der bürgerlichen Kunst

Da das Bürgertum in jedem Land und letztlich in jeder Stadt seine eigene Geschichte besaß, zeigte auch die entstehende bürgerliche Kunst sehr verschiedenartige Züge. Während in Italien schon früh souveräne Stadtstaaten entstanden, blieben die Städte diesseits der Alpen weiterhin Bestandteil der feudalen Monarchien. Allerdings wuchs hier mit der wirtschaftlichen und politischen Bedeutung des Bürgertums ebenfalls ein neuer Kulturträger heran, dessen Vorstellungswelt sich zunehmend in den Kunstwerken widerspiegelte. Das galt vor allem für die Niederlande. Schon 1302 hatten die Bürger Flanderns dem französischen Ritterheer bei dem Versuch, die reiche Grafschaft der Krondomäne einzuverleiben, eine schwere Niederlage bereitet. Zu Beginn des 15. Jahrhunderts waren die Niederlande das städtereichste Land der Welt. Auch deutsche Städte gewannen internationale Geltung, vor allem die direkt dem Reich unterstellten Freien Reichsstädte und die reichen Handelsmetropolen der Hanse, der im Jahre 1356 einhundert Städte angehörten. Solange jedoch das Feudalsystem und die Fürstenhöfe als politische und kulturelle Zentren weiterbestanden, entwickelte sich die bürgerliche Kunst nur parallel zur höfischen Kultur.

Am frühesten und unmittelbarsten entfaltete sich eine bürgerliche Kunst in der Architektur, wo ihr schon bald Aufgaben erwuchsen, die sie grundsätzlich von der kirchlich-höfischen Baukunst unterschieden. Seit dem 14. Jahrhundert begannen zudem die in städtischen Zünften vereinigten Maurer und Steinmetzen die Bauhütten zu verdrängen. An die Stelle des wandernden Hüttenmeisters trat der Stadtbaumeister. Bereits aus dieser Zeit sind Namen bürgerlicher Baumeister und Architektenfamilien wie Parler, Ensinger und Roritzer überliefert, deren Ansehen als Dombaumeister sogar über die Grenzen ihres Landes hinausreichte.

219

Hauptaufgabe der städtischen Architektur waren aber nicht die Dome, sondern Bürgerhäuser. In ihrem untersten Geschoß lagen Werkstatt und Laden, darüber die Wohnräume und im Dachgeschoß die Gesellenkammern und die Speicherräume mit dem Kran, der zum Hochziehen der Lasten diente. »Bürgerlich« wie die Auftraggeber war meist auch das Material, aus dem diese Häuser erbaut wurden, konnten sich doch nur wenige Reiche Steinhäuser wie Adel und Klerus leisten. In Deutschland wurde der Fachwerkbau, der aus einem hölzernen Gerüst bestand, dessen Fächer mit Lehm oder Ziegelsteinen geschlossen wurden, zum Haupttypus des Bürgerhauses. Er prägte noch bis in das 17. Jahrhundert hinein das Bild vieler Städte. Im Prinzip allerdings gab es keinen Unterschied

220

**219** Patrizierhaus in Greifswald. Anfang 15. Jh.
**220** Häuser auf der Krämerbrücke in Erfurt. Brücke vor 1325, Häuser aus dem 16. bis 18. Jh.

221
222
223

zwischen dem gotischen Stein- und dem Fachwerkbau. Der gotische Höhendrang war in den Städten, wo die Stadtmauern die Häuser auf engstem Raum zusammendrängten und eine Vergrößerung nur durch Aufstocken möglich war, zugleich eine Notwendigkeit. Ebenso wie bei den Kirchen wurde die Höhe der Bürgerhäuser oft durch Ziergiebel gesteigert, nur daß diese nicht von der Allmacht der Kirche, sondern vom Wohlstand der Bürger und darüber hinaus von der wirtschaftlichen und politischen Bedeutung der ganzen Stadt zeugten.

Am meisten galt das für das Rathaus, die repräsentativste Aufgabe der bürgerlichen Baukunst. Schon früh versuchte man, beim Rathausbau mit Adel und Kirche zu konkurrieren. Neben der Kirche war das Rathaus das erste Gebäude, das – bisweilen schon in romanischer Zeit – aus Steinen errichtet wurde und die gleichen Schmuckformen erhielt. In der Gotik wurde das Rathaus mit Spitzbogen, Maßwerk und kunstvollen Ziergiebeln ausgestattet. Besonders reiche und phantasievolle Fassaden hatten die Rathäuser in Norddeutschland, dem Gebiet der Backsteingotik, wo Natursteine fehlten und Kirchen wie Rathäuser, Bürgerhäuser und Stadttore aus gebrannten und zum Teil farbig glasierten Ziegeln erbaut wurden. Der wichtigste und prunkvollste Raum war das im Obergeschoß gelegene Ratszimmer, der Bürgersaal. Zu diesem führte oft eine Freitreppe, die in einem Altan endete, von dem die Verordnungen und Beschlüsse für die Bürgerschaft verlesen wurden. Das untere Stockwerk bildete vielfach eine große Halle und diente als Verkaufsraum, wie überhaupt das Rathaus zunächst alle für den Markt- und Handelsverkehr notwendigen Räume und Einrichtungen enthielt und nicht zuletzt auch ein Ort städtischer Festlichkeiten war. Mit dem Wachstum der Städte entstand neben dem Rathaus eine Vielzahl anderer Gemeinschaftsbauten wie die Zunft- und Gildehäuser, die Waage, die Kaufhallen, Gewandhäuser, Schulen und Spitäler und die der Lustbarkeit dienenden Tanzhäuser und Trinkstuben.

Der Bau von Wehranlagen stellte ebenfalls eine der frühesten und wichtigsten Aufgaben der städtischen Profanarchitektur dar. Obwohl sich die Bürger hierbei die Erfah-

224

**221** Rathaus in Gelnhausen. Um 1170
**222** Rathaus in Tangermünde. Um 1430
**223** Rathaus in Wernigerode. 1494–1498
**224** Detail vom Südgiebel der Nikolaikirche in Wismar. 1380–1403

225

226

rungen des Burgenbaus zu eigen machen konnten, verlangten die städtischen Befestigungsanlagen doch neue wehrtechnische und künstlerische Lösungen. Die Städte waren im allgemeinen nicht wie die Burgen durch ihre natürliche Lage geschützt, ihr Mauerring war deshalb meist mit vielen – bei großen Städten bis zu einhundert – Türmen versehen. Sie hatten außerdem mehrere Stadttore, die nicht nur die Wächter, sondern auch die oft reich verzierten Repräsentanten der Städte waren, durch die Handel und Verkehr fluteten.

Zur städtischen Architektur im weiteren Sinne gehörte auch die Hallenkirche, deren Schiffe die gleiche Höhe besaßen und deren Chor oft nicht mehr rund, sondern flach abschloß. Ihre Vorläufer dürften die saalartigen Dorfkirchen gewesen sein. Während das reiche städtische Patriziat im 13. und frühen 14. Jahrhundert noch die traditionelle Basilikaform der bischöflichen Kathedralen bevorzugt hatte, wurde die Hallenkirche in der Spätgotik vor allem in Obersachsen und Westfalen zum Typus der städtischen Pfarrkirche schlechthin. Anfangs waren die Hallenkirchen vor allem Predigerkirchen, in denen die Bettelmönche dem der kirchlichen Lehre immer kritischer gegenüberstehenden Bürgertum den Inhalt der Bibel nicht mehr in der lateinischen, sondern in der Landessprache erläuterten. In diesen Kirchen wurden bereits vor der Reformation die Schranken zwischen Geistlichkeit und Volk im wahrsten Sinne des Wortes aufgehoben: Da nicht mehr der Altar, sondern die Kanzel geistiges Zentrum war, wurden Chorschranken und Lettner, von dem zuvor, als die Predigt noch eine untergeordnete Rolle spielte, das Evangelium gelesen wurde, überflüssig. Die Hallenkirchen hatten nicht nur kultische Funktionen. In diesen größten städtischen Gemeinschaftsräumen fanden auch Beratungen, Geschäftsabschlüsse, Volksfeste und Theatervorstellungen statt.

Der Rationalismus, der die spätgotischen Hallenkirchen in Versammlungsräume verwandelte, führte auch zur Versachlichung des architektonischen Details. Pfeiler und Dienste büßten ihre Kapitelle ein und wurden zu schmucklosen Deckenstützen. Der Spitzbogen wurde bei den Ge-

227

**225** Stargarder Tor
in Neubrandenburg. Um 1450
**226** Holstentor in Lübeck.
1466–1478
**227** Friedländer Tor
in Neubrandenburg.
Vortor 3. Viertel 15. und Zingel
1. Hälfte 16. Jh.

228

wölben, aber auch bei den Fenstern immer flacher und näherte sich über Zwischenstufen wie dem Eselsrücken dem Rundbogen und damit der Renaissancearchitektur. Der Außenbau erschien als eine geschlossene, nur durch die Fenster gegliederte und durch ein hohes Dach gekrönte Masse. Die äußeren Strebepfeiler wurden oft durch Wandpfeiler im Innern ersetzt. Die Decken überzogen zwar äußerst reiche und kunstvolle Netz- und Sterngewölbe, diese büßten jedoch ihre konstruktive Funktion ein und wurden schließlich – ähnlich wie das Dekor bei den Goldschmiedearbeiten – zum reinen Schmuck.

In der Plastik läßt sich die Entwicklung der bürgerlichen Kunst nicht immer so eindeutig verfolgen. Aber schon die Kathedralen beherbergten an vielen weniger exponierten Plätzen eine Fülle von Figuren, die ein recht unheiliges und unhöfisches Dasein führten. Dazu gehörten die Monatsdarstellungen, obgleich auch sie noch oft im höfischen Sinne idealisiert waren. Echte Volkstümlichkeit erschien in dieser Zeit fast nur in der Form der Groteske, die noch das »gemeine« Volk von den »edlen« Erscheinungen der Adligen abheben sollte. Doch schon im 14. Jahrhundert hielten – allerdings meist an verborgener Stelle als Konsolfiguren – die Porträtbüsten der Baumeister als die ersten Selbstdarstellungen in die kirchliche Kunst Einzug. Die Bildnisbüsten in der Triforiumszone des Prager St.-Veits-Doms zeigen nicht nur den königlichen Bauherrn und seine Familie sowie die adligen Baudirektoren und Stifter, sondern auch die Bildnisse der beiden Baumeister. Im 15. Jahrhundert stiegen Baumeister und Bildhauer – wenn auch noch immer in dienender Funktion wie als Kanzelträger – gleichsam von ihren verborgenen Plätzen herab. Von hier war es nur ein Schritt bis zur endgültigen Emanzipation der bürgerlichen Kunst – bis zur Renaissance.

230

Früher als in der stets offizielleren und damit konventionelleren Steinplastik setzte sich der frühbürgerliche Realismus in der Holzplastik durch. Schon während der ersten Hälfte des 14. Jahrhunderts entstanden jene Gabelkreuze, Schmerzensmänner, Christus-Johannes-Gruppen und vor allem die Pietàdarstellungen, die, kein höfisches Maß kennend, den grenzenlosen Schmerz der ihren toten Sohn beweinenden Maria zum Ausdruck bringen. Hier ist Christus nicht mehr der »schöne Gott« und seine Mutter nicht mehr die »edle Herrin« der französischen Kathedralplastik, sondern sie sind Menschen aus dem Volk. Solche Bildwerke waren ein Reflex der Mystik, die vor allem in Deutsch-

229

**228** Annenkirche in Annaberg. 1499–1525
**229** Fenster vom untersten Geschoß des Chors der Heiligkreuz-Kirche in Schwäbisch-Gmünd. 1351 bis um 1380 von Heinrich Parler
**230** Hans Witten. Tulpenkanzel im Freiberger Dom. Um 1510
**231** Christus und der schlafende Johannes aus Sigmaringen (Oberschwaben). Um 1320. Berlin (West), Staatliche Museen
**232** Vesperbild. Um 1320–1330. Erfurt, Ursulinerinnenkloster
**233** Drei klagende Frauen von einer Kreuzigung aus Oberschwaben. Um 1420–1430. Berlin, Staatliche Museen

231
232
233

land in der Zeit politischer Erschütterungen und verheerender Seuchen, der Ketzerbewegungen und Massenaufstände breite Kreise ergriff und – indem sie durch Versenkung und Ekstase die Vereinigung mit Gott ohne priesterliche Vermittlung suchte – bereits lange vor der Reformation an den Fundamenten der Kirche rüttelte.

Weniger dramatisch, dafür aber um so kontinuierlicher vollzog sich die Vermenschlichung des Göttlichen in den Plastiken und Malereien der Flügelaltäre, die sich mit dem 14. Jahrhundert durchsetzten. Da ihre Auftraggeber meist Zünfte waren, die zu Ehren ihrer Schutzheiligen Sonderaltäre in den Kirchen errichten ließen, zeigten sie schon von Anfang an typische Merkmale der bürgerlichen Kunst: Die Heiligen erschienen als Menschen, die nicht mehr höfisch, sondern bürgerlich dachten und fühlten, ihrer Freude und ihrem Schmerz also ungezwungenen Ausdruck verliehen.

Mehr noch als für die Plastik galt das für die Malerei, die durch ihren geringeren Kostenaufwand und ihre thematisch umfassenderen Möglichkeiten zur bürgerlichen Kunst schlechthin werden sollte. Sogar in der Glasmalerei entstanden schon im 14. Jahrhundert so unhöfische Werke wie die spinnende und ihr Kind wiegende Eva von einem Fenster des Erfurter Doms. »Als Adam grub und Eva spann, wo war denn da der Edelmann« – diese Worte, die zur Zeit der Bauernkriege zur kämpferischen Losung wurden, könnten schon unter Meister Bertrams (um 1345–1415) Adam und Eva vom Grabower Altar gestanden haben. Während volkstümliche Darstellungen im 14. Jahrhundert noch Ausnahmen bildeten, wurden im 15. Jahrhundert immer häufiger Themen aus dem Neuen Testament gewählt, die einen allgemeinmenschlichen Inhalt hatten, wie die Verkündigung, die Wochenstube, die stillende Maria und die Heilige Familie. Mit dem Inhalt aber wurde auch die Darstellungsweise realistischer: Der irrationale Goldgrund verschwand, und die Lebensumwelt des Bürgers wurde zum Schauplatz des biblischen Geschehens. Oft sind zwar noch recht prunkvolle Räume dargestellt, doch gibt es bereits Bilder, auf denen die Handlung in die einfache Bürgerstube oder in die freie Natur verlegt

234

**234** Selbstbildnis des Peter Parler. Triforiumsbüste im St. Veitsdom in Prag. 1375–1393

**235** Selbstbildnis des Konrad von Einbeck in der St. Moritzkirche in Halle/Saale. Um 1415

235

236

237

238
239

wurde. Die Gegend um den Genfer See auf der Darstellung von Petri Fischzug, die Konrad Witz 1444 für einen Altar malte, ist die erste genau lokalisierbare Landschaft der altdeutschen Tafelmalerei. In Süddeutschland, das mit seinen reichen Städten ein Zentrum der frühbürgerlichen Kunst war, wirkten so bahnbrechende Künstler wie Lukas Moser und der Bildhauer und Maler Hans Multscher (um 1400–1467), der Mimik und Gestik seiner Gestalten im Bemühen um realistische Darstellung geradezu karikierend übersteigerte.

Die bislang geltenden, auf eine überirdische Vorstellungswelt bezogenen Kompositionsregeln verloren ihre Verbindlichkeit. Eine der wichtigsten Forderungen für eine realistische Malerei war die Beherrschung der Zentralperspektive. Anfangs vermischte sich allerdings noch die mittelalterliche Bedeutungsperspektive, die die Größe der Figuren nach ihrer inhaltlichen Bedeutung festlegte, mit der Zentralperspektive, so daß viele Bilder dieser Zeit unbeholfen wirken.

Der Prozeß der Emanzipation der frühbürgerlichen von der höfischen Kunst läßt sich am deutlichsten an der altniederländischen Tafelmalerei verfolgen. Ihr frühester und zugleich bedeutendster Vertreter, Jan van Eyck (um 1380/90–1441) stand im Dienst Herzog Philipps von Burgund und begann seine Laufbahn als Buchmaler. Er war der erste Maler, der den Bürgern neben den Höflingen und Heiligen einen gleichberechtigten Platz einräumte und die gesamte bürgerliche Lebensumwelt vom Wohnraum bis zur Stadtlandschaft kunstwürdig machte. Die Gegenstände verloren bei ihm ihre symbolische Bedeutung und gewannen ihren Eigenwert, was eine realistische Wiedergabe ihrer Formen, Farben sowie der Beleuchtung nach sich zog. Die Entdeckung der Wirklichkeit ließ bereits so realistische Akte entstehen wie Adam und Eva vom Genter Altar, einem gemeinsamen Werk der Brüder van Eyck. Neben den Heiligen, die sich schließlich in nichts mehr von den Zeitgenossen unterschieden, konnten endlich diese selbst auf den Bildern erscheinen. Zwar hatte die mittelalterliche Kunst schon seit jeher Stifterbildnisse gekannt, doch waren sogar Könige nur symbolhaft und oft winzig klein zu Füßen ihrer Schutzpatrone dargestellt worden. Nun aber nahmen die bisher von der Kunst wenig beachteten Bürger als Stifter von Altären in gleicher Größe

**236** Robert Campin. Verkündigung (Kopie). Mitteltafel des Mérode-Altars. Um 1428. Kassel, Staatliche Kunstsammlungen

**237** Jan van Eyck. Madonna des Kanzlers Rolin. Um 1426. Paris, Louvre

**238** Jan van Eyck. Giovanni Arnolfini. Nach 1434. Berlin (West), Staatliche Museen

**239** Rogier van der Weyden. Heilige Magdalena. Seitenflügel eines Altars. Um 1452. Paris, Louvre

neben den Heiligen Platz. Ihre Gesichter wurden nicht mehr idealisiert, sondern individuell erfaßt. Die Emanzipation der Kunst von Kirche und Hof führte schließlich dazu, daß die ersten selbständigen Porträts entstanden, wie Jan van Eycks Bildnis des Kaufmanns Giovanni Arnolfini, der in Brügge die Interessen des Hauses Medici vertrat.

Die beginnende Entfaltung einer städtischen Kultur stellte dem Kunsthandwerk neue Aufgaben, galt es doch, den anspruchsvoller gewordenen bürgerlichen Haushalt mit seinen Möbeln und Geräten zu gestalten und zu schmücken. Die Möbel wurden leichter und gefälliger, bemalt oder mit Schnitzereien verziert, bei denen die gotischen Schmuckformen als bloße Dekoration dienten. Das bisher holzgeschnitzte Hausgerät ersetzte man durch zinnernes. Auch die Töpferware mußte gewachsenen Ansprüchen genügen: Die Hafnerkeramik erhielt farbige Blei- oder Zinnglasuren, die sie haltbarer und wasserundurchlässig machten. Ähnlich wie in der Malerei büßte das Gold im Kunsthandwerk seine magisch-symbolische Bedeutung ein und wurde zum Repräsentanten bürgerlichen Reichtums.

In der Mode, die zunächst ebenfalls die höfischen Vorbilder nachahmte, führte der Konkurrenzkampf zwischen Adel und Bürgertum zu jener vor allem für die deutsche Spätgotik charakteristischen Überspitzung und Übertreibung der Formen. Die Kleider wurden immer enger, Schleppen, Hauben, Schuhspitzen länger, das Dekolleté größer, die Männerröcke kürzer und die Kleidung insgesamt »naturalistischer«. Auch in der Mode begann der menschliche Körper eine immer größere Rolle zu spielen – auch sie stand bereits an der Schwelle zur Renaissance.

240

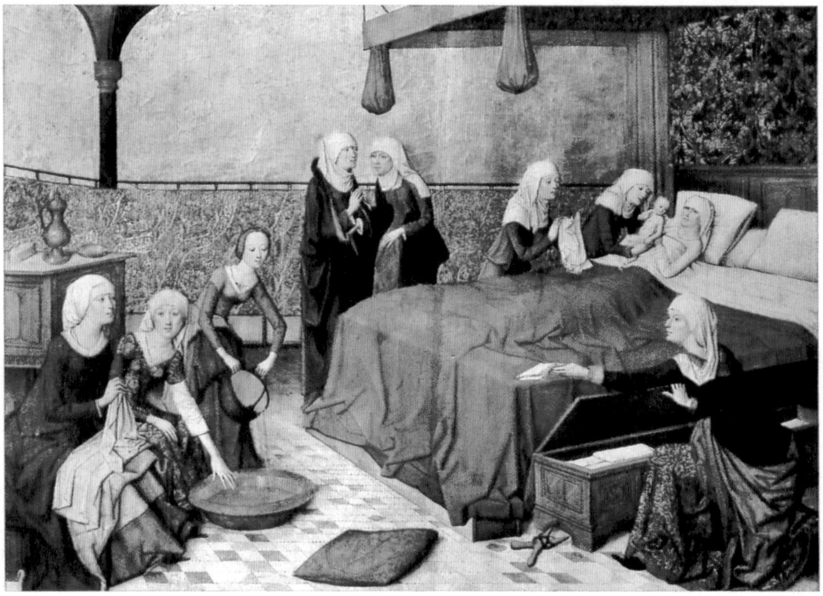
241

242

243

**240** Konrad Witz. Der wunderbare Fischzug. Tafel des Genfer Altars. 1444. Genf, Museum für Kunst und Geschichte

**241** Meister des Marienlebens. Geburt Mariae. Tafel eines Marienaltars. Um 1460–1465. München, Bayerische Staatsgemäldesammlungen

**242** Eva an der Wiege. Glasfenster im Chor des Erfurter Doms. Um 1370

**243** Meister Bertram. Adam und Eva. Tafel des Grabower Altars. 1379–1383. Hamburg, Kunsthalle

244

## *Vom romanischen Kircheneingang zum gotischen Figurenportal*

*Im frühen Mittelalter waren viele Kirchen zugleich Schutzbauten und durften als solche nur kleine Eingänge besitzen. Die eigentliche Geschichte des Kirchenportals beginnt erst mit dem 12. Jahrhundert, und zwar im Süden Frankreichs, der schon in römischer Zeit enge Berührung mit der antiken Kultur hatte und wo bis heute noch viele Reste der Kunst des Altertums erhalten geblieben sind. Anregungen für die Vergrößerung und Verschönerung der Kircheneingänge dürften vor allem die Triumphbögen der Römer gegeben haben. Auch die Plastik, die früher als in anderen Gebieten die Fassaden der romanischen Kir-*

**244** Westfassade von Notre-Dame-la-Grande in Poitiers. Ende 11. bis 1. Hälfte 12. Jh.
**245** Westportale der Kathedrale in Chartres. Um 1135–1155
**246** Westportale der Kathedrale in Reims. Um 1220–1240

245

246

*chen Südfrankreichs schmückte, könnte in erhaltenen Werken antiker Großplastik, vor allem aber in antikisierenden Elfenbeinschnitzereien, Vorbilder gehabt haben.*
*Mit Beginn der Gotik steigen die Heiligen auf die Erde herab und finden an den stufenförmig nach innen gestaffelten Gewänden der Kircheneingänge ihren Platz – nahezu auf gleicher Ebene mit den Gläubigen. Umgeben von ihrem »Hofstaat« empfängt Maria als »edle Herrin« die Eintretenden huldvoll. Bei den gotischen Kathedralen verschmelzen schließlich die Mittel- und Seitenportale miteinander, so daß die ganze Westfront zu einem einzigen gewaltigen Portal wird – eine Entwicklung, die nicht ohne das Wachstum der Städte möglich war, deren Mauern den Schutz der Kirchen übernahmen.*

247

248

249

250

**247** St. Michael in Hildesheim. 1010–1033, Veränderungen im 12. Jh.
**248** St.-Sernin in Toulouse. Um 1060–1220
**249** Kathedrale Notre-Dame in Chartres. Um 1194–1260
**250** Kathedrale St.-Pierre in Beauvais. 1227–1272–1324, Querschiff 16. Jh.
**251** Dom St. Peter und St. Maria in Köln. Begonnen 1248

251

## *Die Entwicklung des Kirchenraums von der Frühromanik zur Hochgotik*

*Die Entwicklung des mittelalterlichen Kirchenraums zielte darauf ab, alle Raumteile und Bauglieder zusammenzuschließen und auf die Vierung und den Chor auszurichten – das liturgische auch zum architektonischen Zentrum zu machen. Während bei den ottonischen beziehungsweise frühromanischen Kirchen die verschiedenen Teile des Innenraums noch baukastenartig zusammengesetzt sind, verschmelzen sie bei den hochromanischen Bauten miteinander, und Vierung und Chor werden zum Ziel einer in gleichmäßigem Rhythmus ablaufenden Raumfolge. Diesem Richtungsgedanken dient auch der in der Romanik wieder aufkommende Gewölbebau, der zugleich die Grundlage der gotischen Architektur bildete: Die den Pfeilern der romanischen Kirchen vorgelagerten Halbsäulen werden zu Diensten, aus den Gurtbögen und Graten der Tonnen- und Kreuzgewölbe entstehen Rippen, aus den Rundbögen Spitzbögen. Mit dem Spitzbogen aber konnten Räume jeder Form und Größe eingewölbt werden, da der Gewölbeschub durch die tragenden Rippen auf die Pfeiler abgeleitet wurde. Die Mauern konnten deshalb immer dünner, die Fenster immer größer und die Kirchenschiffe höher werden – aus dem romanischen Massenbau wurde der gotische Skelettbau.*

253
254
255

## *Das höfische Menschenideal in der gotischen Kunst*

*Während die Säulenfiguren der spätromanischen Kirchenportale gleichsam als »tragende Stützen« in die Architektur eingebunden sind, treten sie mit der Reimser Heimsuchungsgruppe vor das Gewände und wenden sich mit höflichen, das heißt höfischen Gebärden einander zu. Der starre Körperblock romanischer Statuen, auf dem Gewandfalten wie Säulenkanneluren erscheinen, wird zum lebensvollen Organismus, dessen Schönheit auch unter den langen Gewändern zur Geltung kommt. Mit der konventionellen Erstarrung der höfischen Etikette wurden allerdings auch die Gesten gezierter, und die in der Spätgotik übersteigerte S-Kurve unterwarf die Körperhaltung einem neuen Zwang.*

**252** Maria und Elisabeth. Heimsuchungsgruppe am mittleren Westportal der Kathedrale in Reims. Um 1220
**253** Gewändefigur am mittleren Westportal der Kathedrale in Chartres. Um 1140–1150
**254** Synagoge am südlichen Querschiffsportal des Straßburger Münsters. Um 1220–1230
**255** Maria. Statue im Chor des Kölner Doms. Um 1320

# Die Kunst im Zeitalter der Renaissance

1434 Beginn der Herrschaft der Medici in Florenz. 1436 Brunelleschi vollendet die Kuppel des Florentiner Doms – Beginn der Renaissance. 1440 Erfindung der Buchdruckerkunst durch Johann Gutenberg. 1458 Der Humanist Enea Piccolomini wird als Pius II. Papst. 1469 Lorenzo de'Medici (il Magnifico) wird Stadtherr von Florenz. 1492 Alexander VI. aus dem Hause Borgia wird Papst. Kolumbus entdeckt Amerika. 1493 Maximilian I. (»der letzte Ritter«) wird deutscher König. 1494–1559 Italien ist Kriegsschauplatz der französisch-spanischen Auseinandersetzungen. 1496 Aufstand unter Hans Böheim, dem Pfeifer von Niklashausen, an der Tauber. 1498 Vasco da Gama entdeckt den Seeweg nach Indien. In Florenz wird der Dominikanermönch Savonarola verbrannt. 1502 Beginn der Bundschuh-Verschwörung unter Josz Fritz. 1507 Nikolaus Kopernikus: De revolutionibus coelestium – Begründung des heliozentrischen Weltbilds. 1513 Beginn des Schweizer Bauernkriegs. 1514 Aufstand des Bauernbunds »Armer Konrad«. 1517 Thesenanschlag Luthers – Beginn der Reformation. 1519 Die Fugger finanzieren die Wahl Karls V. Er herrscht als Kaiser über Deutschland, die Niederlande, Spanien und die überseeischen Kolonien. 1524–1525 Großer Deutscher Bauernkrieg. 1527 Sacco di Roma – das spanisch-deutsche Heer erobert und plündert Rom. 1555 Augsburger Religionsfriede für Deutschland. 1556 Tod Kaiser Karls V. 1559 Italien gelangt endgültig unter spanische Vorherrschaft. 1566 Beginn des Aufstands in den Niederlanden.

Im Zeitalter der Renaissance erlebte die frühbürgerliche Kultur ihren Höhepunkt. Das Geburtsland der Renaissance war Italien, wo früher als in anderen europäischen Ländern eine bürgerliche Gesellschaft entstanden war. Viele Städte hatten schon seit dem 11. Jahrhundert ihre feudalen Fesseln abgeworfen, und im 13. und 14. Jahrhundert waren Städte wie Genua, Venedig, Mailand und Florenz zu mächtigen Stadtstaaten herangewachsen. Mit Handel und Handwerk entwickelte sich das Bank- und Kreditwesen, mit den Manufakturbetrieben entstand die Frühform kapitalistischer Produktion. Im 15. Jahrhundert, als das Bürgertum in Italien die führende wirtschaftliche und politische Macht darstellte, an die sogar Kaiser und Könige finanziell verschuldet waren, befreite sich auch das bürgerliche Denken aus den mittelalterlichen Bindungen. Es entstand eine neue humanistische Weltanschauung, die sich über die Grenzen der Standeshierarchie und kirchlichen Lehre hinwegsetzte und den Menschen in den Mittelpunkt stellte. Die irdische Welt wurde nicht mehr lediglich als Durchgangsstation zu einer jenseitigen betrachtet, sondern als Lebensraum des tätigen Menschen, den er in seinem eigenen Interesse zu erkennen und zu gestalten suchte. Naturwissenschaften und Technik wandten sich der Erforschung der Natur und ihrer Gesetzmäßigkeiten zu. Auch die Künstler begannen die Welt mit Hilfe wissenschaftlicher Methoden der Mathematik, Optik, Mechanik, Anatomie neu zu sehen und mit ihren Werken und kunsttheoretischen Schriften zur Erkenntnis und Beherrschung ihrer Umwelt beizutragen. Aus dem mittelalterlichen Handwerker wurde der sich seiner schöpferischen Fähigkeiten bewußte Künstler, bei dem genauso wie im politischen und wirtschaftlichen Leben die Leistung mehr zählte als der angeborene Stand und ihn in einzelnen Fällen sogar den Mächtigen der Zeit gleichstellte.

Die Renaissance brachte die Entdeckung, die »Wiedergeburt« der Antike und ihrer von der Kirche bisher geächteten oder in ihrem Sinne umgedeuteten naturwissenschaftlichen, philosophischen und künstlerischen Werke. Die Künstler suchten in der Antike neue Vorbilder für ihr Schaffen, da die mittelalterliche Kunst, die vor allem Dienerin der Kirche gewesen war, den Anforderungen des Bürgertums nicht mehr entsprach. Plastik und Malerei lösten sich von den Wänden und Altären der Kirchen. In die Malerei hielten neben mythologischen vor allem Themen mit einem allgemeinmenschlichen Inhalt Einzug: Porträt- und Historienmalerei erlebten eine erste Blüte; aber auch Genreszenen und Landschaftsdarstellungen benötigten die biblische Geschichte als Alibi nicht mehr.

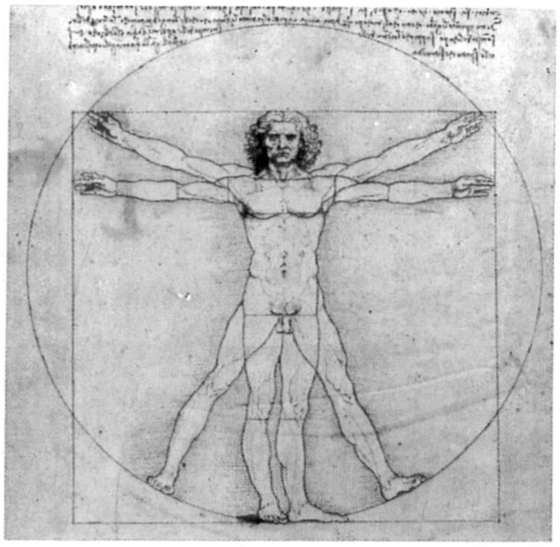

**256** Leonardo da Vinci. Die Proportionen des menschlichen Körpers (nach Vitruv). Um 1485 bis 1490. Venedig, Akademie

Auf die Frührenaissance folgte die Hochrenaissance, in deren künstlerischen Schöpfungen sich die Errungenschaften des 15. Jahrhunderts zu einem idealen Bild der irdischen Welt und des vollkommenen Menschen vereinten. Dieses Renaissanceideal hatte allerdings nur für jene Menschen Realitätsgehalt, welche die materiellen und geistigen Möglichkeiten zur allseitigen Bildung ihrer Persönlichkeit besaßen. Ähnlich wie das griechische war also auch das humanistische Ideal der Renaissance ein Standesideal, das die arbeitenden Schichten ausschloß. In der Realität triumphierte außerdem der Erfolg nur zu oft über Ethik und Moral, indem die reichsten und mächtigsten Bürger, skrupellose Staatsmänner und oft sogar abenteuernde Söldnerführer zu den neuen Herren der Städte wurden. Die Kunst der Spätrenaissance mußte nicht nur den Repräsentationsansprüchen des alten und neuen Adels dienen, sondern auch der Machtdemonstration des Papsttums, das seine durch die Reformation erschütterte Stellung wieder zu festigen begann. Während die Blütezeit der italienischen Städte zu Ende ging, übte das päpstliche Rom wachsenden Einfluß auf die Kultur aus und trug als Zentrum der Gegenreformation dazu bei, daß sich die Renaissance im 16. Jahrhundert zum Manierismus und schließlich zum Barock wandelte.

Die italienische Renaissance beeinflußte die Kunst aller anderen europäischen Länder, wo sie sich allerdings mit den heimischen Traditionen verband, wie überhaupt mit der weiteren differenzierten Entwicklung der Nationalstaaten die nationalen Unterschiede auch in der Kunst immer stärker hervortraten. Nach Deutschland gelangten die Ideen des Humanismus und der Renaissance im wesentlichen erst um 1500. In diesem Land, wo die humanistischen Ideale mit den antipäpstlichen Ideen der Reformation und mit den sozialen Zielen der Bauernaufstände zusammentrafen, zeigte die Kunst oft revolutionäre Züge. Vor allem die Malerei brachte eine Vielzahl großer Künstlerpersönlichkeiten hervor, die diese Epoche als die bedeutendste in der deutschen Kunst erscheinen lassen. Allerdings fand dieser Aufschwung der Künste schon mit dem Scheitern des Bauernkriegs ein Ende. Im absolutistischen Frankreich dagegen wurde die Renaissancekunst schon bald in den Dienst des Hofes gestellt und gewann ein aristokratisches Gepräge.

257

258

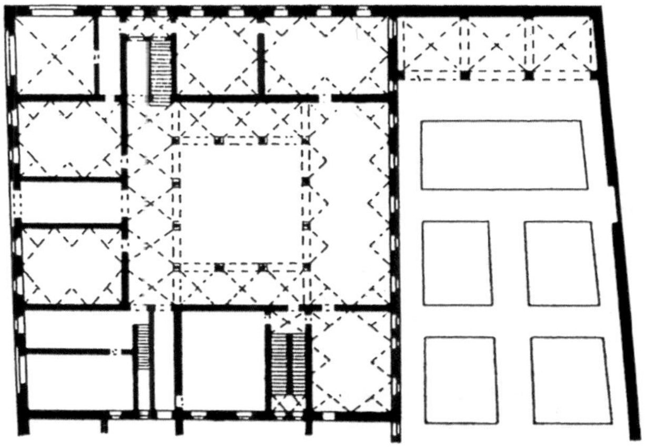

259

**257–259** Palazzo Medici-Riccardi in Florenz. 1444–1459 von Michelozzo. Straßenfront, Innenhof und Grundriß des Untergeschosses

260

261

## Die Kunst der Renaissance in Italien

Da die städtische Kultur in Italien schon früh dominierte, wies hier bereits die Kunst des 13. Jahrhunderts weniger irrationale Züge auf als nördlich der Alpen. Die gotische Architektur hatte nie recht Fuß fassen können, und auch in Plastik und Malerei waren die realen menschlichen Proportionen nicht völlig verlorengegangen, da die antiken Kunsttraditionen, deren Denkmäler in Italien überall zu finden waren, bewußt oder unbewußt wirksam blieben. Die Renaissance bedeutete hier Rückkehr zur eigenen künstlerischen Vergangenheit. Ausgangspunkt und Zentrum der Renaissancekultur wurde Florenz, wo sich zuerst frühkapitalistische Verhältnisse herausgebildet hatten. In dieser Stadt, deren Verfassung schon seit Ende des 13. Jahrhunderts eine Beteiligung des Adels an der Regierung verbot, wandte sich auch die Kunst früher als in anderen italienischen Städten den demokratischen Traditionen der Vergangenheit zu. Wie in der Antike nahm die Architektur überschaubare Maße und Proportionen an, bezogen sich die Bauglieder auf den menschlichen Körper – erneut gab der Mensch der Kunst ihr Maß. Die antiken Säulenordnungen wurden übernommen, und wie im klassischen Altertum bestimmte der Goldene Schnitt als ästhetische Norm Grund- und Aufriß der Architektur.

Neben den kirchlichen Bauaufgaben erhielt der Profanbau eine gleichberechtigte, wenn nicht führende Rolle. Das charakteristische Bauwerk war der Palast, der Wohnbau des reichen Bürgers. Zunächst zeigten allerdings auch die Palazzi noch ein ähnlich wehrhaftes Aussehen wie die Burgen der Feudalherrn: Die Fenster waren klein, das ungegliederte Erdgeschoß aus großen Steinquadern in Rustikatechnik zusammengefügt. Nach innen aber öffneten sich diese Paläste – ähnlich wie die römischen Villen – auf einen von einem Säulenumgang und Loggien eingefaßten Hof, der mit seinen Durchblicken und seinem vielfältigen

262

**260** Vorhalle der Pazzi-Kapelle von S. Croce in Florenz. 1429 bis 1446 von Filippo Brunelleschi

**261** S. Maria Novella in Florenz. Fassade 1456–1470 von Leon Battista Alberti

**262** S. Maria delle Carceri in Prato bei Florenz. 1484–1491 von Giuliano da Sangallo

**263** Il Redentore, Venedig. 1577–1592 von Andrea Palladio

**264** S. Lorenzo in Florenz. Begonnen 1418 von Filippo Brunelleschi

**265** S. Andrea in Mantua. Begonnen 1472 von Leon Battista Alberti

**266** Kuppel des Petersdoms in Rom. 1558–1561 von Michelangelo entworfen, 1588–1590 ausgeführt; und erster Grundrißentwurf 1505 von Bramante.

263

264

Detailschmuck einen wohnlichen Charakter besaß. Später wurden die Außenfassaden durch immer stärker hervortretende horizontale Gesimse gegliedert und die drei Geschosse durch Säulen oder Pilaster unterteilt, so daß das Bauwerk in seiner Wechselwirkung tragender und lastender Teile den Funktionen des menschlichen Körpers entsprach. Die Vergrößerung und Umrahmung der Fenster, die schließlich auch dem Untergeschoß seinen festungsartigen Charakter nahmen, die größer und einladender werdenden Eingänge, die Balkone und Loggien trugen dazu bei, daß sich aus dem feudalen Wehrbau ein neuer Typ des städtischen Wohnbaus entwickelte.
Die gleichen architektonischen Elemente fanden beim Kirchenbau Verwendung und gaben ihm einen hausähnlichen, profanen Charakter. Auch bei der Sakralarchitektur griffen die Künstler auf antike Vorbilder zurück. Neben der spätantiken Säulenbasilika mit ihrer flachen, kassettierten Decke erlebte der kuppelgewölbte Zentralraum als

265

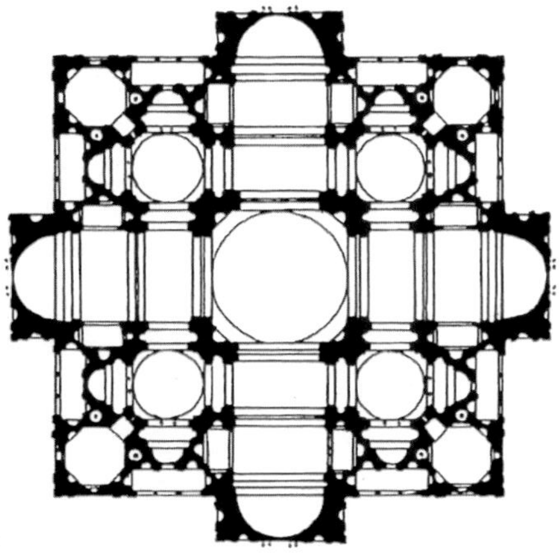

266

266

267

268

Sinnbild der Harmonie seine Renaissance. »Schönheit ist eine gewisse Übereinstimmung und Harmonie der Teile mit dem Ganzen, dessen Teile sie sind, sie entsprechen streng der Anzahl, der Beschränkung und der Anordnung, die die Harmonie vorschreibt, das heißt die absolute und ursprüngliche Grundlage der Natur.« Dieses Schönheitsideal, wie es der Baumeister Leon Battista Alberti (1404–1472/73) formulierte, dürfte in den Plänen für den ursprünglichen Zentralbau der Peterskirche seine vollendete Gestalt gefunden haben. Die riesigen Dimensionen dieses Doms, der das Pantheon in Rom übertreffen sollte, wiesen jedoch über den Rahmen einer bürgerlichen Kunst weit hinaus. Mit dem Kuppelbau war der Zentralbaugedanke als Ausdruck absoluten Machtstrebens erneut lebendig geworden. Die Peterskirche, deren ersten Plan Bramante (1444–1514) entwarf und deren Kuppel in Abänderung dieses Plans Michelangelo (1475–1564) schuf, entstand nicht im bürgerlichen Florenz, sondern in Rom, dem Sitz des Oberhaupts der christlichen Kirche, und sollte dessen Weltherrschaftsanspruch demonstrieren.
Beim architektonischen Detail wurde das Streben nach monumentaler Wirkung ebenfalls sichtbar: Durchgehende Säulen oder Pilaster faßten bei den Palästen des 16. Jahrhunderts die Geschosse zu einem einzigen Baukörper zusammen. Die Säulen dieser Kolossalordnung schwollen zu mächtigen, voluminösen Gebilden an. Zwar blieb der Mensch Maß der Dinge, aber es war ein potenziertes Menschentum mit heroischen Kräften, wie es sich in den genialen Künstlerpersönlichkeiten offenbarte, die Friedrich Engels »Riesen an Denkkraft, Leidenschaft und Charakter, an Vielseitigkeit und Gelehrsamkeit« nannte. Die überdimensionalen Formen der Spätrenaissance spiegelten aber auch die Repräsentationsansprüche der Emporkömmlinge wider, die in den Städten die Macht an sich rissen und Bauten errichteten, die zum Vorbild für den absolutistischen Schloßbau werden sollten.
In der Plastik hatte es in Italien schon im 13. Jahrhundert, als die Gotik diesseits der Alpen ihre Blütezeit erlebte, Vorläufer der Renaissance gegeben. Zwar standen diese Kunstwerke noch im Dienst der Kirche, doch nahm das Göttliche bereits menschlichere Züge an. Im 15. Jahrhundert befreite sich die italienische Plastik von der Kirche als ideellem Träger und Bestimmungsort und darüber hinaus

269

**267** Die Geburt Christi. Relief. Anfang 14. Jh. Pisa, Kathedrale

**268** Lorenzo Ghiberti. Der Fall Jerichos (Ausschnitt). Relief von der Paradiesestür des Baptisteriums zu Florenz. 1430 bis 1437

**269** Luca della Robbia. Madonna mit zwei anbetenden Engeln. Lünette. Um 1450. Berlin, Staatliche Museen

270

271

von ihrer engen Bindung an die Architektur und wurde zur allansichtigen Freiplastik. Neben der Gewandstatue wurde vor allem der nackte Körper, der im Mittelalter als Sinnbild der Sünde gegolten hatte, zum Hauptthema. Das harmonische Zusammenspiel schöner Gliedmaßen sollte Würde und Bedeutung zum Ausdruck bringen. Diese »demokratische Nacktheit« war eine Absage an den mittelalterlich-ständischen Schönheitsbegriff, für den allein der gesellschaftliche Rang, der durch die Standestracht demonstriert wurde, den Wert des Menschen ausmachte. Die Statue eines nackten Jünglings konnte nun wieder wie einst in der Antike zum Symbol und Leitbild einer ganzen Stadt werden. Das berühmteste Beispiel ist der David des Michelangelo vor dem Rathaus in Florenz.

Von der Bedeutung, die die Persönlichkeit in der Renaissance gewann, zeugen die Reiterdenkmäler, die – erstmals nach dem Untergang der antiken Kultur – freistehend auf den Marktplätzen errichtet wurden. Die Reiterdenkmäler der beiden Kondottieri, des Gattamelata von Donatello (um 1386–1466) in Padua und des Colleoni von Andrea del Verrocchio (1435/36–1488) in Venedig zeigen jedoch, daß die Renaissance nicht nur den allseitig gebildeten Menschen, sondern auch den Macht- und Erfolgsmenschen feierte, wie ihn der Staatsmann und Philosoph Machiavelli mit seiner Behauptung, der Zweck heilige alle Mittel, rechtfertigte. Auch die Porträtbüsten dieser Zeit lassen neben Würde und Schönheit oft Züge des Gewaltmenschen erkennen, dem zum Erreichen sei-

**270** Donatello.
Reiterstandbild des Gattamelata in Padua. 1447–1453
**271** Michelangelo.
Moses vom Julius-Grabmal. 1513–1516.
Rom, S. Pietro in Vinculi
**272** Desiderio da Settignano.
Büste der Marietta Strozzi. Um 1460–1464.
Berlin (West), Staatliche Museen
**273** Florentiner Meister.
Büste des Lorenzo de'Medici. Nach 1530.
Berlin, Staatliche Museen

272
273

274

275

ner Ziele jedes Mittel, auch Gift und Dolch, recht war. So hatte sich der Mensch zwar von den Fesseln der christlichen Ethik und Morallehre weitgehend befreit, jedoch keine neuen ideellen Wertmaßstäbe an ihre Stelle zu setzen vermocht, die sich auf Dauer mit den Interessen des reichen Bürgertums vereinbaren ließen. Die Widersprüchlichkeit der Epoche, die für die Freiheit der Persönlichkeit kämpfte, um ihr schon bald neue Fesseln anzulegen, kommt im Werk Michelangelos am stärksten zum Ausdruck. Kraft und Schönheit seiner Gestalten strömen nicht mehr Ruhe und Harmonie aus, sondern offenbaren ein leidenschaftliches, oft leidvolles Ringen um Selbstverwirklichung, allen äußeren Widerständen zum Trotz, gegen die auch der Künstler selbst in seinem gespannten Verhältnis zum päpstlichen Auftraggeber zu kämpfen hatte.

In der Malerei lagen die Anfänge der Renaissance bei Giotto (1266–1337). Er stellte bereits die Menschen in gleicher Größe wie die Heiligen dar, denen er nicht mehr durch Attribute und kostbare Kleidung Bedeutung verlieh, sondern durch würdevolle Haltung, ausdrucksvolle Gebärden, raumfüllende Körperlichkeit und reale Beziehungen zur Umwelt. Damit wurde er zum Wegbereiter der Florentiner Renaissance. Auf den Wandfresken, die Masaccio (1401–1428) seit 1426 in der Brancacci-Kapelle von S. Maria del Carmine zu Florenz malte, sind die perspektivischen Neuerungen und malerischen Gesetzmäßigkeiten einer realistischen Kunst völlig beherrscht und die mittelalterlichen Kunsttraditionen endgültig überwunden. Allerdings stellen auch diese Fresken, die Masaccio als die Hauptwerke seines kurzen Lebens schuf, biblische Geschehnisse dar. Oft sind diese aber nur noch ein Vorwand, um Menschen in zeitgenössischer Kleidung und Umwelt in Grundsituationen des Lebens wiedergeben oder – wie in der Szene der Vertreibung Adams und Evas aus dem Paradies – den nackten Körper darstellen zu können. Auch die Landschaft, die bei Giotto noch kulissenhaft wirkte, verlor ihre Symbolik und weitete sich zum dreidimensionalen Raum. Die Frührenaissance erreichte ihren Höhepunkt im Werk Andrea Mantegnas (1431–1506), der die perspektivischen Gestaltungsgesetze der Auf- und Untersicht sowie extremer Verkürzungen zur Bedeutungssteigerung seiner Gestalten nutzte. Piero della Francesca (um 1410/20–1492), der Mantegnas Interesse für die mathemati-

**274** Giotto. Joachim bei den Hirten.
Fresko in der Arenakapelle zu Padua. 1305
**275** Masaccio. Der Zinsgroschen.
Fresko (Ausschnitt) in der Brancacci-Kapelle von S. Maria del Carmine in Florenz. 1426–1428
**276** Piero della Francesca.
Die Anbetung des heiligen Holzes. Fresko (Ausschnitt) in S. Francesco zu Arezzo. 1459–1466

276

277

278

schen Gesetzmäßigkeiten der Zentralperspektive teilte, bereicherte die Malerei darüber hinaus um eine klare harmonische Farbigkeit und verlieh seinen Bildräumen durch die Wiedergabe des Lufttons eine neue Einheit. Nach der biblischen spielte nun auch die zeitgenössische Historie als Thema eine Rolle. Besonders beliebt waren aber Stoffe aus der antiken Mythologie und Geschichte, die von den Gelehrten erschlossen und bisweilen zu komplizierten Programmen zusammengestellt wurden. So waren die allegorischen Darstellungen Sandro Botticellis (1444/45 bis 1510) für ein neues elitäres Bildungsbürgertum bestimmt, das als Auftraggeber und Kunstmäzen auftrat.

In den Werken Raffaels (1483–1520) und Leonardos (1452–1519) hat das humanistische Weltbild seine vollendete Gestalt gefunden. Philosophie, Dichtkunst und Jurisprudenz nehmen in den Wandmalereien, die Raffael im Vatikan, dem Sitz des obersten Kirchenfürsten, schuf, einen gleichberechtigten Platz neben der Theologie ein. Leonardo war als Wissenschaftler ebenso bedeutend wie als Künstler. Und die Künstler dieser Zeit waren stolz darauf, ihre wissenschaftlichen (mythologischen, historischen, mathematischen, anatomischen) Kenntnisse möglichst umfassend in ihren Werken zur Anwendung zu bringen. Das Lieblingsthema der Hochrenaissance, die Sacra Conversazione – das heißt das handlungslose Beisammenweilen von biblischen Heiligen mit der thronenden Maria –, entsprach dem Streben nach einem Höchstmaß formaler Harmonien.

Auf der Schwelle zu einer neuen Epoche und einem neuen Stil weist das malerische Werk Michelangelos bereits über die Renaissance hinaus. Wie kein anderer Künstler brachte er in den titanenhaften, dramatisch bewegten Körpern seiner Fresken der Sixtinischen Kapelle die ungeheuren Spannungen zum Ausdruck, die seine Zeit formten:

279
280

**277** Francesco Cossa. Die Verkündigung. Um 1470–1472. Dresden, Staatliche Kunstsammlungen

**278** Andrea Mantegna. Der Gang des hl. Jakobus zum Richtplatz. Fresko in der Ovetaris-Kapelle der Eremitani-Kirche in Padua. 1449 bis um 1555

**279** Sebastiano Mainardi. Bildnis eines jungen Mannes. Um 1500. Berlin (West), Staatliche Museen

**280** Antonio del Pollaiuolo. Bildnis einer jungen Frau. Um 1465–1470. Berlin (West), Staatliche Museen

281

282

von dem geistigen Erwachen des Menschen in der Erschaffung Adams bis zum Sturz der Verdammten, mit dem der Maler wohl auch das Urteil über seine Zeitgenossen fällte.

Als selbständige künstlerische Gattung trat im 15. Jahrhundert die Zeichnung hervor, die bisher nur als vorbereitende Studie gewertet wurde. Mit der Wertschätzung des individuellen Stils lernte man auch dieses unmittelbarste Zeugnis einer künstlerischen Handschrift schätzen. Durch die Einführung getönter Papiere und farbigen Zeichenmaterials gewann die Zeichnung zudem eine Bildmäßigkeit, die sie für Sammler und Liebhaber begehrenswert machte.

Die Kunst der Renaissance in Italien – und das belegt in besonderem Maße die Malerei – entwickelte sich nicht kontinuierlich von ihren Anfängen bis zur Reife. Die politische und kulturelle Zersplitterung des Landes ließ zudem viele lokale Schulen entstehen. Während Norditalien stets enger mit den mitteleuropäischen Ländern verbunden war, standen Venedig und Sizilien lange unter dem Einfluß der byzantinischen Kunst. Die Frührenaissance beschränkte sich zunächst auf Florenz und die Toskana; und auch hier verlief die Entwicklung nicht geradlinig, stand selbst innerhalb einer Künstlergeneration Fort-

283

**281** Sandro Botticelli. Der Frühling. Um 1478. Florenz, Uffizien

**282** Raffael. Die Schule von Athen. Fresko in der Stanza della Segnatura des Vatikans zu Rom. 1509–1511

**283** Michelangelo. Adam. Ausschnitt aus dem Deckenfresko in der Sixtinischen Kapelle des Vatikans zu Rom. 1508–1512

284
285
286

schrittliches neben Traditionsgebundenem. Mit der Eroberung Italiens durch die Armeen der entstehenden absolutistischen Großmächte und mit der Verlagerung der Handelszentren infolge der Entdeckung Amerikas büßten die italienischen Städte und mit ihnen die Kunst der Renaissance ihre Grundlagen ein. Nur in Venedig, das seine politische Selbständigkeit zu erhalten vermochte, lebte die Renaissancekunst fort. In dieser Stadt, die während des ganzen 16. Jahrhunderts die Freiheit der Religionsausübung wahrte, blieb das Menschliche in den Werken von Tizian (1476/77–1576) und Giorgione (um 1477–1510) weiterhin Anliegen der Kunst. Allerdings erfuhren Inhalt und Form der Renaissancemalerei eine Umdeutung im Sinne der exklusiven Gesellschaftsschichten: Der Lebensgenuß und die rauschenden Feste, die Freude an Pracht und Luxus wurden zum Hauptinhalt der venezianischen Kunst, deren bedeutende formale Errungenschaft die reiche Differenzierung der Farbe war.

Die Schönheits- und Proportionsgesetze der Renaissance hatten für alle Gebiete des Kunsthandwerks Geltung bis hinab zum einfachen Gebrauchsgegenstand. Mit der wachsenden Wohnkultur wurden die Möbelformen vielgestaltiger und reicher. An die Stelle des gotischen Maßwerks traten antike Schmuckformen wie Säulen und Pilaster, die aber die Flächen nicht überwucherten, sondern harmonisch gliederten. Die Intarsientechnik gelangte zu neuer Blüte. Mit Werken der Goldschmiedekunst und des Bronzegusses verbinden sich die Namen bedeutender Bildhauer dieser Epoche. Auch die Keramik hatte eine Hoch-Zeit. Die wichtigsten Zentren für die Produktion der Majolikagefäße lagen in Oberitalien (Faenza). Großer Beliebtheit erfreute sich das venezianische Glas, das einen einträglichen Exportartikel der Lagunenstadt darstellte. Die kostbaren Gefäße aus farbigem oder durchsichtigem Glas, in das man oft undurchsichtige Fäden einschmolz, wurden antiken Formen nachgebildet.

Auch in der Tracht verschwanden die gotisierenden Formen wie Schleppe und Schnabelschuhe; ihre Proportionen paßten sich denen des Körpers an. Die Kleidung war nicht mehr Ausdruck des angeborenen Standes, sondern der Persönlichkeit und des individuellen Geschmacks. Samt-, Brokat- und Seidenstoffe, für deren Herstellung Italien in ganz Europa berühmt wurde, sowie der reiche Schmuck waren allerdings so teuer, daß nur der wohlhabende Bürger sie tragen konnte. Auch in der Mode wurde das Geld zum Maßstab der sozialen Rangordnung.

**284** Piero della Francesca. Bildnis des Federigo da Montefeltro. 1465–1466. Florenz, Uffizien
**285** Leonardo da Vinci. Mona Lisa. 1503–1506. Paris, Louvre
**286** Raffael. Bildnis des Baldassare Castiglione. Um 1515. Paris, Louvre
**287** Hochzeitstruhe mit Wappen der Familie Buri aus Verona. Um 1510. Mailand, Museo Poldi Pezzoli

287

288

## Die Kunst der Renaissance in Deutschland

Die bürgerliche Kunst in Deutschland erlebte ihre Blüte in der ersten Hälfte des 16. Jahrhunderts, also nahezu einhundert Jahre später als in Italien. Ihre Anfänge reichen jedoch weiter zurück. Schon im 15. Jahrhundert hatte die Entwicklung des Welthandels Deutschland die Rolle eines Zwischenhändlers zwischen Italien und den niederländischen Hafenstädten zugewiesen. Die Entdeckung der Silberminen im Erzgebirge und die Anwendung neuer Technologien im Bergbau und Hüttenwesen, im Textil- und Metallgewerbe trugen dazu bei, daß sich frühe Formen kapitalistischer Produktionsverhältnisse durchsetzten und deutsche Städte wirtschaftlich und kulturell Weltgeltung erlangten. Mit dem Selbstbewußtsein ihrer Bürger wuchs zugleich der Widerstand gegen überlieferte Abhängigkeitsverhältnisse. Da das politisch zersplitterte und ohnmächtige Reich mehr als jedes andere europäische Land zum Objekt der Ausbeutung für die päpstliche Kurie geworden war, nahm der soziale Kampf betont antikirchlichen Charakter an. Mit der Reformation verband sich die revolutionäre Massenbewegung, die nicht nur das Bürgertum, sondern auch die plebejischen und bäuerlichen Schichten erfaßte und schließlich in die Erhebung des deutschen Bauernkriegs mündete.

Nicht die Festigung der politischen Herrschaft des Bürgertums wie in Italien, sondern der Kampf gegen die feudalkirchlichen Machtverhältnisse bestimmte in Deutschland die Entwicklung von Kunst und Kultur. Obgleich die humanistischen Ideen durchaus auf fruchtbaren Boden fielen, interessierte hier weniger das Ideal des allseitig gebildeten und vollkommenen Menschen, als vielmehr das Recht der Persönlichkeit auf Glaubens- und Gewissensfreiheit. Da jedoch über den Charakter der zu errichtenden neuen Gesellschaft Uneinigkeit herrschte, konnte die Kunst der Reformationszeit nicht jene Allgemeingültigkeit und Vorbildlichkeit erlangen wie in Italien. Die italienischen Kunsttheorien hatten daher für Deutschland nur geringe Bedeutung. Am ehesten faßte die Renaissancekunst in den süddeutschen Städten wie Augsburg, München und Nürnberg Fuß, die durch Handelsbeziehungen enger mit dem Süden verbunden waren und wo die großen Handelsherrn und Bankiers wie die Fugger und Welser eine ähnliche Machtposition innehatten wie die Großbourgeoisie in Italien. Auch an den deutschen Fürstenhöfen fand das Formengut der Renaissance Eingang, wo es sich allerdings – genauso wie an den Höfen der großen absolutistischen Staaten – sehr bald zu einer manieristischen Liebhaber- und einer barocken Repräsentationskunst wandelte.

Im allgemeinen aber gab es eine Renaissance wie in der italienischen Kunst in Deutschland nicht. Dennoch verschwanden auch hier bei den Bürgerhäusern allmählich Spitzbogen und Maßwerk, wurden aus Italien Säulen und Pilaster und gelegentlich Höfe mit Arkadengängen und Loggien übernommen. Grund- und Aufriß der Häuser veränderten sich jedoch selten, zumal der Fachwerkbau in vielen Gegenden Deutschlands charakteristisch blieb und im 16. Jahrhundert sogar seine Blütezeit erlebte. Auch die

289

290

**288–290** Kammerzellsches Haus in Straßburg. 1587–1589 (Erdgeschoß 1467)

291

293

292

meisten Steinbauten dieser Zeit behielten Giebel und vorgebaute Erker wie überhaupt die Betonung der Vertikalen und die Vorliebe für asymmetrische Anlagen aus der Zeit der Gotik bei. Die italienischen Architekturelemente wurden meist nur als Schmuckformen – in ihrer Funktion häufig unverstanden – nachgeahmt; bei vielen Häusern überwucherte überreiches Zierwerk das statische Gerüst. Nicht die Vollkommenheit der Proportionen, sondern die Schmuckfülle entsprach dem Schönheitsanspruch an das deutsche Bürgerhaus und betonte zugleich die Individualität eines jeden Hauses. Selbst bei den städtischen Repräsentationsbauten wurden oft gotische Bauelemente wie der Spitzgiebel beibehalten. Viele Rathäuser entstanden weiterhin als Fachwerkbauten. Nur wenige Baumeister der Spätrenaissance, wie Elias Holl (1573–1646), der Erbauer

294

**291** Rathaus in Paderborn. 1612–1616
**292** Altes Rathaus in Leipzig. 1556–1558 von Hieronymus Lotter
**293** Rathaus in Augsburg. 1615–1620 von Elias Holl
**294** Reliefschmuck vom sog. Biblischen Haus in Görlitz. 1570

295

296

des Augsburger Rathauses, überwanden die Dekorativität der deutschen Architektur und verstanden es, die heimischen Traditionen – wie den Giebel als beherrschenden Mittelakzent – mit der klaren und einfachen Massengliederung italienischer Palazzi zu verbinden.
Für den Kirchenbau spielte die Renaissancearchitektur ebenfalls keine große Rolle, zumal in der Reformationszeit kaum neue Kirchen errichtet wurden. In den der lutherischen Lehre anhängenden Landesteilen erhielten die vorhandenen Sakralbauten lediglich eine den veränderten Bedürfnissen entsprechende neue Innenausstattung, während im katholischen Süden mit der Münchener Jesuitenkirche St. Michael bereits ein frühes Bauwerk der Gegenreformation entstand, das später zum Ausgangspunkt für die Barockarchitektur wurde.
Die bedeutendsten Bauwerke der deutschen Renaissance waren die Schlösser. Das Landesfürstentum, das seine Macht gegenüber der kaiserlichen Zentralgewalt immer mehr gefestigt hatte, benötigte neue, seiner politischen Bedeutung angemessene Schloßbauten. Da die mittelalterlichen Wehranlagen der Burgen der neuen Kriegs- und Belagerungstechnik ohnehin nicht mehr standhielten, begannen sie sich von den Wohnbauten zu lösen und selbständig weiterzuentwickeln. Während aus den Umfassungsmauern und Wehrtürmen mächtige Bastionen und Festungen wurden, deren dicke Mauern Kanonenkugeln abzuhalten vermochten, konnten die Wohnbau-

29.

**295** Ottheinrichsbau vom Heidelberger Schloß. 1556–1559
**296** St. Michael in München. 1583–1597
**297** Portal vom Fürstenhof in Wismar. 1553–1554
**298** Tilman Riemenschneider. Abendmahl. Mittelschrein des Heiligblutaltars. 1501–1505. Rothenburg o. d. T., St. Jakob
**299** Meister I. P. Der Sündenfall. Um 1525. Gotha, Schloßmuseum

298

299

ten größer werden. Nach dem Vorbild italienischer Paläste nahmen sie einen rechteckigen, auf einen Hof orientierten Grundriß an. Sie erhielten größere Fenster und Treppen und repräsentativere Innenräume. Allerdings herrschte bei den deutschen Schloßbauten sowohl am Außenbau wie auch im Innern oft eine Überfülle dekorativer Schmuckformen.

Mit der Übernahme der Dekorationsformen der italienischen Renaissance hielt die neue plastische Kunstauffassung und mit ihr der unbekleidete Körper Einzug in die deutsche Bildhauerkunst. Doch wurde das Nackte bezeichnenderweise meist in der Gestalt von Putti und Engelkindern dargestellt, das heißt, es wurde nicht als humanistisches Ideal, sondern durchaus realistisch als kindliche Nacktheit verstanden, wie überhaupt die deutschen Künstler die Vorbilder oft ins Volkstümliche übersetzten. Renaissanceplastik im Sinne der italienischen Kunst entstand fast ausschließlich auf dem Gebiet der Kleinkunst, die von humanistisch gebildeten Künstlern für einen gleichgesinnten Auftraggeber- und Liebhaberkreis geschaffen wurde. Lediglich in Süddeutschland gab es einzelne Zentren einer Italien enger verbundenen Bildhauerei, so vor allem in Augsburg. Da die Protestanten die reiche Ausstattung ihrer Kirchen ablehnten, konnte sich in den nördlichen Landesteilen die Renaissance in der sakralen Plastik nicht entwickeln beziehungsweise nur in der Grabmalskunst ihre Spuren hinterlassen.

Abseits der in Deutschland kleinen humanistischen Kreise

**300** Georg Vischer. Tintenfaß mit Vanitas. 1547. Berlin (West), Staatliche Museen
**301** Vischer-Werkstatt. Amor. Brunnenfigur. Um 1530. Berlin (West), Staatliche Museen
**302** Rheinischer Meister. Epitaph des Johannes Segensis (oberer Teil). 1564. Trier, Liebfrauenkirche

300
301
302

303

Schnitzaltäre auf und verzichtete damit auf die mittelalterliche Farbensymbolik.

Die deutsche Malerei brachte in den Jahrzehnten zwischen 1480 und 1530 ihre bedeutendsten Werke hervor. Aus der Vielzahl großer Malernamen ragt Albrecht Dürer (1471–1528) heraus, der die Kunst dieser Jahrzehnte in einem solchen Grade prägte, daß man von der »Dürerzeit« spricht. Ausgehend von der Kenntnis italienischer Werke – er reiste zweimal nach Italien, wurde Albrecht Dürer zum ersten Theoretiker der deutschen Kunst. Sein Ruhm als Maler reichte bis nach Italien und in die Niederlande. Neben Altarbildern schuf er vor allem Bildnisse deutscher Bürger, bei denen die Individualität besonders betont und weniger als bei italienischen Porträts einem allgemeinen Ideal verpflichtet ist. Nur in seinem Spätwerk der Vier Apostel, die zur Zeit des Bauernkriegs entstanden, wurde das Individuum zum vorbildhaften Typus erhöht. Dürers Interesse galt außerdem in einem bisher nicht gekannten Maße der Landschaft und ihrer topographisch genauen Wiedergabe im Aquarell sowie den unscheinbaren Dingen in der Natur, wie einem »Rasenstück«.

Deutlicher noch als die Werke Dürers zeigt die Kunst Matthias Grünewalds (Mathis Gothardt-Neithardt, um 1480–1528), daß Schönheit, Maß und Harmonie im klassischen Sinne für die deutsche Kunst keine Verbindlichkeit hatten. In seinem Isenheimer Altar brach eine Leidenschaft auf, die von der sozialen und religiösen Erregung

und abseits der Fürstenhöfe, überall dort, wo sich die Kunst an breite Volksschichten wandte, setzte sie die heimischen realistischen Tendenzen des 15. Jahrhunderts fort. Zwar wurden auch hier Renaissanceeinflüsse wirksam, aber nicht der vollkommene Mensch, sondern die Vermenschlichung des Göttlichen war und blieb das wesentliche Thema der deutschen Plastik. Zu ihren Hauptwerken gehörten daher wie schon zur Zeit der Gotik die Flügelaltäre, auf denen oft die sozialen Auseinandersetzungen der Epoche in religiösem Gewand ausgetragen wurden. Auch Tilman Riemenschneider (um 1460–1531), einer der größten deutschen Bildschnitzer, war mit der revolutionären Volksbewegung eng verbunden. Er gab als erster die bisher übliche Vergoldung und farbige Fassung der

304

303 Matthias Grünewald. Christus am Kreuz. Mitteltafel des Isenheimer Altars. Vollendet 1515. Kolmar, Museum Unterlinden

304 Matthias Grünewald. Kniender Apostel. Kreidezeichnung. Um 1511. Dresden, Staatliche Kunstsammlungen

305

der Zeit genährt war. Mit diesem für ein Klosterspital bestimmten Altar wurde die Kirche gleichsam im eigenen Hause und mit ihren eigenen Waffen angegriffen. Der überhöhte Realismus, mit dem der Künstler das Sterben Christi schilderte, die Derbheit der Physiognomie, die grausame Bloßstellung des gemarterten Körpers, die den Gottessohn als elendsten aller Menschen zeigt, gaben dieser Kreuzigung einen neuen revolutionären Gehalt.
Ganz anders gestimmte Bilder malte Albrecht Altdorfer (um 1480–1538), der Schöpfer des ersten eigenständigen Landschaftsbildes und Hauptmeister der sogenannten Donauschule, deren besonderes Merkmal die poetische, bisweilen auch dramatische Einbettung der religiösen Themen in die liebevoll geschilderte heimatliche Landschaft ist. Lucas Cranach d. Ä. (1472–1553), dessen frühe und bedeutendste Bilder noch der Donauschule angehörten, wurde nach 1505 Hofmaler des sächsischen Kurfürsten und ein Parteigänger Luthers, den er mehrfach porträtierte und dessen reformatorisches Gedankengut auch in seine religiösen Gemälde eingeflossen ist. Cranach unterhielt eine große Werkstatt, die sich allerdings zunehmend auf den Geschmack ihrer höfischen Auftraggeber einstellte. Am bekanntesten wurden seine Frauenbildnisse in überreicher modischer Kleidung und die zahlreichen mythologisch variierten Aktdarstellungen, in denen sich das gotische Schönheitsideal bereits mit manieristischen Stil-

306

307

305 Albrecht Dürer. Aposteltafeln. 1526. München, Bayerische Staatsgemäldesammlungen
306 Lucas Cranach d. Ä. Das Parisurteil. Nach 1537. Gotha, Schloßmuseum
307 Albrecht Dürer. Kölnisches Mädchen und Agnes Dürer. Silberstiftzeichnung aus dem niederländischen Skizzenbuch. 1521. Wien, Albertina

308

komponenten verband. Das Selbstbewußtsein der Bürgerschaft der obersächsischen Bergwerksstädte spiegelt sich in Hans Hesses Annaberger Bergaltar, dessen Rückseite die erste Profandarstellung eines Bergwerks zeigt.
Der nahezu eine Generation jüngere Hans Holbein d. J. (1497–1543) war fast ausschließlich Porträtmaler. Die ruhige Gelassenheit der Dargestellten, die meisterhafte Wiedergabe des Stofflichen, die minutiöse Behandlung jedes Details sowie die Einbeziehung der den Porträtierten charakterisierenden Umgebung lassen ihn am ehesten als Vertreter einer Renaissance in Deutschland erscheinen. Sein Lebensweg ist aber auch ein Beispiel dafür, daß die Fürsten und absolutistischen Staaten das Bürgertum als Auftraggeber allmählich wieder ablösten: Als das kalvinistisch reformierte Basel Holbein keine ausreichenden Aufträge mehr erteilte, übersiedelte er 1532 nach London, wo er Hofmaler Heinrichs VIII. wurde.
Das Scheitern der Bauernaufstände und die darauf folgende Zeit der Reaktion haben es zu keiner umfassenden künstlerischen Gestaltung dieses so einschneidenden Ereignisses der deutschen Geschichte kommen lassen, obgleich viele bedeutende Künstler für die Bauern eingetreten sind. Während in Deutschland um 1530 die Blüte der Malerei zu Ende war, lebte der revolutionäre Geist der Reformation und der Bauernkriege in der niederländischen Kunst, die in dieser Zeit eng mit der deutschen verbunden war, fort. Hier, wo der Kampf gegen die spanische Fremdherrschaft Bürger und Bauern noch in der zweiten Hälfte des 16. Jahrhunderts zusammenschloß, fand die demokratische Gesinnung in den Werken Pieter Bruegels des Älteren (um 1525–1569), des sogenannten Bauernbruegel, ihren Niederschlag. Er schilderte das Leben der Bauern, die bäuerlichen Arbeiten und Feste, und erhob sie zu Sinnbildern des menschlichen Lebens. Seine Landschaftsgemälde und -zeichnungen legen von der engen Verbundenheit des Künstlers mit seiner Heimat Zeugnis ab. Volks-

309

310
311

**308** Hans Holbein d. J. Bildnis des Kaufmanns Georg Gisze. 1532. Berlin (West), Staatliche Museen

**309** Hans Hesse. Rückseite vom Altar der Bergknappschaft. 1521. Annaberg, St. Annenkirche

**310, 311** Hans Holbein d. J. Bildnisstudien des Jakob Meyer zum Hasen und seiner Frau Dorothea Kannengiesser. Farbige Kreiden. 1516. Basel, Öffentliche Kunstsammlung

tümlich wie der Inhalt war auch die Sprache dieser Werke, die mit ihrer klaren Umrißführung und dem Einsatz reiner Lokalfarben oft wie ein Bilderbuch wirken und sich auch dadurch von der kirchlich-höfischen Kunst der Gegenreformation stark unterscheiden.

Die Zeichnung hatte in nahezu allen deutschen Malern bedeutende Vertreter. Überragend und vorbildhaft war wiederum das zeichnerische Werk Dürers. Aber auch die zart getönten Bildniszeichnungen Hans Holbeins des Jüngeren und die Landschaftszeichnungen Wolf Hubers (1485–1553) behaupten – ebenso wie die Zeichnungen des »Bauernbruegel« – ihren gleich hohen Rang neben der Malkunst.

Früher und unverhüllter als in der Malerei kamen die sozialen und politischen Spannungen der Reformationszeit vor allem in der Druckgraphik zum Ausdruck, die in keinem anderen Land so große Bedeutung gewann wie in

12

313

314

315

**312** Hans Burgkmair. Johannes auf Patmos. Mitteltafel eines Johannesaltars. 1518. München, Bayerische Staatsgemäldesammlungen

**313** Albrecht Altdorfer. Donaulandschaft bei Regensburg. Um 1525. München, Bayerische Staatsgemäldesammlungen

**314** Albrecht Dürer, Drahtziehmühle. Aquarell. 1494. Berlin (West), Staatliche Museen

**315** Wolf Huber. Der Mondsee mit dem Schafberg. Federzeichnung. 1510. Nürnberg, Germanisches Nationalmuseum

316

317

Deutschland. Die Entwicklung von Holzschnitt und Kupferstich reichte bereits in das 15. Jahrhundert zurück. Nach der Erfindung der Buchdruckerkunst bot der Illustrationsholzschnitt Künstlern ein reiches Betätigungsfeld. Ihre billigen Vervielfältigungsmöglichkeiten ließen die Graphik aber über ihre illustrative Funktion hinaus im 16. Jahrhundert zu einer selbständigen Kunstgattung und zur Kunst der Reformationszeit schlechthin werden. Für einen breiten Käuferkreis geschaffen, mußten die graphischen Blätter Probleme aufgreifen, die das Volk bewegten, und sie in einer ihm verständlichen Sprache bildhaft gestalten. Auch in den Techniken des Holzschnitts und des Kupferstichs schuf Dürer die bedeutendsten Werke seiner Zeit. Schon sein frühester Holzschnittzyklus, die Apokalypse, spiegelte die Erregung dieser Umbruchsepoche wider. Dürers Holzschnitte zum Marienleben und zur Passion sprachen eine so einfache Sprache, daß sie noch vor Luthers Bibelübersetzung dem Volk den menschlichen Gehalt der Bibel nahebrachten. Seine Kupferstiche »Ritter, Tod und Teufel«, »Hieronymus im Gehäuse« und »Melancholie« wandten sich hingegen an humanistisch gebildete Kreise. Im Flugblatt wurde der Holzschnitt zu einem politischen Kampfmittel der Reformation und der Bauernkriegsbewegung. Hier ergriffen viele Künstler offen für die Bauern Partei. Nach deren Niederlage büßte die deutsche Graphik jedoch zunehmend ihre kämpferische Haltung ein. An die Stelle des gesellschaftskritischen Flugblatts, dessen Herstellung und Verbreitung lebensgefährlich geworden war, trat der Bilderbogen, die Vorform der modernen Illustrierten.

318
319

**316, 317** Albrecht Dürer. Ritter, Tod und Teufel. 1513; Melancholie. 1514. Kupferstiche

**318, 319** Albrecht Dürer. Bauern im Gespräch. Um 1495; Der Bauer und seine Frau. Um 1495. Kupferstiche

**320** Titelholzschnitt der Bauernartikel. Flugschrift. 1525

32

Dem deutschen Kunsthandwerk stand mit den gehobenen Lebensansprüchen des reich gewordenen Bürgertums und der Fürsten jetzt auch im profanen Bereich ein breites Betätigungsfeld offen. Der Wunsch nach repräsentativer Wohnkultur ließ die beliebten Kunstschränke mit Intarsien und einem Überreichtum an Schmuckformen entstehen. Da die großen Handelsstädte Augsburg und Nürnberg auch Zentren des Kunsthandwerks waren, fanden die Formen der italienischen Renaissance bald Eingang, wurden jedoch der Vorliebe für das Dekorative und Phantastische angepaßt. Das gilt vor allem für das Tafelgerät und die Prunkgefäße, für die man oft ausgefallene Formen unter Verwendung exotischer Materialien wie Korallen, Kokosnüsse und Nautilusmuscheln wählte. Aber auch die Zunftpokale und Scherzgläser und selbst die bisher sehr einfache Gebrauchskeramik – hier vor allem die Hafnerkeramik – zeigten diesen Hang zur ungewöhnlichen Form und zum überladenen Dekor. Im flandrischen Brüssel gelangte die Bildwirkerei zur Blüte, für die sogar namhafte italienische Maler wie Raffael die Entwürfe schufen.

Die deutsche Mode der Reformationszeit war sogar schlichter als in Italien und konnte deshalb bis in die bäuerlichen Schichten vordringen, wo sie in einigen Volkstrachten lange weiterlebte. In dem von Unruhen und Kriegswirren heimgesuchten Reich gewannen allerdings auch die Landsknechte mit ihren geschlitzten Gewändern und Pluderhosen Einfluß auf die Mode.

321

322

23

24

**321** Albrecht Altdorfer.
Landschaft mit der Doppelfichte. Radierung.
Um 1517–1520

**322** Pieter Bruegel d. Ä.
Sommer. Federzeichnung. 1568.
Hamburg, Kunsthalle

**323** Silbervergoldeter Deckelkrug
aus Kitzingen (Bayern). Ende 16. Jh.
Berlin, Staatliche Museen

**324** Rundes Becken und Kanne in Drachengestalt mit eingesetzten Nautilusmuscheln
aus Nürnberg. 1582.
Dresden, Staatliche Kunstsammlungen

325

**325** Palazzo Vecchio in Florenz. 1298–1314
**326** Palazzo Strozzi in Florenz. Begonnen 1489 von Benedetto da Maiano (?)
**327** Palazzo Farnese in Rom. 1534–1586 von Antonio da Sangallo d. J. und Michelangelo
**328** Loggia del Capitano in Vicenza. Begonnen 1571 von Andrea Palladio

## *Der italienische Palazzo*

*Mit ihrem Rustikamauerwerk, ihren kleinen Fenstern und Eingängen sahen die frühen Palazzi den Burgen des Adels recht ähnlich. Anders als die Adelsburgen lagen sie jedoch inmitten der Städte und entwickelten sich im Laufe der Zeit immer mehr vom Wehr- zum Wohnbau. Das Rustikamauerwerk trat schließlich nur noch am Untergeschoß auf, bis es auch hier verschwand. Die Fenster wurden größer, und der Eingang weitete sich zum einladenden Portal. Gesimse unterteilten das zuvor nahezu ungegliederte Mauerwerk und ließen die Stockwerke und damit die Funktion des Hauses sichtbar werden – Wohnung der Menschen zu sein. Die Zinnen auf dem Dach wandelten sich schon bald zum schmückenden Kranzgesims. Säulen, Pilaster, Friese und andere antike Architekturelemente wie die Dreiecksgiebel über den Fenstern zeigen, wo die Renaissancearchitektur ihre Vorbilder suchte.*
*Je mehr jedoch das italienische Großbürgertum die Lebensformen des Adels annahm, um so repräsentativer wurden die Fassaden der Palazzi, um so gewaltiger die Proportionen. Die Kolossalordnung, die mit ihren riesigen Halbsäulen die Stockwerke zu einer monumentalen Einheit zusammenfaßt, wollte die Macht und Bedeutung der Bewohner repräsentieren – die bürgerliche Renaissance wandelte sich zum höfischen Barock.*

326

27

328

329

330

329 Donatello. David. Um 1430–1433. Florenz, Nationalmuseum

330 Andrea del Verrocchio. David. Nach 1465. Florenz, Nationalmuseum

331 Michelangelo. David. 1501–1504. Florenz, Galerie der Akademie

332 Benvenuto Cellini. Perseus mit dem Haupt der Medusa. 1554. Florenz, Loggia dei Lanzi

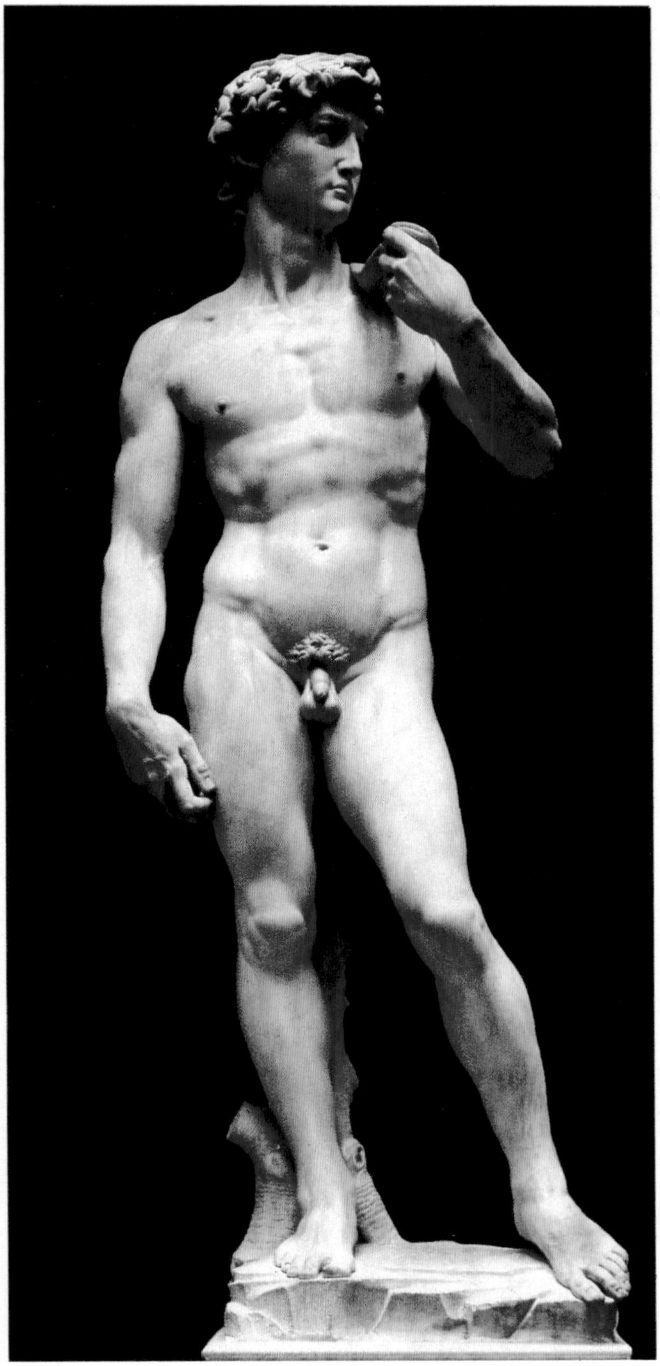

331

332

## Das Standbild des David in der italienischen Renaissance

*Die Plastik löste sich im wahrsten Sinne des Wortes von der Kirche – die Freiplastik erlebte ihre Renaissance. Der im Mittelalter aus der Kunst verbannte oder zum Sinnbild der Sünde degradierte menschliche Körper wurde zur höchsten Aufgabe. Nicht Heilige und Fürsten, sondern der tapfere Hirtenknabe David, der mit seiner Schleuder den Riesen Goliath tötete, war eine der Lieblingsgestalten der Renaissance.*
*Ähnlich wie die Kuroi der Griechen ist der David des Donatello ein Loblied auf die Schönheit des Körpers. Schon der folgenden Generation genügte aber diese schlichte Menschlichkeit nicht mehr: Elegant posiert der David des Verrocchio vor dem Betrachter. Um so monumentaler erscheint Michelangelos David, der – vor dem Rathaus aufgestellt – zum Wahrzeichen der Stadt Florenz wurde. Kampfbereit die Hand an der Schleuder, wirkte er wie eine Herausforderung an alle, die die Freiheiten der Stadt bedrohten.*
*Doch bald wurden Halbgötter wie Perseus die Helden der Kunst; in ihnen verherrlichten die Bildhauer nicht mehr die Taten des Volkes, sondern die seiner »gottgleichen« Fürsten. Natürliche Schönheit galt immer weniger, die Bewegungen wurden geschraubt und geziert – manieriert.*

333

334

333 Masaccio. Adam und Eva aus dem Fresko in der Brancacci-Kapelle von S. Maria del Carmine in Florenz. 1426 bis 1428

334 Sandro Botticelli. Geburt der Venus (Ausschnitt). Um 1485. Florenz, Uffizien

335 Hans Baldung Grien. Der Tod und das Mädchen. 1517. Basel, Kunstmuseum

336 Lucas Cranach d. Ä. Venus (Ausschnitt). 1532. Frankfurt a. M., Städelsches Kunstinstitut und Städtische Galerie

335

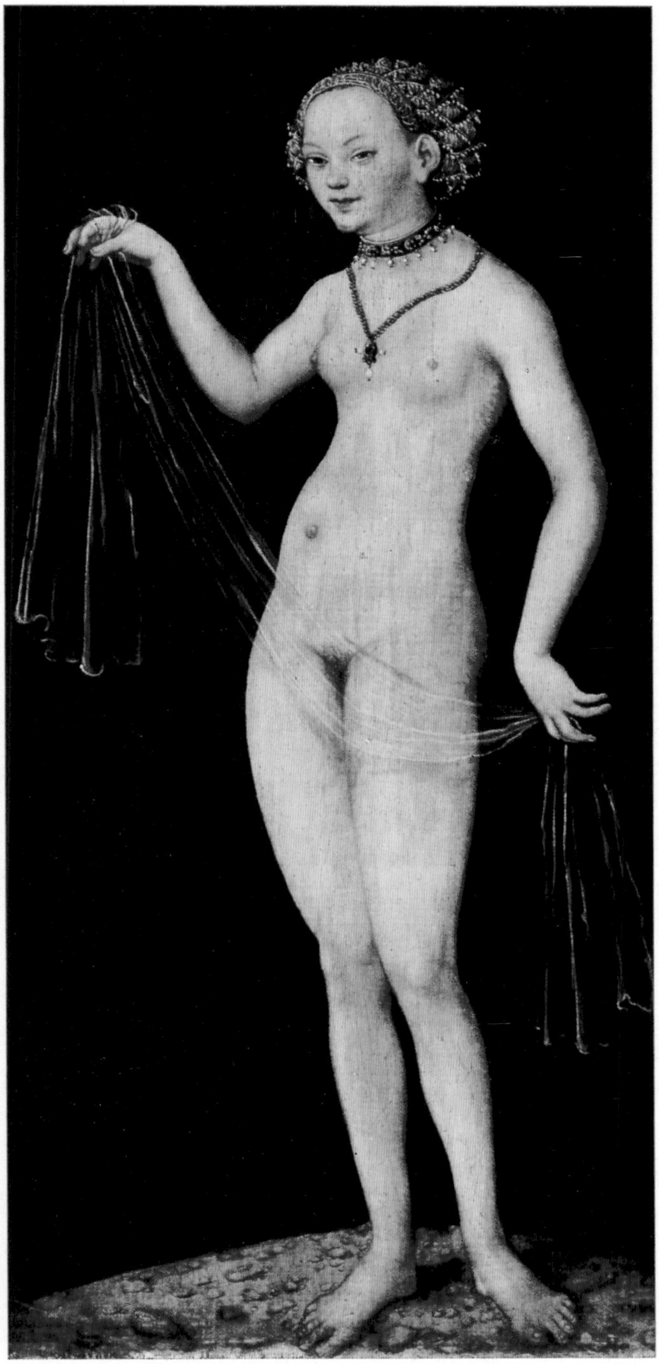

336

## *Von der mittelalterlichen Eva zur Venus der Renaissance*

*Schon bei Masaccio ist aus der biblischen Eva des Mittelalters, die der Versuchung erlag und aus dem Paradies vertrieben wurde, eine Frau geworden, die menschlich empfindet und leidet. Ihr nackter Körper ist nicht mehr Symbol der Sünde, sondern Abbild der Wirklichkeit, nicht mehr geistig-abstrakt, sondern realistisch gemeint und dargestellt. Bei Botticelli ist die Eva zur Venus, zur Göttin der Schönheit, geworden. Wie in der antiken Klassik sind in der Renaissance geistige und körperliche Vollkommenheit nicht voneinander zu trennen.*

*Auch diesseits der Alpen wurde der menschliche Körper von der Kunst wiederentdeckt. Doch war hier nicht die Wiedererweckung der Antike und ihres humanistischen Menschenbildes, sondern der Kampf gegen das außerhalb Italiens noch immer herrschende höfisch-mittelalterliche Weltbild, seine Konfrontierung mit der Wirklichkeit, Aufgabe der bürgerlichen Malerei. In Deutschland haben die sehr realistischen weiblichen Akte wenig mit antiken Göttinnen gemein. Ihre Darstellung ist oft sogar mit Personifikationen des Todes oder anderen Vergänglichkeitssymbolen verknüpft. Dort aber, wo man die antikische Nacktheit malte, wurde sie zur Entblößung und das Natürliche zum Raffinement – wurde die Kunst manieristisch.*

337

338

339

340

**337** Albrecht Dürer. Selbstbildnis. 1498. Madrid, Prado
**338** Anonymus MN. Selbstbildnis. Um 1500. Chicago, Kunstinstitut
**339** Lucas van Leyden. Selbstbildnis. Um 1511 (?). Braunschweig. Herzog Anton Ulrich-Museum
**340** Lucas Cranach d. J. Bildnis Lucas Cranachs d. Ä. 1550. Florenz, Uffizien
**341** Hans Holbein d. J. Selbstbildnis. Kreide. 1542. Florenz, Uffizien

341

## *Das Künstlerselbstbildnis in der Reformationszeit*

*Die Selbstbildnisse der Maler, die sich in der Reformationszeit nicht mehr wie im Mittelalter hinter biblischen Heiligen »verstecken« müssen, lassen ihren Aufstieg vom dienenden Handwerker zum geachteten Künstler erkennen. Bei dem Selbstbildnis, das Albrecht Dürer nach seiner ersten Italienreise malte, erinnert nur noch die stutzerhafte Tracht an das Mittelalter; die stolze Haltung und der distanzierte Blick verraten den selbstbewußten Menschen und Künstler der Neuzeit. Dem unbekannten Malerknaben, der sich bei der Arbeit darstellte, dient die gezeichnete Aktfigur – die »hohe Schule« der Renaissancekunst – als Ausweis neuzeitlichen Denkens und Könnens. Sicherheit und Selbstvertrauen sprechen auch aus dem Bild des Niederländers Lucas van Leyden, dessen Begabung schon früh Anerkennung bei seinen Zeitgenossen fand.*

*Wie kein anderer deutscher Maler vereint Hans Holbein d. J. Klarheit und Monumentalität der italienischen Kunst mit der Wirklichkeitstreue des Nordens. Diese Auffassung spricht auch aus der Selbstbildniszeichnung, die den Porträtisten des englischen Königshofs und der hanseatischen Kaufleute auf der Höhe seines Erfolgs zeigt.*

*Als Lucas Cranach der Jüngere seinen Vater porträtierte, war dieser zu einem wohlhabenden und angesehenen Bürger mit einer großen und vielbeschäftigten Werkstatt aufgestiegen. Sein Bildnis unterscheidet sich in nichts von den Porträts, die Cranach d. Ä. selbst von seinen adligen Auftraggebern schuf.*

# Die Kunst im Zeitalter des Feudalabsolutismus

1534 Gründung des Jesuitenordens durch Ignatius von Loyola. 1542 Wiedereinsetzung der Inquisition. 1588 Untergang der »Armada« – Ende der spanischen Seeherrschaft. 1589–1610 Heinrich IV. setzt den Absolutismus in Frankreich endgültig durch. 1609 Die niederländischen Nordprovinzen erringen ihre Unabhängigkeit. 1618–1648 Dreißigjähriger Krieg. 1621–1648 Wiederaufnahme des Kriegs zwischen Holland und Spanien, in dessen Ergebnis die Unabhängigkeit Hollands endgültig anerkannt wird. 1635–1659 Spanisch-französischer Krieg, endet mit dem Sieg Frankreichs. 1640 Beginn der englischen bürgerlichen Revolution. 1660 Wiedererrichtung der Monarchie in England. 1661–1715 Ludwig XIV. von Frankreich. 1689 »Bill of rights« fixiert die Prinzipien der konstitutionellen Monarchie in England. 1697 August der Starke wird König von Polen. 1696–1725 Peter I. von Rußland. 1701–1713 Spanischer Erbfolgekrieg. 1740–1786 Friedrich II. von Preußen. 1740–1780 Maria Theresia von Österreich. 1756–1763 Siebenjähriger Krieg – England wird führende Weltmacht. 1775–1783 Unabhängigkeitskrieg der englischen Kolonien in Nordamerika.

Im Zeitalter des Absolutismus und der Gegenreformation gingen in Kunst wie in Politik Rearistokratisierung und Rekatholisierung Hand in Hand. Während in Spanien und Frankreich das Königtum seine absolute Herrschaft festigte, konnte in Italien die katholische Kirche ihre ins Wanken geratenen Machtpositionen wieder stärken und erneut zur ideologischen Stütze des Feudalsystems werden. Eine wichtige Rolle spielte hierbei der Jesuitenorden, der die Gegenreformation anführte und jede Regung des Geisteslebens mit Diplomatie oder Gewalt in eine der Papstkirche dienliche Richtung lenkte. Die kosmopolitische Politik der Päpste machte Rom auch zum Kunstzentrum Europas, auf das nicht nur die geistlichen, sondern auch die weltlichen Auftraggeber blickten. Wie im Mittelalter nahmen Kirche und Hof die Kunst in ihren Dienst, um die staatstragenden Ideen zu propagieren. Da sich die Kunst aber an Menschen wandte, deren Weltbild durch die reformatorischen Bewegungen, die sozialen Kämpfe und die naturwissenschaftlichen Erkenntnisse der Renaissance beeinflußt und erweitert worden war, mußte sie, um überzeugend zu wirken, die neuen realistischen Ausdrucksmittel einsetzen. Sie übersteigerte jedoch das Sinnliche ins Übersinnliche und täuschte eine Scheinwelt vor, in der sich die irdischen wie die überirdischen Mächte durch »barocke« Kraft und Größe auszeichneten.

Da sich der Feudalabsolutismus in den einzelnen Ländern sehr unterschiedlich entwickelte, gab es in der Kunst ebenfalls große zeitliche Verschiebungen und stilistische Besonderheiten. In Spanien, wo sich die Staatsform der absoluten Monarchie am frühesten herausbildete und das enge Bündnis zwischen Staat und Kirche die Wiedereinsetzung der Inquisition ermöglichte, nahm die Kunst einen fanatisch-strengen Charakter beziehungsweise jene volkstümlichen Züge an, mit denen sie sich an die naive Gläubigkeit einfacher Menschen wandte. In Frankreich, das im 16. Jahrhundert erneut zur führenden Macht auf dem Kontinent aufstieg, setzte die Kunst rationalere Mittel ein. Während die reaktionäre Politik der spanischen Habsburger das Bürgertum völlig entmündigte und das Land schon Ende des 16. Jahrhunderts an den Rand des ökonomischen und militärischen Zusammenbruchs brachte, schuf das absolutistische Regime in Frankreich einen Nationalstaat, in dem das Bürgertum eine wichtige ökonomische Kraft darstellte, deren staatsbürgerliches Bewußtsein auch die offizielle Kunst anzusprechen suchte. Seit dem Niedergang des französischen Absolutismus diente die höfische Kunst allerdings nur noch dem raffiniert verfeinerten Lebensgenuß einer zum Untergang verurteilten Gesellschaftsklasse, der das Bürgertum seine sittlich-moralischen Ideale in der Revolutionskunst erneut entgegenstellte. In Deutschland, das durch den Dreißigjährigen Krieg aus der Reihe der Großmächte ausgeschieden war, setzten die neuen Tendenzen am spätesten ein. Die künstlerischen Zentren lagen weiterhin in Österreich und den kleinen süddeut-

schen Fürstentümern, wo die Barockkunst in Anlehnung an Italien und Frankreich eine Spätblüte erlebte.
Das Zeitalter des Absolutismus brachte aber nicht nur den Höhepunkt höfischer und kirchlicher Macht- und Prachtentfaltung. Da in Holland und England um die Mitte des 17. Jahrhunderts die ersten bürgerlichen Revolutionen stattfanden, konnte das Bürgertum hier auch in der Kunst die Führung bewahren beziehungsweise übernehmen. Während die absolutistischen Staaten einen effektvollen Repräsentationsstil förderten, entwickelten die bürgerlichen Länder die realistischen Traditionen der Renaissance weiter. Ihre Blüte erlebte die bürgerliche Kunst in Holland, das nach seiner Befreiung von der spanischen Fremdherrschaft im 17. Jahrhundert die größte Wirtschaftsmacht mit der progressivsten Gesellschaftsordnung darstellte.
Sogar in den Staaten des Absolutismus gab es in der Kunst mehr oder minder starke bürgerliche Elemente. In Italien, dem Geburtsland des Barocks, erwuchs der offiziellen Kunst eine demokratisch-realistische Gegenströmung, die auch in den anderen feudalabsolutistischen Ländern ihre Nachfolge fand. Vor allem in Flandern, wo das Städtebürgertum – wenngleich das Land nicht wie die nördlichen Provinzen die spanische Oberhoheit abschütteln konnte – weiterhin eine wichtige Rolle spielte, vereinigte sich die prachtliebende Hof- und massenwerbende Kirchenkunst mit volkstümlichen Traditionen.
Trotz aller Verschiedenheiten weisen die Kunstäußerungen dieser Zeit jedoch übergreifende Merkmale auf, die über die nationalen, konfessionellen und ökonomischen Unterschiede und selbst über die gesellschaftlichen Gegensätze zwischen höfischen und bürgerlichen Ländern hinweg allen Werken gemeinsam sind: Heftige Kontraste in Lichtführung, Farbigkeit und Formgebung, eine dynamische, spannungsvolle und raumgreifende Komposition, die Unterordnung aller Teile unter die Gesamtidee und eine gefühlsbetonte Grundhaltung sind sowohl der offiziellen pathetischen Propagandakunst als auch dem Realismus eigen, so daß man trotz allem von einem »Zeitalter des Barocks« sprechen kann. Nachdem das humanistische Weltbild schon seit der Spätrenaissance seine gesellschaftliche Basis eingebüßt hatte, erwiesen sich im 17. und 18. Jahrhundert die Widersprüche zwischen den erstrebten Idealen und der Wirklichkeit für die Menschen aller Staatsformen und Konfessionen als immer unüberwindbarer. Das betraf auch die Künstler selbst, die entweder vom höfischen beziehungsweise kirchlichen Auftraggeber sozial abhängig waren oder aber – wie in Holland – auf dem neu entstandenen »freien Markt« ein unsicheres Auskommen fanden. Die philosophischen Lehren von Francis Bacon und Descartes, die Werke Shakespeares und Cervantes', die Tragödien Corneilles und Racines und die große Oper basierten auf den gleichen geistigen Grundlagen und Fragestellungen, die auch eine relative stilistische Geschlossenheit der bildenden Kunst bewirkten: Der Mensch wurde nicht mehr als Individuum gesehen, sondern als gesellschaftliches Wesen, das sich in vielfältiger Wechselwirkung mit der Natur und dem Staat formte und von dem »Einsicht in die Notwendigkeit« (Spinoza) verlangt wurde.

343

344

342 Schloß Schönbrunn in Wien. Begonnen 1692 von Johann Bernhard Fischer von Erlach. Aus »Entwurff einer historischen Architektur«, Leipzig 1725
343 Fassade des Petersdoms in Rom. 1607–1626 von Carlo Maderna
344 Petersdom mit Petersplatz in Rom. Petersplatz mit Kolonnaden 1656–1667 von Giovanni Lorenzo Bernini. Radierung der Folge »Vedute di Roma« von Giovanni Battista Piranesi. 1775

345

## Die Kunst der Gegenreformation (Italien und Spanien)

Wie die Gesellschaftsstruktur zeigte auch die Kunst dieser Epoche viele Schattierungen. Außerdem gelangte der Barock erst nach Jahrzehnten zur vollen Entfaltung. Nachdem schon die italienische Kunst der Hochrenaissance zur Formalisierung neigte, entstand in der zweiten Hälfte des 16. Jahrhunderts zunächst ein manieristischer Stil, der auf ausgeklügelten formalen und intellektuellen Programmen basierte und zur weiteren inhaltlichen Verflachung führte. Der Kreis von Mäzenen und Kunstkennern, für den die Künstler überwiegend arbeiteten, sah in der Kunst nicht mehr wie die Humanisten ein Mittel zur Erziehung der Menschheit, sondern liebte Werke, bei denen komplizierte Formprobleme – wie sie sich aus ungewöhnlichen Stellungen und Bewegungen ergeben – virtuos gelöst waren.

Da sich diese raffiniert verfeinerte, elitäre Kunst einer kirchlichen wie staatlichen Kontrolle weitgehend entzog, stellte die Reformsynode von Trient, die zwischen 1545 und 1563 tagte, die Freiheit der Künstler in Frage und forderte deren Überwachung durch die Kirchenbehörden. Heidnische Themen, vor allem die antikische Nacktheit, ja sogar die Ausschmückung der Kirchen sollten untersagt werden. Dieser Asketismus konnte allerdings ebensowenig wie der Manierismus der Gegenreformation als Propagandamittel dienen. Um erneut den Glauben an die Wundertaten der Heiligen zu festigen, mußte die Kunst eine volkstümliche Sprache sprechen und die übersinnlichen Erscheinungen und Begebenheiten der Bibel ins Sinnlich-Faßbare transponieren. Während zur Zeit der Gotik die reale Welt im christlichen Gewand in die Kunst eingedrungen war, wurde das Gewand der Wirklichkeit jetzt zur Beweisführung des Glaubens und zur Darstellung einer überirdischen »Wirklichkeit« benutzt.

In Italien trat der Kirchenbau wieder an die erste Stelle, wie nun überhaupt eine gesteigerte Bautätigkeit einsetzte. Das erste Werk der kämpferischen Phase der Gegenreformation war die Kirche Il Gesù in Rom, die zum Prototyp aller späteren Jesuitenkirchen wurde. Die Innenausstattung zeigte ursprünglich jene auf der Tridentiner Reformsynode geforderte Schmucklosigkeit und erhielt erst später ihre üppige Barockdekoration. Grund- und Aufriß dagegen verwirklichten bereits die architektonischen Forderungen der »katholischen Reformation«, wie sie für die kommenden Jahrhunderte verbindlich bleiben sollten. Da die Predigt bei den Jesuiten ähnlich wie bei den Protestanten große Bedeutung erlangte, nahmen auch ihre Kirchen hallenartigen Charakter an: Die Seitenschiffe schrumpften zu Nischen, das Mittelschiff weitete sich und erhielt oft einen ellipsoiden Grundriß, so daß Langhaus und Kuppelraum miteinander verschmolzen. Der Grundriß hochbarocker Kirchen, wie sie in Rom Francesco Borromini (1599–1667) schuf, zeigte ein noch komplizierteres Durchdringen und Ineinandergreifen der Teile zu einem dynamisch bewegten Raumkörper.

Ihre Grundelemente übernahm die Barockarchitektur von der Renaissance. Die Säulen und Pfeiler erhielten jedoch ausladende Formen und gewaltige Proportionen, die jedes menschliche Maß überstiegen. Sie gaben sich den Anschein, als wollten sie nicht nur das überdimensionale Gebälk und die Wölbung der Kirche, sondern das Himmels-

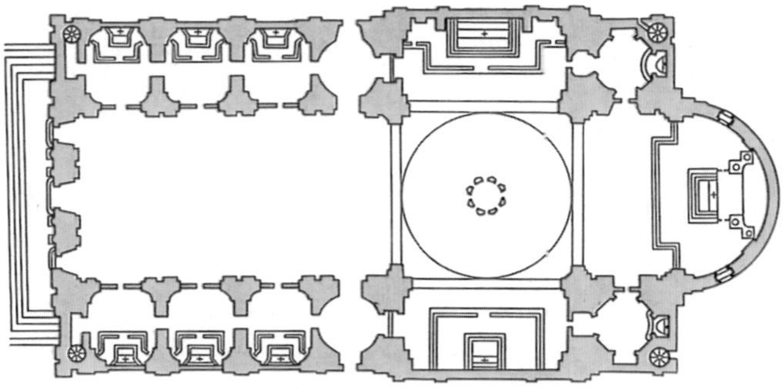

345

**345** Jesuitenkirche Il Gesù in Rom. 1568–1576 von Vignola und Giacomo della Porta. Fassade und Grundriß

**346** S. Maria della Salute in Venedig. 1631–1687 von Baldassare Longhena.

**347** S. Maria in Campitelli in Rom. 1663–1667 von Carlo Rainaldi

**348** Klosterkirche S. Carlo alle Quattro Fontane in Rom. Begonnen 1634 von Francesco Borromini. Grundriß

**349** S. Lorenzo in Turin. 1668–1687 von Guarino Guarini. Grundriß

346

347

gewölbe tragen. Dementsprechend wurde die Kuppel nicht mehr im mittelalterlichen Sinn als abstrakt-geistiges Zentrum, sondern vielmehr als eine natürliche, den Blick in den Himmel freigebende Öffnung aufgefaßt. Plastik und Malerei übernahmen es, diese Illusion zu vervollständigen, wobei die Grenzen zwischen Architektur, Plastik und Malerei aufgehoben scheinen. Nischen, Gesimse und Kuppel wurden mit Heiligenfiguren und schwebenden Engeln bevölkert, deren bis zur Ekstase gesteigerte äußere und innere Bewegtheit das überirdische Geschehen bezeugen sollte, an dem sie teilhatten und in das sie auch den Gläubigen einbezogen, so daß sich dieser von den Wundertaten gleichsam mit eigenen Augen überzeugen konnte.

Die Fassadengestaltungen bestätigen, wie sehr sich die Kirche nunmehr werbend an die Außenwelt wandte. Oft wurden die Fassaden dem Kirchenschiff wie eine Schauwand vorgesetzt und luden mit ihren außergewöhnlichen architektonischen Proportionen und Dimensionen sowie mit ihrer imponierenden Prachtentfaltung zum Betreten des Gotteshauses ein. Die ehemals ebene Wandfläche bewegte sich nun in einem schwingenden Vor- und Zurückgreifen der Bauglieder; Gebälk und Gesimse wurden vielfach gebrochen (verkröpft).

Das beeindruckendste Beispiel kirchlicher Repräsentations- und Propagandakunst ist der Petersdom in Rom, dessen Renaissance-Zentralbau im 17. Jahrhundert seine reiche Innenausstattung und ein Langhaus mit Vorhalle erhielt. Der eigentliche Baukörper wurde zudem durch die den Petersplatz einfassenden Kolonnaden erweitert, so daß sich der ursprüngliche Kirchenkomplex um ein Mehrfaches vergrößerte und schon durch seine Ausmaße den Besucher noch heute in seinen Bann zieht. Der Schöpfer dieser gewaltigen Anlage und vieler anderer Bauten, durch die Rom zur Stadt des Barocks wurde, war Giovanni Lorenzo Bernini (1598–1680).

Da das architektonische Interesse dieses Zeitalters nicht nur dem einzelnen Bauwerk, sondern seinen Beziehungen zu den umgebenden Bauten galt, entstanden bedeutende architektonische Ensembles und einheitliche Straßen- und

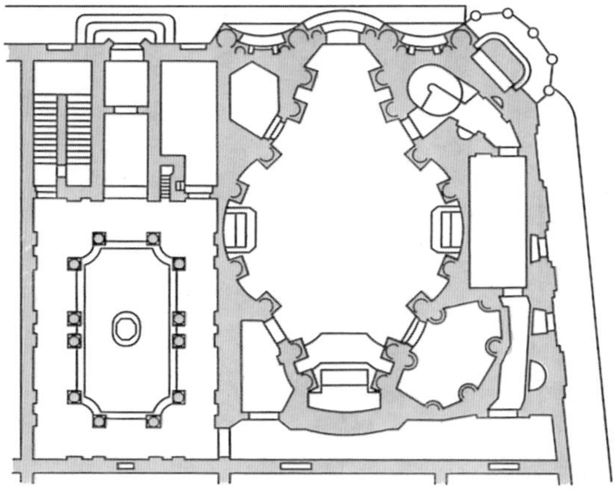

348

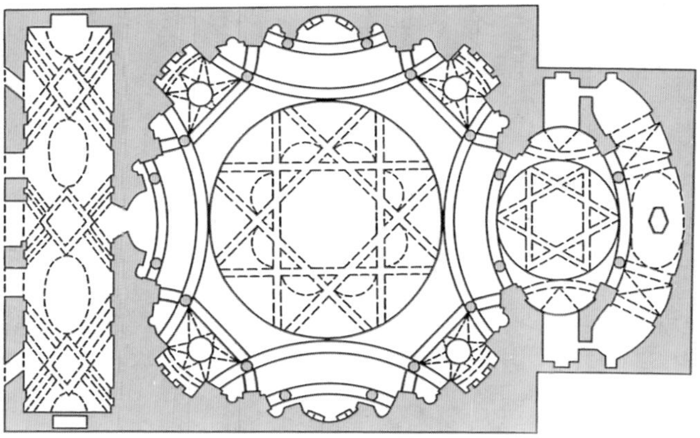

349

350

Platzanlagen, bei denen oft Brunnen einen wichtigen Blickfang bildeten. Die Übergänge zwischen den Baukörpern und dem Freiraum schufen monumentale Treppen. Bei den außerhalb Roms errichteten Villenbauten wurde die Verbindung mit der Umgebung durch Parkanlagen geschaffen. In dieser Zeit begann auch ein planmäßiger Städtebau, in den ältere Bauwerke wirkungsvoll einbezogen wurden.

Das wohl überzeugendste Bauwerk der kämpferischen Gegenreformation entstand in Spanien, wo die Kirche das wichtigste Bindeglied für die Völker des Weltreichs war, in dem »die Sonne nicht unterging«. Der von den spanischen Herrschern errichtete Escorial vereinte – ähnlich wie der Vatikan – Palast und Kloster und umfaßte alle für ein höfisch-kirchliches Zentrum notwendigen Bauten, von der Universität und dem Museum bis zum Grabmal der Dynastie. Die düstere Strenge und die gewaltigen Ausmaße (210 × 160 Meter) zeugen von dem asketischen und zugleich imperialen Geist seiner Bauherrn.

Da dieser Baustil die Volksmassen eher einzuschüchtern als für Staat und Religion zu begeistern vermochte, wurde er auch in Spanien seit dem Ende des 17. Jahrhunderts von dem propagandistischen Barock abgelöst, der sich hier mit noch lebendigen spätgotischen und maurischen Bautraditionen und dem volkstümlichen Kunsthandwerk verband und

351

350 Andrea del Pozzo. Verbreitung des Feuers der göttlichen Liebe durch den Jesuitenorden. Deckenfresko in S. Ignazio in Rom. 1691–1694

351 Fontana di Trevi in Rom. 1733–1763 von Niccolò Salvi u. a. nach einem Entwurf von Giovanni Lorenzo Bernini

352

sich durch außerordentlichen dekorativen Reichtum auszeichnete. Dieser »spanische Barock« mit seinen das konstruktive Gerüst überwuchernden Schmuckformen verlieh den Bauten oft ein geradezu bizarres Aussehen. Durch die Missionstätigkeit gelangte er auch in die lateinamerikanischen Länder, wo er die eigenartigsten Verbindungen mit deren alten Kulturen einging.

Da der Barock das Gesamtkunstwerk anstrebte, traten Malerei und Plastik wie in der Gotik wieder in den Dienst der Baukunst. Vorläufer der reich bewegten Barockplastik waren die manieristischen Bildwerke, deren erklügelte, geschraubte »figura serpentinata« die statischen Grundsätze der Renaissance bereits sprengte. Als Glieder eines Ensembles sollten die Barockplastiken aber nicht mehr durch vollendete beziehungsweise extravagante Formen des einzelnen Kunstwerks, sondern durch überwältigende Fülle und Prachtentfaltung auf den Beschauer wirken.

Die enge Bindung von Plastik und Architektur trug dazu bei, daß viele Architekten auch als Bildhauer tätig waren. Lorenzo Bernini, der bedeutendste Baumeister, war auch der größte Bildhauer seiner Zeit. Die Gesichter seiner Heiligen sind von idealer, durch Hingebung verklärter Schönheit, Körper und Gewänder wirken wie in Ekstase aufgelöst. Detailformen, wie Stoffe und die in dieser Zeit so beliebten Spitzen, sind oft mit einem übergenauen Naturalismus wiedergegeben, welcher die verzückten Gestalten einerseits in die dem Betrachter vertraute Umwelt versetzte, diesen andererseits aber auch in das außergewöhnliche Geschehen einbezog. Die spanische Bildhauerkunst trieb den Naturalismus so weit, daß sie sogar echtes Haar, Glasaugen, Wachstränen und technische Mechanismen zur Bewegung der Figuren verwandte. Meisterwerke illusionistischer Altarplastik, die den Raum als Handlungsbühne einbezogen und das natürliche Licht zur Verstärkung der übernatürlichen Erscheinung nutzten, entstanden im 18. Jahrhundert in den Barockkirchen Bayerns, wo die Gebrüder Asam (Cosmas Damian, 1686–1739, und Egid Quirin, 1692–1750) als Architekten, Bildhauer, Stukkateure und Maler Innenräume von festlich-theatralischer Wirkung schufen. Das verwendete Material erhielt eine reiche Bemalung und Vergoldung, um die Illusion der Realität zu vervollständigen.

In der Malerei läßt sich die Entwicklung von der Hochrenaissance über den Manierismus zum Barock am eindeu-

353

**352** Escorial bei Madrid. 1561–1584 von Juan Bautista de Toledo und Juan de Herrera

**353** Mater Dolorosa. Sevilla, Ende 17. Jh. Berlin (West), Staatliche Museen

354

355

tigsten verfolgen. Auch hier galt Michelangelo mehreren Künstlergenerationen als Vorbild, doch wurde seine Größe wie Tragik menschlichen Seins verkörpernde Kunst für seine Nachfolger zu einer Frage der Form – einer Manier. Wie ihre Plastiken zeigten ihre Gemälde ein Raffinement, das lediglich den Geschmack aristokratischer Kreise ansprach. Nur einem Maler gelang es, seinen Werken eine überzeugende Aussagekraft im Sinne der Gegenreformation zu geben. El Greco (1541–1614) war auf Kreta, wo noch die Ikonenmalerei gepflegt wurde, geboren und in Venedig ausgebildet worden, doch sollten seine religiösen Bilder erst in Spanien eine Heimat finden. Ähnlich wie manche spätgotischen Künstler verlieh El Greco seinen Heiligen durch expressive Übersteigerung von Farben und Formen einen auf das Jenseits gerichteten leidenschaftlichen Ausdruck. Der optimistisch-lebensbejahende Barock setzte sich aber auch in der Malerei durch, wo er durch starke Lichteffekte und Diagonalkompositionen sogar noch stärkere illusionistische Wirkungen als die Plastik hervorbrachte. Es war die Malerei, welche die Kuppeln der Kirchen zu einem in lichten Farben oder überirdischem Gold erstrahlenden Himmel öffnete und mit Engelsgestalten bevölkerte. Einen letzten Höhepunkt fand diese illusionistische Dekorationsmalerei im Werk des Venezianers Giovanni Battista Tiepolo (1696–1770), dessen Fresken in Kirchen, Palazzi und Schlössern die Licht- und Farbperspektive vollendet beherrschen. Neben dem reichbewegten Schmuckstil brachte die Malerei dieser Epoche auch

356

**354** Egid Quirin Asam.
Himmelfahrt Mariae. Altar in der Klosterkirche zu Rohr. 1722–1723

**355** Giovanni Battista Tiepolo.
Gastmahl des Antonius und der Kleopatra. Fresko im Palazzo Labia zu Venedig. 1757

**356** Giovanni Lorenzo Bernini.
Die selige Ludovica Albertoni. Grabmal in S. Francesco a Ripa in Rom. 1675–1676

357 

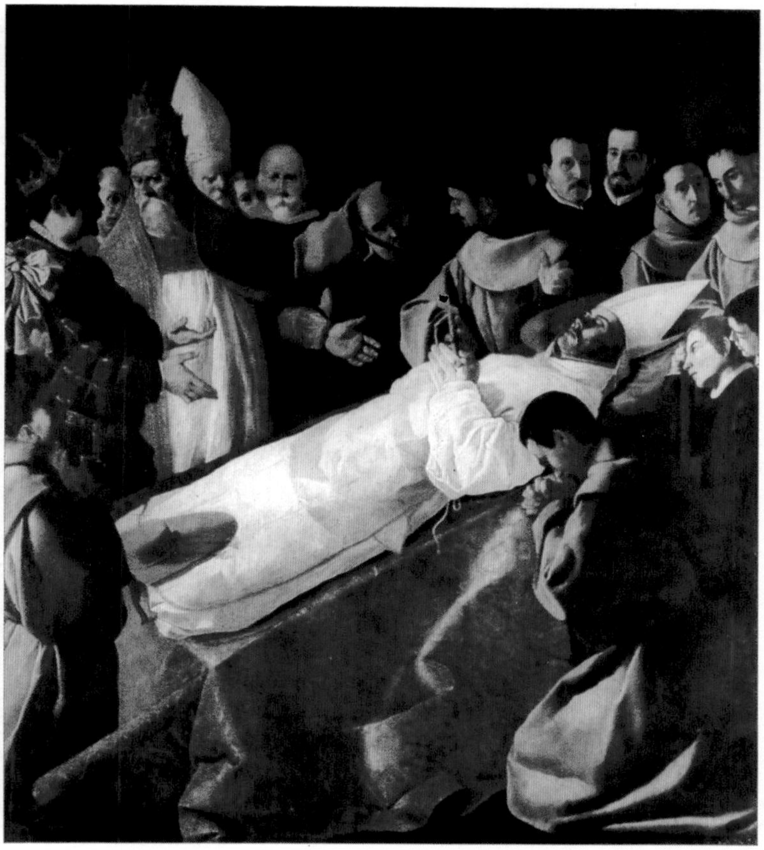 358

eine klassizistische Richtung hervor. Die Künstlerfamilie Carracci (ihr bedeutendster Vertreter war Annibale Carracci, 1560–1609) rief die Akademie von Bologna ins Leben, die in höchsten staatlichen und klerikalen Kreisen ihre Auftraggeber fand und wesentlich dazu beitrug, daß Italien Wallfahrtsziel der Künstler blieb.

Während diese Akademiker die Renaissancetraditionen zu bewahren suchten und sich dennoch durch ihren Eklektizismus in gleichem Maße wie die illusionistische Dekorationsmalerei von der Realität entfernten, wollte Caravaggio das Leben weder idealisieren noch übersteigern, sondern in seiner Realität erfassen. Er wurde zu einem Hauptrepräsentanten jener demokratischen Gegenströmung, die nicht nur in Italien, sondern auch in anderen absolutistischen Ländern neben der offiziellen Kunst entstand und auf die bürgerliche Kunst großen Einfluß ausübte. Sogar in Spanien diente die Malerei durchaus nicht immer nur den herrschenden Kreisen als Propagandamittel. Die Widersprüche, die Leben und Kunst im Zeitalter des Feudalabsolutismus bestimmten, haben das Werk von Velázquez geformt, der Hofmaler des spanischen Königs und dennoch einer der größten Realisten war. In der profanen Thematik vollbrachten auch andere spanische Künstler großartige Leistungen. Selbst die gefühlvollen, nicht selten ans Sentimentale grenzenden Büßergestalten und die grausamen Marterszenen spiegelten nicht nur religiösen Fanatismus, sondern die harte Wirklichkeit dieses inquisitorischen Zeitalters wider.

357 El Greco. Bildnis des Kardinals Niño de Guevara. Um 1600. New York, Metropolitan Museum

358 Francisco de Zurbarán. Begräbnis des heiligen Bonaventura. 1629. Paris, Louvre

359 Annibale Carracci. Triumph des Bacchus und der Ariadne. Deckenfresko im Palazzo Farnese in Rom. 1596–1604

 359

360

361

Auch Peter Paul Rubens (1577–1640), der größte Meister des flämischen Barocks, stand als Hofmaler und Diplomat in spanischen Diensten und malte dennoch wie Velázquez lebensnahe Bilder. Die Naturliebe und die geistige Souveränität dieses Malergenies, dessen furiose Pinselführung und sprühende Farbigkeit noch die Bewunderung späterer Künstlergenerationen erregen sollten, belegen vor allem seine intimen Bilder aus dem Familienkreis und die späten Landschaften. Auch aus seinen offiziellen religiösen und mythologischen Werken spricht eine lebenspralle Sinnlichkeit, wie sie die Renaissance und sogar die antike Kunst kaum gekannt hatten.

Im Rahmen der barocken Repräsentationskunst entfaltete das Kunsthandwerk eine unerhörte Pracht: Gold und Edelsteine, die in großen Mengen aus den amerikanischen Kolonien nach Europa kamen, wurden für Hof und Kirche verarbeitet. Rüstungen und Waffen wurden vergoldet und mit kunstvollen, nach den Vorlagen berühmter Meister gefertigten Treib- und Ziselierarbeiten verziert, so daß die Fürsten in ihren strahlenden Prunkrüstungen bereits vor Ludwig XIV. »Sonnenkönigen« glichen. Die Kleidung der kirchlichen wie der weltlichen Würdenträger wurde förmlich mit Schmuck und Edelsteinen übersät. Die Lieblingsfarbe der spanischen Mode, die während der Gegenreformation in Europa den Ton angab, war jedoch Schwarz. Wie die Kirche verleugnete die spanische Mode den Körper und verbarg ihn unter einem Reifrock und dicken Auspolsterungen.

362

**360** Peter Paul Rubens. Heiliger Hieronymus. Um 1609 bis 1610. Potsdam-Sanssouci, Staatliche Schlösser und Gärten
**361** Peter Paul Rubens. Helene Fourment mit ihren Kindern. Um 1638. Paris, Louvre
**362** Orgelprospekt aus dem Würzburger Käppele. Um 1750

## Die absolutistische Hofkunst (Frankreich)

»Der Staat bin ich« – diese Devise Ludwigs XIV. bestimmte auch die Entwicklung der französischen Kunst des Absolutismus. Nicht die Kirche der Gegenreformation, sondern der Staat und seine Könige »von Gottes Gnaden« standen im Mittelpunkt der französischen Kunst. Schon der Dreißigjährige Krieg bewies, daß der Glaubensstreit von den Herrschenden für ihre politischen Ziele benutzt wurde: Das katholische Frankreich verbündete sich mit den protestantischen Fürsten gegen den katholischen deutschen Kaiser und ging als neue Großmacht aus diesen Kämpfen hervor.

Allerdings fand auch in Frankreich die barocke Kunst der Gegenreformation Eingang. Da aber der französische Staat seine Macht auf eine weltliche Ordnung gründete, die mit Hilfe eines gewaltigen bürokratischen Apparats aufrechterhalten und durch das erste stehende Heer geschützt wurde, zeigte die französische Kunst rationalere Züge. Auch das Bürgertum, das in die Verwaltung des Staats einbezogen und durch dessen gezielte merkantilistische Wirtschaftspolitik zur tragenden ökonomischen Kraft des Landes wurde, setzte der höfischen Kunst »klassische« Grenzen. Es führte damit Traditionen fort, die so alt waren wie das Bündnis zwischen Monarchie und Bürgertum und schon im Hochmittelalter in der Einheit von kirchlich-höfischer Idealität und bürgerlichem Realitätssinn zum Ausdruck gekommen waren. Erst im 18. Jahrhundert, als die ungeheure Verschwendungssucht der königlichen Hofhaltung den Staatshaushalt ruiniert hatte, bildeten sich auch in der Kunst unüberwindliche Gegensätze heraus: Während das Bürgertum den Klassizismus zur Kunst der Aufklärung, der Emanzipation und schließlich der Revolution erhob, traten in der höfischen Kunst die dekorativen Tendenzen immer stärker hervor – »la grande manière« wandelte sich zum intimen und eleganten Rokoko.

Am ehesten konnte sich das römische Vorbild bei den Jesuitenkirchen durchsetzen. Doch spielte der Palastbau in Frankreich eine viel größere Rolle als der Kirchenbau, und er orientierte sich weniger am kirchlichen Barock, als vielmehr an den Palazzi der italienischen Renaissance. Sakrale und profane Kunst gingen in Frankreich also verschiedene

363

Wege. Der italienische Barock blieb hier so fremd, daß von den Bauvorschlägen für den Ostflügel des Louvre der des berühmten Italieners Bernini zugunsten des französischen Baumeisters Claude Perrault (1613–1688) verworfen wurde. Allerdings verwandte auch Perrault die barocke Kolossalordnung; die schlanken Doppelsäulen der Kolonnaden wirken jedoch weniger dynamisch als vielmehr gliedernd und erinnern an die harmonische Ordnung antiker Tempel, mit denen der Bau auch den flachen Giebel gemeinsam hat.

Im 17. Jahrhundert ging man in Frankreich von dem geschlossenen quadratischen Grundriß italienischer Palazzi

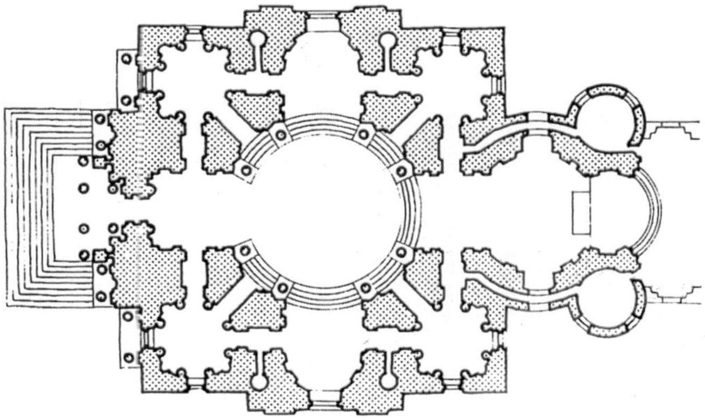

364

**363** St.-Gervais in Paris. 1616–1621 von Salomon de Brosse
**364** Invalidendom in Paris. 1693–1706 von Jules Hardouin-Mansart. Grundriß

365

ab und legte die Schlösser hufeisenförmig um einen Ehrenhof, den cour d'honneur, an. Das berühmteste Beispiel ist das unter Ludwig XIV. errichtete Schloß Versailles, das alle Merkmale des spezifisch französischen Barocks vereinigt. Während die feinen Profilierungen der Pilaster und Risalite, die die Wände gliedern, und die schlanken Säulen, die die niedrigen Eingänge rahmen, die klassizistische Komponente betonen, zeigen die hohen Fenster, die Dächer und die Plastiken der Dachbalustrade mit ihren vielen Vertikalen, wie stark in Frankreich auch die gotischen Traditionen weiterlebten.
Die riesigen Ausmaße von Versailles bezeugen jedoch, daß hier kein mittelalterlicher Feudalherr, sondern ein absoluter Monarch regierte. Die Gartenfront, die mit den Seitenbauten 580 Meter mißt, spricht von der gleichen Maßlosigkeit wie die Kunst des kirchlichen Absolutismus. Sogar die Natur wurde in diese gewaltige Demonstration königlicher Macht einbezogen: Die Bäume und Hecken der riesigen Parkanlagen wurden zu geometrischen Gebilden gestutzt und mußten sich der herrschenden Idee unterordnen. Kilometerweit führen in Versailles von allen Seiten Alleen und Kanäle richtungweisend zum Schloß. An der Hoffront wird der Blick von den stufenförmig nach innen gestaffelten Seitenflügeln zum eigentlichen Ziel und Mittelpunkt der Anlage geführt: den Repräsentationsräumen des Monarchen.
Auch im Innern sind alle Räume durch in einer Flucht liegende Türen (Enfilade) miteinander verbunden und auf die Zimmer des Königs ausgerichtet. Hier, wo Ludwig XIV. im Kreis seiner dienstbaren Höflinge als gottgleicher Fürst residierte, setzte sich die dekorative Illusionskunst stärker durch als in der Außenarchitektur. Ähnlich wie beim italienischen Kirchenbau wurden alle Künste, Techniken und Materialien, aber auch die antiken Allegorien und Mythologien in den Dienst des Herrschers gestellt.
Als Ludwig XIV. seinen schwächlichen Nachfolgern ein durch Kriege und Mißwirtschaft ruiniertes Land hinterließ, in dem das absolute Königtum bereits unterhöhlt war, wandelte sich die Kunst zum Rokoko. Träger dieses Spätstils war weniger der Hof als vielmehr der Adel, der sich nach dem Tode des »Sonnenkönigs« von Versailles nach Paris und auf seine Landsitze zurückzog, um sich – von den Funktionen im Staatsdienst befreit – seinen persönlichen Vergnügungen hinzugeben. Die Kunst wurde privat und intim. Nicht königliche und staatliche Repräsentationsbauten, sondern die Stadtpaläste und Villen, die hö-

366

**365** Ostfassade des Louvre in Paris. 1667–1674 von Claude Perrault
**366** Erster Entwurf für die Ostfassade des Louvre von Giovanni Lorenzo Bernini. 1665

367

368

369

**367** Marmorhof des Schlosses Versailles. Nach 1679 von Jules Hardouin-Mansart
**368** Luftaufnahme Schloß und Park Versailles. 1661–1710 von Louis Levau und Jules Hardouin-Mansart, Park von André Lenôtre
**369** Jean-Baptiste Tuby. Der Apollowagen. Brunnenplastik im Park von Versailles. 1670

370

371

tels und petites maisons, die sich der Adel und das in den Adel aufsteigende Großbürgertum im 18. Jahrhundert errichten ließen, sind die typischen Bauwerke dieser Epoche. Die Dekorationen der Innenarchitektur wurden zarter und entwickelten jenes filigranartige Rokokostabwerk, das Wände und Decken wie ein Gespinst überzog. Das plastische symmetrische Ornament löste sich in asymmetrische Formen auf, für welche die muschelartige Rocaille so charakteristisch ist, daß sie dieser Kunst ihren Namen gab. Allerdings war das Rokoko zumindest in Frankreich kaum mehr als ein Dekorationsstil. Die Außenarchitektur bewahrte auch im 18. Jahrhundert ihre wenn auch leichter und eleganter werdenden klassizistischen Formen. Seit den sechziger Jahren griffen diese auf die Innenarchitektur über und bereiteten dem Rokoko bereits vor der Französischen Revolution ein Ende.

Nach dem Vorbild Ludwigs XIV. bauten zahllose größere und kleinere Potentaten in Europa ihr »Versailles« und erschöpften mit ihrer Bauwut die finanzielle Leistungsfähigkeit ihrer Länder. Entsprechend den gesellschaftlichen Gegebenheiten traten die barocken oder klassizistischen Tendenzen mehr oder weniger stark hervor. Die kirchliche und staatliche Propagandakunst fand vor allem in die Länder der feudalen Reaktion und des Katholizismus Eingang, so in Österreich und Süddeutschland, wo im 18. Jahrhundert zahlreiche bedeutende Kirchen und Schloßbauten entstanden. Hierbei wurde die sakrale Kunst aber immer mehr von der profanen geprägt: Klöster glichen Schlössern und Wallfahrtskirchen paradiesischen Festsälen. Deutschland war außerdem das einzige Land, in dem es im 18. Jahrhundert auch in der Außenarchitektur ein Rokoko gab. Fürstliche Repräsentationsbauten wie der Dresdner Zwinger und Schloß Sanssouci in Potsdam kleideten sich in das heitere Gewand dieses Stils.

Als sich Anfang des 18. Jahrhunderts das absolutistische Rußland unter Peter I. zu einem Nationalstaat entwickelte, der das Bürgertum durch Reformen in bescheidenem Maße begünstigte, befreite sich auch die Kultur von den Fesseln der mittelalterlichen kirchlichen Kunst. Die Architektur nahm klassizisierende Züge an und fand damit den Anschluß an die absolutistische Hofkunst Europas.

Wie in Italien traten in Frankreich Plastik und Malerei in den Dienst der Architektur und erfüllten oft kaum mehr als

372

**370** Petit Trianon in Versailles. 1662–1666 von Jacques-Ange Gabriel

**371** Wallpavillon vom Dresdner Zwinger. 1711–1722 von Matthes Daniel Pöppelmann, Plastik von Balthasar Permoser

**372** Winterpalais in Leningrad. 1755–1762 von Bartolomeo Francesco Rastrelli

373

374

dekorative Aufgaben. Selbst die Freiplastik, voran die Gartenplastik, war meist für einen bestimmten Platz und Rahmen konzipiert. Auch von der Bildhauerkunst wurde der Olymp bemüht und – wie bei dem Apollowagen im großen Bassin des Parks von Versailles – der »Sonnenkönig« mit dem Lichtgott der Antike identifiziert. Die berühmteste Monumentalplastik war das Reiterdenkmal Ludwigs XIV., das jedoch während der Französischen Revolution zerstört wurde. Einen Eindruck davon mögen seine Nachfolger, die Reiterdenkmäler des Großen Kurfürsten in Berlin und Peters I. in Petersburg vermitteln, die mit ihrem anspruchsvollen Pathos, der majestätischen Haltung ihrer Reiter und der wildbewegten Kraft ihrer Pferde die Vorbilder aus der Renaissance und der Antike übertrafen.

Für die höfische Porträtbüste wurden die großartige Geste und der flammende Blick verbindlich. Abseits der Repräsentationskunst aber kam jene andere Seite der französischen Kunst zum Durchbruch: Unter der Allongeperücke sah man oft scharf gezeichnete Gesichter, die das Jahrhundert des Rationalismus und der Aufklärung ankündigten. Im 18. Jahrhundert fand aber auch das zierliche und elegante Rokoko, das kaum mehr als dekorativ sein wollte, Eingang in die Plastik. Neben dieser verspielten Kunst mit ihrer Vorliebe für Putten und Amoretten entstanden zwar klassizisierende Werke; diese weisen jedoch ebenfalls die verfeinerten Formen des Rokokos auf. Eine besonders liebenswürdige Gestalt nahm die Rokokoplastik in Deutschland an, wo sie im volkstümlichen Sinn sehr viel naturali-

**373** Ovaler Salon im Hôtel de Soubise in Paris. 1738–1740 von Germain de Boffrand

**374** Konzertzimmer im Schloß Sanssouci in Potsdam. 1745 bis 1747 von Georg Wenzeslaus von Knobelsdorff und Johann August Nahl, Ausführung der Dekorationen von Johann Michael Hoppenhaupt

**375** Karyatiden der Gartenfront des Schlosses Sanssouci. 1746 von Johann August Nahl und Friedrich Christian Glume

375

376

377

378

stischer aufgefaßt wurde, so daß sich die Liebesgötter und galanten Paare oft recht drastisch gebärdeten. Eine neue nationale Schule ging von dem Werk des preußischen Bildhauers Andreas Schlüter (1664–1714) aus, dem Schöpfer des Reiterdenkmals des Großen Kurfürsten, der italienische, französische und niederländische Anregungen zu einem persönlichen Stil verarbeitete und sowohl als Baumeister als auch als Bildhauer entscheidend zum kulturellen Aufstieg Norddeutschlands beitrug.
In der französischen Malerei verschmolzen die verschiedenen Richtungen nicht so eng miteinander. Während in der Hofkunst das barocke Pathos triumphierte, lehnten die Hauptvertreter der klassizistischen Richtung den höfischen Kunstanspruch ab. Daneben gewann auch die realistische bürgerliche Strömung an Bedeutung, die im 18. Jahrhundert sogar auf die Hofkunst einwirken konnte. Charles Lebrun (1619–1690), Erster Hofmaler und Direktor der 1648 gegründeten königlichen Kunstakademie, wurde zum künstlerischen Zensor aller im öffentlichen Auftrag entstandenen Werke und mit seinen eigenen Historiengemälden und allegorischen Darstellungen der Lobredner Ludwigs XIV. Die beiden herausragenden Vertreter des Klassizismus, Nicolas Poussin (1594–1665) und Claude Lorrain (1600–1682) hingegen stellten der Menschheit »zeitlose« Werte wie Schönheit, Wahrheit, Gerechtigkeit und ein Leben in Harmonie mit der Natur als höchste Ideale vor Augen. Sie schufen ihre Werke abseits des höfischen Kunstbetriebs in Rom und suchten ihre Vorbilder in der

379

380

**376** Andreas Schlüter. Denkmal des Großen Kurfürsten. 1698–1710. Berlin (West), Hof des Schlosses Charlottenburg
**377, 378** Jean-Baptiste Pigalle. Venus und Merkur. 1748. Schloß Sanssouci, Rondell der Großen Fontäne (Kopien)
**379** Francesco Maratti. Bildnisbüste des Malers Carlo Maratti. Nach 1704. Berlin, Staatliche Museen
**380** Antoine Coyzevox. Bildnisbüste Jean-Baptiste Lullys. Um 1700. Paris, Comédie Française

381

382

antiken Kunst. Während Poussin mit seiner Malerei zur ethischen Erziehung des Menschen beitragen wollte, wurde sein auf Ordnung und Maß gerichtetes formales Programm schließlich von der französischen Kunstakademie übernommen und zur Kunst der schönen Lüge degradiert.

Im 18. Jahrhundert verzichtete auch die Hofkunst weitgehend auf ihren repräsentativen Anspruch. Zum Hauptthema dieser dem Lebensgenuß verschriebenen Gesellschaft wurde die Liebe. Auf vielen Bildern Antoine Watteaus (1684–1721) lustwandeln in köstliche Phantasiegewänder gekleidete Damen mit ihren Kavalieren in arkadischen Gefilden, da wird getanzt und musiziert, man gibt sich galanten Abenteuern und unterhaltenden Spielen hin. Die große Kunst Watteaus läßt allerdings seine Gemälde über ihren zeitlichen Rahmen hinaus zu melancholischen Traumbildern einer von Harmonie und Schönheit erfüllten Welt werden, die er mit der bezaubernden Grazie des Rokokos heraufbeschwor.

Die ländlichen Idylle und Schäferspiele, die von der höfischen Gesellschaft so gern inszeniert und von den Malern als Bildthemen gewählt wurden, waren auf ihre Weise bereits ein Echo auf die Forderung »Zurück zur Natur!«, die von England nach dem Festland herüberscholl und von Rousseau zum Wahlspruch des aufgeklärten Bürgertums erhoben wurde. So war die Rokokokunst eine äußerst verfeinerte höfische Spätkunst und dennoch nicht ohne die bürgerliche Emanzipation denkbar. Watteaus berühmtes

383

**381** Hyacinthe Rigaud. Ludwig XIV. 1701. Paris, Louvre
**382** Louis Michel van Loo. Ludwig XV. Um 1760–1762. Museum Schloß Versailles
**383** Antoine Trouvain. Gesellschaft am Hofe Ludwigs XIV. (Ausschnitt). Kupferstich. 1696

384

385

Ladenschild, das vornehme Damen und Herren in einer Kunsthandlung zeigt, war eigentlich ein werbendes »Reklamebild«. Je weiter der Verfall der höfischen Gesellschaft und ihrer Kultur voranschritt, je stärker die Ideen der Aufklärung – wenn auch meist mißverstanden – in die höfische Rokokowelt eindrangen, um so mehr büßte diese ihren schönen Schein ein. Viele Bildnisse verrieten nun jenen Esprit, der die Gespräche in den berühmten Salons bestimmte. Sogar das fürstliche Repräsentationsgemälde begann schließlich bürgerlichen Ideen Konzessionen zu machen. Schon vor der Französischen Revolution wurde das Familienbild zu einem beliebten Kunstgenre; selbst die Königin ließ sich als Mutter malen, wie man überhaupt einen zuvor nur vom Bürgertum gepflegten und vom Adel verhöhnten Familiensinn zur Schau stellte. Mit der Verbürgerlichung der Bildinhalte fanden zusehends realistische Elemente in die höfische Kunst Eingang – sie wurde bürgerlich, noch ehe diese Klasse in der Revolution endgültig die Führung übernahm.

Auch im Kunsthandwerk und in der Mode war der Hof im 17. und 18. Jahrhundert tonangebend, zumal die vom Finanzminister Colbert gegründeten Manufakturen dafür sorgten, daß die französischen Luxuswaren sich über ganz Europa verbreiteten. Der vielseitige Hofmaler Lebrun leitete auch die königliche Gobelin- und Mö-

386
387

**384** Nicolas Poussin. Das Reich der Flora. 1630–1631. Dresden, Staatliche Kunstsammlungen

**385** Nicolas Lancret, Gesellschaft bei der Fontaine. Vor 1739. Potsdam-Sanssouci, Staatliche Schlösser und Gärten

**386** Maurice Quentin de La Tour. Selbstbildnis. Pastell. Um 1750. Amiens, Pikardiemuseum

**387** Rosalba Carriera. Bildnis der Tänzerin Barbarina Campani. Pastell. Um 1735. Dresden, Staatliche Kunstsammlungen

388

belmanufaktur. Begehrt waren die mit kostbaren Einlegearbeiten aus Elfenbein, Schildpatt, Perlmutt, edlen Hölzern und Metallen verzierten Prunkmöbel, die nach dem berühmten Kunsttischler Charles André Boulle (1642–1732) ihren Namen erhielten. Im Rokoko, das den Komfort mehr schätzte als die steife Repräsentation, liebte man mit zarten Seidenstoffen bespannte Wände und bequemere Möbel. Die Kommode (commodus = bequem) und das Sofa kamen auf, die ebenso wie die Sessel, Tische und Stühle die schwingenden und mit Muschelwerk verzierten Rokokoformen zeigten.

Eine typische Erfindung dieses Jahrhunderts war das Porzellan, aus dem nicht nur Prunkgeschirr hergestellt wurde, sondern das sich wegen seiner glänzenden Oberfläche und guten Modellierfähigkeit auch als ideales Material für den Nippes erwies, für all jene Figürchen von koketten Schäferinnen und eleganten Kavalieren, die heute noch den Charme und die unverbindliche Verspieltheit dieser galanten Zeit ausstrahlen. Im Porzellan, das ja in China bereits eine tausendjährige Tradition hatte und vor der Nacherfindung Johann Friedrich Böttgers (1682–1719) als teure Importware an die europäischen Höfe gelangte, äußerte sich vor allem die Vorliebe für fernöstliche Kunst, die Mode der Chinoiserie, die dem Rokoko seinen exotischen Zauber verlieh.

Auch in der Mode folgte der steifen und überladenen Pracht, den goldstrotzenden Röcken und majestätischen Allongeperücken der Herren und den Tournürenkleidern der Damen, wie sie die Etikette am Hofe Ludwigs XIV. vorschrieb, das Rokoko mit seinen schwingenden Reifröcken, zierlichen Pantöffelchen, gestickten Seidenwesten und -fräcken, seinen weiß gepuderten Perücken und seiner Vorliebe für Blumen und Bänder in zarten Pastellfarben. Allerdings begann der Hof auch in der Mode schon vor der Revolution seine Führung einzubüßen. Der Reifrock verblieb schließlich nur noch der Hoftracht, während die Mode bereits einfacher wurde und sich immer mehr an der bürgerlichen Kleidung orientierte.

389

**388** Antoine Watteau. Das Ladenschild. 1720. Berlin (West), Schloß Charlottenburg
**389** Antoine Watteau. Studien zur »Überfahrt nach Cythère«. Kreide und Rötel. 1717. London, Britisches Museum und Paris, Mme. Labbé
**390** Johann Joachim Kaendler. Tanzendes Paar. Nach 1740. Berlin, Staatliche Museen

390

391

392

393

## Die bürgerliche Kunst im 17. und 18. Jahrhundert

Wie das feudalistische Mittelalter schloß auch das Zeitalter des Absolutismus eine wesentliche Phase der bürgerlichen Kunstentwicklung ein. In den Niederlanden, wo im 17. Jahrhundert im Ergebnis des nationalen Befreiungskampfs eine bürgerliche Republik errichtet wurde, erlebte sie sogar eine Blütezeit. Auch in England, dem Land der ersten siegreichen bürgerlichen Revolution, mit der auch die industrielle Revolution eingeleitet wurde, konnte sich der illusionistische Barock kaum durchsetzen. Selbst in den Ländern des Absolutismus, wo das Bürgertum mit seinen städtischen Rechten und Freiheiten auch seine maßgebliche kulturelle Bedeutung einbüßte, entstanden im 17. und 18. Jahrhundert großartige Zeugnisse realistischer Kunst. In Frankreich übernahm der dritte Stand mit dem Fortschreiten kapitalistischer Verhältnisse erneut wichtige Funktionen in Verwaltung, Wirtschaft, Wissenschaft und Kultur, mit denen sein Einfluß auf all diesen Gebieten wieder wuchs. Aber auch in den Kernländern der Reaktion konnte die Inquisition nur einzelne »Ketzer« wie Giordano Bruno auf dem Scheiterhaufen verbrennen – sie konnte aber nicht die Ausbreitung der wissenschaftlichen Erkenntnisse eines Kepler, Galilei und Newton, Leibniz, Descartes und Pascal und deren Auswirkungen auf ein neues philosophisches Denken verhindern, das im 18. Jahrhundert von bürgerlichen Aufklärern wie Voltaire, Rousseau und Diderot aufgegriffen wurde und der Französischen Revolution den Weg bereitete.
In England, wo sich die Gegensätze zwischen Bürgertum und Adel in der parlamentarischen Monarchie von 1660 wieder ausglichen, durchdrangen sich auch in der Kunst höfischer Idealismus und bürgerlicher Realismus. Doch griff der englische Klassizismus viel stärker als der französische auf die bürgerlichen Renaissancetraditionen zurück. Seine Schlichtheit und Natürlichkeit konnte deshalb in der Zeit der Aufklärung auch für das Bürgertum auf dem Kontinent beispielgebend werden. Die englische Architektur orientierte sich an Andrea Palladio (1508–1580), der im Gegensatz zu anderen Architekten der italienischen Spätrenaissance auf dekoratives Beiwerk verzichtete und eine klare Gliederung sowie harmonische Proportionen an-

**391** St. Paul's Kathedrale in London. 1675–1711 von Christopher Wren

**392, 393** Banqueting House in London, Whitehall. 1619 bis 1622 von Inigo Jones. Westfassade und Entwurf

strebte. Obwohl Hof und Kirche in England im 17. und 18. Jahrhundert weiterhin die bedeutendsten Bauaufgaben stellten, kam es zu einer reichen Entfaltung auch der städtischen Architektur. Neben den Bürgerhäusern entstanden Rathäuser und andere öffentliche Bauten wie Hospitäler, Bibliotheken, Colleges und nicht zuletzt die Börsen, jene typischen Zeugen des erblühenden Kapitalismus. Neben städtebaulichen Projekten war der Landhausbau eine Domäne der englischen Architektur.

In Holland, wo nach der Errichtung der Republik alle Voraussetzungen für einen fürstlichen und kirchlichen Repräsentationsstil fehlten, siegte das sachliche und puritanische Denken auch in der Architektur. Es lehnte jeden überflüssigen Aufwand ab und holte sich Anregungen vom englischen Klassizismus. Nicht zuletzt hat der für Holland charakteristische Backsteinbau, der für plastische Ornamente wenig geeignet war, der barocken Schmuckfreudigkeit entgegengewirkt. Als die Republik der Vereinigten Niederlande in der zweiten Hälfte des 17. Jahrhunderts zur größten Handelsmacht Europas geworden war, fand die barocke Ornamentik allerdings begrenzt Eingang. Die Bürgerhäuser, vor allem deren Giebel, wurden reicher ausgestattet. Dennoch verzichtete man sogar bei repräsentativen Bauten auf übermäßigen plastischen Schmuck und auf die barocke Säulenpracht und begnügte sich damit, die Fassaden durch flache Pilaster zu gliedern. Zudem gebot der knappe Baugrund nach wie vor eine räumliche Begrenzung und gestattete – wie bei den mittelalterlichen Bürgerbauten – nur eine Ausdehnung nach oben, so daß sich die Bürgerhäuser des 17. Jahrhunderts in Funktion und Konstruktion nur wenig von denen früherer Epochen unterschieden. Wohn- und Speicherräume befanden sich vielfach unter einem Dach; die Wohnräume lagen in den unteren Geschossen, die oft auch Werkstätten und Verkaufsräume beherbergten. Die Treppenhäuser – bei den Barockpalästen die repräsentativsten Teile – wurden zugunsten des Wohnraums möglichst klein gehalten und Vorräte und Handelswaren, aber auch alle großen Gegenstände des Hausrats weiterhin außen hochgezogen.

Der schlichte Klassizismus der holländischen Architektur, der neben Bürger- und Rathäusern auch das Gesicht der Handelshäuser, Speicher, Produktionsstätten, Werften und anderer Nutzbauten bestimmte, beeinflußte das Bau-

394

395

396

**394** Mauritshuis in Den Haag. 1633–1644 von Jacob van Campen und Pieter Post

**395** Rembrandt-Haus in der Breestraat in Amsterdam. Vor 1639

**396** Holländisches Viertel in Potsdam, Mittelstraße. 1736 bis 1742 von Johann Boumann (alter Zustand)

397 

398 

wesen auch außerhalb des Landes. Sogar der russische Zar plante seine Hauptstadt Petersburg ursprünglich nach dem Vorbild Amsterdams, und in Preußen ließ Friedrich Wilhelm I. in Potsdam für holländische Einwanderer ein Viertel mit Backsteinbauten im holländischen Stil errichten.

Da der Kalvinismus die Ausschmückung der Kirchen verurteilte und die puritanische und demokratische Gesinnung repräsentative und dekorative Kunstwerke, wie sie für die fürstlichen Paläste und die katholischen Kirchen so unentbehrlich schienen, ablehnte, konnte sich eine bürgerliche Bildhauerkunst in Holland nur zögernd entwickeln. Diese gewann erst in Frankreich in der Epoche der Aufklärung, als das Bürgertum seine Vorbilder und Helden aus den eigenen Reihen wählte, mit der Porträtplastik Bedeutung. Ihr hervorragendster Vertreter war Jean-Antoine Houdon (1741–1828), dessen Werke bis heute das Bild von den großen Persönlichkeiten der Aufklärungszeit und der Französischen Revolution bestimmen. Wie kaum einem anderen Künstler gelang es Houdon, das Einmalig-Psychologische festzuhalten und seine Bildnisbüsten mit dem Geist, der Spottlust und dem Skeptizismus jener Zeit zu erfüllen.

Charakteristisch für die bürgerliche Kunst blieb die Tafelmalerei, die infolge ihrer geringeren Kosten und ihres privaten Charakters den wirtschaftlichen Möglichkeiten und künstlerischen Forderungen des Bürgertums am besten entsprechen konnte. Ebenso wie es in den Hochburgen der Gegenreformation und des Absolutismus Wissenschaftler und Philosophen gab, die die ideologischen Grundlagen von Kirche und Staat angriffen, gab es auch Künstler, die der idealisierenden offiziellen Kunst von echtem Wirklichkeitssinn erfüllte Werke entgegenstellten. Nicht zufällig stammte Caravaggio (Michelangelo Merisi genannt C., 1573–1610), der bahnbrechende rea-

399 

400 

**397** Caravaggio. Die Berufung des Apostels Matthäus. Um 1598–1601. Rom, S. Luigi dei Francesi

**398** Diego Velázquez. Die Spinnerinnen. Um 1657. Madrid, Prado

**399** Diego Velázquez. Der Hofzwerg Sebastián de Morra. Um 1643–1645. Madrid, Prado

**400** Diego Velázquez. Infant Philipp Prosper. 1659. Wien, Kunsthistorisches Museum

lististische Künstler dieses Zeitalters, aus Italien, dem Land der ältesten bürgerlichen Kunsttraditionen. Auf seinen Darstellungen vollzogen sich die biblischen Wunder nicht in überirdischen Sphären, sondern unter einfachen Menschen, so daß diesen Werken der »barocke« Zug kirchlicher Propagandakunst gänzlich fehlte. Caravaggio entdeckte noch vor den Niederländern die Schönheit alltäglicher Dinge und legte mit seinen frühen Bildern den Grundstein für die Entwicklung der Stilleben- und der Genremalerei des 17. Jahrhunderts. Zusammen mit den Carracci galt er als Begründer der Helldunkelmalerei, mit deren Mitteln er den Eindruck innerer Spannung und dramatischer Bewegtheit steigerte, eine gefühlsbetonte Atmosphäre schuf und die Aufmerksamkeit des Betrachters auf die wesentlichen Personen lenkte, denen das Licht eine neue Plastizität verlieh.

Von Caravaggio ging eine realistische Schule aus, die nicht nur in den bürgerlichen, sondern auch in den absolutistischen Ländern Fuß faßte. Kaum einer der bedeutenden Maler des 17. Jahrhunderts blieb von ihm unbeeinflußt. Velázquez, der Porträtist des spanischen Königshauses, wurde von Caravaggio zu seinen frühen Genrebildern angeregt. Seine im Auftrag höchster aristokratischer Kreise entstandenen Porträts glichen trotz der vornehmen Reserviertheit oft Selbstenthüllungen: Als »troppo vero«, zu wahr, soll Papst Innozenz X. sein von Velázquez geschaffenes Bildnis befunden haben. Achtung und Mitgefühl des Künstlers offenbaren dagegen die Bildnisse jener Hofnarren, die sich die Herrscher zu ihrem perversen Vergnügen hielten. Auch die my-

401

402

403
404

**401** Louis Le Nain. Bauernfamilie. Um 1642. Paris, Louvre
**402** Jakob Jordaens. Wie die Alten sungen, so pfeifen die Jungen. Um 1650. Dresden, Staatliche Kunstsammlungen
**403** Jean-Antoine Houdon. Bildnisbüste Christoph Willibald Glucks. 1775. Schwerin, Staatliches Museum
**404** Jean-Antoine Houdon. Bildnisbüste Voltaires. Nach 1770. Gotha, Schloßmuseum

405

406

thologischen Themen des Barocks dienten Velázquez nicht zur Verherrlichung der Fürsten und des höfischen Lebens, sondern zur Schilderung des zeitgenössischen Alltags, wie etwa der Arbeit in einer modernen Manufaktur. Anders als die Caravaggisten behandelte Velázquez jedoch Licht und Farben. Seine durch die Atmosphäre gebrochene nuancierte Farbigkeit wies weit über das 17. Jahrhundert hinaus und gab noch den Impressionisten Anregungen.

Auch in Frankreich gab es neben der Hofkunst und neben Klassizisten wie Poussin, die in eine Scheinwelt auswichen, realistische Künstler, die den höfischen wie den klassischen Idealgestalten die Wirklichkeit vorzogen. Eine Synthese aus Realismus und idealem Klassizismus strebte Georges de La Tour (1593–1652) an, der unter dem Eindruck der Kunst Caravaggios Bilder von großer geistiger und seelischer Tiefe schuf. Die Brüder Le Nain (der bedeutendste Louis Le Nain, 1593 bis 1648) schilderten das bäuerliche Leben in einer von Würde und Selbstbewußtsein erfüllten Schlichtheit, wie es selbst die holländische Malerei nur selten erreichte.

In Holland, wo die Gegenreformation wie in keinem anderen Land auf den hartnäckigen Widerstand des Bürgertums stieß und wo es selbst in den Zeiten der schlimmsten Reaktion einen »Bauernbruegel« gab, wurde die bürgerliche Kunstentwicklung unter der spanischen Fremdherrschaft zwar gehemmt, aber nie völlig unterbunden. Hier spielte der Realismus im Kampf gegen Absolutismus und Gegenreformation eine geradezu revolutionäre Rolle. Seit Anfang des 17. Jahrhunderts nahm die bürgerliche Kunst in den Niederlanden wieder neuen Auftrieb. Selbst in den unter spanischer Fremdherrschaft verbliebenen südlichen Provinzen war der Barock volkstümlich, was mehr noch als in den Werken des Hofmalers Rubens in den Genrebildern Jakob

**405** Aert van der Neer. Winterlandschaft mit Schlittschuhläufern. Um 1640–1650. Leipzig, Museum der bildenden Künste

**406** Willem van de Velde. Schiffe auf ruhiger See. Um 1655–1665. Leipzig, Museum der bildenden Künste

**407** Pieter Claesz. Stilleben mit Römer und Silberschale. Um 1635. Berlin (West), Staatliche Museen

407

408

409

Jordaens (1593–1678) und Adriaen Brouwers (um 1605 bis 1638) zum Ausdruck kam, die das bäuerliche und bürgerliche Leben oft recht deftig schilderten. In Holland wurde die Kunst zu einem Anliegen breitester Schichten. Die vor allem für die Bürgerstube bestimmte Tafelmalerei suchte die Welt des Bürgers in ihrer ganzen Vielfalt zu erfassen. So entstand eine Fülle neuer Genres und unter den Malern ein bisher nicht gekanntes Spezialistentum. Die Landschaft der befreiten Heimat bedurfte nun zu ihrer Darstellung keiner Idealisierung oder mythologischen Motivierung mehr. Das Meer und die weiten Ebenen, die so wenig mit den heroischen Ideallandschaften der akademischen Kunst gemeinsam hatten, waren beliebte Vorwürfe. Mit der gleichen Zuwendung und Genauigkeit wurden der bürgerliche Hausrat und die prächtigen Blumensträuße, die im Land der Tulpenzwiebeln jede Wohnung schmückten, gemalt. Neben Szenen aus dem Leben der Bürger, Schilderungen privater Häuslichkeit und Gruppenbildnissen der Bürgerwehren und Schützenvereine, standen solche der Bauern, der Landsknechte und Dirnen.

Die wichtigste Aufgabe blieb das Porträt, dessen Realismus noch heute die biederen, als Verteidiger ihres Vaterlands tapferen und als Kaufleute tüchtigen, ja skrupellosen holländischen Bürger lebendig werden läßt. Lebenssprühend und aus der augenblicklichen Bewegung erfaßt sind die Bildnisse von Frans Hals (um 1580–1666), für den der reiche Stutzer wie die versoffene Alte gleichermaßen bildwürdig waren. Seine Malweise sollte später die Impressionisten zu Begeisterungsstürmen hinreißen.

Während Frans Hals wie fast alle holländischen Künstler auf ein Genre spezialisiert war, umfaßte das Werk Rembrandts (Rembrandt Harmensz van Rijn, 1606–1669) alle Themenbereiche. Auch dieser bedeutendste Maler seiner Epoche – einer der größten in der Geschichte der Kunst

410
411

**408** Frans Hals.
Bildnis des Willem van Heythusen. Um 1637.
Brüssel, Museum der Schönen Künste
**409** Adriaen van Ostade.
Zwei rauchende Bauern. 1664.
Dresden, Staatliche Kunstsammlungen
**410** Frans Hals. Malle Babbe. Um 1635.
Berlin (West), Staatliche Museen
**411** Frans Hals. Der Mulatte. Um 1635.
Leipzig, Museum der bildenden Künste

412

überhaupt – wurde anfangs von der Helldunkelmalerei Caravaggios beeinflußt. Was an barocken Elementen in sein Frühwerk einfloß, kehrte sich bald zum leidenschaftlichen Protest gegen die Pathetik dieses Stils und gegen die Flucht aus der Wirklichkeit in die Mythologie. Sein »Raub des Ganymed« ist eine Persiflage auf diese idealisierende Malerei: Aus dem vom Göttervater Zeus in Gestalt eines Adlers entführten schönen Jüngling wurde ein dicker, heulender Bengel, der vor Schreck sein Wasser läßt.
Auch als Porträtist setzte sich Rembrandt über herrschende Kunstauffassungen hinweg. Nachdem er in den dreißiger Jahren der gesuchte Bildnismaler des Amsterdamer Bürgertums geworden war, durchbrach er mit der 1642 vollendeten »Nachtwache«, die den Auszug einer

413

**412** Rembrandt. Die Nachtwache. 1642. Amsterdam, Rijksmuseum
**413** Rembrandt. Raub des Ganymed. 1635. Dresden, Staatliche Kunstsammlungen

Schützenkompagnie darstellt, das Schema des Gruppenbildnisses, indem er den Porträts der 16 Mitglieder der Bürgerwehr erfundene Personen hinzufügte und die Dargestellten zu einer thematisch motivierten Massenszene verband. Da viele Auftraggeber sich nicht ausreichend repräsentiert sahen, begann mit diesem Bild der gesellschaftliche und soziale Abstieg Rembrandts. Seit dieser Zeit wurde auch seine Malweise immer unkonventioneller. Die krassen Gegensätze zwischen Licht und Schatten wichen einer tonigen Helldunkelmalerei. Bei den Werken der reifen Schaffensperiode durchdringt das Licht die Farben, bringt sie zum Glühen oder Verdämmern und läßt sie zum Träger von Gefühlswerten werden. Die realen, alltäglichen Dinge sind oft mit biblischen Stoffen verknüpft, die jedoch geistig-seelische Vorgänge zum eigentlichen Bildthema erheben. An die Stelle äußerer Repräsentation und dramatischen Geschehens traten im Spätwerk Verinnerlichung und Stille, die den emotionalen Reichtum des Menschen, den ethischen Wert seiner Handlungen und den moralischen Sinn seines Lebens ausdeuten.

414

Der allgemeine Zeitgeschmack ging über die Alterswerke Rembrandts hinweg. Seine zahlreichen Schüler knüpften an die Werke seiner früheren Schaffensperioden an. Nach den Kriegs- und Revolutionsjahren war eine neue Generation in Holland tonangebend geworden, die die Früchte der Kämpfe der Väter genießen konnte: Aus Revolutionären wurden saturierte Bürger, die sich den zweifelhaften Ruf der schonungslosesten Ausbeutung ihrer überseeischen Kolonien erwarben. Die holländischen Künstler fanden immer mehr Gefallen an einer delikaten Feinmalerei und begnügten sich mit der Darstellung äußerlicher Schönheit und Erlesenheit. Jan Vermeer van Delft (1632 bis 1675), der die Menschen und Dinge in einen poetischen Zustand zeitloser Entrücktheit erhob, stand allein in jener Zeit, für die die farblich kultivierten, gefälligen Interieurs und Stilleben der »Kleinmeister« typisch wurden. Mit der zunehmenden bürgerlichen Beschränktheit, der Verfeinerung des Lebensstils und des technischen Kön-

415
416

**414** Rembrandt. Die Rückkehr des Verlorenen Sohnes. Um 1668–1669. Leningrad, Ermitage

**415** Rembrandt. Selbstbildnis, im Skizzenbuch zeichnend. 1657 (?). Dresden, Staatliche Kunstsammlungen

**416** Rembrandt. Hendrickje Stoffels. Um 1656–1657. Berlin (West), Staatliche Museen

417

418

nens büßte die holländische Malerei ihren Wirklichkeitssinn ein und wurde gegen Ende des 17. Jahrhunderts zum Epigonen der italienischen und französischen Kunst.
Der Kunstkanon, der hier an den Akademien gelehrt wurde, bestimmte seit der zweiten Hälfte des 17. Jahrhunderts die Kunstentwicklung in den meisten europäischen Ländern. Nur wenigen Malern gelang es, sich von der akademischen Doktrin zu emanzipieren. Im absolutistischen Frankreich wurde Jean-Baptiste Siméon Chardin (1699 bis 1779) der bedeutendste Vertreter einer bürgerlichen Kunst. Er knüpfte an die Holländer des 17. Jahrhunderts an und bekannte sich mit realistischen Schilderungen von Bürgerfrauen, die mit ihrem Haushalt oder der Betreuung ihrer Kinder beschäftigt sind, zum Bürgertum und seinen ethisch-moralischen Grundsätzen. Chardin verhalf der Stillebenmalerei, jenem typisch bürgerlichen, von den Akademien geringgeschätzten Genre, zu neuem Ansehen. Auch seine lebensnahen Bildnisse setzten sich, nicht zuletzt durch die schlichte Farbigkeit, über die höfischen Konventionen hinweg.
Bei anderen Malern dieser Übergangsperiode sind die Grenzen zwischen Altem und Neuem schwerer zu ziehen; Fortschrittliches zeigte sich bisweilen im alten Gewand und umgekehrt. Das galt besonders für die Gemälde Jean-Baptiste Greuzes (1725–1805), der seine Themen den bürgerlichen Schauspielen Diderots entnahm. Von den Zeitgenossen als Zeugnisse bürgerlicher Moral gefeiert, waren sie in ihrer Form- und Farbgebung, ihrer bühnenhaften Pathetik und kokettierenden Zurschaustellung jedoch noch dem galanten Rokoko verhaftet, weshalb die Tugend der Jungfrauen und die Ehrbarkeit der Familienväter sentimental und unglaubwürdig wirken.

419

420

**417** Gerard Terborch.
Das Konzert. Um 1675. Berlin (West), Staatliche Museen
**418** Jan Vermeer van Delft.
Junge Dame mit Perlenhalsband.
Um 1660–1665.
Berlin (West), Staatliche Museen
**419** Jan van Huysum. Blumenstrauß vor einer Steinnische.
Um 1720. Ehem. Berlin,
Staatliche Museen (Kriegsverlust)
**420** Jan Weenix. Jagdstilleben.
1697. Leipzig, Museum der bildenden Künste

421 

 422

Im 18. Jahrhundert wurde England, der politische und wirtschaftliche Konkurrent Frankreichs, auch auf kulturellem Gebiet dessen Gegenspieler. Nachdem die englische Malerei zuvor kaum mehr als nationale Varianten der auf dem Kontinent herrschenden Stile entwickelt hatte, bildete sich im Zeitalter der Aufklärung eine eigenständige englische Kunst heraus, die auch über die Grenzen des Landes ausstrahlte. Zwar blieb die Bildnisauffassung des Flamen Anthonis van Dyck (1599–1641), der im Jahre 1632 nach London ging und zum Maler der englischen Aristokratie wurde, auch noch im 18. Jahrhundert für die Porträtmalerei vorbildlich. Doch begann jetzt die Landschaft, die in der akademischen Kunst zur Kulisse geworden war, eine wichtige Rolle zu spielen – nicht zufällig wurde in England der Landschaftsgarten ausgebildet, der die schnurgeraden Alleen und geometrisch gestutzten Bäume der Barockgärten durch malerische Baumgruppen auf weiten Wiesenflächen ersetzte. Dieser Landschaftsgarten bildete den Hintergrund für die Porträts von Thomas Gainsborough (1727 bis 1788) und Joshua Reynolds (1723–1792), die an ihren Modellen neben der aristokratischen Noblesse auch die geistige Persönlichkeit hervorhoben, wodurch diese trotz ihrer zurückhaltenden Eleganz auf die Zeitgenossen schlichter und natürlicher und im bürgerlichen Sinn auch moralischer wirkten als die frivolen Schäfer und Schäferinnen der französischen Hofkunst.

Unmittelbarer und fordernder wurden die Ideen der bürgerlichen Emanzipation wiederum in der Graphik ausgesprochen. Ähnlich wie im 16. entwickelte sie auch im 17. Jahrhundert einen in der Malerei kaum gekannten Realismus. In Frankreich vervollkommnete Jacques Callot (1592–1635) die Radierung als selbständige künstlerische

 423

**421** Jean-Baptiste Siméon Chardin. Die Rübenputzerin. Um 1735. München, Bayerische Staatsgemäldesammlungen
**422** Thomas Gainsborough. Der Morgenspaziergang. 1785. London, Nationalgalerie
**423** Jean-Baptiste Greuze. Der väterliche Fluch (Ausschnitt). 1765. Paris, Louvre

424

425

Technik. Seine Charakterisierungskunst steigerte sich bei den Gestalten aus der Commedia dell'Arte oft bis zur Groteske. Mit den Zyklen »Die Schrecken des Krieges« wurde er zum unbestechlichen Berichterstatter des Dreißigjährigen Krieges. Rembrandt knüpfte in seinen frühen Radierungen von Bettlern und niederem Volk an die Kunst Callots an. Mit Rembrandts Blättern erreichte die Radiertechnik ihren Höhepunkt. In der Druckgraphik, die auch in der Kraft des Gefühls seinen Gemälden gleichzustellen ist, fand die demokratische Gesinnung Rembrandts ihren deutlichsten Ausdruck.

Im 18. Jahrhundert entstanden die progressivsten Werke der Graphik in England. Hier schuf William Hogarth (1697–1764) in Gemäldefolgen und graphischen Zyklen gesellschaftskritische Werke, mit denen er die moralische Verkommenheit der höheren Stände schonungslos und drastisch anprangerte und zu einem Wegbereiter der modernen Karikatur wurde.

Auch im Kunsthandwerk gab es im 17. und 18. Jahrhundert eine spezifisch bürgerliche Entwicklung. Zwar orientierte sich das bürgerliche Kunsthandwerk stilistisch an der höfischen Kunst, doch waren nicht nur seine Materialien, sondern auch seine Formen schlichter. Es entwickelte eine volkstümliche Ornamentik, die zum Teil aus der Volkskunst hervorging. Die Zinn- und Kupfergießerei erlebte eine Blütezeit. Verfahren zur Verfeinerung von Kristall- (Böhmen) und Bleiglas (England) sowie für Schliff und Schnitt wurden entwickelt. Die Steinzeugtöpferei wurde von der Fayencefabrikation abgelöst. Seit 1650 war Delft Zentrum für die Produktion von Fayencegeschirr und -fliesen, die oft mit den aus der Malerei bekannten typisch holländischen Motiven bemalt sind und erst hundert Jahre später von dem billigeren englischen Steingut vom Markt verdrängt wurden. Der Reich-

426

**424** Jacques Callot. Hinrichtung unter der Eiche. Radierung aus der Folge »Die Großen Schrecken des Krieges«. 1633
**425** Rembrandt. Christus lehrend. Radierung. Um 1656
**426** Rembrandt. Der Rattengiftverkäufer. 1632; und Bettler an der Haustür. 1648. Radierungen

tum an Hausrat war in Holland zugleich Ausweis der sozialen Stellung seines Besitzers; Hausrat wurde daher oft über den praktischen Bedarf hinaus gesammelt. Zusammen mit den verlockenden Gaumenfreuden und farbenprächtigen Blumensträußen lieferte er die Vorlagen für die vielen Stilleben dieser Zeit.

Die politische Rechtlosigkeit des Bürgertums in den Ländern des Absolutismus wurde in der Mode besonders sichtbar. Da die höfischen Moden mit ihren Korsetts, Reifröcken und Schleppen für den Bürger völlig ungeeignet waren und ihm zudem wie im Mittelalter Kleiderordnungen bis ins Detail hinein vorschrieben, was er zu tragen hatte, war die bürgerliche Kleidung in diesen Ländern kaum mehr als eine Standestracht. In den Jahrzehnten des Dreißigjährigen Krieges konnten aber die Trachten des holländischen Bürgertums eine gewisse internationale Bedeutung gewinnen. Seit Ludwig XIV. bestimmte wieder ausschließlich der französische Hof die Mode. Allerdings setzte auch in der Mode bereits im Verlauf des 18. Jahrhunderts die bürgerliche Emanzipation ein, in der wiederum England voranging. Von hier kamen der Tuchfrack und die ersten antikisierenden Gewänder, die in den Jahren der Französischen Revolution die Entwicklung der bürgerlichen Mode bestimmen und endgültig die höfischen Seidenroben und Reifröcke verdrängen sollten.

427

428

429

**427** Jacques Callot.
Die Zigeuner auf dem Marsch. Radierung.
Um 1625

**428** William Hogarth. Am Morgen.
Kupferstich aus dem Zyklus
»Hochzeit nach der Mode«. 1745

**429** Delfter Fayence. Ende 17. Jh.
Berlin, Staatliche Museen, und Leipzig,
Museum des Kunsthandwerks

430

431

432

## *Das barocke Gesamtkunstwerk*

*Nicht nur Architektur, Plastik und Malerei, sondern auch die Landschaft war ein Teil der oft gewaltigen Kunstensembles, die Hof und Kirche im Zeitalter des Barocks errichteten. Bäume und Hecken wurden beschnitten und bildeten schnurgerade Alleen, der See wurde zum Bassin, der Bach zum Kanal – und alles lenkte Blick und Schritt auf ein Ziel hin: das Schloß des Fürsten. Sogar Felsen und Berge dienten dazu, die Größe der Schlösser und Kirchenbauten zu steigern und die absolute Macht der weltlichen und geistlichen Fürsten zu demonstrieren. Auch hier wurde die Grenze zwischen Natur und Architektur aufgehoben und die Landschaft gleichsam als Postament für die Gebäude benutzt. Ähnlich wie die Burgen des Mittelalters scheint das Klosterstift Melk aus den Felsen am Ufer der Donau emporzuwachsen.*

*Im 18. Jahrhundert, als die höfische Gesellschaft Lebensgenuß über Repräsentation stellte, wählten die Fürsten ihren Wohnsitz auch unter dem Gesichtspunkt, einen Ausblick über eine schöne Gegend zu haben, deren ästhetische Gestaltung sie oft mehr beschäftigte als die lästigen Staatsgeschäfte ihrer durch Kriege, Steuerlasten und höfische Verschwendung wirtschaftlich zerrütteten Länder. So entstanden jene Belvederes, Mon repos und Sans soucis, deren Namen schon zum Ausdruck bringen, daß sie ihre Entstehung dem Wunsch einer zu Ende gehenden Gesellschaft nach einem sorglosen »Lebensabend« verdankten.*

**430** Stift Melk an der Donau. 1702–1726 von Jacob Prandtauer

**431** Oberes Belvedere in Wien. 1721–1723 von Johann Lucas von Hildebrandt

**432** Schloß Sanssouci in Potsdam. 1745–1747 von Georg Wenzeslaus von Knobelsdorff

433

434

**433** Spiegelgalerie im Schloß Versailles. 1678–1680 von Jules Hardouin-Mansart, Dekorationen 1679–1684 von Charles Lebrun
**434** Marmorgalerie im Neuen Palais im Park von Sanssouci. 1717. Stuckarbeiten von J. B. Pedrozzi und K. J. Sartori (alter Zustand)
**435** Treppenhaus in Schloß Augustusburg in Brühl. 1744–1748 von Johann Balthasar Neumann

435

## *Französischer und deutscher Barock*

*Im Dienst kirchlicher und höfischer Repräsentation entstanden prunkvolle Innenräume in überwältigender Formen- und Farbenfülle. Verglichen mit dem deutschen Barock und seiner vor allem hier ausgeprägten Spätphase, dem Rokoko, zeigt die französische Kunst allerdings eine fast klassizistische Kühle. Selbst bei den Prunk- und Festräumen des »Sonnenkönigs« ist der reiche Schmuck durch klare Gliederung maßvoll gezügelt. Anders der pomphafte oder verspielte dekorative Überschwang der deutschen Barock- und Rokokoschlösser, in denen selbst die Treppe zur festlichen Bühne für das höfische Zeremoniell wurde. Wie kaum ein anderer Bauteil war das repräsentative Treppenhaus geeignet, im Zusammenklang mit seiner plastischen und malerischen Ausgestaltung die Erwartungen des Besuchers bis zum Betreten des Festsaals zu steigern.*

436

437

## *Die Venusdarstellungen in der Barockmalerei*

*Giorgiones schlummernde Venus hat im Zeitalter des Barocks ungezählte Nachfolgerinnen gefunden. Zwar bedurfte die Darstellung des unbekleideten Körpers noch der mythologischen oder historischen Hülle, doch vermag diese die Freude an Schönheit und Sinnengenuß nicht zu überdecken. Ein Vergleich der Aktdarstellungen läßt aber auch die Gegensätze zwischen der höfischen und der bürgerlichen Kunst dieser Epoche erkennen. In der höfischen Kunst gibt sich Frau Venus ebenso affektiert wie die Ge-*

**436** Giorgione.
Schlummernde Venus.
Um 1508–1510.
Dresden, Staatliche Kunstsammlungen
**437** Guido Reni.
Venus und Amor. Um 1630.
Dresden, Staatliche Kunstsammlungen
**438** Rembrandt.
Danae. 1636
(1646/47 überarbeitet).
Leningrad, Ermitage
**439** François Boucher.
Ruhendes Mädchen.
Um 1751.
München, Bayerische Staatsgemäldesammlungen

438

439

*sellschaft, für die sie gemalt wurde. Liebevoll und intim hat dagegen Rembrandt in der »Danae« seine Frau Saskia dargestellt. Ihre zärtliche Geste drückt eine Innerlichkeit aus, die dem Künstler wichtiger war als die äußerliche Schönheit des in einer unvorteilhaften Stellung realistisch wiedergegebenen Körpers.*

*Im höfischen Rokoko wird Grazie oft zur Pikanterie und schließlich zur peinlichen Schlüsselloch-Erotik. Die Frauen Bouchers wollen allerdings auch keine Göttinnen mehr darstellen. Aus der schlummernd entrückten Venus ist ein Dämchen geworden, das seine Reize im eleganten Boudoir zur Schau stellt.*

440

441

**440** Adam Elsheimer (?). Die Nymphe. Um 1600–1610. Berlin, Staatliche Museen

**441** Claude Lorrain. Italienische Küstenlandschaft im Morgenlicht. 1642. Berlin (West), Staatliche Museen

**442** Jan van Goyen. Ansicht der Stadt Nijmwegen. 1649. Berlin (West), Staatliche Museen

**443** Thomas Gainsborough. Das Ehepaar Andrews. Um 1748. London, Nationalgalerie

## *Die Entwicklung der Landschaftsmalerei im 17. und 18. Jahrhundert*

*Als in den absolutistischen Ländern alle Gattungen der Kunst in den Dienst höfischer und kirchlicher Repräsentation genommen wurden, bot die Landschaftsmalerei Künstlern, die im Gegensatz zu ihrer Zeit und Gesellschaft standen, ein Refugium, in dem sie ihre Ideale zum Ausdruck bringen konnten. Adam Elsheimer wurde mit seinen von Licht und Atmosphäre erfüllten, in der barocken Diagonalkomposition aufgebauten Landschaftsräumen zum Begründer der klassischen Ideallandschaft. Der Franzose Claude Lorrain, der sich wie der Deutsche Elsheimer in Rom den Verpflichtungen der absolutistischen Staatskunst entzog, schuf weiträumige, stimmungsvolle Landschaftsbilder mit Tempeln, Palästen und Staffagefiguren aus der antiken Mythologie, die die Sehnsucht des Malers nach einem verlorenen »Goldenen Zeitalter« spiegeln.*

*Die holländische Landschaftsmalerei des 17. Jahrhunderts wurde formal von Elsheimer und Claude beeinflußt, fußte aber auch auf der bis in das 15. Jahrhundert zurückreichenden nationalen Tradition des frühbürgerlichen Realismus.*

442

443

*Sie zeigte nicht die Traumwelt südlicher Gestade, sondern poetisierte die an Reizen vergleichsweise arme Küstenlandschaft, die mit ihren Windmühlen, Kanälen, Häfen, Dörfern und Städten von Handel und Gewerbe ihrer Bewohner zeugte.*

*Im Verlauf des 18. Jahrhunderts gewann in der englischen Malerei die Landschaft an Bedeutung. Die heimatliche Umgebung wurde zunächst in die Bildniskunst einbezogen, wo sie Jean-Jacques Rousseaus Ideale von einem naturverbundenen Leben mit dem Besitzerstolz des englischen Landadels verband, bis sie sich von ihrer Bindung an das Porträt befreite und zu Beginn des 19. Jahrhunderts zu einem neuen Ausgangspunkt des bürgerlichen Realismus wurde.*

# Kunst zwischen Revolution und Restauration

1789 Erstürmung der Bastille – Beginn der Großen Französischen Revolution. 1792 Ausrufung der Republik. 1794 Sturz der Jakobinerherrschaft. 1795–1799 Direktorium. 1804 Kaiserkrönung Napoleons. Konstruktion der ersten Dampflokomotive in England. 1806 Schlacht bei Jena und Auerstedt. Kontinentalsperre Napoleons gegen England. 1807 Beginn der preußischen Reformen. Erstes Dampfschiff in den USA gebaut. 1808–1814 Spanischer Unabhängigkeitskrieg gegen die napoleonische Fremdherrschaft. 1811–1813 Höhepunkt der Maschinenstürmerei in England. 1812 Niederlage Napoleons in Rußland. 1813 Völkerschlacht bei Leipzig. 1814 Frankreich wird konstitutionelle Monarchie. 1814–1815 Wiener Kongreß. Gründung des Deutschen Bundes. 1815 Endgültige Niederlage Napoleons bei Waterloo. Gründung der Heiligen Allianz. 1817 Wartburgfest der deutschen Studenten. 1819 Karlsbader Beschlüsse. 1820–1823 Zweite bürgerliche Revolution in Spanien. 1821–1829 Griechischer Befreiungskrieg. 1825 Dekabristenaufstand in Rußland. 1830 Julirevolution in Paris. Revolutionäre Erhebungen in Polen, Belgien und Deutschland. 1831 Seidenweberaufstand in Lyon. 1832 Hambacher Fest. 1834 Armengesetzgebung in England löst Chartistenbewegung aus. Gründung des Deutschen Zollvereins. 1836 Bund der Gerechten in Paris gegründet. 1840 Gründung des deutschen Arbeiterbildungsvereins. 1844 Aufstand der schlesischen Weber. 1837 Morses Telegrafenapparat. Erste Daguerreotypien. 1847 Bund der Kommunisten in London gegründet. 1848 Pariser Februarrevolution – Errichtung der Republik. 1848–1849 Bürgerlich-demokratische Revolution in Deutschland.

Als die Große Französische Revolution im Kernland des Absolutismus die Privilegien von Adel und Kirche beseitigte, die Ideale von Freiheit, Gleichheit und Brüderlichkeit verkündete, die Leibeigenschaft und die Zunftschranken aufhob, erwuchsen auch der Kunst völlig neue Aufgaben. Sie gab ihre bisherigen gesellschaftskritischen Positionen auf und suchte neue Inhalte und Ausdrucksformen, die die bürgerliche Ordnung manifestieren sollten. Ihre Vorbilder fand sie – ähnlich wie zur Zeit der Renaissance – in der Antike, womit sie die klassizistischen Traditionen der französischen Kunst auf ihren demokratischen Ursprung zurückführte. Die Welt der Antike wurde nicht mehr lediglich als Quelle der Mythologie und Allegorie gesehen, sondern als Heimat demokratischer und republikanischer Bürger, die Freiheit und Vaterland höher stellten als ihr Leben.

Der Verlauf der Revolution zeigte aber schon bald, daß die demokratischen Ideale von der bürgerlichen Gesellschaft nicht zu verwirklichen waren und die künstlerischen Vorbilder nicht mit der Realität übereinstimmten. Als die Großbourgeoisie die Macht an sich riß und ihr Günstling Napoleon sich durch einen Staatsstreich vom Konsul zum Kaiser erhob, den ursprünglichen Verteidigungskampf zum Expansionskrieg ausweitete und große Teile Europas unterjochte, wählte die französische Kunst nicht mehr die griechische Polis und die römische Republik, sondern die römische Kaiserzeit zum Vorbild: Dem Klassizismus folgte das Empire als neuer »Reichsstil«, in dem die antiken Vorbilder zu leerem Pathos und zur lebensfremden Ideenkunst erstarrten.

Der Klassizismus verbreitete sich mit den Ideen der Französischen Revolution über ganz Europa und drang sogar bis nach Amerika vor, wo er zum bevorzugten Stil der jungen unabhängigen Vereinigten Staaten wurde. In den Ländern, in denen der Feudalabsolutismus nicht gestürzt wurde, übernahm der Klassizismus vor allem ästhetische Funktionen. In Deutschland, wo er durch die Schriften Winckelmanns vorbereitet wurde, stand nicht die Erziehung des Menschen zum »citoyen« (Staatsbürger), sondern zum geistig und sittlich hochstehenden Individuum im Zentrum dieser Bewegung. Sie erlebte hier in der literarischen Klassik und in der Musik ihren künstlerischen Höhepunkt, während die bildende Kunst keine vergleichbaren Leistungen hervorbrachte.

Daneben setzte schon früh die Bewegung der Romantik als eine Gegenströmung zum Klassizismus ein: Da sich die Ro-

**444** Etienne-Louis Boullée. Entwurf für ein Grabmal Newtons. 1784

mantik zu nationalen künstlerischen Traditionen bekannte, konnte sie in den gegen die napoleonische Fremdherrschaft kämpfenden Ländern zu einem patriotischen Anliegen breiter Schichten werden. Der idealen Welt der Antike hielt sie die Schönheit der heimatlichen Umwelt und der antiken Kunst die eigene künstlerische Vergangenheit entgegen, das klassizistische Pathos wurde durch die Kraft der Phantasie und die Tiefe des Gefühlslebens ersetzt. Die idealistisch verklärte Rückwendung zum feudalistischen Mittelalter kam allerdings auch den Bestrebungen der »Heiligen Allianz« entgegen, die nach dem Sturz Napoleons das Rad der Geschichte zurückdrehen wollte und das reaktionäre Geschichtsbild der Romantik in ihren Dienst stellte.
Als das Bürgertum in der Restaurationszeit zu politischer Passivität verurteilt war, verlor es nicht nur seine revolutionären Ideale, sondern sogar den romantischen Flug der Phantasie. Kleinbürgerliche Tugenden traten nun im Leben wie in der Kunst an ihre Stelle. Aus der Romantik und dem Biedermeier – in Frankreich »juste milieu« (rechte Mitte) genannt – gingen aber auch Künstler hervor, die ihre realistische Weltsicht bewahrten und unter dem Eindruck der Revolutionen von 1830 und 1848 mit ihren Werken der etablierten Reaktion wieder offen den Kampf ansagten. Vor allem die großen französischen Romantiker setzten sich, für den Fortschritt Partei ergreifend, mit den politischen Ereignissen ihrer Zeit auseinander.

445

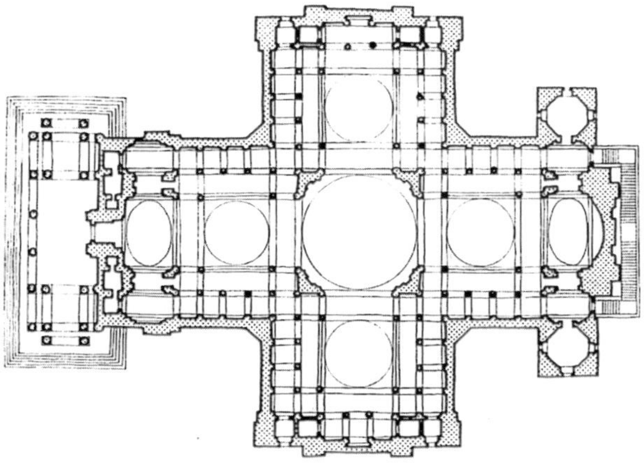

446

445, 446 Panthéon in Paris. 1764–1790 von Jacques-Germain Soufflot. Außenansicht und Grundriß

## Die Kunst der Französischen Revolution und der Napoleonischen Ära (Klassizismus und Empire)

Da die Revolutionszeit dem Entstehen von Kunstwerken ungünstig war, gibt es vor allem in der Architektur nur wenige Beispiele aus diesen Jahren. Das Pariser Panthéon, das 1790 vollendet und zum »Tempel der Nation« erklärt wurde, in dem man – wie seit der Renaissance im Pantheon von Rom – die bedeutendsten Männer beisetzte, war bereits 1764 als Kirche der Schutzpatronin der Stadt, Ste.-Geneviève, begonnen worden. Die meisten anderen klassizistischen Bauten entstanden bereits im Zeichen der Gegenrevolution, im Directoire und Empire. – Von großer Bedeutung war die Entdeckung der dorischen Tempel von Paestum, die – nachdem man zuvor fast ausschließlich die Kunstwerke aus dem Hellenismus und der römischen Kaiserzeit beachtet hatte – die frühe, demokratische Periode griechischer Kunst ins Blickfeld rückte. Außerdem fehlte es nicht an revolutionären Ideen und Entwürfen, die die neuen sozialen und demokratischen Gedanken in der Architektur zu verwirklichen suchten. Claude-Nicolas Ledoux (1736–1806) schuf einen Plan für eine Idealstadt, der vom Geist der Aufklärung getragen ist und in der Salinenstadt Chaux nur in Teilen realisiert wurde. Revolutionierend waren auch seine Gestaltungsformen. Er vereinfachte die von der Antike entlehnten Bauelemente auf ihre archaischen Grundformen und gelangte in seinen kühnsten Entwürfen zu rein kubischen Baukörpern: zu Würfel, Kegel und Kugel. Auch Etienne-Louis Boullée (1728–1799) beschränkte sich bei dem Entwurf eines für den Mathematiker und Physiker Newton bestimmten Kenotaphs auf die Kugelform, die das Universum verbildlichen sollte. Die Pläne dieser »Revolutionsarchitekten«, die bereits weit über den Klassizismus hinausgingen und viele Ideen des modernen Bauens vorwegnahmen, waren allerdings zu kühn, aber auch zu utopisch, um – zumal mit den damaligen technischen Mitteln – verwirklicht werden zu können.

In der Napoleonischen Ära erwiesen sie sich auch als wenig geeignet, das Repräsentationsbedürfnis des Kaisers zu befriedigen. Da er sich den römischen Imperatoren gleichstellte, wählte er die Kunst der römischen Kaiserzeit zum Leitbild. Ein typisches Beispiel dafür ist der Arc de Triomphe, der nach dem Vorbild römischer Triumphbogen errichtet wurde und mit seinen gewaltigen Abmessungen, die die antiken Bauwerke weit übertreffen, von der Place de l'Etoile aus das Stadtbild von Paris weithin beherrscht. Seine einfachen stereometrischen Formen erinnern zwar an die Bauten der Revolutionsarchitekten, die mit dem Bauwerk verbundene Wiederbelebung des Cäsarenkults steht jedoch im Widerspruch zu deren demokratischen Idealen.

Am klarsten konnte sich der Empirestil in der Innenarchitektur entfalten, die

447 

448 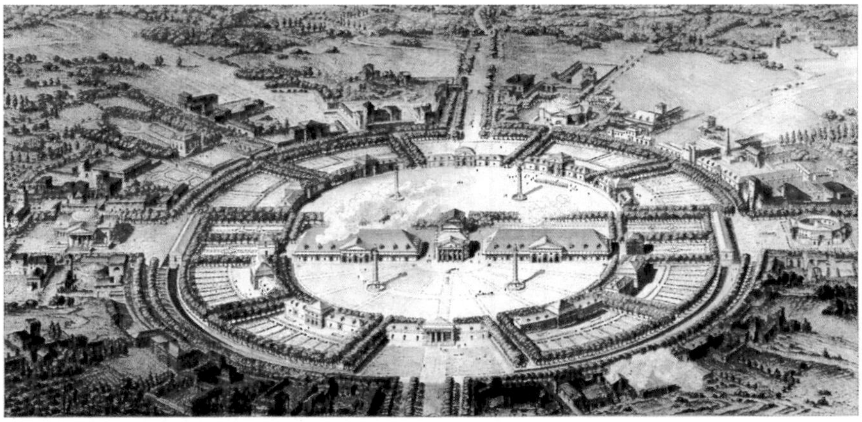

**447** Torwachthaus de la Villette in Paris 1784–1789 von Claude-Nicolas Ledoux

**448** Claude-Nicolas Ledoux. Entwurf für die Salinenstadt Chaux. 1773

sich neuen Stileinflüssen schneller anzupassen vermag. Auch hier hielten einfachere Formen Einzug, die jedoch eine unbürgerliche Monumentalität annahmen. Wichtige Anregungen kamen von der ägyptischen Kunst, die im Zusammenhang mit dem Ägyptenfeldzug Napoleons wiederentdeckt wurde und vor allem den Möbelstil der Zeit prägte. Wie beim Kultbau waren alle Teile des Raums auf ein Zentrum bezogen – auf den Arbeitstisch oder auf die Ruhestätte, die einem Altar mit Baldachin glich. Das Dekor wurde sparsam, dafür aber um so repräsentativer verwandt, zumal neue, dem römischen Kaiserkult entlehnte Motive wie der Adler und römische Trophäen und Embleme seine personenkulthaften Funktionen unterstrichen.

Der Klassizismus löste in allen europäischen Ländern die verspielten Rokokoformen ab. Besondere Bedeutung erlangte er für Rußland, das nach seinem Sieg über die Heere Napoleons einen nationalen Aufschwung erlebte. Nicht nur die Hauptstadt Petersburg wurde durch klassizistische Bauten erweitert, sondern auch neue kleinere Städte entstanden in diesem Stil. Da der Klassizismus in Rußland jedoch staatlicher und herrscherlicher Repräsentation diente, wurde er nicht nur für städtische Bauten, sondern auch für absolutistische Kolossalbauten eingesetzt, wie das Generalstabsgebäude von Petersburg mit seinem gewaltigen Triumphbogenmotiv.

Neben dem Klassizismus fand sogar die Revolutionsarchitektur außerhalb Frankreichs vereinzelte Nachfolger. Friedrich Gilly (1772–1800) entwarf für Berlin ein Nationaltheater, das sich aus einfachen kubischen Formen baukastenartig zusammensetzt. Von dem antiken Formenapparat ist nur der in der strengen dorischen Ordnung gehaltene Portikus geblieben. Das Innere war nach dem Vorbild der Amphitheater halbkreisförmig und ohne Ränge geplant. Dieser über seine Zeit hinausweisende Entwurf, bei dem es keine »Rangunterschiede« mehr geben und bei dem die Außenarchitektur die Funktion dieser Anlage – Bühne und Zuschauerraum zu sein – nicht mehr hinter einer dekorativen Fassade verbergen sollte, ist sicher nicht nur wegen des frühen Tods seines Architekten nie zur Ausführung gelangt.

Auch Gillys Schüler Karl Friedrich Schinkel (1781–1841) sah in der »Zweckmäßigkeit das Grundprinzip allen Bauens« und paßte Grund- und Aufriß den Funktionen seiner Bauten an. Nicht mehr der höfischen Repräsentation, sondern der Allgemeinheit dienten die von Schinkel errichteten

449

450

**449** Arc de Triomphe in Paris. 1806–1837 von Jean-François Chalgrin

**450** Schlafzimmer der Kaiserin Josephine im Schloß Malmaison bei Paris. 1806 von Charles Percier und Pierre-François Fontaine

451

452

453

kulturellen Gebäude Berlins wie das Schauspielhaus, das Alte Museum und die Bauakademie. Wie bei Gillys Nationaltheater ist bei Schinkels Neuer Wache der eigentliche Baukörper nur ein einfacher Kubus; der Portikus erscheint wie ein letztes Zugeständnis an den Bildungsklassizismus. Bei dem Entwurf eines Warenhauses verzichtete Schinkel völlig auf solche antiken Reminiszenzen: Die Fassade ist lediglich durch die zweckbedingt großen Fenster gegliedert. Allerdings war auch dieser Entwurf zu »modern«, um verwirklicht werden zu können.

Für die deutsche Architektur spielte außerdem die Neogotik eine besonders wichtige Rolle. Vor allem als Deutschland ein Opfer der napoleonischen Expansion wurde, erblickte man in den Bauwerken des Mittelalters die Zeugen kultureller Selbständigkeit und nationaler Tradition. Es war daher kein Widerspruch, wenn in engster Nachbarschaft zu klassizistischen Bauten neogotische Gebäude entstanden und ein Architekt wie Karl Friedrich Schinkel – zumal für Kirchen – neben klassizistischen auch neogotische Alternativentwürfe zur Auswahl lieferte.

Während die Revolutionsarchitekten ihre Ideen kaum verwirklichen konnten, schritt die technische Revolution in der Architektur unaufhaltsam voran. Bereits 1747 war in Paris die erste Ingenieurschule Europas gegründet und damit jene Trennung des Bauingenieurs vom Baumeister eingeleitet worden, die noch bis in unser Jahrhundert hinein die Zweigleisigkeit der Architekturentwicklung bestimmen sollte. Während auch die kühnsten Architekten der Revolutionszeit noch die traditionellen

**451** Neue Wache in Berlin. 1816–1818 von Karl Friedrich Schinkel
**452** Schauspielhaus in Berlin. 1818–1821 von Karl Friedrich Schinkel
**453** Friedrich Gilly. Entwurf für ein Nationaltheater in Berlin. 1798

Baumaterialien und Konstruktionsverfahren anwandten und die »Kunst«, also den Stil, als ihr wichtigstes Anliegen betrachteten, setzten Bauingenieure schon im 18. Jahrhundert neue Baustoffe und Konstruktionsverfahren ein und erhoben die Statik zur zentralen Aufgabe ihrer Arbeit. Die industrielle Revolution stellte ganz neue Aufgaben an die Architektur. Dazu gehörten nicht nur die Industriebauten, Brücken, Kanäle und Hafenanlagen, sondern auch Markthallen und Warenhäuser, die der Massenkonsum in den schnell wachsenden Großstädten erforderte. Diese umfangreichen Aufgaben konnten nur mit Hilfe moderner Materialien und Konstruktionsverfahren gelöst werden. Da man zuerst Guß- und Schmiedeeisen industriell herstellte, stand am Anfang der modernen Architektur die Eisenkonstruktion und damit der Gerüst- und Skelettbau. Obgleich man schon zu Beginn des 19. Jahrhunderts bei Eisenkonstruktionen Spannweiten bis zu 40 Metern erreichte, wurden sie noch lange fast ausschließlich für reine Industriebauten wie Fabrikanlagen angewandt. Ihren ersten Sieg über die traditionelle Massivbauweise errang die Eisenkonstruktion beim Brückenbau, während sie sich in der Architektur sehr langsam und anfangs nur bei Dachkonstruktionen durchsetzen konnte.

So wird schon in dieser Zeit jener Dualismus deutlich, der im weiteren Verlauf des 19. Jahrhunderts die Architektur in zwei Richtungen spalten sollte: Während sich die offizielle Richtung auf die Traditionen berief und immer stärker in die Stilimitation verfiel, setzte sich allen Konventionen und Widerständen zum Trotz eine realistischere Auffassung

454

455

456

454 Gußeiserne Brücke über den Severn bei Brosely (England). 1773–1779 von John Wilkinson und Abraham Darby

455 Baumwollfabriken in Manchester. 1829. Zeitgenössischer Stahlstich

456 Generalstabsgebäude in Leningrad. 1819–1823 von Carlo I. Rossi

457

458

durch, die den mit der Industrialisierung verbundenen technischen und künstlerischen Problemen, aber auch den sozialen Fragen, nicht auswich.

Auch in der Plastik wurden die Widersprüche zwischen Ideal und Wirklichkeit bereits im Klassizismus sichtbar. Schon die Kunst der Antike demonstrierte ja ein Ideal, von dem die damalige Realität oft weit genug entfernt war. Erst recht mußte dies auf den die antike Klassik rezipierenden Klassizismus zutreffen. Da der auf seine Leistungen und Erfolge stolze Bürger im Bildnis nicht wie der Grieche einen allgemeingültigen Typus, sondern die Bestätigung seiner individuellen Persönlichkeit suchte, konnte der Klassizismus der bürgerlichen Porträtkunst ohnehin kaum neue Impulse geben. Eine Ausnahme bildete das Reliefmedaillon, das der Vorliebe für eine strenge, linear betonte Gestaltung entgegenkam. Die bedeutendsten klassizistischen Bildwerke waren Grab- und Denkmäler, bei denen nicht die Individualität, sondern eine allgemeine Vorstellung vom Heroischen und Erhabenen gefragt war. Dort aber, wo Künstler die Wirklichkeit ihrer Zeit negierten, wurde die antike Nacktheit zur ungewollten Entblößung und die klassische Haltung zur reinen Pose. In Deutschland, wo der Klassizismus vor allem eine Sache der humanistischen Bildung und der »schönen Seelen« war, kam die intimere Denk- und Sehweise der Porträtkunst eines Johann Gottfried Schadow (1764–1850) zugute, dessen Hang zum Gefühlvollen und Elegischen jedoch auch auf den Einfluß der Romantik zurückging.

Am unmittelbarsten fanden die Ideen der Französischen Revolution ihren Ausdruck in der Malerei. Der führende Meister des Revolutionsklassizismus war Jacques-Louis David (1748–1825). Er sah als erster Maler die antike Klassik nicht nur als Gegenpol zum französischen Rokoko, sondern verband die Rückbesinnung mit den politischen Bewegungen seiner Gegenwart, indem er die Gestalten der antiken Geschichte als Kämpfer für die republikanischen Freiheiten interpretierte. Sein »Schwur der Horatier«, der bereits 1784 entstand, entflammte die unterdrückten Gefühle seiner Zeitgenossen und begeisterte sie in einem heute kaum mehr vorstellbaren Maße. Revolutionär war nicht nur der Inhalt des Gemäldes, sondern auch seine auf das Wesentliche konzentrierte Komposition, die die Figuren symmetrisch und reliefartig auf dem Malgrund ausbreitete, seine zeichnerische und plakative Deutlichkeit und nicht zuletzt das aktive Pathos, das dieses Werk nicht

459

**457** Antonio Canova. Hebe. 1796. Berlin, Staatliche Museen
**458** Johann Gottfried Schadow. Prinzessinnengruppe. 1797. Berlin, Staatliche Museen
**459** Antonio Canova. Paolina Bonaparte als Venus. 1807. Rom, Villa Borghese

460
461

nur von der Boudoirkunst des Rokokos, sondern auch von den theatralisch-sentimentalen Rührstücken der vorrevolutionären bürgerlichen Kunst unterschied.
David war ein begeisterter Anhänger der Revolution und hatte als Konventsmitglied großen Einfluß auf die Kunstentwicklung. Während der Revolutionsjahre, als der Maler seine Helden in der Gegenwart fand, gelang es ihm bei seiner Darstellung des ermordeten Marat, die Einfachheit und Monumentalität antiker Formen in eine zeitgemäße Sprache zu übersetzen und damit das erste moderne Ereignisbild zu schaffen. Nach dem Sturz der Jakobinerherrschaft war David zweimal inhaftiert. Sein Glaube an die Größe der menschlichen Persönlichkeit ließ ihn aber bald zum Bewunderer Napoleons werden, der ihm wie den meisten seiner Zeitgenossen als Retter des Vaterlands und als Verkörperung antiken Heroentums erscheinen mußte. Im Jahre 1806 übernahm David, der ehedem die großen revolutionären Volksfeste ausgestaltet hatte, die Leitung der Krönungsfeierlichkeiten. Im Dienst des Imperators erstarrte seine Kunst aber in akademischen Regeln, die an der von Napoleon wiedereröffneten und von David geleiteten Akademie zum Kanon erhoben wurden. Während David jedoch nach Wiedererrichtung der Bourbonenherrschaft nach Belgien ins Exil ging, paßte sich sein Schüler Jean-Auguste-Dominique Ingres (1780 bis 1867) den Bedingungen der Restaurationsperiode an. Ingres wurde mit seinen religiösen und Historienbildern zum Schulhaupt des Spätklassizismus, der im Kampf gegen Romantik und Realismus reaktionäre Ideologien konservierte und allenfalls noch in der Porträtkunst eine Beziehung zur Wirklichkeit zu bewahren vermochte.
Auch in der Malerei hielt der Klassizismus seinen Siegeszug durch Europa, doch war außerhalb Frankreichs wenig von seinem revolutionären Geist zu spüren. Die deutschen Künstler betonten mehr die menschlich-intimen Seiten oder begnügten sich mit der formal-ästhetisierenden Nachahmung der antiken Kunst, deren Studium zum Reiseprogramm der jungen Bildungsbürger- und Aristokratengeneration gehörte. Bildungsbedürfnis und den Wunsch nach Reiseerinnerung befriedigten auch die beliebten Landschaftsveduten aus Italien. Dieser Klassizismus fand schon früh Eingang an den Höfen.

462
463

**460** Jacques-Louis David.
Schwur der Horatier. 1784. Paris, Louvre
**461** Louis Léopold Boilly. Fahnenträger. 1792.
Paris, Museum Carnavalet
**462** Jacques-Louis David (?).
Die Gemüsehändlerin. 1795.
Lyon, Museum der Schönen Künste
**463** Jean-Auguste-Dominique Ingres.
Bildnis der Comtesse de Tournon. 1812.
Philadelphia, Privatsammlung

464

466

465

Nur dem spanischen Maler Francisco de Goya (1746–1828) gelang es, antike in zeitgemäße Monumentalität zu übersetzen. Das Bild der »Erschießung der Madrider Aufständischen von 1808«, dessen Komposition wie eine Seitenverkehrung von Davids »Schwur der Horatier« erscheint, klagte aber nun jene Nation an, deren revolutionäre Erhebung noch wenige Jahre zuvor ein Fanal der Hoffnung für alle Völker Europas gewesen war. Seine Stellung als Hofmaler hinderte Goya nicht daran, in seinen Bildnissen der königlichen Familie Dummheit und Amoralität des bourbonischen Herrscherhauses zu demaskieren und offen mit dem Kampf seines Volkes gegen die bonapartistische Fremdherrschaft zu sympathisieren. In seiner graphischen Folge »Desastres de la Guerra« (Schrecken des Krieges) gibt es Blätter, die das Einzel-

**464** Francisco de Goya. Die Familie König Karls IV. 1800 bis 1801. Madrid, Prado
**465** Francisco de Goya. Erschießung der Madrider Aufständischen von 1808. 1814. Madrid, Prado
**466** Francisco de Goya. Wasserträgerin. Um 1808–1812. Budapest, Museum der Schönen Künste
**467** Francisco de Goya. Das Mädchen von Saragossa. Aquatintaradierung aus dem Zyklus »Schrecken des Krieges«. Um 1810–1815

46

schicksal zum allgemeingültigen Ausdruck seiner Zeit erheben. Goyas Werk ist allerdings im Gegensatz zu dem Davids nicht Agitation, sondern Bekenntnis, Ausdruck tiefer seelischer Erschütterung. Vor allem viele Spätwerke des Künstlers gleichen Alpträumen von einer Wirklichkeit, in der die Reaktion über den Fortschritt gesiegt hatte. Bilder wie die berühmte »Wasserträgerin« belegen jedoch, daß Goya in keiner Periode seines Schaffens die Verbindung zum Volk und zur Realität verlor.

Im Kunstgewerbe verdrängte der Klassizismus ebenfalls das Rokoko. Schon lange vor der Revolution hatte das antike Dekor die Rocaille abgelöst. Die bei den Ausgrabungen von Pompeji und Herculaneum zutage geförderten antiken Kunstwerke wurden in Stichen verbreitet, die den Kunsthandwerkern Anregungen vermittelten. Die Porzellanmanufakturen stellten sich sehr schnell auf die Antikenmode ein und fabrizierten »etruskische« Vasen und freie Nachahmungen antiker Statuen. Auch die Möbel erhielten einfache geometrische Formen, wobei man architektonische Elemente bevorzugte. Der von ägyptischer Kunst angeregte Empiredekor wurde auf die Grundformen schmuckstückartig aufgesetzt. Auf dem beliebten Mahagoniholz kamen vergoldete oder bronzene Metallbeschläge wirkungsvoll zur Geltung. Sie verrieten jene übertriebene Vorliebe für alles Glänzende und Prunkende, mit dem sich die neue Aristokratie den Schein der Tradition zu geben suchte. Dazu gehörten die riesigen Kristallüster ebenso wie die Brillanten, mit denen die Damen sich und ihre antikisierenden Gewänder übermäßig schmückten.

468

469

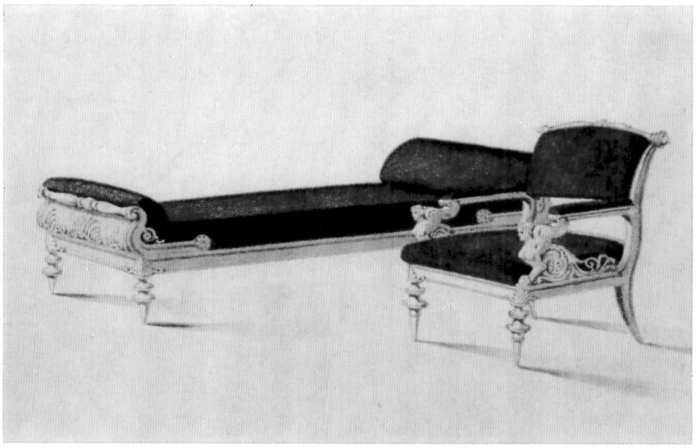

70

468 Johann Heinrich Wilhelm Tischbein. Goethe in Italien. 1786–1787. Frankfurt a. M., Städelsches Kunstinstitut und Städtische Galerie

469 Jakob Philipp Hackert. Ideale Landschaft mit Merkur und Paris. 1785. Leipzig, Museum der bildenden Künste

470 Karl Friedrich Schinkel. Möbelentwürfe für das Berliner Schloß. Feder, Aquarell. 1825. Berlin, Staatliche Museen

471

## Romantik, Biedermeier und Realismus

Nahezu gleichzeitig mit dem Klassizismus verbreitete sich in ganz Europa die Romantik, die ursprünglich ebenfalls auf die Befreiung des Menschen von den feudalabsolutistischen Fesseln gerichtet war. Sie wollte jedoch keine politisch-erzieherischen Funktionen übernehmen, sondern maß der Freiheit des Individuums gegenüber seiner gesellschaftlichen Gebundenheit und der schöpferischen Phantasie in Abwertung der akademischen Schulbildung neue Bedeutung zu. Während der Klassizismus seine Vorbilder in den antiken Sklavenhalterdemokratien fand, bewunderten die Romantiker die gotische Kunst des Mittelalters, die sie wiederentdeckten und um deren Bewahrung sie große Verdienste erwarben. Da dieser Rückgriff auf die Gotik in den von Napoleon unterjochten Ländern zu einer Besinnung auf die eigenen Traditionen führte und das Nationalbewußtsein stärkte, zeigte die Romantik in dieser frühen Phase progressive, ja kämpferische Züge.

Als die Fürsten als die eigentlichen Sieger aus den ihnen vom Volk aufgezwungenen Freiheitskämpfen hervorgingen und in der »Heiligen Allianz« ein Bündnis zur Unterdrückung aller demokratischen Regungen schlossen, geriet die Romantik aber ebenso wie der Klassizismus in die Bahnen reaktionärer Apologetik. Während Napoleon den Klassizismus zur Demonstration seiner imperialen Ansprüche einsetzte, nutzten die wiederbefestigten Monarchien die Romantik und ihre Verherrlichung der feudalistischen Gesellschaft des Mittelalters zur Legitimierung ihrer Existenz. Vor allem die Historienmalerei trat als staatsoffizielle Kunst in den Dienst der Reaktion. Andere Maler suchten in der Flucht in die Vergangenheit einen Ausweg aus den bürgerlich-kapitalistischen Verhältnissen, deren negative Auswirkungen sich bereits abzeichneten.

472

In dieser Zeit der härtesten Reaktion und geistigen Zensur blieben der private Lebensraum und die Landschaft die einzigen Enklaven, in die sich der Wirklichkeit verbundene Künstler zurückziehen konnten. In Deutschland ist die Hauptrichtung der Spätromantik mit dem Begriff »Biedermeier« belegt worden, der ursprünglich die Lebenshaltung des kleinen Mannes bezeichnete, der die gefährlich gewordene Politik mied und seine Erfüllung im engen Umkreis seiner täglichen Pflichten suchte. Indem man sich in die Einzelheiten vertiefte, wuchs jedoch im gesellschaftlichen wie im künstlerischen Bereich wieder die Erkenntnis ihrer Zusammenhänge. Während sich die meisten Maler mit der Schilderung ihrer alltäglichen Umwelt begnügten, schufen andere bereits im »Vormärz« realistische, dem gesellschaftlichen Fortschritt verbundene Werke.
In der Architektur führte die Rückbesinnung auf das Mittelalter zu einer Wiederbelebung der Gotik. In ihrer Frühphase, die weit in das 18. Jahrhundert zurückreicht, war die Neogotik – wie auch der Frühklassizismus – noch weitgehend ein aristokratischer Stil: Die ersten neugotischen Bauwerke entstanden in den englischen Parks, die sich an die Barockgärten der Adelsschlösser anschlossen. Doch bald sah man in der Gotik mehr als einen pittoresken Stil, geeignet, einer Landschaft interessante architektonische Blickpunkte zu verleihen oder wie die sogenannte Ruinenromantik Gedanken an die Vergänglichkeit allen Menschenwerks zu wecken. Das neue bürgerliche Nationalbewußtsein blickte jetzt auf die gewaltigen städtischen Kathedralen als auf die Zeugen einer großen kulturellen Vergangenheit. Schon 1773 schrieb Goethe einen Hymnus auf Erwin von Steinbach, den Erbauer des Straßbur-

473

**471** Karl Friedrich Schinkel. Mausoleum der Königin Luise von Preußen im Park von Schloß Charlottenburg in Berlin. 1810–1840; und neogotischer Alternativentwurf. Pinsel, aquarelliert. 1810. Berlin, Staatliche Museen

**472** Parlamentsgebäude in London. 1840–1868 von Charles Barry und A. W. N. Pugin

**473** Karl Friedrich Schinkel. Innenansicht der Friedrichwerderschen Kirche. Federzeichnung. 1828. Berlin, Staatliche Museen

474

475

ger Münsters. Vor allem zur Zeit der Befreiungskriege wurde die Gotik als Epoche nationaler Größe und Einheit geradezu zum nationalen deutschen Stil erhoben und bewußt dem französischen Klassizismus gegenübergestellt. 1814 entwarf Schinkel einen Freiheitsdom für Berlin, und im selben Jahr rief Joseph Görres zum Weiterbau des Kölner Doms auf. Die meßbaren, rationalen klassizistischen Formen wurden als kalt und leer empfunden und die gotische Architektur als eine natürlich gewachsene, letztlich im Volk wurzelnde Kunst verstanden, wobei man allerdings übersah, daß sie ihren Ursprung in Frankreich hatte und ein europäischer Stil gewesen war. Nach 1815, in der Restaurationszeit, änderte sich die Interpretation der Gotik abermals: Aus den Zeugen einer großen nationalen Kultur wurden die Zeugen einer gottesfürchtigen und herrschertreuen Epoche und damit Apologeten der restaurativen Ideen der eigenen Zeit.

Stilistisch zeigte die Neogotik noch lange Beziehungen zum Klassizismus. Viele Bauten waren breit gelagert und verwendeten auch das Maßwerk nur sparsam. Den Wettbewerb für das neue Londoner Parlamentsgebäude gewann der englische Klassizist Barry. Da man aber in Erinnerung an die nationale Vergangenheit ein Bauwerk im gotischen Stil wünschte, wurde ein hierauf spezialisierter französischer(!) Architekt hinzugezogen, der der Fassade und den Innenräumen mittelalterliche Dekorationsmotive hinzufügte. Erst seit der um 1830 einsetzenden kunstgeschichtlichen Erforschung der Gotik hielten sich die Architekten enger an die historischen Vorbilder. Dies war auch die Geburts-

47

**474** Erster Bau des Hoftheaters in Dresden. 1838–1841 von Gottfried Semper (1869 abgebrannt)

**475** Lesesaal der Ste.-Geneviève-Bibliothek in Paris. 1843 bis 1850 von Henri Labrouste

**476** Themse-Tunnel. 1824–1843 von Mark Isambart Brunel. Zeitgenössische aquarellierte Radierung

stunde der Denkmalpflege, die zahlreiche Kathedralen vor dem Verfall bewahrte, wenn auch die vorgenommenen Restaurierungen unseren heutigen Vorstellungen von Originaltreue kaum standhalten.
Mit der jüngeren Entwicklungsphase der Neogotik setzte die Reihe jener Stiladaptionen des 19. Jahrhunderts ein, die man insgesamt unter dem Begriff des Historismus faßt. Seit den vierziger Jahren wurde die Neogotik von einer Neorenaissance abgelöst, die sich erst in Frankreich als eine Nebenströmung des Empires herausgebildet hatte und sich zum Repräsentationsstil etablierter bürgerlicher Schichten entwickelte. Der bedeutendste Vertreter der Neurenaissance in Deutschland, Gottfried Semper (1803–1879), knüpfte an die humanistischen Traditionen der frühbürgerlichen Kunst und zugleich an die französischen Bauwerke der Neorenaissance an, in denen sich für ihn noch die demokratischen Ziele der Revolution von 1789 verkörperten. Semper forderte die Übereinstimmung von Konstruktion und Funktion, allerdings ohne die in der Ingenieurarchitektur bereits angewandte Eisenkonstruktion für Werke der Baukunst in Betracht zu ziehen. Diese blieb noch weiterhin auf Fabrikanlagen und andere Zweckbauten beschränkt, wo Guß- und Schmiedeeisen häufiger Verwendung fanden und bereits vorfabrizierte Teile eingesetzt wurden. Bei den wenigen Repräsentationsbauten, die mit Hilfe moderner Materialien und Konstruktionsverfahren errichtet wurden, glaubte man nicht auf historisierende Schmuckformen verzichten zu können und nutzte die Möglichkeit, dem Gußeisen jede beliebige Form zu geben. Die Pariser Ste.-Geneviève-Bibliothek, der erste öffentliche Bau, bei dem die Eisenkonstruktion im Innern bloßliegt und nur noch die Außenwände mit Mauerwerk verkleidet sind, entlehnte die architektonischen Schmuckformen der Renaissance.
Am konservativsten blieb die Bildhauerkunst. Die Zeit der Romantik und des Biedermeiers gab der Plastik wenig Impulse, und eine eigentliche Neogotik gab es hier nicht. Als François Rude (1784–1855) den Auftrag erhielt, den bis dahin unverzierten Sockel des Pariser Arc de Triomphe mit Reliefs zu schmücken, schilderte er den Auszug der Kriegsfreiwilligen von 1792 mit einem Pathos, wie es selbst das 17. Jahrhundert kaum gekannt hatte.
Die Gattung, die die tragenden Ideen der Zeit am deutlichsten zum Ausdruck brachte, war – wie in allen vorangegangenen bürgerlichen Kunstepochen – die Malerei. Hier trat auch der wachsende Gegensatz zwischen der offiziellen Kunst der vom Staat unterhaltenen Akademien und den oppositionellen Kräften am augenfälligsten hervor. Im 19. Jahrhundert wurde das Kunstwerk endgültig zur Ware, das heißt, daß die Maler überwiegend nicht mehr für einen bestimmten Auftraggeber, sondern für den freien Markt arbeiteten. Dadurch wurden einerseits die Voraussetzungen für die Isolierung des Künstlers in der Gesellschaft geschaffen, andererseits gab der Kunsthandel

477

478
479
480
481

**477** François Rude. Auszug der Freiwilligen von 1792. Relief am Arc de Triomphe in Paris. 1833–1836

**478–481** Christian Daniel Rauch, Ludwig Wichmann und Christian Friedrich Tieck. Genien am Erinnerungsdenkmal der Befreiungskriege auf dem Kreuzberg in Berlin (West). 1821–1826

482

483

den vom Staat nicht geförderten Malern – und das waren fast alle bedeutenden Künstler – die Möglichkeit, Liebhaber und Käufer zu finden und sich beim Publikum durchzusetzen. Seit Beginn des 19. Jahrhunderts schlossen sich Maler, die ein gemeinsames Anliegen verband, zu Arbeits- und Lebensgemeinschaften zusammen. Wenig später setzte die Gründung nationaler Künstlerverbände zur Wahrung der Interessen der Künstlerschaft ein. Parallel dazu kam es zur Gründung von Kunstvereinen durch Freunde der bildenden Kunst, die – meist aus dem begüterten Bürgertum stammend – Ankäufe tätigten, Ausstellungen organisierten und kunstpädagogisch wirksam wurden.

Bereits die Malerei der deutschen Frühromantik offenbarte den zwiespältigen Charakter der romantischen Bewegung. Im engen Zusammenhang mit den nationalen und demokratischen Bestrebungen standen die Werke von Caspar David Friedrich (1774–1840) und Philipp Otto Runge (1777–1810). Friedrich war der Erneuerer des Landschaftsbildes, das im 18. Jahrhundert zu einem Dekorationsstück herabgesunken war und dem auch der auf das Menschenbild orientierte Klassizismus keine neuen Impulse vermitteln konnte. Die Natur wurde nicht nur neu entdeckt und aufgewertet, das einfachste Landschaftsmotiv wurde pantheistisch beseelt und in seiner Stimmung auf das Gefühl und sich daran knüpfende Gedanken des Betrachters bezogen. So konnten Maler zur Zeit der Befreiungskriege sogar mit Landschaftsbildern in verschlüsselter Form Partei für die patriotische Bewegung ergreifen. Nach deren Scheitern dominierten jedoch elegisch gestimmte Nacht- und Mondscheinmotive, Sonnenuntergänge und Friedhofsbilder, die die Einsamkeit des Menschen, sein Hingegeben- oder Ausgeliefertsein an die Kräfte der Natur zum Ausdruck brachten. Dennoch ging die Romantik im Gegen-

482 Caspar David Friedrich. Klosterfriedhof im Schnee. Um 1817–1819. Ehem. Berlin, Nationalgalerie (Kriegsverlust)
483 Philipp Otto Runge. Die Hülsenbeckschen Kinder. 1805. Hamburg, Kunsthalle
484 Ludwig Richter. Sommerlust. Aquarell. 1844. Leipzig, Museum der bildenden Künste

484

satz zur klassizistischen Ideallandschaft von einer realistischen Sicht auf die Natur aus, die sie bis ins Detail gewissenhaft studierte. So entdeckte sie viele zuvor nie beachtete Motive und nicht zuletzt wieder die deutsche Landschaft für die Kunst.

Auch im Bildnis schlossen romantische Haltung und Wirklichkeitssinn einander nicht aus, denn die Beschäftigung mit Gefühl und Seele führte zu einem tieferen Wissen um den Menschen. Meisterhaft im Erfassen der kindlichen Psyche, der man seit Jean-Jacques Rousseau überhaupt erst Interesse entgegenbrachte, sind die Kinderbildnisse Runges, während er mit seinem Hauptwerk – dem durch eine vielschichtige Symbolik verschlüsselten Tageszeiten-Zyklus – den Weg zu einer subjektivistischen Kunst einschlug.

Im Gegensatz zu den norddeutschen Frühromantikern vertraten andere Maler dieser Zeit in Leben und Kunst rückwärtsgewandte Ideale. Die romantische Verklärung der Vergangenheit führte sie in den Schoß der katholischen Kirche, der geistigen Macht des Mittelalters, zurück. Nach dem Vorbild religiöser Bruderschaften fanden sich deutsche Künstler 1809 im »Lukasbund« zusammen und zogen sich wenig später nach Rom in ein ehemaliges Kloster zurück, »um unter sich im stillen der alten heiligen Kunst nachzuarbeiten«. Sie malten im Stil mittelalterlicher Miniaturen, der Dürerzeit oder der italienischen Renaissance in dem Glauben, der Kunst dadurch echte Volkstümlichkeit zurückgeben zu können. Während sich diese »Nazarener« anfänglich aus Opposition gegen den Regelzwang der Wiener Akademie zusammengetan hat-

485

486

487

**485** Peter von Cornelius. Traumdeutung Josephs. Fresko aus der Casa Bartholdy in Rom. 1816–1817. Berlin, Staatliche Museen

**486** Carl Spitzweg. Der arme Poet. 1839. München, Bayerische Staatsgemäldesammlungen

**487** Johann Peter Hasenclever. Kinderreigen. 1836. Wuppertal, Von der Heydt-Museum

488

ten, übernahmen einige von ihnen später Direktorenposten an den Akademien und wurden zu Hauptvertretern der offiziellen Kunst.
Ihrem lebensfernen Idealismus, der vor allem in der Historienmalerei zum Ausdruck kam, trat die biedermeierliche Richtung der Spätromantik entgegen, die das »große Thema« mied und sich den kleinen Dingen des Lebens zuwandte. Ihre Domäne waren das Genrebild und das Porträt, besonders das Familienbild als Ausdruck bürgerlichen Familiensinns. Die Malerei des Biedermeiers war betont sachlich und nüchtern und verzichtete auf Außergewöhnliches. Die Genremalerei zeigte die anspruchslosen Freuden der Kinder sowie die einfache Landbevölkerung, diese allerdings nicht bei ihrer schweren Arbeit, sondern im Feiertagsgewand sonntäglicher Muße. Aus der Landschaftsmalerei verschwanden die romantischen Motive und Stimmungen. Sie wählte die stillen Winkel der Hausgärten oder die vor den Städten gelegenen Felder und Wälder, die Ziele eines Sonntagsausflugs waren und gleichsam den »engen Horizont« bezeichneten, der Leben und Denken des Bürgers dieser Zeit begrenzte.
Die Verbundenheit mit den kleinen Dingen des Alltags fand auch in einer liebevollen Kleinmalerei ihren Ausdruck, wobei man allerdings über den Einzelheiten meist den Zusammenhang des Ganzen übersah. Doch gab es auch schon Maler, die an der Beständigkeit der kleinbürgerlichen Idylle zu zweifeln begannen und die sozialen Lebensbedingungen unter gesellschaftlichem Blickwinkel betrachteten. Denn die Wirklichkeit zerstörte die Welt des Biedermeiers zusehends; zahlreiche Handwerker, die mit der Entwicklung von Industrie und Technik nicht Schritt halten konnten, sanken in das Proletariat hinab und waren mit der Masse der Arbeiter recht- und schutzlos der Ausbeutung preisgegeben. Aber auch da, wo die deutsche Kunst Kritik an diesen Verhältnissen übte, blieb sie meist sentimental und drang nur begrenzt zur realistischen Sicht der gesellschaftlichen Zustände vor.
In der romantischen Malerei gab es große nationale Unterschiede. In Rußland, wo sie von der antinapoleonischen Bewegung, einem erstarkenden Nationalbewußtsein und den liberalistischen Reformbestrebungen fortschrittlicher Kreise getragen wurde, führte von der Romantik eine gerade Entwicklungslinie zum Realismus. Alexej G. Wenezianow (1779–1847) wurde der Begründer des russischen realistischen bäuerlichen Alltagsgenres. Auch in der auf den

489

490

488 Théodore Géricault. Das Floß der Medusa. 1819. Paris, Louvre
489 Eugène Delacroix. Das Gemetzel von Chios. 1824. Paris, Louvre
490 Alexej G. Wenezianow. Dreschtenne (Ausschnitt). Um 1821–1822. Leningrad, Russisches Museum

Dekabristenaufstand von 1825 folgenden Epoche der Restauration setzte der aus der Romantik hervorgegangene Realismus seinen Kampf gegen den offiziellen Akademismus fort, um schließlich seinen Höhepunkt in der zweiten Jahrhunderthälfte mit der Gründung der »Genossenschaft der Wanderaussteller« zu erleben.

Am deutlichsten zeigte sich das Herauswachsen des Realismus aus der Romantik in Frankreich. Obgleich hier die Anfänge der Romantik im Dienst der politischen Reaktion standen, wurde ihre Hauptströmung zunehmend von liberalistischen Ideen und schließlich sogar von der demokratischen Volksbewegung geprägt. Anders als in Deutschland vollzog die romantische Malerei Frankreichs keine sentimentalische Abkehr von der Welt und dem Lauf der Geschichte, sondern suchte deren dramatische Steigerung im Ausdruck menschlicher Kraft und Leidenschaft. Vorbildlich wurde daher nicht die mittelalterliche Kunst, sondern das lebensvolle Werk des Flamen Rubens. Die Helden waren aber nicht mehr die Fürsten und Heiligen des Barocks, sondern Menschen mit außergewöhnlichen Schicksalen, die Anteilnahme, Furcht oder Mitleid erregten. Das 1819 gemalte Bild »Floß der Medusa«, mit dem Théodore Géricault (1791–1824) die progressive französische Romantik einleitete, schildert das Schicksal von Schiffbrüchigen, die nach dem durch die Regierung verschuldeten Untergang ihres Schiffs zwölf Tage lang auf hoher See mit Hunger und Durst kämpften.

Wie auch Géricault ergriff Eugène Delacroix (1798–1863) mit seiner Kunst Partei für den Freiheitskampf des griechischen,

491

492

493

**491** John Constable.
Die Kathedrale von Salisbury. Um 1829.
London, Nationalgalerie
**492** Adolph Menzel.
Die Berlin-Potsdamer Eisenbahn. 1847.
Berlin (West), Staatliche Museen
**493** Théodore Rousseau.
Ansicht der Umgebung von Granville.
1833. Leningrad, Ermitage

494

polnischen und spanischen Volkes. Während in der deutschen romantischen Malerei noch die klassizistische Linienkunst nachwirkte, triumphierte in den dramatisch bewegten Kompositionen Delacroix' eine neue malerische Auffassung und eine an den Venezianern geschulte Farbigkeit. Sein »Gemetzel von Chios«, von verständnislosen Zeitgenossen als ein »Gemetzel der Malerei« verunglimpft, wurde von der nachfolgenden Impressionistengeneration wegen der Kühnheit seiner Pinselführung bewundert.

Wie eng in Frankreich Romantik und Realismus verbunden waren, zeigt vor allem das Bild »Die Freiheit führt das Volk auf die Barrikaden«, das Delacroix unter dem Eindruck der Julirevolution von 1830 schuf. Abgesehen von der Personifizierung der Freiheit in einer heroischen Frauengestalt, ist das Gemälde eine realistische Darstellung der Barrikadenkämpfe, die in der Eindeutigkeit des politischen Bekenntnisses in ihrer Zeit einmalig dasteht.

Unter dem Einfluß revolutionärer Bewegungen und der fortschreitenden Industrialisierung nahm die Malerei auch in anderen Ländern Europas realistische Züge an. In England, wo die kapitalistische Entwicklung am weitesten vorangetrieben war, vollzog sich der Übergang zum Realismus in der Landschaftsmalerei, die sich zur führenden Kunstgattung entfaltet hatte. Bereits Anfang des 19. Jahrhunderts malten John Constable (1776–1837) und William Turner (1775–1851) in der freien Natur wirklichkeitsgetreue Landschaften mit großer Meisterschaft in der Wiedergabe atmosphärischer Erscheinungen, in reicher Farbigkeit und freier Pinselführung, wie sie auf dem Kontinent erst in Ansätzen zu finden waren.

Die englische Landschaftsschule wurde zum Vorbild für die französischen Maler von Barbizon, die sich in den dreißiger Jahren in dem gleichnamigen Dorf zusammenfanden, um abseits von Paris mit seinen staatlich gesteuerten Kunstakademien und Kunstsalons eine neue und wahre Kunst zu schaffen. Nach dem romantischen Überschwang der älteren Generation vertraten sie eine sachlichere Auffassung und wandten sich wieder ihrer unmittelbaren Umwelt zu. Mit der Natur eng verbunden, wollten sie Eigenart und Farbigkeit der Landschaft um Fontainebleau, deren Stimmungen und schlichte Schönheit erfassen. Mit den heimatlichen Feldern und Wäldern lernten die Schöpfer dieser »paysage intime« auch die Bauern, die dieses Land bestellten, wirklichkeitsgetreu zu sehen und malten sie schließlich wie die Landschaft selbst ohne sonntäglichen Aufputz. So wurde Barbizon zum Zentrum eines realistischen Kunstschaffens, das seine Blütezeit nach der Jahrhundertmitte erleben sollte, als François Millet hier seine bahnbrechenden Hauptwerke schuf.

Der Einfluß der englischen Landschaftsschule löste auch in Deutschland die Entfaltung einer Kunst aus, die als malerischer Realismus oder Stimmungsnaturalismus charakterisiert worden ist. Im zersplitterten Deutschland trat der neue Realismus in regionalen Schulen vor allem in Berlin, München, Wien und später in Düsseldorf hervor. Er führte Traditionen des Biedermeiers, aber auch der deutschen Frühromantik fort und war ebenfalls mit der Entwicklung der Freilichtmalerei verknüpft. Durch das Vorbild Constables wurde Adolph Menzel (1815–1905) zu seinen frühen Freilichtbildern angeregt. In einer Zeit wachsender Fabrikschlote und rollender Eisenbahnen suchte er nach Ausdrucksmitteln, um die in Bewegung geratene Welt darstellen zu können. Er traute seinen Augen mehr als den Gipsabgüssen der Akademie und dem natürlichen Tageslicht mehr als dem künstlichen Atelierlicht. Ein früher Höhepunkt seiner Kunst ist das Gemälde »Aufbahrung der Märzgefallenen«, mit dem Menzel in den revolutionären Kämpfen seiner Zeit Partei ergriff und zugleich mit der Wahl des Blickpunkts und der Komposition die Kunstregeln revolutionierte. Die Tatsache, daß dieses Bild unvoll-

495

**494** Honoré Daumier. Rue Transnonain. Lithographie. 1834.
**495** Honoré Daumier. Der gesetzgebende Bauch. Lithographie. 1834
**496** Eduard Gaertner. Wohnstube des Schlossermeisters Hauschild. 1843. Berlin, Märkisches Museum
**497** Kaffeemaschine aus der Königlichen Porzellanmanufaktur Berlin. Um 1837–1844. Berlin, Märkisches Museum
**498** Deutsche Biedermeiermöbel. Um 1830. Magdeburg, Kulturhistorisches Museum

endet blieb, ist kennzeichnend für die politische wie künstlerische Situation im damaligen Deutschland.

Die Kunstgattung, in der sich Gesellschaftskritik am schärfsten äußerte, war wiederum die Graphik. Vor allem die 1798 entwickelte Lithographie trat in den Dienst von politischer Satire und Karikatur, massenwirksamer Gebrauchsgraphik und Kunstpublizistik. Der französische Graphiker, Bildhauer und Maler Honoré Daumier (1808–1879) entlarvte in seinen Karikaturen schon in den dreißiger Jahren die Kräfte der Reaktion, angefangen vom »Bürgerkönig« als dem Instrument der Finanzaristokratie, über die Borniertheit der Parlamentarier und die Korruptheit der Klassenjustiz, bis zur politischen Engstirnigkeit des Kleinbürgertums. Sein knapper, auf das Wesentliche und Typische konzentrierter Stil hat nichts mehr von biedermeierlicher Erzählfreudigkeit und geruhsamer Beschaulichkeit und läßt in seiner Dynamik bereits das neue Tempo des Maschinenzeitalters erkennen. Mit der Lithographie »Rue Transnonain. 15. April 1834« ergriff der leidenschaftliche Demokrat und Realist 1834 als erster Künstler Partei für das niedergemetzelte Proletariat. Werke wie dieses zeigten, daß die parlamentarische Monarchie alles andere als eine Herrschaft der »rechten Mitte« war und daß der Revolution von 1830 die Revolution von 1848 folgen mußte, in der sich der Maler Daumier mit seinem Bild »Die Familie auf der Barrikade« ebenfalls an die Seite des Volkes stellte.

Auf dem Gebiet des Kunstgewerbes wird deutlich, daß die Romantik in erster Linie eine philosophisch-literarische Bewegung war und bildkünstlerisch keinen eigentlichen neuen Stil geschaffen hat. Nachdem die Frühromantik im Kunstgewerbe kaum einen Niederschlag fand, brachte das Biedermeier eine spezifisch bürgerliche Wohnkultur hervor. Die Formen verloren ihre Monumentalität, antike Einfachheit wandelte sich in bürgerliche Bescheidenheit. Als Dekor erschien nun auf den Möbelchintzen und dem Porzellangeschirr das für das Biedermeier so charakteristische Streublümchenmuster.

496

Seit den dreißiger Jahren ging man auf einigen Gebieten der kunsthandwerklichen Produktion bereits zur industriellen Teilfertigung über, wobei man – wie auch im Kunsthandwerk – beginnend mit gotischem Formengut die Stile vergangener Epochen imitierte. Seit den vierziger Jahren kündigte sich mit schwingenderen Formen jenes »zweite Rokoko« an, das um die Jahrhundertmitte hauptsächlich die Frauenmode prägen sollte. Doch zeigte gerade die Mode der ersten Jahrhunderthälfte, daß diese Zeit zwischen Revolution und Restauration eine bürgerliche war: Der bürgerliche Frack beherrschte weiterhin die Herrenmode. Sogar die Monarchen verzichteten in der Öffentlichkeit auf ihre Trachtenprivilegien und kleideten sich zivil und bürgerlich. In der Frauenmode kamen die Zeit- und Kunstströmungen stärker zur Geltung. Sie wandte sich von der Antike ab; zur Zeit der Befreiungskriege wurden in Deutschland altdeutsche Trachten modern. In den folgenden Jahrzehnten gab sich die Frauenkleidung ebenso bescheiden und spießbürgerlich wie der Biedermann, bis sie aufs neue zum Privileg jener großbürgerlich-aristokratischen Schichten wurde, die in der zweiten Jahrhunderthälfte endgültig die Macht übernahmen.

497
498

499

**499** Karl Friedrich Schinkel. Entwurf zum Luisen-Mausoleum. Pinsel, aquarelliert. 1810. Berlin, Staatliche Museen
**500** Karl Friedrich Schinkel. Ansicht des Alten Museums in Berlin. Zeichnung. Nach 1823. Berlin, Staatliche Museen
**501** Karl Friedrich Schinkel. Entwurf für ein Kaufhaus Unter den Linden. Aquarell, Bleistift. 1827. Berlin, Staatliche Museen
**502** Paddington Station in London. 1854–1855 von L. K. Brunel und M. D. Wyatt. Zeitgenössische Zeichnung

## *Die Architektur in der ersten Hälfte des 19. Jahrhunderts*

*In der ersten Hälfte des 19. Jahrhunderts vollzog sich – bedingt durch den technischen Fortschritt und die neuen Bauaufgaben, die die Industrialisierung mit sich brachte – eine Trennung der Architektur in Baukunst und Ingenieurarchitektur. Während für städtische Repräsentationsbauten wie Theater und Museen der klassizistische und für Kirchen und Grabmäler der neogotische Stil bevorzugt wurde, errichtete man reine Zweckbauten wie Brücken, Bahn- und Werkhallen bereits unter Zuhilfenahme der Eisenkonstruktion bei weitgehendem Verzicht auf historische Bauformen.*

*Viele Baumeister spezialisierten sich auf einen Stil und daraus resultierend auf bestimmte Bauaufgaben. Nur die bedeutendsten Künstler beherrschten noch alle stilistischen und technischen Möglichkeiten ihrer Zeit. So hat Schinkel, Deutschlands größter klassizistischer Baumeister, auch viele Kirchen, Grab- und Denkmäler im gotischen Stil geschaffen. Er entwarf darüber hinaus ein Warenhaus für Berlin, das bereits dem Gebot der Zweckmäßigkeit entsprach und neue Werkstoffe und Konstruktionen vorsah. Dieser Bau wäre das erste moderne Geschäftshaus geworden, wenn der Architekt hierfür einen Auftraggeber gefunden hätte.*

*Die Eisenkonstruktionen, die bereits bei vielen Gebäuden das Holz der Dachkonstruktionen ersetzten, kamen erst bei reinen Zweckbauten, die das 19. Jahrhundert nicht zur Baukunst rechnete, unverkleidet zur Anwendung. Der eigentliche Fortschritt vollzog sich daher auf dem Gebiet der Ingenieurarchitektur. Nach der Eröffnung der ersten Eisenbahnlinien wurde die Eisenkonstruktion bald für die Errichtung der Bahnhofshallen eingesetzt.*

500

501

502

503

## Klassizismus, Romantik und Realismus in Frankreich

*Nicht die äußerliche Nachahmung griechischer und römischer Vorbilder, sondern der Glaube an Würde und Freiheit der menschlichen Persönlichkeit verband den französischen Klassizismus der Revolutionszeit mit der Klassik des Altertums und ließ David zu einem ähnlich monumentalen Menschenbild finden wie die antike Kunst. Das Ende der Revolution bedeutete aber bereits das Ende dieser demokratischen Kunst: Aus dem Revolutionsmaler David wurde der Hofmaler Napoleons, der den Pomp und das Zeremoniell des neuen Kaiserreichs in seinem Krönungsbild festhielt.*

*Während der Klassizismus veräußerlichte und zum Stil der staatlich reglementierten Akademien im Dienst der Restauration wurde, suchten die erklärten Gegner der offiziellen Kunst in Frankreich ihre Vorbilder in der Malerei des Barocks, deren lebensvolle Dynamik sie zur Gestaltung der dramatischen und revolutionären Themen ihrer Zeit nutzten.*

*Hauptvertreter der französischen Romantik war Eugène Delacroix, in dessen Werk sich bereits der Übergang von der Romantik zum Realismus vollzog. Während aber sein 1830 gemaltes Bild »Die Freiheit führt das Volk« noch von*

504

*romantischem Pathos erfüllt war und die barocke Allegorie verwendete, verzichtete Honoré Daumier bei seinem Revolutionsbild von 1848 bereits auf jede Allegorisierung und steigerte im Sinne des Realismus das Individuelle ins Allgemeingültige.*

**503** Jacques-Louis David. Der ermordete Marat. 1793. Brüssel, Museum der Schönen Künste
**504** Jacques-Louis David. Napoleon krönt Josephine (Ausschnitt). 1806. Paris, Louvre
**505** Honoré Daumier. Familie auf der Barrikade. 1848. Prag, Nationalgalerie
**506** Eugène Delacroix. Die Freiheit führt das Volk auf die Barrikaden. 1830. Paris, Louvre

505

506

507

508

## *Romantik und Biedermeier in Deutschland*

*Der deutschen romantischen Malerei fehlte die leidenschaftliche Sprache der großen französischen Romantiker. Zu den wenigen Künstlern, die die Ideale der Zeit des nationalen Aufbruchs auch in der Restaurationsperiode bewahrten, gehörte Caspar David Friedrich. Auf seinem Bild mit dem Grabmal Huttens erinnert die gemalte Sarkophaginschrift an das Jahr 1813 und an die Freiheitskämpfer Jahn, Arndt und Stein sowie an den fortschrittlichen Publizisten Görres. In der Zeit der »Demagogenverfolgungen« entstand als spezifisch deutsche Erscheinung die Kunst des Biedermeiers, in der »Ruhe die erste Bürgerpflicht« war. Die von dem preußischen Hofmaler Franz Krüger im Auftrag des russischen Großfürsten gemalte »Parade auf dem Opernplatz in Berlin« läßt erkennen, daß biedermeierliche Erzählerfreude auch in die offizielle Staatskunst eindrangen. Sogar auf diesem Bild waren die Zuschauer – von den bekannten Stadtgrößen bis zum Berliner Original – dem Künstler letztlich wichtiger als Majestäten und blitzende Uniformen. Auch nach der Revolution von 1848 mußten noch Jahrzehnte vergehen, ehe das deutsche Bürgertum und seine Kunst die geistige und politische Enge überwanden. Menzels Bild von der Aufbahrung der Märzgefallenen, dessen Realismus in seiner Zeit einmalig war, blieb unvollendet. Noch Waldmüllers Gemälde »Nach der Pfändung«, das während einer schweren Wirtschaftskrise entstand, als viele kleine Unternehmen in Bankrott gingen und sich die Lage des Proletariats rapide verschlechterte, zeigt die Sicht des Bürgers, den soziale Not wohl zu rühren, aber nicht aufzurühren vermochte.*

**507** Caspar David Friedrich.
Huttens Grab. Um 1823–1824.
Weimar, Kunstsammlungen
**508** Ferdinand Georg Waldmüller.
Nach der Pfändung. 1859.
Dresden, Staatliche Kunstsammlungen
**509** Franz Krüger.
Parade auf dem Opernplatz in Berlin.
1824–1829. Berlin, Staatliche Museen
**510** Adolph Menzel.
Aufbahrung der Märzgefallenen. 1848.
Hamburg, Kunsthalle

509

510

# Die Kunst in der zweiten Hälfte des 19. Jahrhunderts

1852 Louis Napoleon ruft sich zum Kaiser von Frankreich aus. 1853–1856 Niederlage Rußlands im Krimkrieg. Stahlherstellung (Bessemerprozeß). 1857–1860 Kolonialkrieg Englands und Frankreichs gegen China. Charles Darwin: Die Entstehung der Arten. 1861 Aufhebung der Leibeigenschaft in Rußland. Viertaktverbrennungsmotor. 1861–1865 Amerikanischer Bürgerkrieg. 1862–1864 Revolutionär-demokratische Bewegung in Rußland. 1863 Gründung des Allgemeinen Deutschen Arbeitervereins unter Lassalle. 1864 Gründung der I. Internationale in London. 1867 Karl Marx: Das Kapital, Bd. I. Eröffnung des Suezkanals. Nobel erfindet das Dynamit. 1868 Trades Union Congress. 1869 Gründung der Sozialdemokratischen Arbeiterpartei Deutschlands. Um 1870 Bewegung der Narodniki in Rußland. 1870–1871 Deutsch-Französischer Krieg. Dritte Republik in Frankreich. 1871 Proklamation Wilhelms I. zum deutschen Kaiser in Versailles. 18. 3.–28. 5. Pariser Kommune. 1875 Gründung der Sozialistischen Arbeiterpartei Deutschlands. 1878 Deutscher Reichstag verabschiedet Sozialistengesetz. 1879 Gründung der ersten marxistischen Arbeiterpartei Frankreichs. Edisons Kohlenfadenlampe. 1885 Gründung der belgischen Arbeiterpartei. Berliner Kolonialkonferenz. 13. 11. 1887 »Blutiger Sonntag« in London. 1889 Gründung der II. Internationale in Paris. 1890 Britische Annektionen in Afrika. Fall des Sozialistengesetzes in Deutschland. 1894 Dreyfus-Affaire in Frankreich. 1895 Lenin gründet in Petersburg den Kampfbund zur Befreiung der Arbeiterklasse. Drahtlose Telegrafie. 1899 Boxeraufstand in China. 1899–1902 Burenkrieg.

Als in den fünfziger Jahren die wirtschaftliche Entwicklung in den Industrieländern einen ungeheuren Aufschwung nahm und die Industrie- und Handelsbourgeoisie zur beherrschenden Macht in allen Bereichen von Wirtschaft, Politik und Kultur wurde, löste sich die offizielle bürgerliche Kunst von ihren revolutionären und sogar von ihren liberalen Traditionen. Das Großbürgertum, das in Frankreich den Enkel Napoleons auf den Thron hob und sich in Preußen mit dem Junkertum verbündete, setzte nach dem Vorbild der absoluten Monarchien die Kunst zur Demonstration und Verherrlichung seiner Macht ein und griff deshalb auf die Ausdrucksformen des absolutistischen Zeitalters zurück. Für den heutigen Museumsbesucher hat sich allerdings der Stellenwert dieser Kunst verkehrt: Während die ehedem gerühmten Gemälde nur noch in den Depots ihr Dasein fristen, bewundern wir in den Ausstellungsräumen jene Kunst des 19. Jahrhunderts, die zu ihrer Zeit verkannt und mißachtet war.

Im »Zweiten Kaiserreich«, in der »Gründerzeit« und im »Viktorianischen Zeitalter«, als in Frankreich, Deutschland und England die reaktionäre Kulturpolitik die Kunst reglementierte, brachen auch in diesem Bereich die gesellschaftlichen Widersprüche immer stärker auf. Als sich der Übergang zum Monopolkapitalismus vollzog und neue Klassenwidersprüche die alten abgelöst hatten, wuchs die Zahl der Künstler, die diese Gesellschaft und ihre Kunstauffassung ablehnten. Die künstlerische Opposition war allerdings ebenso differenziert wie die Klassenstruktur und reichte von der idealistischen Wirklichkeitsflucht bis zum kritischen Realismus. Der Realismus, der noch in der ersten Jahrhunderthälfte für den bürgerlichen Fortschritt Partei ergriffen hatte, übte nun Kritik an einer Welt, in der die Macht des Geldes eine neue Aristokratie hervorgebracht hatte, die zum Hemmschuh für den sozialen Fortschritt wurde. Realistische Künstler schufen die ersten Industriebilder und Darstellungen von Arbeitern, die sie damit »kunstwürdig« machten. Obgleich das Proletariat nicht als Auftraggeber auftreten konnte und nur wenige Künstler seine zukünftige geschichtliche Rolle erkannten, zeichnete sich das Schaffen der großen Realisten durch eine enge Verbundenheit mit den arbeitenden Menschen aus.

Da die Gesellschaftsstruktur jedoch immer schwerer durchschaubar und die Beziehungen der Menschen immer stärker versachlicht wurden, glaubten viele Maler aber schließlich nur noch das äußere Erscheinungsbild der Rea-

511

**511** Kristallpalast in London. 1851 von Joseph Paxton (zerstört)

lität erfassen zu können. Während die Realisten die Welt zu werten und zu deuten suchten, schufen diese Impressionisten eine Kunst des flüchtigen Augenblicks. Andere Maler zogen sich – ähnlich wie Lorrain und Poussin im 17. Jahrhundert – aus der Gegenwart in eine idealisierte Vergangenheit oder eine erträumte Scheinwelt zurück. Im Gegensatz zu den Realisten und Impressionisten hingen diese Neuidealisten realitätsfremden, subjektiven Idealen nach oder ließen nur »rein künstlerische« Maßstäbe gelten. Weit mehr noch als in anderen Epochen wandte sich diese elitäre Kunst an »Liebhaber« und »Kenner« aus der schmalen Schicht des Bildungsbürgertums.

Während die genehmen Künstler mit Ämtern, Titeln und Ehrungen überhäuft wurden und sich einen fürstlichen Lebensstil leisten konnten, wurden die oppositionellen von den Ausstellungen weitgehend ausgeschlossen. Auch die Kunsthändler und Galeristen, die sich als Vermittler zwischen Künstler und Käufer einschalteten und den kapitalistischen Kunstmarkt beherrschten, indem sie Angebot und Nachfrage bei der Ware »Kunst« in Übereinstimmung brachten, kauften nahezu ausschließlich die Werke jener Künstler, die sich bereits einen Namen gemacht hatten. Im Gegensatz zu ihnen standen die »freien Künstler«, die sich frei von allen gesellschaftlichen Bindungen fühlten und nur ihrer individuellen Zielsetzung zu folgen meinten. Nahezu alle bedeutenden Leistungen dieser Epoche wurden abseits des eigentlichen Kunstbetriebs von Malern vollbracht, die ihren Zeitgenossen unbekannt blieben. Dieses Schicksal des abgelehnten und verkannten Künstlers teilten Cézanne, Gauguin und van Gogh, die den endgültigen Bruch mit der spätbürgerlichen Kunst- und Moralauffassung vollzogen, in der echte Menschlichkeit, wie sie van Gogh bei den Grubenarbeitern der Borinage und Gau-

512

513

**512** Berliner Dom. 1894–1905 von Julius Carl Raschdorff und Otto Raschdorff (alter Zustand)

**513** Bauwerke und Denkmäler von Berlin. Lithographie von C. L. Keller nach einer Zeichnung von R. Schmidt. 1895

514

515

guin bei den Ureinwohnern der Südseeinseln suchten, keinen Platz mehr hatte.

Der herrschende Geist der »Gründerzeit« tritt auch heute noch am deutlichsten in der Architektur der Großstädte vor Augen. Es war die Zeit des rapiden Wachstums der Städte, deren größte bereits über eine Million Einwohner zählten. Die Bautätigkeit konzentrierte sich auf zwei entgegengesetzte Aufgaben: Einerseits auf die repräsentative Bebauung der Zentren mit kulturellen und administrativen Prunkbauten und andererseits auf den billigen Massenwohnungsbau.

Vorbild für eine Reihe von europäischen Großstädten wurde die umfassende Neugestaltung des Pariser Zentrums, durch die Napoleon III. seine Hauptstadt zur Weltmetropole machen wollte. Nach dem Regulierungsplan des Präfekten Baron Haussmann wurde von 1852 bis 1870 das alte Zentrum abgerissen und mit breiten Boulevards neu angelegt. Der Triumphbogen Napoleons I. auf der Place de l'Etoile bildete den Ausgangspunkt für zwölf strahlenförmig verlaufende Avenuen, die mit ihren grandiosen Ausmaßen das Weltmachtstreben des Zweiten Kaiserreichs spiegelten. Die Regulierungsmaßnahmen sollten aber auch die revolutionären Unruheherde von Paris beseitigen beziehungsweise kontrollierbar machen. Zu den berühmtesten Repräsentationsstraßen außerhalb Frankreichs gehörte die Wiener Ringstraße, wo sich monarchische und großbürgerliche Bauwut begegneten.

In den meisten Fällen behinderte das Privateigentum an Grund und Boden eine umfassende städtebauliche Planung.

516

**514** Große Oper in Paris. 1861–1875 von Charles Garnier
**515** Rotes Rathaus in Berlin. 1861–1869 von Hermann Friedrich Waesemann
**516** Sitzungssaal im Berliner Reichstag. 1884–1894 von Paul Wallot (alter Zustand)

517

Die Erweiterung Berlins, dessen Einwohnerzahl von 1850 bis 1900 etwa um das Fünffache anstieg, erfolgte lediglich nach einem Fluchtlinienplan. Die ästhetische Gestaltung der Straßen und Plätze war kaum noch Gegenstand architektonischer Planung, sondern wurde der Willkür privater Boden- und Bauspekulanten überlassen.
In dieser Zeit erhielten die Städte ihre noch heute ablesbare soziale Struktur: Im Westen entstanden die Villenviertel der Reichen, weit entfernt von den im Osten und Nordosten angesiedelten Industrien und Arbeitervierteln. Für die Bourgeoisie war das eigene Wohnhaus ein Objekt, an dem man Wohlstand und Kreditfähigkeit demonstrierte. In Anknüpfung an nationale Traditionen bevorzugte man in Frankreich den barocken Stil, während man in Deutschland noch das Formengut der deutschen Renaissance nachahmte und erst seit den achtziger Jahren zum Neubarock überging. Diese Stile prägten auch die Straßenfronten der Mietspaläste, bei denen man jedoch möglichst kostensparend baute und Gips und Blech zur Imitation teurer Materialien einsetzte. Der Spekulationsgeist siegte nicht nur über den guten Geschmack, sondern auch über jede soziale Verantwortung. Während die von dem wohlhabenden Bürgertum bewohnten Vorderhäuser der Mietspaläste – vor allem die Beletage – moderne sanitäre Einrichtungen erhielten, waren die hygienischen Zustände in den engen und lichtlosen Wohnungen der Seitenflügel und Hinterhäuser, in denen die Kleinbürger und das Personal lebten, völlig unzureichend. Am trostlosesten waren die Mietskasernen der Arbeiterviertel. Mit ihren bis zu vier Hinterhöfen, die nur so groß sein mußten, daß gerade die Feuerspritze darauf wenden konnte, legen sie ein erschreckendes Zeugnis dafür ab, wie die Wohnungsnot vom Profitinteresse ausgenutzt wurde. In viele dieser mit Menschen vollgestopften Wohnungen fiel kein Sonnenstrahl, und Hygiene war hier ein unbekanntes Fremdwort.
Bei den Palazzi Prozzi aber, wie man die großbürgerlichen Wohnhäuser dieser Jahrzehnte nach dem Palazzo Strozzi in Florenz treffend genannt hat, war die Innenarchitektur fast so prunkvoll wie die Außenarchitektur. Auch beim Interieur übertrug man Formen der höfischen Repräsentation in die Beletage der Mietspaläste, ja sie hielten sogar in die »gute Stube« der Kleinbürger Einzug, wo allerdings bil-

518

519

517 Mietspaläste in der Schönhauser Allee in Berlin. Um 1875–1880
518 Kaminecke des Vestibüls der Villa Albers in Berlin-Steglitz. Dekorationen 1883–1885 von Max Klinger (Archivaufnahme)
519 Villa Johann Meyer in Dresden (zerstört). 1873–1874 von K. R. Weissbach

520

meist den Renaissance- oder Barockstil. Letzterer wurde vor allem für pompöse Theaterbauten wie die Große Oper in Paris eingesetzt. Ihre riesigen Dimensionen, überladene Fassade und prunkvolle Ausstattung boten die passende Kulisse für eine Gesellschaft, der ein Opernabend in erster Linie Gelegenheit war, ihre brillantenübersäten Toiletten zur Schau zu stellen.
Berufsbild und Aufgaben von Architekt und Ingenieur unterschieden sich weiterhin wesentlich voneinander. Da die technisierten Bauformen im Widerspruch zum Repräsentationsbedürfnis der Bourgeoisie standen und die billigen Arbeitskräfte auch für den Massenwohnungsbau noch die Anwendung der alten Bautechniken erlaubten, wurden moderne Bauverfahren und -materialien im gesamten Wohnungsbau noch nicht eingesetzt, während sie sich bei den reinen Zweckbauten zunehmend vervollkommneten. Mit den Weltausstellungen, die Hallen von großem Ausmaß erforderten, erwuchs der Ingenieurarchitektur ein ganz neuer Aufgabenbereich. Einen Meilenstein in der

lige Surrogate Reichtum vortäuschen mußten. Wohnideal dieser Zeit war der Palast des Münchener »Malerfürsten« Lenbach und das auf Staatskosten eingerichtete Wiener Atelier Makarts, das einer mit der phantastischsten Pracht vollgestopften Raritätenkammer glich.
Bei den repräsentativen Bauten von Verwaltung, Kultur, Handel und Verkehr im Zentrum der Städte trieb der Eklektizismus die seltsamsten Blüten. Während man in der ersten Jahrhunderthälfte die historischen Stile als Ideenträger noch Bauten mit einer bestimmten Funktion zugeordnet hatte, setzte jetzt eine hemmungslose Stilvielfalt ein. Kirchen wurden romanisch, gotisch, byzantinisch oder als griechische Tempel errichtet. Bei den mit dem Ausbau des Eisenbahnnetzes notwendig gewordenen Bahnhofsgebäuden kann man geradezu von einer »Bahnhofsromanik« sprechen, doch gab es auch Bahnhöfe, deren Äußeres viel eher eine gotische Kathedrale vermuten ließ. Für Postämter, Verwaltungsgebäude und Bankpaläste wählte man

521

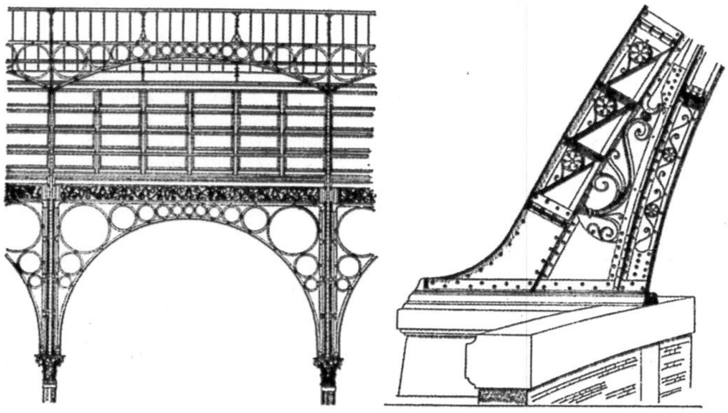

522

520 Maschinenhalle der Pariser Weltausstellung von 1889. Von V. Contamin und Ferdinand Dutert
521 Warenhaus Carson, Pirie & Scott in Chicago. 1899 bis 1904 von Louis Henry Sullivan
522 Eisenkonstruktionen vom Gare du Midi in Brüssel und vom Wintergarten in Laeken (Brüssel). Um 1900

Geschichte der modernen Architektur setzte der Landschaftsgärtner Joseph Paxton (1801–1865) mit der Errichtung des Kristallpalastes für die erste Weltausstellung 1851 in London. Der elfschiffige Bau bestand bereits ganz aus Glas und Eisen, wobei vorgefertigte Elemente auf ein Raster montiert waren. Diese für die damalige Zeit unerhört kühne Konstruktion wurde zum Vorbild vieler Hallenbauten in der ganzen Welt. Im Laufe weniger Jahrzehnte wuchs auch die Spannweite der Deckenkonstruktionen um ein vielfaches. Während das größte Schiff des Kristallpalastes nur eine Spannweite von 22 Metern erreichte, besaß die Maschinenhalle der Pariser Weltausstellung von 1889 bereits eine Spannweite von 115 Metern. Das Skelett dieses Bauwerks bestand nicht mehr aus gußeisernen Säulen, sondern aus Stahl, der zusammen mit dem Beton die Möglichkeiten der modernen Architektur ungeheuer erweitern sollte. Der Mittelraum der Pariser Maschinenhalle war höher als das Mittelschiff der Kathedrale von Amiens und zehnmal so breit wie dieses. Symbol des technischen Zeitalters wurde der ebenfalls 1889 in Paris errichtete, 300 Meter hohe Eiffelturm, der alle Bauten der Vergangenheit übertraf und den Höhepunkt der modernen Eisenkonstruktion darstellte.

523

Allmählich begannen auch einige fortschrittliche Architekten die ästhetischen Werte konstruktiver Formen zu erkennen und in der Übereinstimmung von Material sowie Konstruktionsverfahren mit dem Zweck des Bauwerks ein neues Ideal zu sehen. Erste Anstöße hierzu gaben die Sozialutopisten. Englische Architekten aus dem Kreis um William Morris lehnten die Nachahmung historischer Stile ab und konzipierten ihre Landhäuser unter dem Gesichtspunkt von Zweckmäßigkeit und Bequemlichkeit. Zwar verwendeten sie noch konventionelle Baustoffe, setzten diese aber entsprechend ihren Eigenschaften ein. Diese Landhäuser machten allerdings nur einen verschwindend geringen Prozentsatz der Bauleistung dieser Zeit aus.

Der entscheidende Schritt zur modernen Architektur wurde nicht in Europa, sondern in den USA vollzogen. Obgleich auch in diesem Land allgemein der Eklektizismus herrschte, kamen in den Citys der Großstädte schon vor Ende des 19. Jahrhunderts die Materialien und Verfahren der Ingenieurarchitektur bei großen Verwaltungs-, Bank- und Warenhäusern zur Anwendung. Ein Zentrum des modernen Bauens wurde Chicago, wo – Folge der hohen Bodenpreise der expandierenden Stadt – seit den achtziger Jahren die ersten Wolkenkratzer mit zwölf und mehr Stockwerken errichtet wurden, die bereits ein vollständiges Stahlskelett hatten und nur noch bei unwichtigen Details historisierende Formen zeigten. Der bedeutendste Vertreter der »Schule von Chicago«, Louis Henry Sullivan (1856–1924), war ein begeisterter Anhänger der nordamerikanischen Demokratie, von der er die Neugeburt einer Kunst erhoffte, welche gesamtgesellschaftlichen Interessen dienen sollte. Noch vor der Jahrhundertwende begann er mit dem Bau eines Hochhauses, das auf alle historischen Reminiszenzen verzichtete.

Seit im Klassizismus die Trennung der Plastik von der Ar-

524

525

523 Guiseppe Sacconi. Denkmal für Vittorio Emanuele II. in Rom. 1855–1911

524 Reinhold Begas. Venus und Amor. 1864. Berlin, Staatliche Museen

525 Ludwig Sussmann-Hellborn. Dornröschen. Vor 1880. Berlin, Staatliche Museen

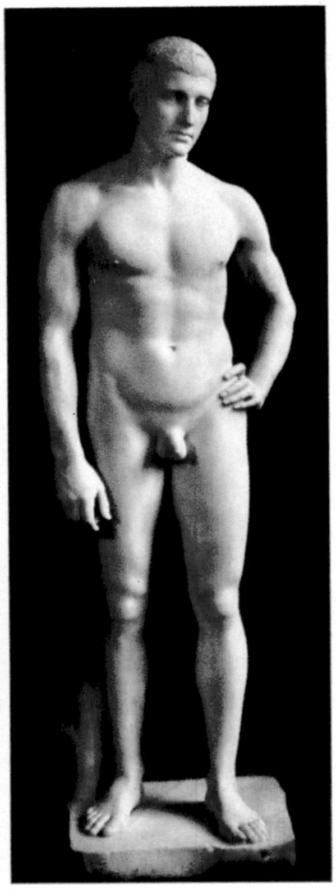

526
527

chitektur erfolgt war, fehlten der Bildhauerkunst die großen Aufgaben. Zwar hatte auch die Bildhauerei beträchtlichen Anteil an der Ausschmückung der Repräsentationsbauten der zweiten Hälfte des 19. Jahrhunderts – so der Pariser Großen Oper, die außen wie innen von Bauplastik im Stil des Neobarocks überladen ist –, die Plastiken wurden jedoch noch mehr als im Zeitalter des Absolutismus als reine Dekoration hinzugefügt, bei der prunkvolle Gesamtwirkung wichtiger war als Qualität der Ausführung im Detail. Die Denkmäler, die in diesen Jahrzehnten zahlreich errichtet wurden, sind meist typische Zeugen der vom Staat und seinen Institutionen geforderten und geförderten Bildhauerkunst: Überdimensionale Ausmaße, gewaltige Sockel, Naturalismus im Detail und pathetische Gebärden spiegeln die Machtansprüche ihrer Auftraggeber, vor allem dort, wo der Kult um den großen Helden vaterländisch verbrämt wurde und sich – wie bei der »Siegesallee« im Berliner Tiergarten mit ihren 32 Marmorgruppen brandenburgischer Fürsten – mit dem vom Staat forcierten Chauvinismus paarte.

Bei den Bildwerken, die in den offiziellen Ausstellungen um die Gunst der finanzkräftigen bürgerlichen Käufer wetteiferten, trat Sentimentalität an die Stelle des Pathos. Hier erholte man sich von dem Hurra-Patriotismus bei gefälligen Genreplastiken und spätklassizistischen Akten, die so »natürlich« wurden, daß dem Liebhaber pseudokünstlerischer Nuditäten kein Fettpölsterchen unter der marmorglatten Haut entging.

Durch die Erfindung neuer Vervielfältigungsverfahren und Werkstoffe erlebte die Kleinplastik eine bisher nicht gekannte Verbreitung. Doch förderte die billige Serienproduktion nach Vorbildern der Salonkunst den qualitativen Verfall dieser Kunstgattung, so daß sich eine Flut von Kitsch bis in die »gute Stube« des Kleinbürgers ergoß.

Die unübersehbare Menge von Bildwerken der zweiten Hälfte des 19. Jahrhunderts, die falsche Ideale und Gefühle mit unkünstlerischen Mitteln vortrugen, läßt leicht vergessen, daß sich in der Denkmalsplastik dennoch eine bemerkenswerte Demokratisierung vollzog. Waren es zuvor fast ausschließlich Herrscher und Feldherrn, die man auf den Sockel hob, so hatte jetzt jede Stadt den Ehrgeiz, der Mit- und Nachwelt einen »großen Sohn« zu präsentieren: Kaum ein Marktplatz, auf dem nicht das Standbild eines Gelehrten oder Künstlers demonstrierte, daß auch geistige Leistung adelt. Allerdings folgten auch diese Werke meist dem Vorbild der offiziellen Kunst.

Doch fehlte es auch nicht an Künstlern, die um eine formale Erneuerung der Plastik rangen. Zu ihnen gehörte Adolf von Hildebrand (1847–1921), der, ausgehend von dem Vorbild der Antike, nach allgemeingültigen ästheti-

528

**526** Ernst Friedrich Rietschel. Goethe-Schiller-Denkmal auf dem Theaterplatz in Weimar. 1852–1857
**527** Adolf von Hildebrand. Jüngling. 1884. Berlin, Staatliche Museen
**528** Rudolf Siemering. Denkmal für Albrecht von Graefe bei der Charité in Berlin. 1882 (alter Zustand)

529

530

schen Gesetzmäßigkeiten wie Einfachheit und Ausgewogenheit der Form suchte. Es gelang ihm jedoch nicht, sein Menschenbild mit der Gegenwart zu verbinden.
Die bedeutendsten Bildhauer hingegen gestalteten den einfachen Menschen ihrer Gesellschaft. Der Belgier Constantin Meunier (1831–1905) machte anstelle des Herrschers, Kriegers, Künstlers oder Gelehrten den Arbeiter denkmalwürdig. Allerdings konnte eine solche Plastik keine Auftraggeber finden. Meuniers »Monument der Arbeit« blieb ebenso Fragment wie Rodins »Turm der Arbeit«, und es ist bezeichnend für die Situation realistischer Künstler, daß eine Ausstellung der Werke Meuniers in seiner Heimatstadt Brüssel erst nach seinem Tode zustande kam. Auch der größte Bildhauer dieser Epoche, der Franzose Auguste Rodin (1840–1917), wurde noch nach schließlich errungener Anerkennung von der Kunstkritik angefeindet und von unzufriedenen Auftraggebern bedrängt. Rodin wollte der Plastik durch Gestaltung echter menschlicher Inhalte wie Liebe, Freude, Schmerz und Leid wieder tiefere Aussagekraft geben. Der humane und zugleich demokratische Gehalt seiner Werke wird bei der Denkmalgruppe »Die Bürger von Calais« besonders deutlich: Während die offizielle Kunst ihre Helden nicht hoch genug auf Sockel erheben konnte, stellte Rodin die opferbereiten Bürger der besiegten Stadt auf die Erde unter ihresgleichen. Im Gegensatz zur zeitlosen Idealität eines Hildebrand suchte Rodin den individuellen Ausdruck. Entgegen dem Zeitgeschmack, der glatte Vollkommenheit bewunderte, erscheinen seine Bildwerke wie skizzenhaft-unvollendet. Die malerisch-impressionistische Oberflächenbehandlung bewirkt vor allem bei seinen Bronzen eine lebensvolle Verwandlung durch Licht und Schatten.

531

529 Constantin Meunier. Lastträger. 1893. Dresden, Staatliche Kunstsammlungen

530 Auguste Rodin. Die Bürger von Calais. 1884–1886. Paris, Musée Rodin

531 Constantin Meunier. Die Industrie. Relief zum »Monument der Arbeit«. Um 1901. Brüssel, Musée Constantin Meunier

532

533

## Salonmalerei

In der Malerei erlebte die offizielle Kunst einen Niedergang, dessen Ausmaß schon fast in Vergessenheit geraten ist. Erst neben dieser vom Staat protegierten und an den Akademien gelehrten Kunst lassen sich Bedeutung und Leistung jener Maler ermessen, die auf Anerkennung und Erfolg verzichteten und oft unter größten persönlichen Opfern jene Werke schufen, die für uns die Kunst des 19. Jahrhunderts repräsentieren.

Paris wurde nach 1850 zur Hauptstadt der Malerei. Schüler und gar Preisträger der École des Beaux-Arts gewesen zu sein, sicherte einem Maler in jedem Land von vornherein großes Ansehen. Die wichtigste Rolle im Pariser Kunstleben spielte der seit dem 17. Jahrhundert bestehende Salon, die jährliche Ausstellung lebender Künstler, welche vom Staat veranstaltet wurde und der eine überwiegend aus Akademiemitgliedern gebildete Jury vorstand. 1848 wurde allerdings die – zeitweilige – Einrichtung eines juryfreien Salons beschlossen, und 1880 verzichtete der Staat auf seine Oberaufsicht, so daß auch zuvor wiederholt abgelehnte Künstler wie Courbet im Salon ausstellen und – wie Manet 1881 – sogar Auszeichnungen erhalten konnten. Doch blieb der Salon trotz dieser Zugeständnisse ein kulturpolitisches Instrument des großbürgerlichen Staats. Seine Machtstellung konnten auch die neu gegründeten Salons der Refüsierten, der Unabhängigen und die 1890 erfolgte Abspaltung einer Sezession nicht brechen, denn ein entscheidendes Kriterium des Erfolgs war und blieb die Marktfähigkeit der dargebotenen Kunst, die sich nach dem Geschmack des der alten Aristokratie an Bildung weit unterlegenen wohlhabenden Bürgertums richten mußte. Ihm entsprachen vor allem die Epigonen des Klassizismus in der Nachfolge von Ingres, aber auch die Neuromantiker, die die malerischen Errungenschaften eines Delacroix in den Dienst ihrer idealistischen Kunst stellten. Der Gunst von Staat und Publikum erfreuten sich dramatische Schlachten- und Historienbilder, vaterländische Themen, effektvolle Katastrophendarstellungen, exotische Motive aus dem Orient, mythologische wie religiöse Themen, repräsentative Porträts in der Barocknachfolge, aber auch novellistische und sentimentale Genrebildchen. Da die Konkurrenz im Salon mit seinen etwa 3 000 jährlich gezeig-

534

**532** Gustave Moreau. Die Chimäre. 1867. Japan, Fujikawa Galleries

**533** Jean-Léon Gérôme. Der Hahnenkampf. 1846. Paris, Louvre

**534** Alexandre Cabanel. Geburt der Venus. 1875. New York, Metropolitan Museum

535

536

ten Werken sehr groß war, suchte man einander durch formale Effekte, sensationelle Themen und durch ständiges Vergrößern der Bildformate zu übertrumpfen. Diese Tendenz zum Monumentalbild förderten auch die staatlichen und behördlichen Aufträge für museale historische Bildersäle und zur Ausmalung von Treppenhäusern und Vestibülen in Museen, Rathäusern und Staatsbauten.
Die preußischen Hohenzollern waren nach der Reichseinigung und dem Sieg über Frankreich besonders eifrig, die Kunst für ihre machtpolitischen Ziele einzusetzen. Schon seit den fünfziger Jahren nahm die Historienmalerei in der Nachfolge der Nazarener in den Akademieausstellungen, die den französischen Salons entsprachen, den ersten Rang ein. Während ihre Vertreter noch die nationale Vergangenheit in Leistungen und Schicksalen großer Einzelner beschworen, schuf der Hofmaler Anton von Werner (1843–1915) mit seiner »Kaiserproklamation in Versailles« ein politisches Ereignisbild, in dem die Detailakribie den authentischen Anspruch dieser Propagandakunst unterstützte. Neben den Historienmalern beherrschten jene Künstler die Ausstellungen, die mit formalen Anleihen bei Barock, Klassizismus, Spätromantik, Symbolismus oder

**535** August von Heyden.
Witeges Entführung durch seine Ahnfrau Wachhilde. 1890.
Karlsruhe, Kunsthalle
**536** Friedrich Kraus.
Sängerin am Flügel. 1888
**537** Rudolf Henneberg.
Die Jagd nach dem Glück. 1866–1868.
Berlin, Staatliche Museen

537

## Malerei des Neuidealismus

538

auch Naturalismus die bürgerliche Welt idealisierten. Hans Makart (1840–1884), der gefeierte Modemaler der Wiener Hautevolee, bot die ganze Pracht barocker Repräsentationskunst auf, um der Gründergeneration den Rahmen zu schaffen, in dem sie sich zu sehen wünschte.

Während die Modemaler den pseudokünstlerischen Ansprüchen der Gründerbourgeoisie nachkamen und damit zu Apologeten des herrschenden Gesellschaftszustands wurden, distanzierten sich viele Künstler von dem auf materielle Bereicherung gerichteten Geist ihrer Zeit. Da ihnen jedoch die Einsicht in die historischen Entwicklungsgesetze fehlte, flüchteten sie sich in absolute Werte von Ethik und Moral oder in andere außergesellschaftliche Bereiche. Dadurch war ihre künstlerische Weltflucht dem Pseudoidealismus der Salonmalerei so nahe verwandt, daß einige ihrer Vertreter – allerdings erst gegen Ende ihres Lebens – zu gefeierten Größen aufstiegen.

In England, wo die Auswirkungen der Industrialisierung besonders früh und kraß sichtbar wurden, schlossen sich 1848 oppositionelle Maler zu einem »Präraffaelitischen Bruderbund« zusammen. Wie schon ihre nazarenischen Vorgänger knüpften sie an die Kunst der italienischen Renaissance – nun allerdings an die vor-raffaelische – an. Sie lehnten aber deren bloße Nachahmung ab und bezogen die christliche Thematik durch einen profanierenden Detailrealismus sogar auf die soziale Situation ihrer Zeit. Allerdings verliehen die Präraffaeliten ihren Werken einen tiefgründigen subjektiven Symbolgehalt, den sie oft in Themen aus der englischen Literatur und Geschichte verschlüsselten. Die in ihren Ansätzen realistische Bewegung endete schon bald in einem religiösen Mystizismus oder aber in kunstgewerblicher Dekorativität.

539

538 Pierre Puvis de Chavannes.
Mädchen am Meeresufer. Um 1879.
Paris, Louvre

539 Edward Burne-Jones.
Die Mühle. 1870.
London, Victoria and Albert Museum

Die Präraffaeliten gaben der Malerei auf dem Kontinent nachhaltige Anstöße. Vielen Künstlern genügte der barocke Kanon konventioneller Symbole und Allegorien nicht mehr, um die durch verschiedene Spielarten des Irrationalismus und Mystizismus ins Zentrum des philosophischen Denkens gerückten Schicksalsmächte, Seelenkräfte und die im Unterbewußtsein schlummernden verdrängten Triebe, die die Psychoanalyse entdeckte, verbildlichen zu können. Sie schufen ein neues, zeitgemäßeres Vokabular an Symbolen, das allerdings ebenso verrätselt war, wie die Welt und die Gesellschaft diesen Malern erschien. Die wichtigsten Gruppen symbolistischer Künstler bildeten sich in den achtziger Jahren mit »Les XX« in Brüssel und den »Nabis« (hebräisch »Propheten«) der französischen Schule von Pont-Aven. Doch war der Symbolismus kein einheitlicher Stil, sondern verband sich mit den verschiedensten Richtungen der bildenden Kunst. Im Werk des Franzosen Puvis de Chavannes (1824–1898) vereinigten sich symbolistische Tendenzen mit den klassizistischen Traditionen zu einer elegisch gestimmten und formbewußten Malerei, die seine Wandbilder zu den wenigen bedeutenden Monumentalwerken dieser Zeit erhob. Doch offenbaren auch sie die Zwiespältigkeit einer Kunst, die Harmonie von Mensch und Natur fernab der gesellschaftlichen Realität suchte und ein intensives Naturstudium mit der allegorischen Sinngebung von Mensch und Landschaft verband.

Die »Deutschrömer« lebten wie einst die Nazarener abseits des offiziellen Kunstbetriebs in Italien. Hier schuf der Schweizer Arnold Böcklin (1827–1901) Werke eines neuen Naturmythos, in dem sich das gesteigerte Lebensgefühl der Zeit offenbarte. Anfangs nicht beachtet oder abgelehnt, konnte Böcklin deshalb in den neunziger Jahren später Ruhm zuteil werden. Die der antiken Mythologie entlehnten Gestalten Anselm Feuerbachs (1829–1880) blikken sehnsuchtsvoll in eine ferne Vergangenheit, in der sich edles Menschentum noch verwirklichen konnte. Im Grunde gelang es aber nur Hans von Marées (1837–1887), dem paradiesischen Zustand eines »Goldenen Zeitalters« bildhaft überzeugend Gestalt zu geben. Da er nur den unbekleideten menschlichen Körper in klaren räumlichen Beziehungen erfassen wollte, bedürfen seine Gemälde der mythologischen Einkleidung eigentlich nicht mehr.

540

541

542

**540** Hans von Marées.
Pferdeführer und Nymphe. 1881–1883.
München, Bayerische Staatsgemäldesammlungen

**541** Arnold Böcklin.
Triton und Nereide. 1875.
Ehem. Berlin, Nationalgalerie (verschollen)

**542** Anselm Feuerbach. Medea. 1870.
München, Bayerische Staatsgemäldesammlungen

543

544

## Malerei des Realismus und Impressionismus

Anders als die Idealisten wollten die Realisten die Wirklichkeit nicht fliehen, sondern wahrheitsgemäß schildern. Deshalb mußten sie – ob bewußt oder unbewußt – zu Kritikern der Gesellschaft und zu potentiellen Verbündeten des Proletariats werden. Nachdem in der ersten Jahrhunderthälfte kaum mehr als sentimental verbrämte Milieuschilderungen entstanden waren, erkannten die bedeutendsten Realisten jetzt im Arbeiter und Bauern bereits die tragenden, produktiven Kräfte der Gesellschaft und verliehen ihnen eine der historischen Bestimmung gemäße monumentale Gestalt.

Ein wichtiger Ausgangspunkt realistischer Malerei in Frankreich war die Schule von Barbizon. Ihr Hauptmeister wurde Jean François Millet (1814–1875), der – ein Bauernsohn – bäuerliche Gestalten beherrschend vor eine Landschaft stellte, die sie durch ihrer Hände Arbeit geprägt hatten. Millet malte den Bauern erstmals gezeichnet von seiner schweren Arbeit, mit krummem Rücken, derben Händen und groben Gesichtszügen, in ärmlicher Kleidung. Seine Gestalten verkörpern in fast alttestamentlichem Sinne die der Menschheit Nahrung schaffende Kraft, die Größe und Würde verleiht. Das Typische einer Arbeitshaltung war dem Maler deshalb wichtiger als der individuelle Ausdruck des Gesichts.

Noch stärker als Millet, der nicht immer der Gefahr der Sentimentalisierung entging, erfaßte Honoré Daumier im Individuellen das Typische. Als nach 1851 die Wirksamkeit seiner politisch-satirischen Lithographien durch staatliche Zensur eingeschränkt war, schuf er bedeutende Gemälde wie die »Wäscherin«, die ihr Kind fürsorglich die Treppe hochgeleitet. Obgleich Daumier die großstädtische Umwelt der Proletarierin nur silhouettenhaft andeutete und auch ihre Gesichtszüge im Allgemeinen beließ, vereint das Bild tiefen menschlichen Gehalt mit einer unmißverständlichen sozialen Aussage.

Der theoretische und künstlerische Wortführer des Realismus, Gustave Courbet (1819–1877), gab dieser Richtung programmatisch ihren Namen: Dieser geht auf ein Schild mit der Aufschrift »Le Réalism. G. Courbet« zurück, das über dem Eingang der Baracke hing, in der Courbet 1855 seine von der Jury des Salons zurückgewiesenen Bilder zeigte. Nachdem die Presse das Wort »Realismus« zum Spottnamen gemacht und damit unbeabsichtigt popularisiert hatte, wurde es zur Bezeichnung für eine ganze Kunstrichtung. Courbet, der sich als »aufrichtiger Freund der vollen Wahrheit« bekannte, bewies seine demokrati-

545
546

sche und sozialistische Gesinnung auch im politischen Kampf: als Republikaner gegen Napoleon III. und 1871 als Beauftragter für Kunstschutz der Pariser Kommune, nach deren Sturz er inhaftiert war. Sein Werk wurde in vielen Ländern Europas zum Vorbild realistischer Malerei. Mit der Ausbreitung des Realismus, der sich über die bürgerlichen Tabus hinwegsetzte, nahmen staatliche Administration und öffentliche Kunstkritik aggressivere Formen an. Arbeiter- und Arbeitsdarstellungen wurden als »unkünstlerisch«, als »Kult des Häßlichen« und Diffamierungen der Kunst überhaupt bekämpft.
Die französischen Realisten haben der Malerei nicht nur neue Bildinhalte erschlossen, sondern sie auch um technische Erfahrungen bereichert. Das Streben nach einem wahrheitsgetreuen und allseitigen Erfassen der Umwelt führte die Maler zwangsläufig aus ihren Ateliers in die Natur hinaus, wo sie anders sehen und malen lernten. Es blieb jedoch einer jüngeren Generation überlassen, die malerische Entwicklung einen entscheidenden Schritt weiterzuführen. Millet starb 1875, Courbet 1877, Daumier 1879. Erst für ihre Nachfolger wurde die Pleinairmalerei und die bereits von ihren Vorläufern gewonnene Erkenntnis, daß die Schatten nicht schwarz, sondern farbige Reflexe sind, zum verpflichtenden Gestaltungsprinzip. Die Impressionisten ließen nur den farbigen Eindruck der Menschen und Dinge gelten. Sie fragten nicht nach Wert oder Unwert der Bildgegenstände, sondern stellten sie gleichrangig dar – ähnlich wie die Fotografie, die in dieser Zeit ihren Siegeszug antrat und der die impressionistischen Maler

547

548

**543** Gustave Courbet. Die Steinklopfer. 1851. Ehem. Dresden, Gemäldegalerie (verbrannt)
**544** Honoré Daumier. Wäscherin. Um 1860–1862. Paris, Louvre
**545** Jean François Millet. Ährenleserinnen. 1857. Paris, Louvre
**546** Léon Lhermitte. Die Spinnerin. Kreide. Um 1900. Leipzig, Museum der bildenden Künste
**547** Edgar Degas. Tänzerinnen. Pastell. 1885. Paris, Privatbesitz
**548** Claude Monet. Impression – Sonnenaufgang. 1872. Paris, Musée Marmottan
**549** Edgar Degas. Unterhaltung. Pastell. Um 1884–1886. Berlin, Staatliche Museen

549

550

551

wesentliche Anregungen verdankten. Wie eine Momentaufnahme erfaßten sie zufällige Ausschnitte aus der Natur oder aus dem Straßenbild. Das fieberhafte, ruhelose Großstadtleben mit seiner anonymen Menschenmenge und dem ständig vorüberbrausenden Verkehr zog diese Künstler in seinen Bann, aber auch die sozial entwurzelte Boheme und die Demimonde sowie die Welt des Theaters, die Edgar Degas (1834–1917), den Maler der Pariser Ballettmädchen, zeitlebens fesselte. Da man nicht mehr die bleibende Struktur der Dinge, sondern nur einen Augenblick ihrer sich mit Standpunkt und Licht ständig verändernden Erscheinung wiedergeben wollte, büßte die Zentral- oder Linearperspektive ihre Bedeutung ein. Farbe und Licht wurden zum eigentlichen Baumaterial der Bilder. Neben der Landschaft war der unbekleidete weibliche Körper, dessen Schönheit Auguste Renoir (1841–1919) in seinen zahlreichen Bildern von Badenden feierte, ein bevorzugtes Motiv der Impressionisten.

Um ständig und ungestört im Freien malen zu können, verlegte Claude Monet (1840–1926) sein Atelier auf ein Boot, das zum Treffpunkt impressionistischer Maler wurde. Immer genauer beobachtete man, wie sich mit dem Licht die Farben veränderten, wie es auch die Materie optisch verwandelte. So wurde die Farbigkeit immer nuancierter und heller. Das flimmernde Sonnenlicht, die Kürze eines Augenblicks, das wechselnde Bild der Großstadtstraßen forderten außerdem eine schnelle Maltechnik: Der Pinselstrich wurde lockerer, leichter und breiter und machte die Handschrift des Künstlers sichtbar. Um eine

**550** Edouard Manet.
Frühstück im Freien. 1863.
Paris, Louvre
**551** Auguste Renoir.
Frühstück der Ruderer. 1881.
Washington, Phillips Collection
**552** Auguste Renoir.
Akt in der Sonne. 1875.
Paris, Louvre
**553** Alfred Sisley.
Dorf am Ufer der Seine. 1872.
Leningrad, Ermitage

möglichst große Leuchtkraft der Farben zu erzielen, mischte man sie schließlich nicht mehr auf der Palette, sondern brachte die Farben, aus denen sich der gewünschte Ton zusammensetzte, in kleinen Tupfen nebeneinander auf die Leinwand, ihre Mischung dem Auge des Betrachters überlassend.

Obgleich den Impressionisten jene Anteilnahme für die Arbeiter fehlte, die aus Gemälden der Realisten spricht, wurden ihre Bilder dennoch von der Kunstkritik abgelehnt und vom Salon ausgeschlossen. »Es ist eine Wirkung der Ehrlichkeit, daß die Werke eine Art mitbekommen, die sie einem Protest ähnlich macht, während der Maler doch nur daran dachte, seinen Eindruck wiederzugeben«, heißt es in einem wohl von Manet verfaßten Begleittext zu einem Ausstellungskatalog. Die Maltechnik der Impressionisten, die das Handwerkliche des Malvorgangs erkennen ließ und damit gegen alle traditionellen Vorstellungen von einer vollkommenen Kunst verstieß, wurde als Schmiererei und Farbkleckserei diffamiert. Die Ablehnung durch die Jury des Salons schloß alle nichtakademischen Künstler zusammen. 1863, als drei Fünftel aller eingereichten Werke refüsiert wurden, veranstalteten die zurückgewiesenen Künstler erstmals eine gemeinsame Ausstellung, den »Salon des Refusés«. Hier waren nahezu alle französischen Maler vereinigt, deren Werke die Zeit überdauern sollten. Die wenigsten von ihnen waren allerdings zu diesem Zeitpunkt schon eigentliche Impressionisten. Traditionsverbunden war und blieb die Malerei Edouard Manets (1832–1883). Dennoch löste gerade er regelrechte Skandale aus, nur weil er es wagte, auf seinen Bildern »Frühstück im Freien« (1863) und »Olympia« (1863, ausgestellt 1865) das Thema der freien und der käuflichen Liebe ohne allegorische oder mythologische Verbrämung darzustellen.

Wie die Bezeichnung »Realismus« wurde auch der Stilbegriff »Impressionismus« anfangs als Spottname gebraucht. Er geht zurück auf ein Bild von Claude Monet, das 1874 in der ersten Gruppenausstellung dieser Maler hing und den Titel »Impression. Aufgehende Sonne« trug. Es zeigt einen Sonnenaufgang im Hafen von Le Havre, bei dem der Morgendunst und das sich in ihm brechende und vom Wasser reflektierte Licht die Konturen des Hafens und der Schiffe nahezu auflösen. Dieses Bild ist Impressionismus in seiner vollen Entfaltung, läßt aber auch schon die Grenzen dieser Malerei erkennen. Der Augeneindruck erschien immer flüchtiger und zugleich subjektiver. Dementsprechend wurde auch die Pinselführung noch rascher und lockerer, die Konturen verflossen vollends, und die Farben wurden noch nuancierter und subtiler. Schließlich war der Bildgegenstand selbst kaum noch von Bedeutung – Claude Monet malte in den letzten dreißig Jahren seines Lebens nahezu ausschließlich seinen Garten mit dem Seerosenteich. Der Impressionismus geriet in Gefahr, zu einer kultivierten Dekorationskunst zu verflachen.

Andere Maler bemühten sich in den achtziger Jahren, dem Auflösungsprozeß entgegenzuwirken. Georges Seurat (1859–1891) suchte dem Impressionismus ein neues Fundament zu geben, indem er für die Farbzerlegung ein auf wissenschaftliche Erkenntnisse gegründetes System entwickelte. Unter dem Eindruck der Entdeckungen von Helmholtz und Chevreul über die Natur des Lichts stellte er für die bislang intuitiv und subjektiv geübte Farbzerle-

554

555

554 Georges Seurat. Ein Sonntagnachmittag auf der Insel La Grande Jatte. 1884–1886. Chicago, Kunstinstitut
555 Camille Pissarro. Im Gespräch. 1892. Paris, Privatbesitz

556

557

Eindruck einer neuen Festigung der Formen und Konturen. Infolge ihrer technischen Einseitigkeit besaß diese Malweise aber keine Entwicklungsmöglichkeit. Dennoch war sie der erste Versuch einer Synthese von Kunst und Wissenschaft, um die sich so viele Künstler in den folgenden Jahrzehnten bemühen sollten.

Die achte Impressionistenausstellung 1886 war die letzte gemeinsame Schau dieser Gruppe. Als in den achtziger Jahren ausgedehnte Wirtschaftskrisen die sozialen Gegensätze verschärften und die Arbeiterbewegung einen neuen Aufschwung nahm, büßten die in ein so freundliches Gewand gehüllten Wahrheiten der Impressionisten ihre den Bürger schockierende Wirkung ein. Durch zunehmende Einengung der Wirklichkeitssicht hatte der Impressionismus zum Abbau der realistischen Kunstauffassung, von der er ausgegangen war, beigetragen. Die immer stärker hervortretende Dekorativität impressionistischer Malerei, ihre thematische Unverbindlichkeit, die leuchtenden Farben und die lebensfrohe Weltsicht verschafften ihr Liebhaber und Käufer und einigen ihrer Vertreter sogar offizielle Anerkennung.

Auch in Deutschland verlief die Entwicklung vom Realismus zum Impressionismus, allerdings mit einer zeitlichen Verzögerung, die sich aus der Rezeption der französischen Vorbilder ergab. Als Deutschland nach dem siegreichen Ausgang des Deutsch-Französischen Krieges 1870/71 innerhalb kurzer Zeit den wirtschaftlichen Vorsprung Englands und Frankreichs aufholte, wuchs die Kunst aus ihrer biedermeierlichen Enge und lokalen Begrenztheit heraus. Ihre besten Vertreter setzten sich mit den sozialen Problemen, mit der Fabrikarbeit und dem Leben in den Großstädten auseinander. Das

gung feste Regeln auf. Die Anhänger des Neoimpressionismus forderten nicht nur die ausschließliche Verwendung reiner Farben, sondern legten auch die Größe der punkt- oder kommaförmigen Farbtupfen sowie die Abstände zwischen ihnen fest. Der Pointillismus, wie diese Art des Farbauftrags genannt wurde, erreichte dadurch eine noch stärkere Leuchtkraft der Farben als der Impressionismus. Bei größerer Entfernung vom Bild entstand der

558

556 Adolph Menzel. Das Eisenwalzwerk. 1875. Berlin, Staatliche Museen

557 Max Liebermann. Flachsscheuer in Laren. 1887. Berlin, Staatliche Museen

558 Wilhelm Leibl. Kopf einer Bäuerin. 1876–1877. München, Bayerische Staatsgemäldesammlungen

559 Ilja J. Repin. Wolgatreidler. 1870–1873. Leningrad, Russisches Museum

560 Wladimir J. Makowski. Bankkrach (Ausschnitt). 1881. Moskau, Tretjakow-Galerie

561 Wassili G. Perow. Totengeleit. 1865. Moskau, Tretjakow-Galerie

559

herausragende Werk der deutschen realistischen Malerei, das »Eisenwalzwerk« von Adolph Menzel, ist das erste bedeutende moderne Industriebild. Mit seinen volkreichen Großstadtbildern spielte Menzel in der Entwicklung vom Realismus zum Impressionismus in Deutschland eine ähnlich vermittelnde Rolle wie Manet in Frankreich. Während Menzel als Maler der Friedrich-Historien offizielle Anerkennung fand, konnten sich die meisten Realisten gegenüber dem gründerzeitlichen Kunstbetrieb nicht durchsetzen. So zog sich Wilhelm Leibl (1844–1900) aus der Kunstmetropole München in die ländliche Abgeschiedenheit Oberbayerns zurück, wo er, an das Vorbild Courbets anknüpfend, von ihrem harten Leben gezeichnete bäuerliche Modelle malte.

Als in den achtziger Jahren die patriotische Begeisterung über die Reichseinigung und die Gründereuphorie abgeklungen waren, als sich trotz Sozialistengesetz die Arbeiterbewegung festigte und die Streikaktionen einen Höhepunkt erreichten, wandten sich sozial engagierte Künstler verstärkt der Darstellung von Proletariern und von Szenen aus dem Arbeitsleben zu, die sie oft kritisch beleuchteten. Diese »Naturalisten« übernahmen schließlich die impressionistische Technik und wandten sie auf ihre Themen an.

Wichtige Anregungen für die sozial geprägte Malerei gingen von Belgien aus, das in einer Epoche nationalen Aufschwungs seine Unabhängigkeit erlangt hatte und sich zu einem ökonomisch fortgeschrittenen Land mit einer starken Arbeiterbewegung entwickelte. Neben Constantin Meunier, der auch als Maler die schwere Arbeit der Bergleute schilderte, schufen viele belgische Künstler Bilder, die die kapitalistischen Verhältnisse anklagten.

Auch der Deutsche Max Liebermann (1847–1935) malte mit seiner »Flachsscheuer in Laren« statt der heterogenen Großstadtmenge der französischen Impressionisten eine monumental gesehene Arbeitsdarstellung, statt der flüchtigen Bewegtheit den gleichmäßigen Rhythmus mechanischer Tätigkeit und statt der weiten Landschaft die Atmosphäre eines unpersönlichen Arbeitsraums. Erst Mitte der neunziger Jahre wandte sich auch Liebermann dem Lebensbereich des Bürgertums zu.

In Rußland, wo Rückständigkeit und Unterdrückung durch den Zarismus die demokratisch gesinnten Künstler eng mit dem Volk verbanden, nahm die realistische Kunst eine geradlinige Entwicklung: Aus der bäuerlichen Genremalerei ging die demokratisch-realistische Kunst der Moskauer Schule hervor, deren Schaffen Ende der sechziger Jahre gesellschaftskritische Dimensionen gewann. 1870 schlossen sich die kritischen Realisten zur »Genossenschaft der Wanderausstel er« zusammen, die zur Propagierung ihrer sozialen Forderungen in vielen Städten des Landes Ausstellungen veranstaltete, worauf sich auch ihr Name gründete. Der bedeutendste russische Maler, Ilja J. Repin (1844–1930), war Mitglied der Wanderergenossenschaft. Sein Bild der Wolgatreidler ist ein großartiges Bekenntnis zum arbeitenden Volk, dem trotz Ausbeutung und Unterdrückung die Kraft zur Umgestaltung der Gesellschaft innewohnte. Nach der Zerschlagung der »Volkstümler« verlor Repins Realismus zwar an revolutionärer Entschiedenheit, seinem späteren Werk kommt jedoch das Verdienst zu, die russische Malerei um Farbgebung und Maltechnik der Impressionisten bereichert zu haben.

560

561

562

563

564

## Die »Väter« der modernen Kunst

Während sich die französischen Impressionisten mit der Wiedergabe der flüchtigen Augenreize der Großstadt begnügten, lehnten andere Maler, die durch die Schule des Impressionismus gegangen waren, seit den achtziger Jahren einen solchen »Realismus der Augentäuscher« ab. Sie suchten den wahren Sinn der Kunst wie des Lebens neu zu ergründen und wollten von der Erscheinung wieder zum Wesen der Dinge vordringen. Ihre Sehnsucht nach einer vom Menschen noch nicht deformierten Natur und einem von der Industriegesellschaft nicht entstellten Menschentum ließ diese Maler auf das Land oder sogar in von der Zivilisation noch unberührte Erdteile ausweichen. Die Kluft zur bürgerlichen Gesellschaft, die solche Künstler durch Mißachtung isolierte, wurde immer größer. Verkannt und vereinsamt schufen Cézanne, van Gogh und Gauguin jene Werke, die der Kunst unseres Jahrhunderts die Richtung weisen sollten. Im Gegensatz zu den Neuidealisten rangen sie um den Ausdruck einer Humanität, die ihnen nicht als unwiederbringliches Gut der Vergangenheit, sondern als Zukunftsvision einer von körperlicher und seelischer Not befreiten Menschheit vor Augen stand. Auf der Suche nach einer »ehrlichen« Kunst entdeckten sie die bäuerliche Volkskunst und die Kunst der »Primitiven«, aber auch den hochentwickelten japanischen Holzschnitt. Indem sie deren Ausdruckskraft von Form und Farbe anstrebten, erschlossen die »Väter der Moderne« der jüngeren Avantgardegeneration neue Wege.

**562** Paul Cézanne.
Die Mühle von Pontoise. 1881.
Berlin, Staatliche Museen
**563** Paul Gauguin.
Zwei Frauen von Tahiti. 1892.
Dresden, Staatliche Kunstsammlungen
**564** Paul Cézanne. Früchte. 1879.
Prag, Nationalgalerie

Paul Cézanne (1839–1906) wollte »aus dem Impressionismus etwas Festes und Dauerhaftes machen wie die Kunst der Museen«. Wie die Impressionisten sah er in der Farbe das Grundelement der Malerei, doch ging er einen entscheidenden Schritt weiter, indem er die Linearperspektive konsequent ausschaltete und die körperlich-räumliche Welt allein mittels der Farbe auf die zweidimensionale Leinwand übertrug. Er entwickelte eine neue »Farbenlogik«, in der die Farben aus der Konstruktion des Bildes sich ergebende Funktionen erhielten. Da jeder der Farbflecke, mit denen er seine Gemälde »modulierte«, mit dem Bildganzen eine Einheit bildete, gewann auch der Gegenstand eine neue Festigkeit und Monumentalität. Der Inhalt der Bilder Cézannes war die reale Welt, sie lieferte ihm nicht nur das Motiv, sondern durch sein unermüdliches Beobachten »auf dem Motiv« auch die Farbnuancen und Farbintervalle. Doch suchte Cézanne seine Bildthemen nicht in der modernen Großstadt, sondern in der Landschaft seiner provenzalischen Heimat, im Stilleben oder in der außergesellschaftlichen Existenz von Akten in der freien Natur.

Bei Paul Gauguin (1848–1903) war das Ringen um die ausdrucksstarke Form mehr von einem inhaltlichen Konzept geprägt. Als führendes Mitglied der »Nabis« war er dem Symbolismus verbunden. Er überwand jedoch dessen dekadente Fin-de-siècle-Thematik mit seinen einfachen bäuerlichen Gestalten aus der Bretagne und danach bei den Eingeborenen der Südseeinseln, zu denen ihn mangelnder Erfolg, Zivilisationsmüdigkeit und die Suche nach einem ursprünglichen Menschentum trieben. Ähnlich wie bei den Götzenbildern primitiver Kulturen sind auf Gauguins Gemälden die kräftigen und leuchtenden Farben und die ornamental vereinfachenden Konturen, die die Farbflächen zusammenhalten und gegeneinander abgrenzen, als Ideen- und Ausdrucksträger eingesetzt.

Vertiefung des Ausdrucks war auch das Anliegen Vincent van Goghs (1853–1890). Seine beispielhafte Menschlichkeit und sein überragendes Künstlertum ließen ihn zu einem Vollender des Realismus des 19. Jahrhunderts werden, dessen formale Aussagemöglichkeiten er für unsere Zeit entscheidend erweiterte. Während Gauguin Europa, wo nach seinen Worten »die Gesellschaft und die Kunst verfault« waren, den Rücken kehrte und während Cézanne auf außergesellschaftliche Themen auswich, gab es für van Gogh nichts, »was künstlerischer wäre, als die Menschen zu lieben« – die Menschen seiner Zeit und seiner Gesellschaft, die in der Borinage Opfer des Kapitalismus wurden oder auf dem Lande ein hartes Leben fristeten. Bei van Gogh wurden Linienführung und Farbgebung nicht vom Intellekt gesteuert, sondern entsprangen dem Ringen des Malers um Wiedergabe seiner Gefühle, vor allem des menschlichen Mitgefühls. In der expressiven Kraft seiner reinen, ungemischten Farben und der Leidenschaftlichkeit der malerischen Handschrift übertraf er alle zeitgenössische Malerei.

Für die graphischen Künste war die zweite Hälfte des 19. Jahrhunderts eine Zeit des Niedergangs. Die Druckgraphik galt nur noch als Verfahren zur mechanischen Vervielfältigung originärer Techniken. So sank die Lithogra-

565

566
567

565 Vincent van Gogh. Landstraße mit Zypressen und Stern. 1890. Otterlo, Rijksmuseum Kröller-Müller
566 Vincent van Gogh. Arbeitender Bauer. Kreide. 1885. Otterlo, Rijksmuseum Kröller-Müller
567 Vincent van Gogh. Grabende Bäuerin. Kreide. 1885. Amsterdam, Stedelijk Museum

568

phie zum Mittel der Gemäldereproduktion herab, während die Radierung der Wiedergabe von Zeichnungen diente. Auch das schnell anwachsende Zeitungs- und Zeitschriftenwesen nahm die Graphik als Reproduktionstechnik in seinen Dienst. Der Realist Alexandre Théophile Steinlen (1859–1923) nutzte bereits die breite Wirksamkeit der Presseerzeugnisse, um seine Kunst als Waffe im Klassenkampf einzusetzen, und gab der Graphik damit neue Inhalte und Funktionen. Die Impressionisten dagegen reizten vor allem die technischen Variationsmöglichkeiten der Druckgraphik. Aquatintaradierungen Camille Pissarros (1830–1903), des bedeutendsten Graphikers unter den Impressionisten, weisen bis zu 16 Zustände auf. Der Gebrauchsgraphik erwuchs ein neuer Aufgabenbereich in dem Plakat, das mit den Farblithographien von Henri de Toulouse-Lautrec (1864–1901) einen ersten künstlerischen Höhepunkt erlangte. Ähnlich wie Toulouse-Lautrec in der Farblithographie steigerte Paul Gauguin die Ausdruckskraft großer Flächen und stilisierter Linien im Flächenholzschnitt, zu dem ihm die Südseekunst Anregungen gab. In Deutschland hob Max Klinger (1857–1920) die Radierung wieder in den Rang einer selbständigen Gattung. In einigen frühen Blättern nahm er Bezug auf revolutionäre Ereignisse und soziale Probleme, doch sind seine graphischen Zyklen insgesamt durch symbolistische Gehalte verschlüsselt.

Das Kunsthandwerk erlebte in dieser Zeit einen erschrekkenden Verfall. Mit der Abwanderung immer größerer Teile der Bevölkerung vom Dorf in die Stadt gingen die Traditionen der Volkskunst verloren. Immer mehr Handwerker sanken in die Reihen der Lohnarbeiter herab, die ihre kreativen Fähigkeiten einbüßten, weil sie ihre Arbeiten nur noch mechanisch ausführten. An die Stelle handwerklicher Gebrauchsware war die industriell gefertigte Massenware getreten. Zwar erkannten die Vertreter von Industrie und Wirtschaft bald den Marktwert der Kunst für die Massenproduktion, weshalb diese Jahre auch eine »Gründerzeit« für Kunstgewerbemuseen, -schulen und -zeitschriften waren. Doch propagierten diese Institutionen lediglich die Stilimitation von der Renaissance bis zum Biedermeier, so daß der Eklektizismus der bürgerlichen Repräsentationskunst auch die Gestaltung der Industrieerzeugnisse beherrschte. Außerdem dienten zahllose Erfindungen einzig dem Zweck, kostbare Materialien und

569

570
571

572

573

zeitaufwendige Handarbeit maschinell zu imitieren und die billigen Waren für den Massenkonsum wertvoll erscheinen zu lassen.
In dieser Zeit des Niedergangs traten Künstler auf, die die Qualität der Gebrauchsgüter verbessern wollten. Der Kampf gegen die Schundproduktion war von Anfang an mit der sozialistischen Bewegung verbunden. William Morris (1834–1896), der bedeutendste Vertreter der in England einsetzenden Reform des Kunstgewerbes, forderte, daß nicht nur die Kunst, sondern das Gesellschaftssystem selbst erneuert werden müsse. Bereits 1861 gründete Morris in London eine Firma, in der die Traditionen des englischen Kunsthandwerks wiedererweckt werden sollten. Sie wurde zum Grundstein der Arts and Crafts (Kunst und Handwerk)-Bewegung, die sich in den achtziger Jahren zunächst in England verbreitete und um die Jahrhundertwende auf den Kontinent übergriff. Die Entwürfe für die Tapeten, Teppiche, Stoffdrucke, Möbel und das Hausgerät der Firma Morris lieferten bekannte Künstler, unter ihnen auch Präraffaeliten. Da die meisten Vertreter der Arts and Crafts-Bewegung jedoch die maschinelle Fertigung ablehnten, waren ihre Erzeugnisse für die breiten Schichten viel zu teuer. Mit seiner Forderung nach materialgerechter Gestaltung und künstlerischer Qualität wurde William Morris aber zum Wegbereiter aller folgenden Reformbestrebungen einschließlich der modernen Industrieformgestaltung.
Während die Kleidung des im Erwerbsleben stehenden Mannes in der zweiten Hälfte des 19. Jahrhunderts unter das Gesetz der Zweckmäßigkeit gestellt wurde, übernahm die Frau nunmehr allein die Standesrepräsentation. Daher spiegelte die Frauenmode weit mehr als die Männerkleidung den parvenühaften Anspruch des neuen Geldadels wider. Um seine »Hoffähigkeit« unter Beweis zu stellen, plünderte man die Stile des absolutistischen Zeitalters: Dem »zweiten Rokoko« der Jahrhundertmitte folgten die Barockmoden imitierenden Tournürenkleider der Gründerzeit. Da mit der Wiedergeburt der feudalen Moden die sozialen Unterschiede innerhalb der Frauenkleidung, aber auch zwischen der Männer- und Frauenmode wuchsen, waren erste Reformbestrebungen nicht nur von hygienischen, sondern auch von sozialen Gesichtspunkten bestimmt und eng mit der in dieser Zeit einsetzenden Frauenemanzipation verbunden.

**568** Henri de Toulouse-Lautrec. Jane Avril im Jardin de Paris. Farblithographie. Plakat. 1893
**569** Paul Gauguin. Frau unter einem Baum. Holzschnitt. Um 1900
**570** Alexandre Théophile Steinlen. Nach 30 Jahren Republik. Lithographie für »L'asiette au beurre«, 1900
**571** Max Klinger. In die Gosse! Radierung und Aquatinta aus dem Zyklus »Ein Leben«. 1884
**572** Bruce James Talbert. Interieurstudie. Holzschnitt. 1869
**573** Wandteppich nach einem Entwurf von William Morris. 1885. Walthamstow, William Morris Galerie
**574** Im Café Bauer. Holzstich nach einer Zeichnung von Walter Busch. 1883

574

575

576

## *Die Architektur in der zweiten Hälfte des 19. Jahrhunderts*

*In den Gründerjahren herrschte in der Architektur der Eklektizismus. Die Geschäfts- und Wohnhäuser der Bourgeoisie wetteiferten mit den Palästen der Renaissance und die staatlichen und städtischen Repräsentationsbauten mit den Schlössern des Barocks. Für die Berliner Börse war der Louvre als Vorbild gerade gut genug, und der Reichstag schien mit seiner neubarocken Monumentalität die Schlösser der absolutistischen Fürsten noch übertreffen zu wollen.*

*Die Nachahmung historischer Stile stellt aber nur eine Seite der Bautätigkeit dieser Epoche dar. Während die Fassaden der Gründerbauten immer prunkvoller wurden, während gleichzeitig die trostlosen Mietskasernen in den Großstädten entstanden, schritt bei den Zweckbauten die technische Entwicklung mit Riesenschritten voran. Die Eisenkonstruktionen wurden immer kühner und erlebten mit dem 300 Meter hohen Eiffelturm, der 1889 zur Pariser Weltausstellung errichtet wurde, im wahrsten Wortsinn ihren »Höhepunkt«. Er demonstrierte der ganzen Welt die fast unbegrenzten Möglichkeiten der Technik und galt lange als Symbol des Fortschritts.*

**575** Berliner Börse. 1859–1864 von Friedrich Hitzig (zerstört)
**576** Reichstagsgebäude in Berlin. 1884–1894 von Paul Wallot (Archivfoto)
**577** Eiffelturm in Paris. 1887–1889 von Alexandre Gustave Eiffel

578

## *Von der Historienmalerei zum Ereignisbild*

*Wohl nie zuvor waren die Gegensätze in der Kunst so groß wie in der Malerei dieser Jahrzehnte. Äußerliches Posieren und eine Prüderie, deren Scheinheiligkeit auch das allzu durchsichtige historische Gewand nicht verhüllen kann, kennzeichnen das Bild, auf dem sich der »Malerfürst« Makart den Einzug Kaiser Karls V. in Antwerpen »ausmalt«. Die Prachtliebe der Venezianer und die Sinnlichkeit eines Rubens mußten herhalten, um vordergründige Schau- und Sensationslust zu befriedigen. Vor der fast 50 Quadratmeter großen Leinwand, die 1878 auf der Pariser Weltausstellung eine Ehrenmedaille erhielt, drängte sich die Wiener Gesellschaft, um stadtbekannte Damen, die dem Maler Modell gestanden hatten, in sparsamer Kleidung in Augenschein zu nehmen.*

*Wie unpathetisch, geradezu kühl und nüchtern wirkt daneben das Gemälde von Manet, das die Erschießung Kaiser Maximilians von Mexiko, einer Marionette Napoleons III. und seiner Großmachtpolitik, darstellt. Diese Malerei wollte weder Vergangenheit noch Gegenwart verklären, sondern – wie Manet selbst sagte –, nur »ehrlich« sein. Durch ihre Ehrlichkeit stellten die Bilder der Impressionisten aber die Verlogenheit der Gründerhistorien bloß und wurden – gewollt oder ungewollt – zum Protest. Eine lithographische Wiedergabe von Manets Erschießungsbild wurde verboten.*

*Anders als die Impressionisten wollten die Realisten auch als Künstler Partei ergreifen. Ein solches politisches Bekenntnisbild ist Repins Gemälde, das eine Feier für die Gefallenen der Pariser Kommune auf dem Friedhof Père Lachaise wiedergibt, die Repin bei seinem Parisaufenthalt miterlebte. – Wenige Jahre nur trennen Repins und Makarts Bild.*

**578** Hans Makart. Einzug Karls V. in Antwerpen (Ausschnitt). 1878. Hamburg, Kunsthalle

**579** Edouard Manet. Erschießung Kaiser Maximilians von Mexiko. 1868. Mannheim, Kunsthalle

**580** Ilja J. Repin. Feier an der Mauer der Kommunarden. 1883. Moskau, Tretjakow-Galerie

579

580

581
582

## *Das Aktbild in der zweiten Hälfte des 19. Jahrhunderts*

*Ein Vergleich der Aktdarstellungen Makarts und Manets offenbart die Verlogenheit der offiziellen Kunst und die Scheinmoral der bürgerlichen Welt. Eine allegorische Titelfindung genügte, um Makarts Nuditäten salonfähig zu machen. Das gleiche Bürgertum zeigte sich moralisch zutiefst entrüstet, als Manet bei seiner »Olympia« auf die mythologische Verkleidung verzichtete und eine Frau in Erwartung eines Liebhabers darstellte. Ende des 19. Jahrhunderts setzten sich bereits viele Künstler über die bürgerlichen Tabus hinweg; es entstanden Darstellungen wie Lovis Corinths »Mädchenakt im Bett«, ein Bild lebenssprühender Sinnlichkeit, die auch in Pinselführung und Farbgebung sichtbar wird.*

**581, 582** Hans Makart. Allegorien »Gesicht« und »Geruch«. 1872–1879. Wien, Österreichische Galerie
**583** Edouard Manet. Olympia. 1863. Paris, Louvre
**584** Lovis Corinth. Mädchenakt im Bett. 1899. Bremen, Kunsthalle

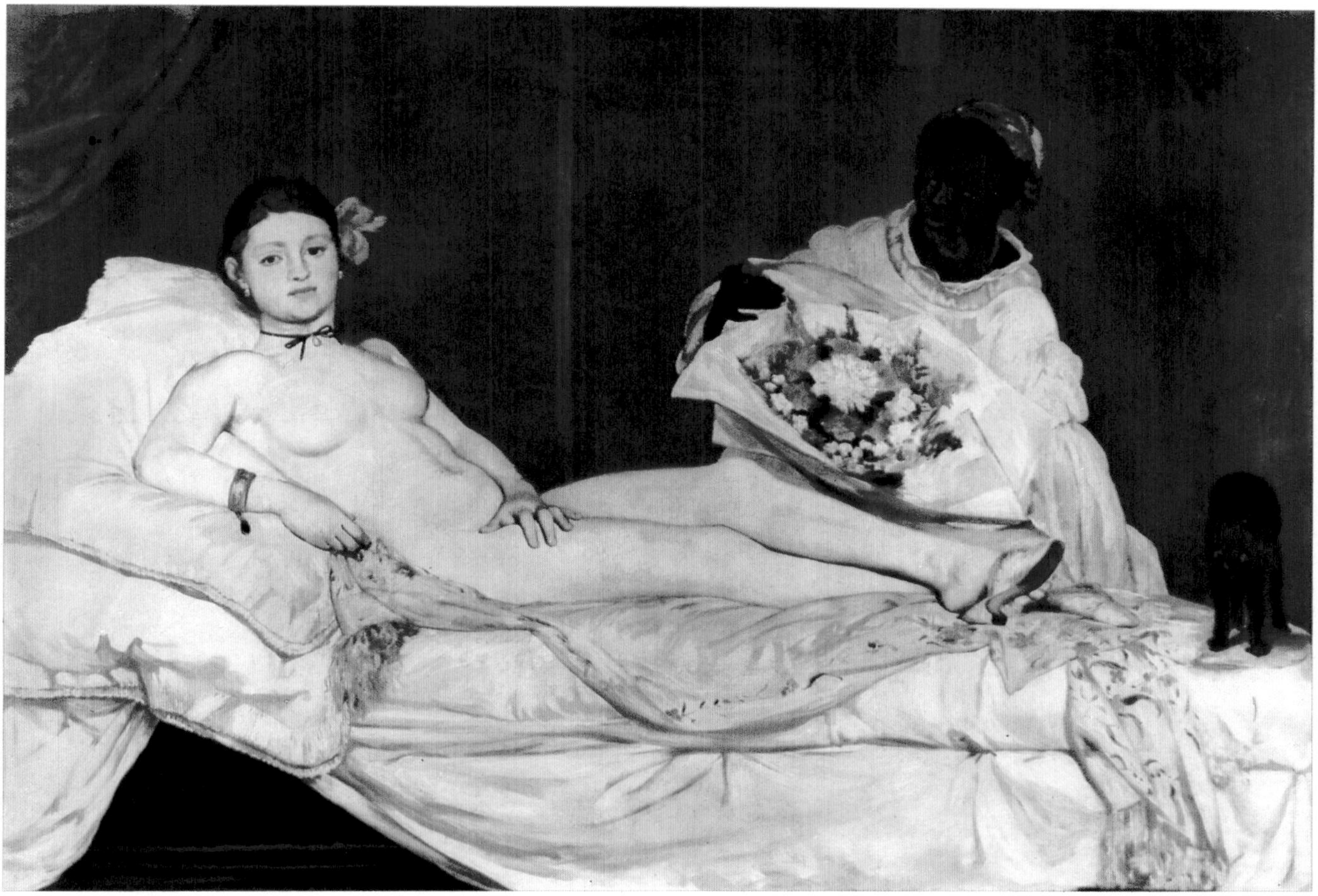

583

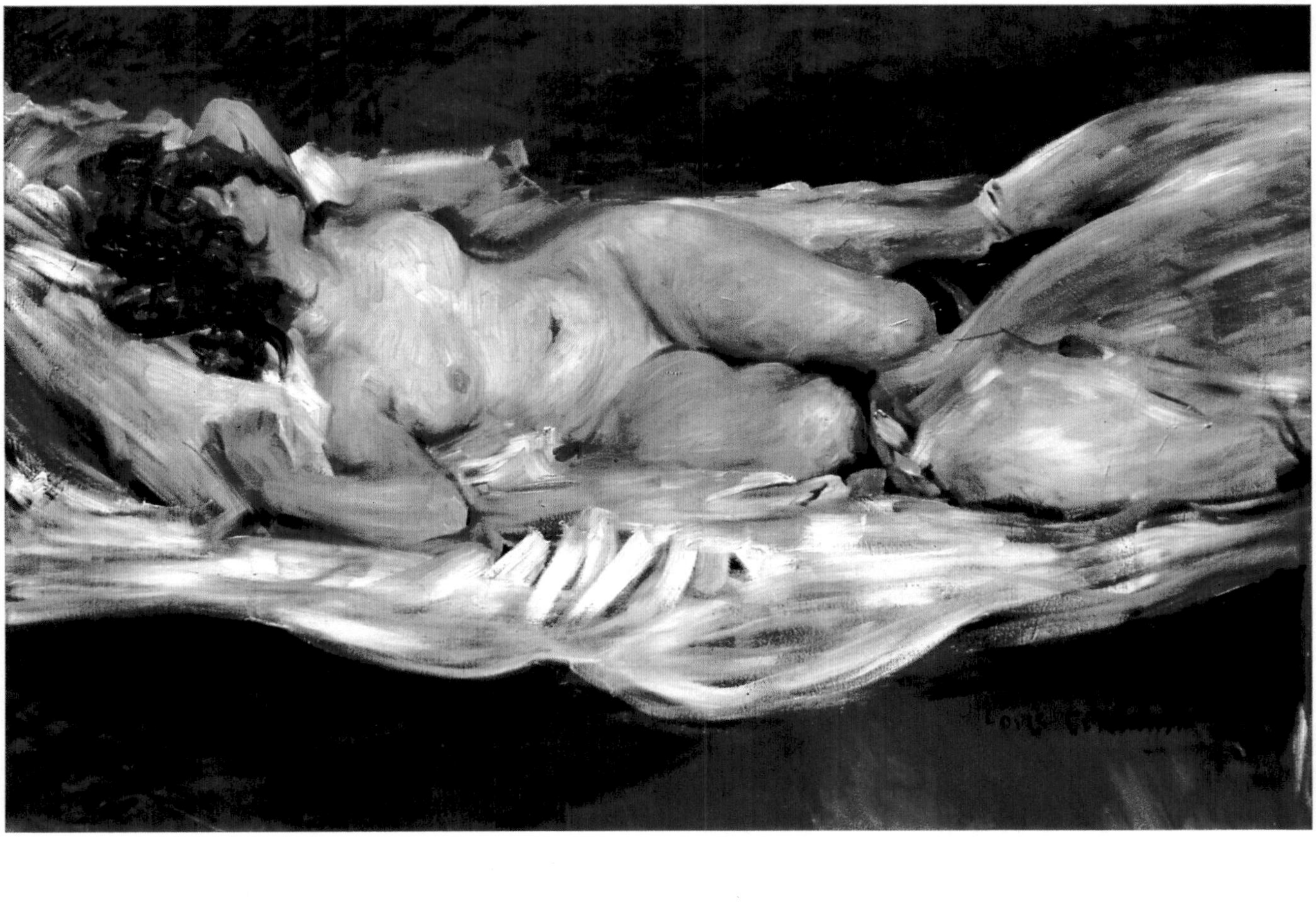

584

585

586

587

## *Die Entdeckung der Großstadtlandschaft*

*Die Impressionisten haben die Großstadtlandschaft für die Kunst entdeckt. In der zweiten Hälfte des 19. Jahrhunderts, als Paris zu einer modernen Großstadt mit prächtigen Avenuen und zahllosen eleganten Geschäften, Cafés, Restaurants, Theatern und anderen dem Vergnügen und der Kultur dienenden Einrichtungen heranwuchs, wurde die Menschenmenge auf den Pariser Boulevards immer größer und anonymer, Begegnungen zwischen den Menschen flüchtiger. Auch in der Malerei büßte der Mensch seine Individualität ein und wurde zum Bestandteil der Menge, bis er schließlich ganz in der Großstadtlandschaft auf- beziehungsweise unterging.*

*Die Maltechnik wurde ebenfalls immer schneller und aufgelöster – impressionistischer. Schon bei Manets Schilderung eines Pariser Gartenlokals im Tuilerienpark sind nur noch die Figuren im Vordergrund deutlich zu erkennen – alles andere ist hinundherflutende Menge. Auf dem Bild von Monet gehen die Menschen bereits im Straßengewühl unter, und bei Pissarro sind sie nur noch Farbtupfer in der Stadtlandschaft; die Atmosphäre und das Tempo der Großstadt sind der eigentliche Bildinhalt geworden.*

**585** Edouard Manet. Musik in den Tuilerien (Ausschnitt). 1860. London, Nationalgalerie

**586** Claude Monet. St.-Germain l'Auxerrois in Paris. 1866. Berlin (West), Staatliche Museen

**587** Camille Pissarro. Boulevard Montmartre. 1897. Leningrad, Ermitage

# Die Kunst im 20. Jahrhundert

1900 Gründung der Labour Party, 1903 der Partei der Bolschewiki. 1905 Jaurès einigt die französischen Sozialisten. 1905–1907 Bürgerlich-demokratische Revolution in Rußland. 1905/06 Erste und 1911 Zweite Marokkokrise. 1914–1918 Erster Weltkrieg. 1917 Februarrevolution und Große Sozialistische Oktoberrevolution in Rußland. Gründung der USPD in Gotha. 1918 Novemberrevolution in Deutschland. 1919 Gründung des Völkerbunds, der KPD und der Komintern. 1920 KPF. 1922 Gründung der UdSSR. Faschismus in Italien. 1933 Machtergreifung Hitlers. 1939 Beginn des zweiten Weltkriegs. 1940 Besetzung Frankreichs. 1941 Überfall auf die SU. Kriegserklärung an die USA. 1943 Schlacht bei Stalingrad. 1945 Bedingungslose Kapitulation Deutschlands. Potsdamer Abkommen. USA-Atombomben auf Hiroshima und Nagasaki. Gründung der UNO. 1947 Marshallplan. Beginn des »kalten Krieges«. 1949 Gründung der NATO, der BRD und der DDR. 1950–1953 Französischer Vietnamkrieg. Koreakrieg der USA. 1952 USA zünden erste Wasserstoffbombe. 1954–1962 Französischer Algerienkrieg. 1955 Warschauer Vertrag. 1956 Anglo-französische Suez-Aggression. 1957 Sputnik I. 1959 Kubanische Revolution. 1960 In Afrika erringen 16 ehemalige Kolonien Unabhängigkeit. 1960 und 1964 Belgische Intervention im Kongo. 1961 Erstes bemanntes Raumschiff (J. Gagarin). 1963 USA-Präsident Kennedy ermordet. Moskauer Atomteststopp-Abkommen. 1964–1973 Vietnamkrieg der USA. 1966 Luna 9 landet auf dem Mond. 1967 Israelische Aggression gegen Ägypten, Syrien und Jordanien. 1969 Erster Mensch auf dem Mond (N. Armstrong). 1972–1974 Watergate-Affäre. 1973 Reaktionärer Putsch in Chile. 1975 KSZE-Beschlüsse von Helsinki. 1978 Israel besetzt Südlibanon. Volksaufstand in Nikaragua. 1979 Ende des Schahregimes im Iran. 1980 Beginn des Golfkriegs. 1985 SDI-Programm der USA. 1987 Vertrag über die Verschrottung der landgestützten atomaren Mittelstreckenraketen.

Um die Jahrhundertwende, als das Kapital zu einer imperialen Macht geworden war und die großen Erfindungen und Entdeckungen sogar breite Schichten des mittleren und Kleinbürgertums in einen Fortschrittstaumel versetzten, feierte auch die offizielle Kunst weiterhin die »heile Welt« – sei es die einer idealisierten Gegenwart oder Vergangenheit. Andererseits wuchs die Zahl der Künstler, die erkannten, wie teuer der gepriesene Menschheitsfortschritt erkauft war. Lohnsklaverei und Kolonialismus, die zur Verelendung des Proletariats und zur Unterdrückung der Bevölkerung ganzer Kontinente geführt hatten, legten den inhumanen Charakter des kapitalistischen Systems bloß, die zyklischen Weltwirtschaftskrisen, die zunehmende Kriegsgefahr und die wachsende Arbeiterbewegung ließen ebenfalls den Glauben an seine Beständigkeit schwinden und forderten immer mehr Künstler zur Parteinahme für eine humanere Gesellschaft heraus.
Seit den neunziger Jahren schlossen sich in vielen Ländern Künstler zusammen, die die Reformbestrebungen des 19. Jahrhunderts fortführen und sich gegenüber dem offiziell gelenkten Kunstbetrieb mit eigenen Ausstellungen durchsetzen wollten. Die fortschrittlichsten unter ihnen erkannten bereits den Zusammenhang zwischen dem Niedergang der Kunst und dem der Gesellschaft. Sie forderten nicht nur, daß Malerei und Plastik vom Kunstmarkt unabhängig werden sollten, sondern daß auch die Gestaltung der industriellen Massengüter aus den Händen der Unternehmer in die der Künstler gelegt werden müsse. Da sich die Struktur der Gesellschaft aber nicht mit den Mitteln der Kunst verändern ließ, tendierte auch der Jugendstil zu einer inhaltsleeren Stilkunst, die sich schließlich ebenso wie der Historismus vermarkten ließ. Während die künstlerische Avantgarde als Produktgestalter und Architekten mit den sozialen Aspekten ihres Schaffens konfrontiert und zur Parteinahme herausgefordert wurde, wichen die Maler meist auf die Lösung formaler Probleme aus. Die extreme Isolierung, in die diese Künstler gerieten, spiegelt sich in jener Vielzahl von Stilrichtungen und Kunstismen wider, die in kurzer Zeit aufeinander folgten.
Der Wendepunkt war die Große Sozialistische Oktoberre-

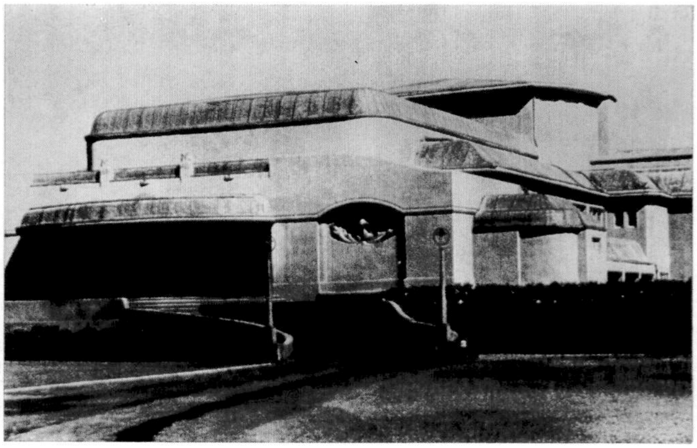

volution, die in Rußland mit dem Sieg der Arbeiterklasse die Grundlagen für eine Erneuerung der Kunst schuf. Auch Vertreter der Avantgarde stellten sich nun in den Dienst des Volkes und wurden zu Pionieren der sozialistischen Kunst. Sie arbeiteten als Propagandisten der Revolution und waren die ersten Künstler, die für das Volk Wohnungen und Möbel, Kleidung und andere Massenbedarfsgüter entwarfen. Um bewußtseinsbildend wirken zu können, mußten sie allerdings den Massen verständliche Ausdrucksmittel einsetzen und auf reine Formexperimente verzichten.

590

Die militärischen Interventionen, der ökonomische Druck sowie die ideologische Einflußnahme, durch die der Imperialismus das Rad der Geschichte zurückzudrehen suchte, trugen ebenfalls dazu bei, daß die Kunst der Avantgarde in der Sowjetunion in Mißkredit geriet und sich auch die Gegensätze zwischen der sozialistischen und der spätbürgerlichen Kunst zuspitzten. Während sich die sozialistische Kunst an den Traditionen des russischen kritischen Realismus orientierte, wich die spätbürgerliche Moderne immer mehr der Auseinandersetzung mit der Gesellschaft und damit zugleich der Auseinandersetzung mit der proletarisch-revolutionären Kunst aus, die nach dem ersten Weltkrieg in den bürgerlichen Ländern, vor allem in Deutschland, entstanden war.

In den dreißiger Jahren schlossen sich die demokratisch gesinnten Künstler der ganzen Welt über alle stilistischen Unterschiede hinweg zur Einheitsfront gegen den Faschismus zusammen, der sämtliche künstlerische Richtungen, die seinen Absichten nicht dienstbar gemacht werden konnten, als »entartet« verfemte.

Nach dem zweiten Weltkrieg kam es jedoch in der Periode des kalten Krieges erneut zu einer extremen Polarisierung zwischen der sozialistischen und der bürgerlichen Kunst. Das Zentrum der spätbürgerlichen Kunstentwicklung verlagerte sich in die USA, die als einziges kapitalistisches Land gestärkt aus dem Krieg hervorgingen und sich zum Bollwerk des Antikommunismus entwickelten. Von hier aus wurde die abstrakte Kunst lanciert und als einzig wahrhaft »freie« Kunst angepriesen, der gegenüber man den sozialistischen Realismus als »Tendenzkunst« abzuwerten suchte.

Die Herausbildung des sozialistischen Weltsystems und der Zerfall des imperialistischen Kolonialsystems hatten jedoch zur Folge, daß der Einfluß der sozialistischen Kunst ständig wuchs. Die Erkenntnis der differenzierten Rolle der Kunst in der entwickelten sozialistischen Gesellschaft führte dazu, daß die enge Realismusauffassung zugunsten inhaltlicher Breite und formaler Vielfalt überwunden wurde. Die jungen sozialistischen Staaten brachten ihre nationalen Traditionen in die sozialistische Kunst ein und erweiterten damit ebenfalls die Palette ihrer Ausdrucksmöglichkeiten.

Heute hat die sozialistische Kunst über politische und gesellschaftliche Grenzen hinweg internationale Bedeutung gewonnen. Der Kampf gegen die Gefahr der atomaren Vernichtung des Lebens auf der Erde und für eine humane Zukunftsperspektive verbindet sie mit den humanistisch gesinnten Künstlern der ganzen Welt.

**588** Großes Schauspielhaus (später Friedrichstadt-Palast) in Berlin. 1918–1919 von Hans Poelzig (abgetragen)
**589** Theater der Werkbundausstellung in Köln. 1914 von Henry van de Velde
**590** Bauhaus in Dessau. 1925–1926 von Walter Gropius (Archivfoto)
**591** Deutscher Pavillon der Weltausstellung in Barcelona. 1929 von Ludwig Mies van der Rohe

591

592

593

594

## Die Kunst in den imperialistischen Ländern

Der Jahrhundertbeginn stand im Zeichen des künstlerischen Aufbruchs einer jungen Generation, die den verstaubten Plüsch und Gips ihrer Väter, den Ballast historischer Stilformen über Bord werfen und einen zeitgemäßen originären Stil schaffen wollten, wobei alle Bereiche des Lebens eine künstlerische Gestaltung erfahren sollten. Die in Frankreich und Belgien »Art nouveau« (neue Kunst), in Deutschland »Jugendstil« genannte Erneuerung fand nahezu internationale Verbreitung. Allerdings sahen die meisten Jugendstilkünstler die Schaffung eines neuen Stils vor allem als eine ästhetische und weniger als eine soziale Aufgabe. Viele glaubten, schon durch die Modernisierung des Ornaments, das ja allen Kunstgattungen gemeinsam ist, einen modernen Stil zu entwickeln und vermochten daher kaum mehr als neue Schmuckformen hervorzubringen. Dieser sogenannte florale Jugendstil konnte deshalb schon bald von der offiziellen Kunst adaptiert und ebenso wie die historischen Stile luxuriös verfeinert für Repräsentationszwecke eingesetzt werden.

Die weitsichtigeren Künstler erkannten aber bereits, daß die Form nichts Aufgesetztes sein darf, sondern der Funktion entsprechen muß. Auf dem Gebiet der Architektur, wo sich soziale und funktionelle Fragen eher stellten als in Malerei und Plastik, setzten die besten Vertreter des Jugendstils und ihre Schüler durch ihre positive Einstellung zur Technik, zu den modernen Baustoffen und zur funktionsgerechten Form einen wichtigen Anfang für jene Bewegung, die man in den zwanziger Jahren »neues Bauen« nannte.

Die technischen Voraussetzungen für eine zeitgemäße Architektur hatten schon die Ingenieurbauten des 19. Jahrhunderts erprobt. Es war auch ein Ingenieur, der den Stahlbeton als Gestaltungsmittel in die Baukunst einführte. Dieses Material, das die Zugfestigkeit des teuren Stahls mit der Druckfestigkeit des billigen Betons vereint und die Architektur ein zweites Mal revolutionierte, war zwar schon Ende des vorigen Jahrhunderts bekannt, fand aber zunächst nur verkleidet Verwendung. Der Franzose Auguste Perret (1874–1954) war der erste, der 1903 ein Wohnhaus errichtete, dessen Dekor die Stahlskelettkonstruktion nicht mehr verdeckte.

**592** Haus »Elvira« in München. 1897–1898 von August Endell

**593** Wohnhaus in der Rue Franklin in Paris. 1903 von Auguste Perret

**594** Haus Robie in Chicago. 1909 von Frank Lloyd Wright

**595** Fagus-Werke in Alfeld a. d. Leine. 1911–1914 von Walter Gropius

**596** Weißenhofsiedlung in Stuttgart. 1923–1927 von Ludwig Mies van der Rohe u. a.

**597** Einfamilienhäuser der Siedlung Hellerau bei Dresden. 1909–1910 von Hermann Muthesius

595

596

Henry van de Velde (1863–1957) war wie viele Reformkünstler ursprünglich Maler, bevor er sich der Architektur und der angewandten Kunst zuwandte. Durch sein breites kunstpublizistisches Wirken wurde er zum Propagandisten der funktionsgerechten Form. Allerdings war er noch nicht bereit, die Standardisierung zu akzeptieren, deren Notwendigkeit für das industrielle Bauen Hermann Muthesius (1861–1927) bereits erkannte. Muthesius gehörte 1907 zu den maßgeblichen Gründern des Deutschen Werkbunds, der erstmals bildende Künstler, Architekten, Handwerker und dem künstlerischen Fortschritt aufgeschlossene Industrielle vereinte mit dem Ziel, den industriellen und handwerklichen Produkten hohe Qualität zu verleihen, um auf dem Weltmarkt konkurrieren zu können.

An der Arbeit der führenden Architekten des Deutschen Werkbunds läßt sich die wachsende Rolle ablesen, die Fragen der Übereinstimmung von Funktion und Konstruktion sowie der Typisierung für das moderne Bauen erlangten. Einen frühen Höhepunkt stellen die von Walter Gropius (1883–1969) erbauten Fagus-Werke in Alfeld dar, deren Hauptbau sich mit geometrisch gegliederten Glaswänden nach außen öffnet und die ästhetischen Werte des Skelettbaus in vorbildlicher Weise demonstriert.

Auch der Massenwohnungsbau, die wichtigste Bauaufgabe unseres Jahrhunderts, wurde bereits in Angriff genommen. Umfassende Stadtplanungen konnten allerdings durch den Privatbesitz an Grund und Boden nicht zur Ausführung gelangen. Realisiert wurden meist nur Stadtrandsiedlungen und Gartenstädte nach englischem Vorbild. Eine dieser frühen Gartenstädte vom Jahrhundertbeginn ist die Siedlung Hellerau bei Dresden, bei der Einfamilienreihenhäuser mit sozialen und kulturellen Bauten zu einer organischen Anlage verbunden sind. Das nahezu einzige Beispiel dieser Zeit für eine zumindest teilweise Verwirklichung moderner städtebaulicher Vorhaben entstand in Frankreich, wo in Lyon, der Hochburg der französischen Arbeiterbewegung, der Architekt Tony Garnier (1869 bis 1948) in dem radikalsozialistischen Bürgermeister einen fortschrittlich gesinnten Auftraggeber fand.

Der Durchbruch des neuen Bauens erfolgte nach dem ersten Weltkrieg, als Deutschland auf dem Sektor des sozialen Wohnungsbaus führend wurde. Zentrum der modernen Architektur wurde das 1919 von Walter Gropius in Weimar gegründete Bauhaus. Durch seine fortschrittlichen Lehrmethoden und die Bautätigkeit seiner Architekten hat diese Ausbildungs- und Produktionsstätte auf die

597

598

Künstlerjugend ganz Europas und sogar anderer Kontinente Einfluß erlangt. Die Anfänge des Bauhauses standen im Zeichen der Novemberrevolution und romantisch-utopischer Vorstellungen von einem »Sammelpunkt derer, die zukunftsgläubig-himmelstürmend die Kathedrale des Sozialismus« bauen wollten. Einige Bauhausarchitekten haben die neuen Chancen, die eine sozialistische Gesellschaft ihrer Arbeit bot, erkannt und waren vorübergehend in der Sowjetunion tätig, wo schon 1918 ein Lehrinstitut mit ähnlichen Zielen gegründet wurde.

Der Funktionalismus wurde vom Bauhaus als schöpferische Entwurfsmethode anerkannt und der Lehrplan unter der Devise »Kunst und Technik – eine neue Einheit« zunehmend den wissenschaftlich-technischen Bedingungen der Großproduktion wie den Bedürfnissen der Verbraucher angepaßt. Unter der Leitung des Architekten Hannes Meyer (1889–1954) fanden nach 1928 neben Fächern wie Ingenieur- und Betriebswissenschaften auch Soziologie und Psychologie Aufnahme in den Lehrplan.

Das Bauhaus hat auch zur Entwicklung des Massenwohnungsbaus entscheidend beigetragen. Die Wohnungsnot der Nachkriegsjahre und die sozialen Forderungen der erstarkten Arbeiterparteien und Gewerkschaften machten rationelle und umfassendere Planungen notwendig, die in der Entwicklung von Typenwohnungen und mehrgeschossigen Reihenhäusern gefunden wurden. Mit seiner Siedlung für Berlin-Siemensstadt schuf Gropius eine Lösung, die trotz der stereometrischen Gliederung eine kontrastreiche Fassadengestaltung aufweist. Für die Weißenhofsiedlung, die 1923 bis 1927 unter der Oberleitung von Ludwig Mies van der Rohe (1886–1969) für die Werkbundausstellung in Stuttgart entstand, wurden bereits standardisierte Bauelemente eingesetzt.

Zu den führenden Architekten, die Bauen als sozialen Auftrag verstanden und vorwiegend für Baugenossenschaften arbeiteten, gehörte auch Bruno Taut (1880–1938). Da für ihn das Haus »ein Erzeugnis kollektiver und sozialer Gesinnung« war, erkannte er die Wiederholung als wichtigstes künstlerisches Gestaltungselement an. Taut projektierte in Zusammenarbeit mit dem sozialdemokratischen Berliner Stadtbaurat Martin Wagner (1885–1957) 1925 die erste deutsche Großsiedlung in Berlin-Britz mit etwa 1 000 Wohnungen, die unter Einsatz der modernsten Technik errichtet wurde.

Mustersiedlungen wie Berlin-Britz und Siemensstadt dürfen allerdings nicht darüber hinwegtäuschen, daß Pläne, die auf die Verbesserung der Wohnverhältnisse sozial schwacher Schichten zielten, nur in bescheidenem Umfang verwirklicht wurden. Künstler, die soziales Verantwortungsbewußtsein bekundeten, stießen auf den Widerstand reaktionärer politischer Kräfte. Das Bauhaus mußte seit seiner Gründung um seine Existenz kämpfen. Bereits 1925 siedelte es nach Dessau über, weil die thüringische Landesregierung die Mittel strich. In dem Dessauer Institut

599

**598** Hufeisensiedlung Berlin-Britz. 1925–1927 von Bruno Taut und Martin Wagner

**599** Einsteinturm bei Potsdam. 1920–1921 von Erich Mendelsohn

**600** Unité d'Habitation (Großwohneinheit) in Marseille. 1947–1952 von Le Corbusier

**601** Wohnhochhäuser am Seeufer in Chicago. 1951 von Ludwig Mies van der Rohe

**602, 603** Villa Savoye in Poissy. 1927–1931 von Le Corbusier. Vorderansicht und Wohnraum mit Gartenterrasse

600

601

sah man vor allem unter dem Direktorat von Hannes Meyer eine »Keimzelle des Bolschewismus«. Auch sein letzter Leiter Mies van der Rohe konnte durch »Entpolitisierung« des Lehrbetriebs nicht verhindern, daß die schließlich in Berlin als Privatinstitut fortgeführte Lehranstalt 1933 von den Faschisten endgültig aufgelöst wurde.
Außerdem machte sich schon in den zwanziger Jahren eine Gegenströmung zum funktionellen Bauen bemerkbar, deren Vertreter die Architektur wieder stärker der künstlerischen Phantasie unterstellen wollten. Man argumentierte, daß die Reihung rechtwinkliger geometrischer Formen bei industriell in Serie gefertigten Bauten die individuelle Schöpferkraft einenge und zur ästhetischen Verarmung führe. Ein Bauwerk sollte sich durch eine dynamische Linienführung wie ein gewachsener Organismus in seine Umgebung einfügen und über seine Funktionstüchtigkeit hinaus auch eine Idee zum Ausdruck bringen. Diese als »expressionistisch« bezeichnete Architektur erwies sich allerdings für den Massenbau im wesentlichen als unfruchtbar. Sie manifestierte sich vor allem in Monumenten und Kirchenbauten, wo sie sich bisweilen in einen emotional betonten Mystizismus verstieg.
Das neue Bauen brachten aber vor allem jene Architekten in Mißkredit, die die Errungenschaften der Technik zur Dokumentation von Macht und Reichtum exponierter Auftraggeber einsetzten. In den großen Städten der USA errichteten sie »Wolkenkratzer«, deren Höhe wie einst die der Kirchtürme von der Macht ihrer Bauherrn kündete, nur daß im 20. Jahrhundert Banken, Konzerne und Trusts die Auftraggeber waren. Bei den Luxusvillen hatten technische Finessen und Extravaganzen diese Repräsentationsaufgaben zu erfüllen.

602

603

604

hielten Berufsverbot und wurden aus ihren öffentlichen Ämtern entlassen. Die meisten emigrierten in die USA und trugen wesentlich dazu bei, daß dieses Land in der Architekturentwicklung der Nachkriegszeit führend wurde.
Durch den zweiten Weltkrieg, der viele europäische Städte in Schutt und Asche legte, nahm die Wohnungsnot so katastrophale Ausmaße an, daß sie den Bestand der bürgerlichen Ordnung bedrohte und die Lösung der Wohnungsfrage zu einem staatspolitischen Problem ersten Ranges machte. Die Herausbildung des sozialistischen Weltsystems und das Entstehen junger Nationalstaaten ließen auch in den vom Krieg verschonten kapitalistischen Ländern die Beseitigung der Slums zu einem Politikum werden, so daß fortschrittliche Architekten ihre Pläne in größerem Umfang als bisher verwirklichen konnten.

Andererseits war der Villenbau aber auch ein wichtiges Experimentierfeld für die Erprobung der architektonischen Werte von Eisen und Glas. Amerikanische Architekten sind deshalb mit ihren Villenentwürfen schon sehr früh zu Anregern des modernen Wohnungsbaus geworden. So forderte Frank Lloyd Wright (1869–1959) bereits zu Jahrhundertbeginn ein »organisches Bauen«, das Grund- und Aufriß eines Hauses den klimatischen Bedingungen und dem Charakter der Landschaft anpassen sollte.
Auch der Franzose Le Corbusier (1887–1965) schuf seit den zwanziger Jahren mit seinen Villenbauten wegweisende Lösungen. Er errichtete erstmals Häuser, die nicht mehr auf einem Sockelgeschoß ruhen, sondern von Stützen getragen werden, wobei die Anordnung der Wände unabhängig von der Tragkonstruktion erfolgte; ein Dachgarten bezog die Natur in den Wohnraum ein.
Der Beginn der Weltwirtschaftskrise setzte 1929 der kurzen Baukonjunktur sowohl in Europa als auch in Amerika ein Ende. In Deutschland wurde die Entwicklung des modernen Bauens durch die faschistische Diktatur gewaltsam unterbrochen. Da Eisen, Stahl und Beton für die Rüstungsindustrie benötigt wurden, deklarierte man die Steinarchitektur als der »germanischen Seele« allein wesensgemäß. Es erfolgte ein Rückfall in »bodenständige« Kunsttraditionen und einen aufgeblasenen Neuklassizismus. Funktionelles Bauen wurde als »bolschewistische Architektur« abgestempelt; die namhaftesten deutschen Architekten er-

605

Da umfassendere Bauvorhaben nicht mehr von einzelnen Architekten bewältigt werden konnten, entstanden komplexe Baubüros, deren Mitarbeiter unter der Leitung eines namhaften Architekten in differenzierter Arbeitsteilung Entwürfe erarbeiteten und Aufträge aus aller Welt übernahmen. Eines der bedeutendsten Architektenteams, das Walter Gropius nach seiner Emigration in den USA gründete, errichtete außer in Nordamerika in Bagdad, Athen, Buenos Aires und Westberlin vom Bauhausfunktionalismus ausgehende Bauten, die die moderne Architektur nun als »international style« in der ganzen Welt verbreiteten.
Eine der Voraussetzungen für diese Internationalisierung des Bauwesens war die automatisierte industrielle Großproduktion, die die Vorfabrikation von Fertigteilen bis zu ganzen Raumzellen vervollkommnete und den Bauplatz zum Montageplatz machte. Es fanden auch neue Materialien wie Aluminium und Kunststoffe Verwendung, die schließlich sogar den teuren Stahl ersetzen konnten. Die

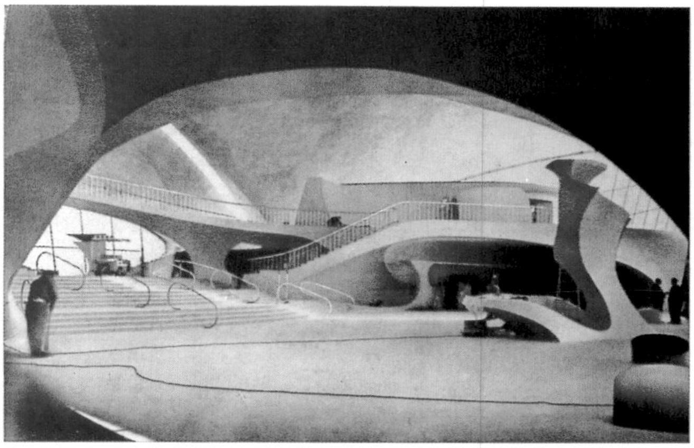
606

**604** Solomon R. Guggenheim Museum in New York. 1946 bis 1959 von Frank Lloyd Wright
**605** Alvorada-Palast in Brasilia. 1957–1959 von Oscar Niemeyer
**606** Empfangsgebäude des Kennedy-Flughafens bei New York. 1956–1960 von Eero Saarinen
**607** Blick auf das alte Stadtzentrum von Frankfurt a. Main. Anfang der achtziger Jahre
**608** Illinois Center in Chicago. 1980–1983 von C. F. Murphy und Helmut Jahn
**609** Haus »De Waal« in Utrecht. 1980 von A. Alberts und Max van Huut

607

neuen Baustoffe zogen wiederum die Entwicklung neuer Konstruktionsverfahren nach sich und ließen die gestalterischen Möglichkeiten der Architektur immer vielfältiger werden. Schalenkuppeln aus Spannbeton machten auch bei der Überdachung großer Räume ein inneres Stützengerüst überflüssig, Hängedächer, die nur noch aus einem feinen, mit einer dünnen Betonschicht ausgefüllten Stabwerk bestehen, können wie ein Spinnennetz in beliebiger Form aufgehängt werden. Einer der kühnsten Konstrukteure war der Italiener Pier Luigi Nervi (1891–1979), der schon in den fünfziger Jahren die nur 2,5 Zentimeter starke Schalenkuppel des Olympiapalastes in Rom errichtete. Meisterwerke der modernen Bautechnik sind auch die Stahlnetzkonstruktionen der Hallen für die Olympiade 1964 in Tokio von dem Japaner Kenzo Tange (geb. 1913).

Der schöpferischen Phantasie sind heute kaum noch technische Grenzen gesetzt. Während Ludwig Mies van der Rohe nach seiner Emigration in die USA im nun schon »klassischen« Stahlskelettsystem mit Vorhangfassaden aus Metallraster und großen Glasflächen Bauten von rechtwinklig-geometrischer Klarheit und kristalliner Reinheit schuf, fanden andere Architekten wie Frank Lloyd Wright durch seine Bevorzugung von Kreis, Spirale und Winkelformen ganz neue und eigenwillige Lösungen.

Die herausragenden Leistungen der Baukunst in den letzten Jahrzehnten erfüllen gesellschaftliche Funktionen auf den Gebieten von Kultur, Bildung und Sport. Im Massenwohnungsbau setzte der private Besitz an Grund und Boden umfassenderen Vorhaben die stärksten Widerstände entgegen. Der Hochhausbau, der nach dem zweiten Weltkrieg auch für den Wohnungsbau genutzt wurde, konnte der Wohnungsnot sozial schwacher Schichten ebenfalls nicht abhelfen, da die geringeren Baukosten nicht die Mieten senkten, sondern den Profit der Bauherrn steigerten.

Wie schon in den zwanziger Jahren konnten auch nach dem zweiten Weltkrieg Erfolge im Städtebau nur von fortschrittlichen Kräften durchgesetzt werden. Beispiele für umfassende Konzeptionen entstanden in einigen stark kriegszerstörten Städten wie Le Havre, Rotterdam, Coventry und Frankfurt a. Main (Römerberg).

Während die meisten europäischen Großstädte zunächst durch stereotype Hochhaussiedlungen nach amerikanischem Vorbild erweitert wurden, setzte in jüngster Zeit eine Gegenströmung ein, die auf die Sanierung noch erhaltener Bausubstanz der Altstädte gerichtet ist. Diese Bestrebungen führten vor allem in den Niederlanden, in Dänemark sowie in den skandinavischen Ländern zur Besinnung auf nationale Traditionen und zum Rückgriff auf einheimische Baustoffe. Wo aber die funktionellen Prinzipien in den Hintergrund traten, kehrte die Architektur zu einem nostalgischen Postmodernismus zurück, der sich – ebenso wie der Eklektizismus früherer Epochen – im Grunde als irrationale Flucht in eine romantisch verklärte Vergangenheit erweist.

608

609

610
611
612

Auch unter den Bildhauern formierte sich nach der Jahrhundertwende eine Avantgarde, die nach künstlerischer Erneuerung strebte. Das in der Renaissance und erneut seit der Aufklärung vom Bürgertum verkündete Ideal der freien Entfaltung und der Harmonie von Körper und Geist stimmte so wenig mit der gesellschaftlichen Realität überein, daß viele Künstler es rigoros verwarfen. Schon für den Jugendstil, der Körper und Gliedmaßen dem schönen Linienfluß anpaßte, waren die Proportionen des Menschen nicht mehr »Maß aller Dinge«. Während sich die Jugendstilkünstler auf eine ästhetische Stilisierung beschränkten, wollten andere Bildhauer die Eigengesetzlichkeit plastischen Bildens wie Wissenschaftler erforschen. Sie konstruierten ein Bildwerk wie eine Maschine, in der sie das eigentliche Kunst-Werk des technischen Zeitalters sahen. Künstler, die den Fortschrittsglauben an Wissenschaft und Technik nicht teilten, suchten bei den von der Zivilisation noch wenig berührten Naturvölkern nach Inhalten und schufen Bildwerke, die ähnlich wie die Kunst der »Primitiven« die Lebensangst ihrer Schöpfer angesichts einer undurchschaubaren Weltordnung beschworen. In ihrem Bestreben, nicht mehr Abbilder, sondern Sinnbilder zu gestalten, brachen die Expressionisten mit der neuzeitlichen Ästhetik. Die Formensprache ozeanischer und afrikanischer Kultplastiken, die Räumlichkeit ohne illusionistische Hilfsmittel schuf, wurde auch zur Grundlage des Kubismus, den Picasso in der Malerei begründete und Alexander Archipenko (1887–1964) seit 1910 auch in der Plastik vertrat. Die Durchdringung verschiedener Ansichten eines Körpers wurde von den Futuristen genutzt, um zeitliche Abläufe simultan zu erfassen. Während die Kubofuturisten die Formen aufsplitterten, reduzierte Constantin Brancusi (1876–1957) seine Bildwerke auf geschlossene organische Grundformen, deren Schönheit durch die Oberflächenbeschaffenheit des Materials – spiegelglatt geschliffener Marmor, glänzender Stahl oder Bronze – gesteigert wurde.

Schon die Kubisten haben Bildwerke durch Montage verschiedener Materialien – bisweilen auch unter Einbeziehung der Farbe – hergestellt und Eisen, Stahl, Draht, Plexi-

613
614

**610** Georg Minne. Knabe mit Wasserschlauch. 1897. Essen, Museum Folkwang

**611** Alexander Archipenko. Sitzende Frau. 1920. Genf, Sammlung Falk

**612** Umberto Boccioni. Bewegungsformen im Raum. 1913. London, Tate Gallery

**613** Pablo Picasso. Frauenkopf (Fernande). 1909. Prag, Nationalgalerie

**614** Rudolf Belling. Dreiklang. 1919 (Holz 1924). Berlin, Staatliche Museen

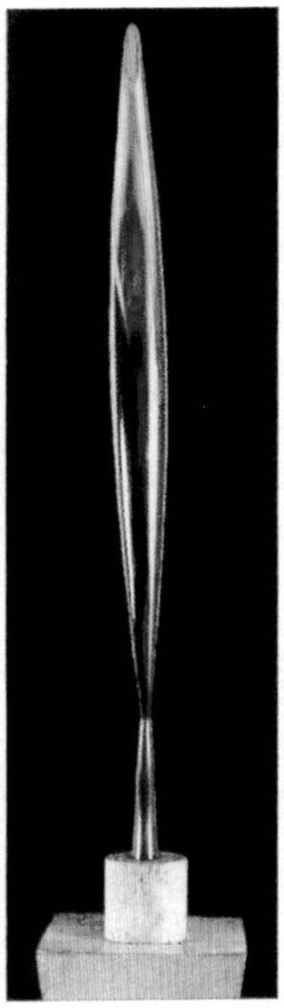

615

616

glas sowie andere Kunststoffe im Hinblick auf ihre spezifischen Eigenschaften und ihre Aussagemöglichkeiten erprobt. Damit war der Weg zur abstrakten Plastik beschritten, die die Gestaltungsmittel und deren Formgesetze endgültig zum Gestaltungsinhalt machte.

Im Gegensatz zu den fortschrittsfreudigen Konstruktivisten, die ihre Bildwerke wie ein Bauwerk nach den Gesetzen der Statik konstruierten, verkündeten die Dadaisten den Triumph der seelenlosen Technik über jegliche Ordnung nach menschlichem Maß. Sie wollten den Fetischcharakter der technischen Produkte und die Lebensferne bürgerlicher Kunstideale bloßlegen, indem sie »Readymades« (Fertigprodukte) – sogar anstößige Gegenstände – zu Kunstwerken erhoben.

Während die Konstruktivisten und andere abstrakte Künstler am Bauhaus als Lehrer oder als Formgestalter für Industrie und angewandte Kunst eine gesellschaftlich bedeutsame Arbeit leisteten, blieb die inhaltliche Aussage ihrer »freien« Bildwerke undurchschaubar beziehungsweise vieldeutig – Ausdruck derselben subjektiven Weltsicht, wie sie sich auch in den phantastischen Gebilden der Surrealisten äußerte, die die objektive Realität gegen das unlösbare »Rätsel des Daseins« eintauschten.

In Deutschland fand die Kunstentwicklung eine jähe Unterbrechung, als die Faschisten Bildwerke forderten, die die germanische »Herrenrasse« in ihrer Überlegenheit über die »Untermenschen« feierten und mit einer Mischung aus Kraftmeiertum, Erotik und heldischer Gebärde die deutsche »Volksseele« erreichen sollten.

Nach dem Krieg wollten viele Künstler logischerweise die gewaltsam abgebrochene Entwicklung weiterführen. Die künstlerischen Bedingungen hatten sich jedoch mit den politischen Verhältnissen tiefgreifend verändert. Da die bürgerliche Gesellschaft mehr denn je die Infiltration kommunistischer Ideen fürchtete, propagierte sie die abstrakte Kunst, die durch die Unbestimmtheit ihrer Aussage keine erkenntnistheoretische Funktion übernehmen konnte. Doch lebte die abstrakte Plastik im Grunde nur noch von den Leistungen der Avantgarde. So sind die kinetischen Bildwerke ebenso dem Futurismus verpflichtet wie die Lichtplastiken aus durchsichtigem oder reflektierendem Material, deren optische Reize durch Bewegung gesteigert werden können. Daß das monumentale Mobile Alexander Calders (1898–1976) für das Pariser Unescogebäude seinen kunstgewerblichen Nachfolger in jedem Kinderzimmer fand, signalisierte die Gefahr des Abstiegs solcher Kunst zur spielerischen Dekoration. Doch auch die Pop-Art der sechziger Jahre, die anstelle des ästhetischen »Genusses« das nützliche Konsumprodukt – etwa in Gestalt einer Fertigsuppendose – auf den Sockel der Kunst stellte, konnte ihr keine echten Funktionen zurückgewinnen. Sie erhob den Reklameapparat der Massenmedien zur »populären« Kunst einer Verbrauchergesellschaft, die keine höheren geistigen Ansprüche mehr kennt.

Als Ende der sechziger Jahre die Fassade der »Wohlstandsgesellschaft« zusehends abbröckelte, wurde das fetischisierte Marktprodukt allerdings wieder seiner künstlerischen Gloriole entkleidet. Künstler, die sich als »radikale Realisten« verstanden, vereinigten in sogenannten Environments (Umgebungen) bekleidete Wachsfiguren oder Gipsabgüsse menschlicher Gestalten mit realen Gegenständen zu einem Interieur, das den Betrachter durch direkte Konfrontation mit seiner Umwelt schockieren sollte.

**615** Constantin Brancusi.
Vogel im Raum. 1925.
Paris, Musée National d'Art Moderne
**616** László Moholy-Nagy. Licht-Raum-Modulator. Bewegbare Metallkonstruktion. 1922–1930. Cambridge, Busch-Reisinger Museum
**617** Raoul Hausmann.
Der Geist unserer Zeit (Mechanischer Kopf). 1920. Montage. Privatbesitz
**618** Marianne Brandt.
Gleichgewichtsstudie aus dem Vorkurs von Moholy-Nagy am Bauhaus.
Holz, Blech und Draht. 1923

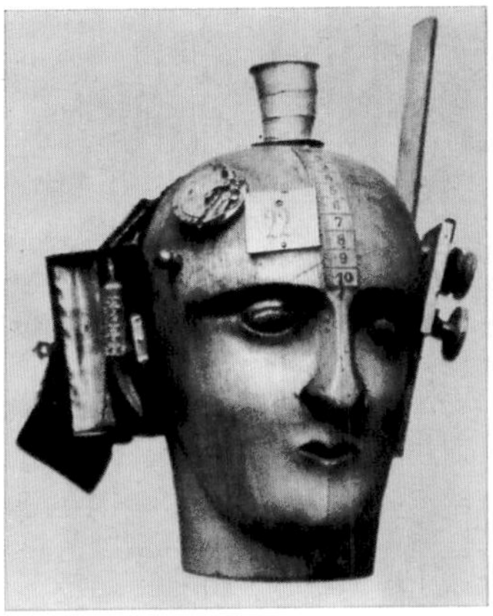

617

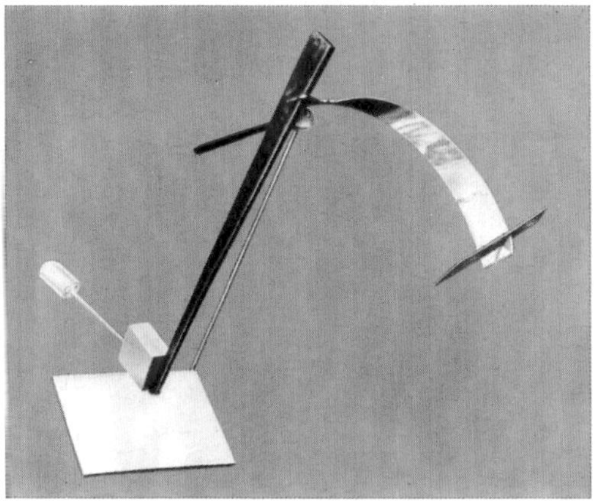

618

619
620
621

Bei der Mehrzahl dieser Werke verkehrt sich subjektiv beabsichtigte Kritik aber in einen makabren Zynismus, der Gewalt und Verbrechen, Tod und Verwesung wirkungsvoll in Szene setzt. Von echter Gesellschaftskritik weit entfernt, fanden solche Grusicals ihre zahlungskräftigen Liebhaber bezeichnenderweise in den Kreisen der Großindustrie. Auch die Happenings und Fluxus-Veranstaltungen, multimediale Kunstereignisse, die unter Mitwirkung des Publikums inszeniert wurden, wollten am eigentlichen Leben nichts ändern, sondern seine Unsinnigkeit lustvoll auf die Spitze treiben. Es gab allerdings auch engagierte Künstler, die mit solchen Aktionen auf Verbesserung einer – allgemein verstandenen – Lebensqualität zielten. Joseph Beuys (1921–1986) wollte mit seiner »sozialen Plastik« »direkte Demokratie« demonstrieren, indem er alles menschliche Denken und Handeln einschließlich der politischen Aktion zur Kunst erklärte. Da sich jedoch die subjektivistischen Vorstellungen solcher Künstler einer allgemeinverständlichen Aussage entzogen, konnten diese – ähnlich wie die neuen Propheten fernöstlicher Heilslehren – höchstens eine kleine Gemeinde von Gläubigen um sich versammeln, die von Kunst nicht Erkenntnis, sondern »Erbauung« verlangten.

Allerdings waren in der spätbürgerlichen Gesellschaft nicht alle Künstler bereit, das Abbild des Menschen, das die Bildhauerkunst seit Jahrtausenden als ihre ureigene Aufgabe verstanden hatte, aufzugeben. Zur Zwiesprache von Körper und Geist trat jetzt allerdings in besonderem Maße das Gefühl hinzu. Hier konnten die Bildhauer an eine Tradition anknüpfen, die durch Auguste Rodin begründet worden war, der mit seinen »Bürgern von Calais« patriotischer Opferbereitschaft ein Denkmal gesetzt hatte. Da Beispiele solcher Tugenden immer seltener wurden, gestalteten die Bildhauer aber nicht mehr den historisch konkreten Menschen, sondern den »überzeitlichen« Typus. Aristide Maillol (1861–1944), der neben Rodin zum wichtigsten Anreger wurde, erhob den unbekleideten weiblichen Körper durch kraftvolle Volumen und klare Umrisse zum Sinnbild zeitloser Mütterlichkeit.

Das Streben nach Gefühlsausdruck ließ aber auch viele

622

**619** George Segal. Der Farmarbeiter. Gips, Holz, Glas und Ziegelsteinimitation. 1962–1963. Berlin, Sammlung Reinhard Onnasch
**620** Richard Serra. Wand mit Stütze. 1969. Berlin, Sammlung Reinhard Onnasch
**621** Claes Oldenburg. Wäscheklammer. 1976. Philadelphia
**622** Diter Rot. Herd. 1969. Berlin, Sammlung Reinhard Onnasch

623
624
625

Bewahrer der Tradition zu den neuen formalen Mitteln greifen. Wilhelm Lehmbruck (1881–1919) überdehnte die Proportionen seiner zerbrechlichen Gestalten und brachte in torsohaften Figuren seelische Verletzbarkeit zum Ausdruck. Einem Künstler wie Ernst Barlach (1870–1938), der von der dekorativen Schönlinigkeit des Jugendstils ausgegangen war, brachte die menschliche und künstlerische Erfahrung der Rußlandreise von 1906 die emotionale Vertiefung seines Werkes, die auch seinen kleinformatigen Plastiken Größe verleiht. Daß sein Menschenbild nicht in außergesellschaftlicher Idealität verharrte, belegen seine zahlreichen Denkmale für die Gefallenen des ersten Weltkriegs, die nicht Helden-, sondern Mahnmale sind. Ihre humanistische, antimilitaristische Aussage war so unmißverständlich, daß sie schon vor 1933 von chauvinistischen Kreisen diffamiert wurden.

Auch andere Avantgardisten der Form kehrten dort, wo sie eine eindeutige humanistische Aussage anstrebten, zu den klassischen Traditionen der Bildhauerkunst zurück. So schuf Pablo Picasso 1944 im faschistisch besetzten Paris in Anknüpfung an die frühchristliche Gestalt des Guten Hirten einen überlebensgroßen »Lammträger« als Symbol der Behütung des Lebens.

Darstellung des verletzten Menschenbildes und Bewahrung eines sinnenhaften, harmonischen Bildes unzerstörbarer Menschenwürde sind heute die Pole einer humanistischen Bildhauerkunst, die allerdings bei der vom offiziellen Auftraggeber bestimmten Denkmalsplastik kein konkretes politisches Gesicht gewinnen kann. Die große Zahl abgelehnter Denk- und Mahnmalentwürfe zeigt, wie beschränkt die Wirkungsmöglichkeiten humanistischer Bildhauer sind. Zu den herausragenden Werken zählt das Mahnmal Ossip Zadkines (1890–1967) für Rotterdam, das in einer wie durch Blitzschlag ausgehöhlten Gestalt die Vernichtung des Stadtzentrums durch einen faschistischen Luftangriff symbolisiert. Henry Moore (1898 bis 1986), einer der bedeutendsten Bildhauer dieses Jahrhunderts, hat den Leitsatz der Kubisten, »Skulptur ist die Synthese von Raum und Plastik«, in seinem Werk beispielgebend verwirklicht. Obgleich im Schaffen Moores die

**623** Ernst Barlach.
Denkmal für die Gefallenen des ersten Weltkriegs. 1929. Magdeburg, Dom
**624** Ossip Zadkine.
Stadt ohne Herz. Mahnmal für Rotterdam. 1953–1954
**625** Henry Moore. König und Königin. 1952–1953. Glenkiln (Schottland), Sir William Keswik
**626** Aristide Maillol. Die Nacht.
Um 1902. Winterthur, Kunstmuseum
**627** Wilhelm Lehmbruck.
Kopf eines Denkers. 1918.
Berlin, Staatliche Museen

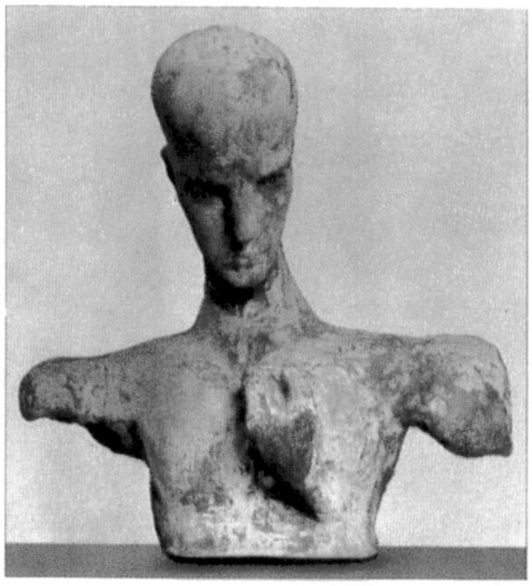

626
627

628

629

Gestaltauflösung weit vorangetrieben ist, bezeugen viele seiner meist für einen Landschaftsraum konzipierten Monumentalplastiken den Glauben des Künstlers an die Urkräfte menschlichen Lebens. In einer Zeit, die die Attribute »ewig« und »unzerstörbar« mit Erde und Menschheit nicht mehr zu verbinden wagt, sind solche Bildwerke wie Mahnzeichen aufgerichtet.

Die eigentliche künstlerische Avantgarde bildeten die Maler. Der Kampf um eine »ehrlichere« Kunst, für die van Gogh, Gauguin und Cézanne Isolierung und Verkennung auf sich genommen hatten, wurde im 20. Jahrhundert nicht mehr von Einzelgängern geführt. Schon seit den neunziger Jahren des vorangehenden Jahrhunderts schlossen sich Maler zusammen, um sich mit eigenen Ausstellungen von der Kunstpolitik der Salons und Akademien unabhängig zu machen. Von diesen Sezessionen, in denen meist Impressionisten und Jugendstilkünstler dominierten, spalteten sich Gruppen jüngerer Maler ab, die ihre weiterreichenden Ziele in eigenen Interessen-, oft sogar in Arbeits- und Lebensgemeinschaften verfolgten: 1905 stellten in Paris erstmals die »Fauves« gemeinsam aus, und im selben Jahr entstand in Dresden die Künstlergemeinschaft »Brücke«, seit 1907 machten die Kubisten, seit 1909 die Futuristen von sich reden, und 1911 formierte sich in München »Der Blaue Reiter«.

Die Avantgarde propagierte ihre Ideen in zahlreichen Veröffentlichungen, weshalb die ersten beiden Jahrzehnte des Jahrhunderts zu einer Hoch-Zeit der Kunstzeitschriften, Almanache und Jahrbücher wurden. Die Manifeste und Programme tun kund, daß ihre Verfasser nicht nur die Kunst, sondern auch die Gesellschaft verändern wollten, wobei solche Vorstellungen allerdings sehr heterogen waren und von einer bloßen »Kunstrevolution« über eine geistig-kulturelle »Lebensreform« bis zur Propagierung des politischen und sozialen Umsturzes reichten. Schon der Jugendstil erstrebte eine Lebensreform, blieb aber inhaltlich noch dem Symbolismus verhaftet. So benutzte Ferdinand Hodler (1853–1918) in seinem Gemälde »Der Tag« die menschliche Gestalt als Metapher für Naturkräfte. Der Norweger Edvard Munch (1863–1944) hingegen wollte die Grundfragen der menschlichen Existenz, vor allem Liebe und Sexualität, in ihrem tragischen Spannungsverhältnis zur gesellschaftlichen Konvention aufdecken, weshalb

630

**628** Edvard Munch.
Tanz des Lebens. 1899–1900.
Oslo, Nationalgalerie
**629** Ernst Ludwig Kirchner.
Fünf Frauen auf der Straße. 1913.
Köln, Wallraf-Richartz-Museum
**630** Ferdinand Hodler.
Der Tag II. 1904–1906.
Zürich, Kunsthaus

seine Werke beim breiten Publikum Stürme der Entrüstung auslösten. Unkonventionell wie die Thematik war auch die künstlerische Form, die Munch über die optische Realität hinaus zum Ausdruck starker Gefühle steigerte.
Munch und van Gogh wurden die Vorbilder der Expressionistengeneration, die den Kampf gegen eine verfälschende Harmonisierung der Wirklichkeit weiterführte. Die jungen Autodidakten, die sich 1905 in Dresden zur Künstlergemeinschaft »Brücke« zusammenschlossen, um abseits des akademischen Kunstbetriebs ihre unmittelbaren Empfindungen festzuhalten, haben in ihrem Ausdrucksverlangen Formen und Farben der Natur nicht nur intensiviert, sondern sogar verändert. Wie diese Expressionisten wirkten auch die »Fauves« mit ihren lapidaren Formen und reinen, unvermischten Farben, die ihnen seitens der Kunstkritik den Namen »Wilde« eintrugen, auf das Publikum geradezu schockierend. Während jedoch die Deformierungen der deutschen Expressionisten auf die Deformierung des Menschen in der Gesellschaft Bezug nahmen, erstrebten die französischen Fauves »eine Kunst des Gleichgewichts, der Reinheit, eine Kunst, die weder beunruhigt noch verwirrt«, wie Henri Matisse (1869–1954), der bedeutendste Maler dieser Gruppe, schrieb.
Andere Künstler wollten weniger vom Gefühl als vom Verstand her die Kunst erneuern und suchten nach Gestaltungsmitteln, die die dritte Dimension ohne die illusionistischen Hilfsmittel der Zentralperspektive schaffen konnten. Pablo Picasso (1881–1973) und Georges Braque (1882–1963) zerlegten den Darstellungsgegenstand in Kuben und andere geometrische Formen, deren raumschaffende Neuzusammensetzung sie dem Auge des Betrachters überließen. Die Prinzipien des Kubismus führten folgerichtig zur Collage (Klebebild) und zum Reliefbild, bei dem sich der Bildraum dem realen Raum näherte und das Abbild durch die autonome Bildschöpfung ersetzt wurde.
Die italienischen Futuristen, die in ihren Manifesten den Geist des technischen Zeitalters, das »wirbelnde Leben aus Stahl, Stolz, Fieber und Geschwindigkeit«, emphatisch feierten, wollten eine Synthese aus Zeit, Ort, Form, Farbe und Ton schaffen und – der neuen Filmtechnik vergleichbar – auch Bewegungsabläufe sowie Geräusche und andere Sinneswahrnehmungen bildhaft wiedergeben.

631

632

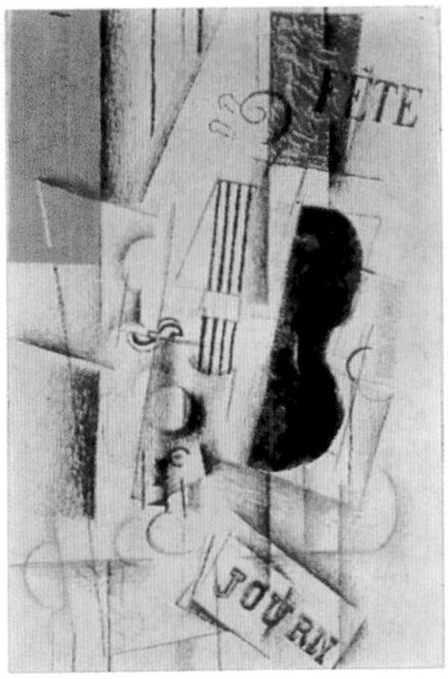
33
34

**631** Henri Matisse.
Harmonie in Rot (Der Serviertisch).
1908–1909. Leningrad, Ermitage
**632** Pablo Picasso.
Porträt Ambroise Vollard (Ausschnitt). 1909
Moskau, Puschkin-Museum
**633** Giacomo Balla.
Bewegungsrhythmus eines Hundes an der Leine. 1912. Buffalo, Albright-Knox Galerie
**634** Georges Braque.
Musikalische Formen. 1913.
Philadelphia, Kunstmuseum

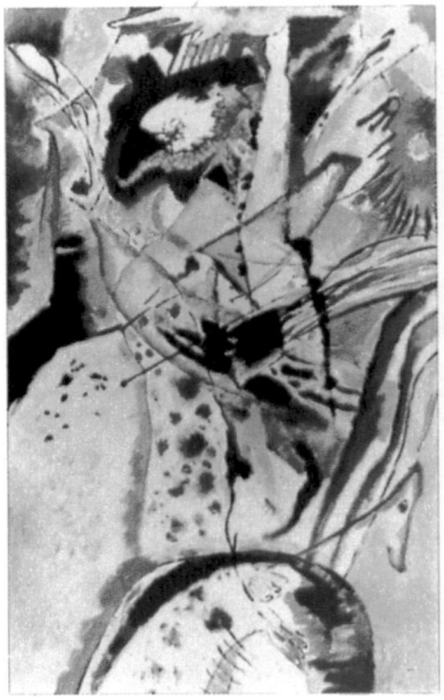

635
636
637

In Deutschland wurde die Entwicklung durch jene Maler vorangetrieben, die sich 1911 in München zur Redaktion des Almanachs »Der Blaue Reiter« zusammenschlossen. Neben Franz Marc (1880–1916) war der Russe Wassily Kandinsky (1866–1944) ihr Initiator. Er wurde der einflußreichste Theoretiker und maßgeblichste Vertreter der abstrakten Malerei, deren Credo Paul Klee (1879–1940) in die Worte faßte: »Kunst gibt nicht das Sichtbare wieder, sondern macht sichtbar.« Kandinsky gelangte von seinen frühen »Impressionen« über die Gegenständliches nur noch andeutenden »Improvisationen« zu ungegenständlichen »Konstruktionen«, welche aus Farben, Formen und Linien der Musik ähnliche Klanggebilde schaffen wollten.

Das Erproben der physikalischen Gesetzmäßigkeiten und psychischen Wirkungen von Farbe und Form führte Maler in verschiedenen Ländern fast gleichzeitig zum ungegenständlichen Bild. In Frankreich schuf Robert Delaunay (1885–1941) durch prismatische Farbzerlegung den sogenannten Orphismus. In Rußland entstand der Suprematismus; das »Schwarze Quadrat auf weißem Grund«, das sein Hauptvertreter Kasimir S. Malewitsch (1878–1935) um 1913 malte, wurde eine der meistzitierten Inkunabeln der abstrakten Kunst.

Während sich die expressionistischen Künstler als »Kameraden der Menschheit« brüderlich verbunden fühlten, wollten die abstrakten Maler nur noch eine »zwecklose« »Gleichung aus dem Leben ziehen«, dessen konkrete Erscheinungsformen ihnen nicht mehr bildwürdig schienen. So konstruierte Piet Mondrian (1872–1944), Mitglied der 1917 gegründeten holländischen Künstlergruppe »De Stijl«, aus einem rechtwinkligen Liniengerüst und den reinen Grundfarben eine strenge Bildordnung, die die mathematischen Gesetze des Universums spiegeln sollte.

Ausgelöst durch die Erlebnisse des ersten Weltkriegs trat bei vielen Künstlern an die Stelle der Menschenliebe Menschenverachtung. Die Vertreter der während des Krieges in Zürich begründeten Dada-Bewegung verhöhnten die »heiligsten Güter« des Bürgertums, indem sie Leonardos »Mona Lisa« einen Schnurrbart malten oder Kunstwerke aus Abfallprodukten verfertigten. Während Dada den geistigen Bankrott des alten Zeitalters verkündete, setzten viele Konstruktivisten ihre Hoffnung auf das mit der russischen Oktoberrevolution gegebene Fanal einer gesellschaftlichen Neuordnung, die auch der Kunst wieder echte Funktionen zurückgeben sollte. Da der Konstruktivismus in seiner Rationalität den Prinzipien des neuen Bauens entsprach, fand er vor allem unter den Maler-Architekten viele Anhänger, die seine Gesetzmäßigkeiten für

638
639

**635** Wassily Kandinsky.
Studie zu einem Wandbild. 1914.
München, Städtische Galerie im Lenbachhaus

**636** Robert Delaunay.
Kreisformen Mond Nr. 1. 1913.
Basel, Galerie der modernen Kunst

**637** Piet Mondrian. Komposition.
1921. Den Haag, Gemeentemuseum

**638** Paul Klee. Farbige und graphische Winkel. 1917. Bern, Privatbesitz

**639** Kasimir S. Malewitsch.
Schwarzes Quadrat auf weißem Grund.
1913(?). Moskau, Tretjakow-Galerie

die Gestaltung der gesamten Umwelt erschlossen. Die Lehrbarkeit seiner Prinzipien hatte zur Folge, daß viele seiner Vertreter an fortschrittliche Ausbildungsstätten wie das Bauhaus berufen wurden, wo sie Lehrprogramme für Kunststudenten aller Richtungen der freien und angewandten Kunst erarbeiteten, die bis heute Gültigkeit behielten.

In der Malerei allerdings endete die »Formenrevolution« mit der totalen Abstraktion in einer Kunst, die zu den Fragen ihrer Zeit nicht mehr Stellung nehmen konnte und nicht zuletzt deshalb von Kunstkritik und Ausstellungspolitik in den spätbürgerlichen Kunstbetrieb integriert wurde. Ihre Anhänger mußten ihre ursprünglich antibürgerliche Position an die Vertreter der proletarisch-revolutionären Kunst abgeben, die nach dem ersten Weltkrieg entstand und sich für den gesellschaftlichen Fortschritt einsetzte. In den zwanziger Jahren machte sich allerdings auch allgemein eine Abkehr von der abstrakten Malerei bemerkbar.

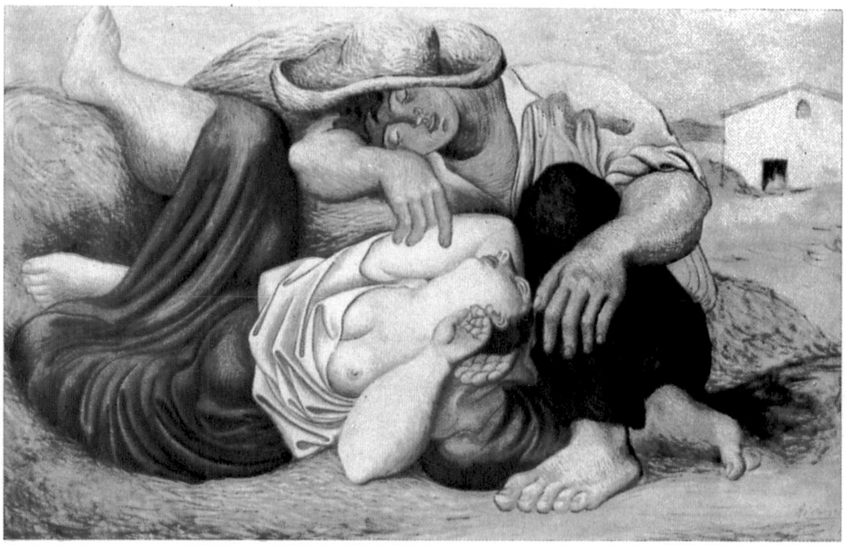
640

Die meisten bürgerlichen Künstler suchten aber nicht in ihrer Umwelt, sondern in Traumwelten oder in zeitlosen Existenzformen nach neuen Inhalten. Beispielhaft für diese Wandlung ist das Werk Picassos, der in seiner sogenann-

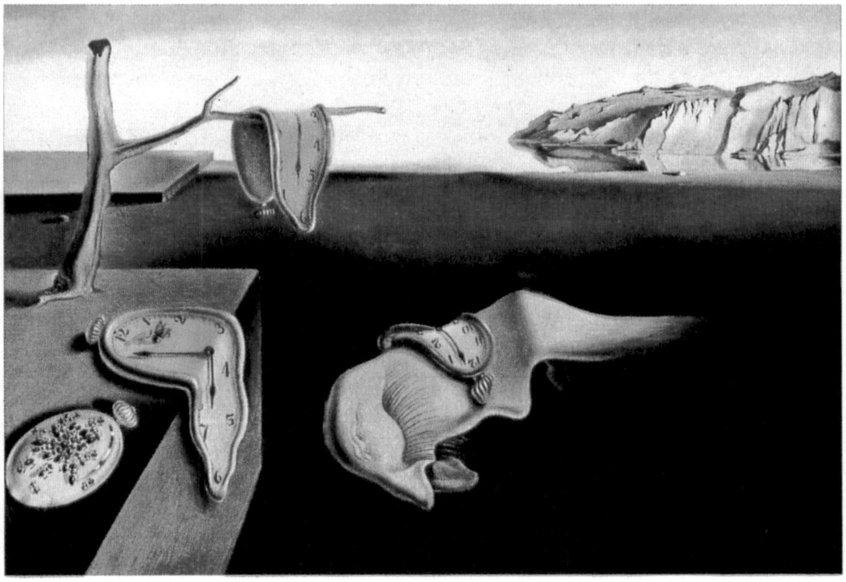
641
642

643

**640** Pablo Picasso. Mittagsrast der Bauern bei der Ernte (Siesta). Gouache. 1919. New York, Museum of Modern Art
**641** Marc Chagall. Ich und das Dorf. 1911–1912. New York, Museum of Modern Art
**642** Salvador Dali. Die Beharrlichkeit der Erinnerung. 1931. New York, Museum of Modern Art
**643** Giorgio de Chirico. Place d'Italie. 1912. Mailand, Privatsammlung

644
645

ten klassischen Periode zu einem antikisch anmutenden harmonischen Menschenbild zurückkehrte. In Deutschland entstand die Neue Sachlichkeit, die mit ihrem Detailnaturalismus und eng begrenztem Wirklichkeitsausschnitt aber ebenfalls keine realistische Aussage zuließ. Auch die metaphysische Malerei des Italieners Giorgio de Chirico (1888–1978) verlieh den in menschenleeren Landschaften oder Bauwerken verharrenden Dingen nur eine mystische Existenz. Poetischen Gebilden glichen die Werke von Marc Chagall (1887–1985), die über Jahrzehnte hinweg von den Erinnerungsbildern seiner russisch-jüdischen Kindheit genährt wurden. Ähnliche Traumwelten schufen in Paris die Surrealisten, die – auf der Basis der Psychoanalyse – ins Unterbewußtsein verdrängte Vorstellungen ins Bild rufen wollten.

Die faschistische Diktatur initiierte in Deutschland eine Malerei, deren Verlogenheit sogar die staatliche Auftragskunst des späten 19. Jahrhunderts übertraf, bei der sie thematische und stilistische Anleihen machte. Die künstlerische und politische Avantgardekunst wurde aus den Museen entfernt, ins Ausland verschleudert oder vernichtet.

Nach dem zweiten Weltkrieg, als amerikanische Künstler auch in Europa auf den Ausstellungen dominierten, wurde die abstrakte Richtung zur offiziellen Kunst erhoben. Von Kunsthandel, Kunstkritik und den staatlichen Kunstschulen lanciert, trat die Abstrakte schließlich mit dem gleichen Absolutheitsanspruch auf wie die akademische Kunst des 19. Jahrhunderts. Maler wie Karl Hofer (1878–1955), die zu den »entarteten« Künstlern gehört hatten und sich in ihrem Werk mit dem Krieg und seinen Folgen auseinandersetzten, wurden in die Isolierung gedrängt. Die Abstrakten aber hatten den Ideen der einstigen Avantgarde nichts mehr hinzuzufügen. Der Abstrakte Expressionismus des Amerikaners Jackson Pollok (1912–1956), welcher seine Farben auf eine auf dem Fußboden ausgebreitete Leinwand schleuderte, beruhte auf der von den Surrealisten entwickelten Methode des psychischen Automatismus. Die meisten Maler variierten einen eng begrenzten Persönlichkeitsstil, der über dekorative Wirkungen kaum hinausgelangte. Malewitschs schwarzes Quadrat von 1913 fand ungezählte Nachfolger in allen denkbaren Farbvarianten. Auf dem Kunstmarkt versuchte man, einander durch Vergrößern der Formate zu übertrumpfen, so daß schließlich die Wand eines Museums kaum noch für eines dieser »Farbfeldbilder« ausreichte.

Mitte der fünfziger Jahre, als die Euphorie über die scheinbar unbegrenzte Entwicklungsfähigkeit der »freien Marktwirtschaft« und des »american way of life« ihren Höhepunkt erreichte, nahm von den USA Pop-Art als eine neue

646

**644** Jackson Pollock bei der Arbeit. Um 1953
**645** Mark Rothko. Bilderzyklus in der Kapelle der Rice Universität in Houston (USA). 1964–1967
**646** Karl Hofer. Atomserenade. 1947. Winterthur, Kunstmuseum

Modeströmung ihren Ausgang, die die trivialkünstlerische Werbung der Massenmedien zur eigentlichen, da »populären« Kunst erhob. Sie griff zwar auf den Dadaismus zurück, sprach aber nicht wie dieser einer verlogenen Kunst ihre Existenzberechtigung ab, sondern stellte sich oft auf die Seite der Manipulatoren einer Konsumgesellschaft, deren ästhetische Bedürfnisse mit dem Bild eines Glamourgirls zu befriedigen waren.

Als sich der wahre Charakter der »Überflußgesellschaft« offenbarte und die Gefährdung der Umwelt infolge der hemmungslosen Industrialisierung immer bedrohlicher wurde, begannen unter den spätbürgerlichen Malern auch kritische Stimmen laut zu werden. Aber auch Künstler wie die »Fotorealisten«, die sich der Wirklichkeit wie Reporter zu nähern suchten, waren nicht in der Lage, die Zusammenhänge der Erscheinungen zu erkennen und ihre Ursachen aufzudecken. Konfrontiert mit den barbarischen Methoden imperialistischer Kolonialpolitik, wie sie der Vietnamkrieg vor aller Welt enthüllte, und mit der durch die Hochrüstung heraufbeschworenen Gefahr eines neuen Weltkriegs, wuchsen bei vielen Malern die Zweifel, ob Kunst solchen Bedrohungen überhaupt wirksam entgegentreten könne. Manche zogen die Konsequenz und gaben das Malen auf. Andere glaubten, der Wirklichkeit näherzukommen, indem sie die Grenzen zwischen den einzelnen Kunstgattungen aufhoben, die Kunst aus ihrem musealen Dasein befreiten und mit realen Aktionen verbanden. Sie erweiterten den Kunstbegriff sogar so weit, daß sie auf das optische Bild verzichteten und in der künstlerischen Absichtserklärung das eigentlich Bedeutsame erblickten. Während »Happening« und »Fluxus« noch einen – beliebig und ohne Ziel verlaufenden – Prozeß »darstellen« wollten, setzte »Concept Art« die kunsttheoretische und philosophische Erklärung endgültig an die Stelle des Kunstwerks, womit sie unbewußt die Wirkungslosigkeit der spätbürgerlichen Kunst durch deren Selbstaufgabe enthüllte.

Inzwischen sind die »neuen Wilden« mit ihren neoexpressionistischen Malereien auf den verarmten Kunstmarkt vorgedrungen. Sie sind nun schon die dritte Generation, die von der Avantgardekunst zehrt und dürften daher kaum mehr als ihre Vorgänger der bildenden Kunst ihre gesellschaftlichen Funktionen zurückgeben können.

647

648

649

**647** Richard Hamilton.
Was ist das nur, was das moderne Zuhause so anders, so anziehend macht?
Collage. 1956. Tübingen, Kunsthalle
**648** Andy Warhol. 25mal Marilyn (Ausschnitt). Siebdruck und Acryl. 1962. Stockholm, Moderna Museet
**649** Ina Barfuss und Thomas Wachweger. Wenn Dein starker Arm es will. 1983. Privatsammlung

650

651
652

## Von der »Armeleutemalerei« zur proletarisch-revolutionären Kunst

Wie ehedem die bürgerliche entstand auch die proletarische Kunst im Schoße der alten Gesellschaft. Solange die Arbeiterklasse aufgrund ihrer wirtschaftlichen und politischen Machtlosigkeit als Auftraggeber nicht in Frage stand, vermochte sie allerdings noch keine nennenswerte eigene Kunst hervorzubringen. Als sich das Proletariat politisch zu formieren begann, setzten sich auch bedeutende Künstler für die Arbeiter ein. Diese Werke der antibürgerlichen Opposition zeigten jedoch sehr unterschiedlichen Charakter. Während Daumier, Courbet und Meunier in monumentalen Bildern bereits die Kraft und Würde und das wachsende Selbstbewußtsein der arbeitenden Menschen darstellten, appellierte die sogenannte Armeleutemalerei mit ihren naturalistischen Milieuschilderungen lediglich an das soziale Verantwortungsbewußtsein des Bürgers.

Dennoch waren alle Künstler, die Kritik an der herrschenden Gesellschaftsordnung übten, letzten Endes potentielle Verbündete der Arbeiterklasse. Vor allem die Expressionisten fühlten sich als Kultur- und Geistesschaffende aufgerufen, eine neue sittliche Welt zu formen, so unklar und utopisch ihre Vorstellungen darüber auch sein mochten. Der revolutionär gestimmte »Novembergeist«, wie er die Zukunftsvisionen der 1918 in Berlin gegründeten »Novembergruppe« prägte, erschöpfte sich allerdings nach kurzer Zeit in pathetischen Gesten.

Für viele Maler aber waren der erste Weltkrieg und die russische Oktoberrevolution die entscheidenden Zeitereignisse, die sie im Klassenkampf eindeutig auf die Seite des Proletariats treten ließen. Die ersten Werke einer proletarisch-revolutionären Kunst entstanden, als die Kommunistische Partei Deutschlands

653
654

während der Nachkriegskrise durch eine gezielte Kulturpolitik künstlerische Potenzen aus den eigenen Reihen weckte und förderte und zugleich Sammelbecken vieler fortschrittlich gesinnter Künstler der bürgerlichen Opposition wurde. Anfang der zwanziger Jahre trat die Arbeiterklasse erstmals als Auftraggeber für Monumentalkunstwerke auf. So schuf Karl Völker (1889–1962) in Halle für den Sitzungssaal des Druckhauses der KPD-Zeitung fünf Wandgemälde, die den Weg des Proletariats vom Verdammten dieser Erde zum Sieger der Weltrevolution veranschaulichten.

Als sich die Klassenkämpfe verschärften und viele Expressionisten erkannten, daß ihre Menschheitsträume an der Realität vorbeizielten, entstand in Deutschland der Verismus (lat. verus = wahr), der naturalistische Stilmittel für eine ätzende Gesellschaftskritik einsetzte. Die Veristen feierten nicht mehr die »Geburt des neuen Menschen«, sondern wollten den alten, der mit chauvinistischer Hetze und Kommunistenmord sein zerstörerisches Werk auch nach dem Krieg fortsetzte, endgültig entlarven. Otto Dix (1891–1969) und George Grosz (1893–1959) legten in ihren Werken den schmutzigen Sumpf der »goldenen zwanziger Jahre« in schockierender Deutlichkeit bloß. Das Großstadt-Triptychon von Otto Dix gibt ein treffendes Bild jener Gesellschaft von Kriegs- und Börsengewinnlern, die im Anblick der Kriegskrüppel die nächtlichen Ausschweifungen der Großstadt auskosteten.

Während die Veristen den Untergang des kapitalistischen Systems zelebrierten, stellten andere Maler den Proletarier nicht nur als ein Opfer der alten, sondern als entschlossenen Kämpfer für eine neue Gesellschaftsordnung dar. »Die Kunst ist eine Waffe, der Künstler ein Kämpfer im Befreiungskampf des Volkes gegen ein bankrottes System!«, heißt es 1928 im Aufruf der auf Initiative kommunistischer Künstler in Berlin gegründeten »Assoziation revolutionärer bildender Künstler Deutschlands«, der sich bald Ortsgruppen in anderen Großstädten angliederten. In der »Asso« schlossen sich Künstler wie der aus dem Proletariat hervorgegangene Otto Nagel (1894–1967), Curt Querner (1904–1976) sowie Hans (1901–1958) und Lea Grundig (1906–1977) zusammen, die mit Arbeiterporträts und Demonstrationsbildern die Grundlagen der sozialistischen Kunst schufen.

655

656

Unter der faschistischen Herrschaft wurden auch die kommunistischen Künstler in Gefängnisse und Konzentrationslager verschleppt, wo viele ihr Leben lassen mußten. Diejenigen, denen die Emigration gelang, gehörten in ihren Gastländern zu den maßgeblichen Initiatoren von Vereinigungen, in denen Kulturschaffende der verschiedensten Stilrichtungen zur Aktionseinheit gegen den Faschismus

**650** Hans Baluschek. Kohlefuhren. 1901. Berlin, Märkisches Museum
**651, 652** Otto Dix. Seitentafeln des Großstadttriptychons. 1927–1928. Stuttgart
**653** Karl Völker. Industriebild. 1923–1924. Halle/S., Staatliche Galerie Moritzburg
**654** Oskar Nerlinger. Der Herr Gutsverwalter. 1931. Dresden, Kunstsammlungen
**655** Otto Nagel. Die Parkbank. 1927. Berlin, Staatliche Museen
**656** Curt Querner. Bauernbild. 1933. Halle/S., Staatliche Galerie Moritzburg
**657** Hans Grundig. KPD-Versammlung. 1932. Berlin, Staatliche Museen

657

658

659

zusammenfanden. Maler in aller Welt schufen vor allem in den Jahren des zweiten Weltkriegs eine Widerstandskunst, die in unseren Tagen, angesichts der Hauptaufgabe, der Menschheit den Frieden zu bewahren, neue Vorbildlichkeit erlangt hat. Pablo Picassos Gemälde »Guernica« – geschaffen 1937 für den Pavillon der spanischen Republik auf der Weltausstellung in Paris –, das die Zerstörung der baskischen Stadt durch einen Luftangriff deutscher Faschisten eindrucksvoll vor Augen führt, hat bis heute an Aktualität und vorbildlicher künstlerischer Haltung nichts eingebüßt. Der Kommunist Picasso setzte auch nach dem Krieg mit Werken wie dem »Blutbad in Korea«, den Bildern des Friedenstempels in Vallauris und durch seine aktive Unterstützung der internationalen Friedensbewegung seine Kunst als »Waffe zum Angriff und zur Verteidigung gegen den Feind« ein.

Nach dem zweiten Weltkrieg erstrebte die politische und künstlerische Opposition in vielen Ländern – nicht zuletzt unter dem Eindruck der Kunstentwicklung in den sozialistischen Staaten – einen neuen Realismus, der volkstümlich, zeitgemäß-aktuell und parteilich sein sollte. Vor allem der aus der Widerstandskunst hervorgegangene italienische Realismo, dessen Vertreter meist der kommunistischen Partei angehörten, erhob die Arbeiter, ihren politischen und sozialen Kampf, zum Hauptthema. Renato Guttuso (1912–1987) hat seiner kämpferischen Kunst durch die Erweiterung der stilistischen Mittel bis in die Gegenwart Aktualität und Wirksamkeit bewahrt.

Auch in Frankreich nutzten fortschrittliche Maler wie Fernand Léger (1881–1955) die Formensprache unseres Jahrhunderts, um objektive Aussagen über die Wirklichkeit zu machen. Heute bedient sich die engagierte Kunst aller Mittel, welche ihrem Anliegen gerecht zu werden vermögen. Sie leistet damit auch einen Beitrag zu Breite und Vielfalt der sozialistischen Kunst. Die Unabhängigkeitsbestrebungen der unterdrückten Völker sowie die gewaltigen Aufgaben, die vor den jungen Nationalstaaten stehen, haben der Kunst dieser Länder international neue Beach-

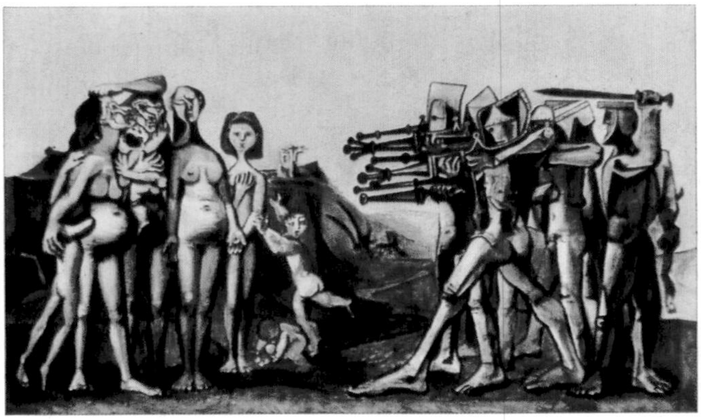

660

**658** Fernand Léger. Die Konstrukteure. 1950. Biot, Museum Fernand Léger

**659** Renato Guttuso. Ich habe es gesehen. 1966. Mailand, Sammlung F. Terruzzi

**660** Pablo Picasso. Blutbad in Korea. 1951. Nachlaß des Künstlers

**661** Käthe Kollwitz. Gedenkblatt für Karl Liebknecht. Holzschnitt. 1919

**662** Max Beckmann. Die Nacht. Lithographie aus der Folge »Die Hölle«. 1919

tung verschafft und ihrerseits die Basis zeitgenössischer Kunst inhaltlich und formal verbreitert.
In der Graphik traten die Widersprüche, unter denen sich die Kunst im 20. Jahrhundert entwickelte, noch deutlicher hervor. Neue drucktechnische Verfahren, die wachsende Auflagen bei sinkenden Kosten ermöglichten, machten die Graphik zu einem wichtigen Massenkommunikationsmittel. Ihr Einsatz in der kommerziellen Werbung führte allerdings zu einem Qualitätsverfall. Deshalb vollzog die künstlerische Avantgarde auch in der Graphik den Bruch mit den bürgerlichen Traditionen und gab dieser Kunstgattung dabei zugleich ihren Rang als selbständige Bildkunst zurück, den sie im Laufe des 19. Jahrhunderts eingebüßt hatte.
Edvard Munch knüpfte an Gauguin an, als er die älteste graphische Technik, den Flächenholzschnitt, als künstlerisches Verfahren wiederentdeckte und die natürliche Maserung des Holzstocks sowie die Farbe als Ausdrucksmittel einbezog. Von den »Brücke«-Künstlern, deren expressive Farbholzschnitte ebenfalls die Aussagekraft ihrer Gemälde bisweilen übertreffen, ging eine Traditionslinie aus, die mit Holzschneidern wie HAP Grieshaber (1909 bis 1981) bis in die Gegenwart reicht.
Die lapidare und kraftvolle expressive Formensprache wurde schon früh von proletarisch-revolutionären Künstlern übernommen. Käthe Kollwitz (1867–1945), die bereits mit dem Zyklus »Ein Weberaufstand« (1894–1898) für das kämpfende Proletariat Partei ergriffen hatte, schuf mit dem Gedenkblatt für den ermordeten Karl Liebknecht ein Werk, in dem der revolutionäre Inhalt und die neue Form eine Einheit bilden. Einen Höhepunkt erlangte die kämpferische Graphik in Deutschland während der Nachkriegskrise, als viele Künstler einen »messerscharfen« Zeichenstil bevorzugten, um »Die Hölle« der Nachkriegszeit (Zyklus von Max Beckmann [1884–1950]) und »Das Gesicht der herrschenden Klasse« (Zyklus von George Grosz) sezierend bloßzulegen. Otto Dix leistete mit den 50 Aquatinta-Radierungen seines Kriegs-Zyklus den bedeutendsten Beitrag zum Antikriegsjahr 1924. Im selben Jahr initiierte die kommunistische »Künstlerhilfe« die berühmt gewordene Mappe mit graphischen Blättern zum Thema »Hunger«, deren Erlös den Menschen im Wolgagebiet zugute kam.
Wichtig für die Geschichte der proletarischen Agitationskunst wurden auch die progressiven Buch- und Zeitschriftenverlage. Seit 1917 entwickelte sich der von Wieland Herzfelde geleitete Malik-Verlag zu einem vom bürgerlichen Kunstbetrieb unabhängigen Sammelpunkt fortschrittlicher Schriftsteller und bildender Künstler. Für seine politisch-satirischen Publikationen schuf vor allem John Heartfield (1891–1968) scharfsichtige Collagen und Fotomontagen. Viele Zeichner der sogenannten Roten

661

662

**663** Edvard Munch. Madonna (Empfängnis). Farblithographie. 1895/1902
**664** Erich Heckel. Mann in der Ebene. Holzschnitt. 1917
**665** HAP Grieshaber. Der Bauer. Farbholzschnitt aus der Folge »Totentanz von Basel«. 1966

666
667
668

Presse kamen aus den Reihen der Arbeiterklasse. Diese Zeitschriften hatten eine enorme Massenwirkung. So erreichte die »Arbeiter Illustrierte-Zeitung« (AIZ) mit einer zeitweiligen Auflage von über vier Millionen Exemplaren mehr Leser als die bürgerlichen Illustrierten der Zeit.
»Unterm Hakenkreuz« (Zyklus von Lea Grundig) bot die Druckgraphik den in Deutschland verbliebenen und mit Malverbot belegten Künstlern neben der Zeichnung meist die einzige Möglichkeit künstlerischer Betätigung. Die Zeichnungen, die Künstler in den Gefängnissen und Konzentrationslagern unter Lebensgefahr anfertigten und verbargen, sind erschütternde Dokumente der Naziverbrechen, aber auch des Widerstandswillens der Antifaschisten. Kommunistische Künstler, denen die Flucht ins Ausland gelang, entlarvten den Charakter des Faschismus in verschiedenen Emigrantenblättern.
Nach dem zweiten Weltkrieg hat die Graphik als Agitationskunst weltweit an Wirksamkeit gewonnen. Mit Namen wie Frans Masereel (1889–1972) und Charles White (1918–1979) verbindet sich eine Kunst, die den »Weg der Menschen« (Zyklus von Masereel) in eine glückliche Zukunft aufzeigt und für ein gleichberechtigtes, friedliches Miteinander aller Rassen und Völker kämpft.

Für die meisten spätbürgerlichen Künstler blieb die Graphik allerdings vor allem ein formales Experimentierfeld. Sie haben die künstlerische Sprache durch neue Verfahren wie den Siebdruck, den Foto- und Klischeedruck sowie durch vielfältige Kombinationen der einzelnen Techniken erweitert und mit Graphikeditionen und »Malerbüchern« höchste Qualitätsmaßstäbe für Druckgraphik und Buchkunst gesetzt. Diese waren allerdings nur für den kaufkräftigen Sammler erreichbar. In den sechziger Jahren haben Künstler, die die Exklusivität solcher Graphik überwinden wollten, in einem falsch verstandenen Streben nach Demokratisierung die massenhaft verbreitete kommerzielle Werbegraphik und die primitiven Bildergeschichten der Comic-strips zur Kunst erhoben und einen Graphikboom herbeigeführt, dessen Blätter heute auf dem Kunstmarkt kaum noch mehr als den Wert bunten Papiers erzielen.
Auch in der angewandten Kunst haben sich im 20. Jahrhundert die sozialen und künstlerischen Grundlagen entscheidend verändert. Die Handarbeit wurde endgültig von der maschinellen Produktion abgelöst, und an die Stelle der Kunsthandwerker traten die Formgestalter. Entwerfer, die ihre große soziale und kulturelle Verantwortung er-

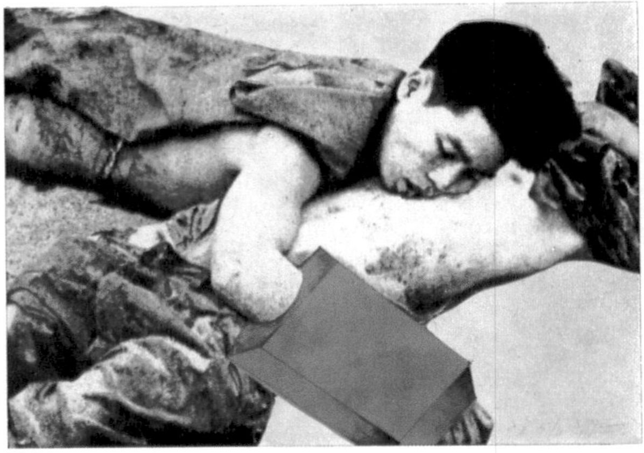

669
670

kannten, mußten sich jedoch gegen die kommerziellen Interessen der Industriellen stellen, um für die echten Bedürfnisse der Konsumenten arbeiten zu können.
Schon im 19. Jahrhundert hatte die englische kunsthandwerkliche Bewegung unter der Leitung von William Morris den Kampf gegen die Schundproduktion und für eine schönere und sozialere Umwelt aufgenommen. Während es Morris noch um eine Erneuerung des Handwerks ging, bezogen schon einige Anhänger der Jugendstilbewegung auch die Industrieprodukte in ihre Reformbestrebungen ein. Der Belgier Henry van de Velde, der Wortführer der Reformbewegung, erkannte bereits klarer als seine Vorläufer, daß der Qualitätsverfall der Maschinenware »nicht am neuen maschinellen Betrieb liegt, sondern an dem Geist, der den Betrieb leitet«. Seit 1903 sagte die Wiener Werkstätte-Produktiv-Gemeinschaft »dem grenzenlosen Unheil, welches schlechte Massenproduktion einerseits, die gedankenlose Nachahmung alter Stile andererseits auf kunstgewerblichem Gebiet verursacht« hatten, den Kampf an. Im Deutschen Werkbund schlossen sich 1907 erstmals Künstler, Handwerker und einige Fabrikanten zusammen, um gemeinsam die Verbesserung industriell gefertigter Gebrauchsgüter in Angriff zu nehmen. Die Zusammenarbeit zwischen Künstlern und Industriellen blieb jedoch ein Idealfall. Eine Gestaltung, die von den technischen Bedingungen der Großproduktion ausging und Funktionstüchtigkeit und Bedarfsgerechtheit forderte, wurde vom Bauhaus propagiert, das als erste Lehranstalt auch Industrieformgestalter ausbildete. Die Studenten leisteten neben der künstlerischen Ausbildung praktische Arbeit in Werkstätten für Tischlerei, Metallarbeit, Töpferei, Weberei, Druckerei, Typographie und Werbung sowie in einer Bühnenwerkstatt. Vor allem unter dem Direktorat des Kommunisten Hannes Meyer wurde die Arbeit der Bauhauswerkstätten auf »Volksbedarf statt Luxusbedarf« ausgerichtet, die kollektive Entwurfsarbeit eingeführt und wissenschaftlich begründete Unterrichtsmethoden für die Ausbildung der Entwerfer entwickelt.
Die sozialen Ziele des Bauhauses mußten unter kapitalistischen Produktionsverhältnissen allerdings Utopien bleiben. Seit den dreißiger Jahren suchten die Monopole nach immer neuen Mitteln, um den Absatz zu steigern. An die Stelle des neuen Stils trat das Styling, das zuerst von amerikanischen Autofirmen praktiziert wurde. Mit dem Ziel, die Produkte vorzeitig »veraltet« erscheinen zu lassen, begnügte man sich oft mit rein formalen Änderungen. Wie für die Kleidung wurden auch für alle anderen Bedarfsgüter immer schneller wechselnde modische Trends lanciert, die auf einen raschen ästhetischen Verschleiß zielten. Auch die Nostalgiewelle, die seit den siebziger Jahren anrollte und ursprünglich einer Protesthaltung gegen die Vermarktung des Individuums entsprang, wurde von der Werbung in profitable Bahnen manipuliert, so daß sich die Wohnungen wieder mit den »Stilmöbeln« und den Nippes der Gründergeneration füllten.
Auch in der Mode ging der entscheidende Wandel von der Jugendstilbewegung aus, die Zweckmäßigkeit zur Grundlage des neuen Stils erhob. Das Hemdkleid, das sie als »Reformkleid« kreierte, ist bis heute die Grundlage der Frauenmode geblieben. Mit dem geraden Schnitt wurden zugleich die Voraussetzungen für die Entfaltung der Konfektionsindustrie geschaffen, die die Entwicklung der Mode immer stärker bestimmen sollte. Seit den zwanziger Jahren mußte sich auch die Haute Couture den Forderungen nach Tragbarkeit ihrer Modelle beugen. Allerdings hielt sie noch lange an der Handarbeit fest und ging erst nach dem zweiten Weltkrieg zur Serienproduktion über, womit sie sich zwangsläufig auf die Bekleidungsbedürfnisse der Massenkonsumenten einstellen mußte. Auch die Herrenmode wurde einfacher. Eine wichtige Rolle spielte die Freizeitkleidung, die selbst die konventionelle Tageskleidung beeinflußte. Von dieser emanzipierte sich seit den fünfziger Jahren eine Jugendmode, die ihre Vorbilder aus Protest gegen die etablierte ältere Generation bei den sozial und kulturell deklassierten Schichten und Völkern suchte und damit den Fundus, aus dem die Mode heute schöpfen kann, ebenfalls wesentlich erweiterte.
Die Mode der spätbürgerlichen Gesellschaft zeigt aber auch, daß selbst der funktionelle Stil ad absurdum geführt werden kann, wenn sich die Käufer manipulieren lassen. Eine profitgetriebene Reklame propagiert eine Konsum- und Wegwerfgesellschaft, die ohne Rücksicht auf die ökonomischen und ästhetischen Bedürfnisse der Käufer immer neue Modetrends hervorbringt und sogar die Protestmoden der Jugendlichen in verkaufsträchtige Modelooks umfunktioniert.

671
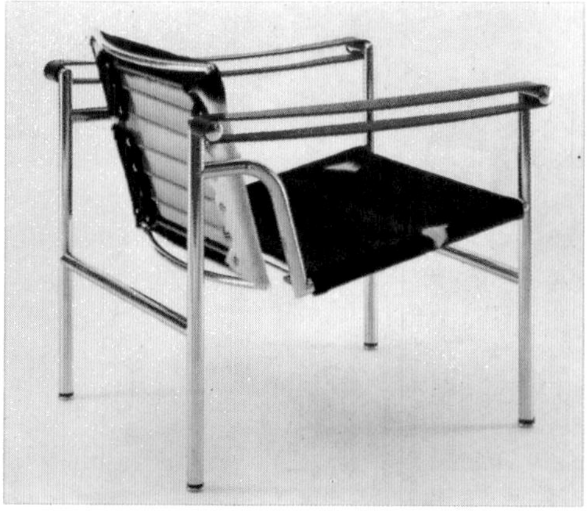

**666** George Grosz. Schönheit, dich will ich preisen! Aquarell, Feder und Tusche. 1919. Berlin (West), Galerie Nierendorf
**667** John Heartfield. Berlin ruft zur Olympiade. Fotomontage. 1936
**668** Frans Masereel. Die neue Armee. Holzschnitt. 1954
**669** Wolf Vostell. Ermordeter Vietnamese mit einbetoniertem Arm. Siebdruck. 1972
**670** James Rosenquist. Zone. Algraphie. 1972
**671** Le Corbusier. Sessel. 1929

672
673
674

## Die Kunst in den sozialistischen Ländern

Auch in der Geschichte der Kunst leitete die Große Sozialistische Oktoberrevolution eine neue Epoche ein. Nachdem die Kunst in der Klassengesellschaft jahrtausendelang Privileg der herrschenden Schichten gewesen war, sollten Architektur, Plastik, Malerei und angewandte Kunst denjenigen dienen, die die materiellen Voraussetzungen für ihre Entfaltung schufen. Die sozialistische Kulturrevolution vollzog sich aber in einem langwierigen, bis heute andauernden Umwälzungsprozeß im konkreten Zusammenhang mit den wirtschaftlichen, sozialen und ideologisch-politischen Bedingungen. Da sich in der bürgerlichen Gesellschaft nur Ansätze einer sozialistischen Kultur herausbilden konnten, mußte die zur Herrschaft gelangte Arbeiterklasse zunächst deren Inhalte neu definieren. Das Volkskommissariat für Bildungswesen unter Anatoli Lunatscharski sah die agitatorischen und ideologisch-erzieherischen Funktionen der sozialistischen Kunst im Vordergrund. Aber auch der sogenannten Produktionskunst, die wie keine andere Kunstgattung den materiellen wie ästhetischen Bedürfnissen des Volkes dient und diese zu wecken vermag, wurde von Anfang an große Bedeutung beigemessen.

Die umfassenden Aufgaben, die die Kunst bei der Gestaltung der sozialistischen Gesellschaft übernehmen sollte, spiegeln sich in den neuen Ausbildungsstätten wider, die zum Teil schon in den Revolutionsjahren geschaffen wurden und mit ihren Programmen Perspektiven für die Zukunft aufzeigten. Nachdem die Kunsthochschulen 1918 reorganisiert worden waren, entstand 1920 in Moskau das »Institut für künstlerische Kultur« (INChUK), das die Diskussion um die theoretische Konzeption der sozialistischen Kunst einleitete. Die hier gewonnenen Erkenntnisse wurden in den im selben Jahr gegründeten »Höheren künstlerisch-technischen Werkstätten« (WChUTEMAS) schöpferisch umgesetzt und erprobt. Diese Lehranstalt, die in ihrer Zielsetzung und Bedeutung dem Bauhaus in Deutschland vergleichbar ist, bildete wie dieses neben Malern, Bildhauern und Architekten auch Formgestalter aus.

Eine führende Rolle im Kunstleben der zwanziger Jahre spielten die Konstruktivisten, die, wie in Deutschland, Frankreich und den Niederlanden, auch in Rußland schon

675

**672** Wladimir J. Tatlin. Entwurf eines Denkmalgebäudes für die III. Internationale. 1919–1920

**673** El Lissitzky. Entwurf von Hochhäusern (sog. Wolkenbügel) für Moskau. 1924

**674** Grigori B. und Michail G. Barchin. Entwurf des Hochhauses für die »Iswestija« in Moskau. 1925–1927

**675** Kasimir S. Malewitsch. Suprematistisches Architekton. 1924–1926

seit Beginn des Jahrhunderts eine gegen die bürgerliche Kultur gerichtete Erneuerung angestrebt hatten und die nun mit der sozialistischen Revolution die gesellschaftlichen Voraussetzungen zur Verwirklichung ihrer Ziele erfüllt sahen. Unter dem neuen sozialen Aspekt ihres Schaffens verlagerte sich ihr Interesse von malerischen und plastischen Formexperimenten zunehmend auf Gestaltungsfragen in Architektur und angewandter Kunst.

Die Aufhebung des Privateigentums an Grund und Boden, die Verstaatlichung des Bauwesens und die Ablösung des privaten durch den gesellschaftlichen und staatlichen Auftraggeber eröffneten der Architektur große Perspektiven. Zunächst galt es, Formen zu entwickeln, die die neuartigen Anforderungen zu erfüllen und darüber hinaus die neue Ordnung zu repräsentieren vermochten.

Während einige Künstler in diesem Bestreben an die Antike, den Klassizismus oder auch an die altrussische Baukunst anknüpften, lehnte die Mehrzahl unter Führung der Konstruktivisten alle traditionellen Architekturformen als überholt ab. Von ihnen wurden das funktionelle Bauen und seine von der modernen Technik diktierten Formen – die in den kapitalistischen Ländern noch auf heftigen Widerstand stießen – als der sozialistischen Gesellschaft gemäß propagiert und deren Bedürfnissen angepaßt. Einer der Pioniere der frühen sowjetischen Architektur, die den vorrevolutionären Konstruktivismus über die Ideen des neuen Bauens zu einer der sozialistischen Lebensordnung entsprechenden Architektur weiterentwickelten, war El Lissitzky (1890–1941). Er entwarf moderne Wohnungstypen mit standardisierter Einrichtung, die von der Gleichstellung aller Bevölkerungsschichten ausgingen, und beschäftigte sich schon vor 1925 mit dem Projekt von Wohnhochhäusern für städtische Ballungsgebiete. Um ein Höchstmaß an Freiraum zu erhalten, entwickelte er für Moskau die sogenannten Wolkenbügel, von der Vertikale in die Horizontale verlagerte Wolkenkratzer. Mit der neuen Gesellschaftsordnung war ein Bedarf an neuen Gebäudetypen entstanden, für die Lösungen gefunden werden mußten: Häuser der Sowjets und der Gewerkschaften, Arbeiterklubs, Massentheater, Bauten des kommunalen Versorgungs- und Dienstleistungssystems wie Großbäckereien und Großküchen, ferner in einem bisher nicht gekannten Ausmaß Einrichtungen des Gesundheitswesens

676

677

678

**676** Wohnhaus auf dem Nowinski-Boulevard in Moskau. 1928–1930 von Moissej J. Ginsburg
**677** Sujew-Klub in der Lesnaja in Moskau. 1926–1928 von Ilja A. Golossow
**678** Kraftwerk Dneproges, Maschinensaal. 1929–1930 von Wiktor A. Wesnin, Nikolai J. Kolli u.a.

679

680

681

und der Volksbildung wie Universitäten, Schulen, Bibliotheken, Pionierhäuser, Sportbauten, Bäder und Erholungsheime. Diese vielfältigen Aufgaben machten wiederum eine Stadtplanung notwendig, die alle Teile zu einem funktionstüchtigen Organismus vereinte. Moissej J. Ginsburg (1892–1946) leitete zwischen 1928 und 1932 ein Kollektiv, das auf der Basis einer wissenschaftlichen Analyse der sozialistischen Lebensweise Grundsätze der Gebietsplanung, der Siedlungsweise, des Städtebaus, der kommunalen Versorgung, des Wohnungsbaus bis hin zur standardisierten Raumzellenwohnung erarbeitete. Mit dem Kommunehaus auf dem Moskauer Nowinski-Boulevard hat Ginsburg eine seiner Ideen beispielhaft realisiert.

Die gewaltigen architektonischen Aufgaben, die die sozialistische Gesellschaft stellte, trugen dazu bei, daß die Sowjetunion auch für viele sozial engagierte Bauschaffende Westeuropas zu einem wichtigen Sammelbecken aller zukunftsfreudigen Ideen der Zeit wurde. Andererseits suchten sowjetische Künstler den Kontakt zur westlichen Avantgarde. Während El Lissitzky zwischen 1921 und 1925 in Westeuropa tätig war, beteiligten sich französische und deutsche Architekten wie Auguste Perret, Le Corbusier, Walter Gropius, Erich Mendelsohn und Bruno Taut an Architekturwettbewerben, bereisten die Sowjetunion und führten hier Aufträge aus. 1930, als die Weltwirtschaftskrise in der kapitalistischen Welt die Mehrzahl der Bauschaffenden arbeitslos machte, waren zwei deutsche Architektengruppen unter Hannes Meyer und Ernst May in der Sowjetunion tätig.

Allerdings blieben die meisten Entwürfe auf dem Papier, weil sie die damalige wirtschaftliche Leistungskraft des Landes überforderten, die – verglichen mit den führenden Industriestaaten – zurückgeblieben war und durch die Jahre der Intervention und des Bürgerkriegs noch geschwächt wurde. In einer Zeit, in der es an den lebensnotwendigen Gütern fehlte, mußten technisch und ökonomisch aufwendige Projekte wie der konstruktivistische Entwurf für das Moskauer Lenininstitut mit seinem kugelförmigen Auditorium maximum Utopien bleiben.

Wollten die Architekten nicht nur Zukunftsträume entwerfen, so mußten sie von den konkreten Bedingungen des Landes ausgehen. Bauen als Bestandteil der sozialistischen Planwirtschaft setzte eine umfassende Konzeption und Or-

**679** Lomonossow-Universität auf den Leninbergen in Moskau. 1948–1952 von Lew W. Rudnew u. a.

**680** Wohnhaus auf der Mochowaja in Moskau. 1932–1934 von Iwan W. Sholtowski

**681** Metrostation Komsomolskaja-Kolzewaja in Moskau 1952 von Alexej W. Schtschussew

**682** Hochhäuser am Kalininprospekt in Moskau. 1960 bis 1968 von Michail W. Possochin u. a.

**683** Gebäude des Rats für Gegenseitige Wirtschaftshilfe am Kalinin-Prospekt in Moskau. 1960–1967 von Michail W. Possochin u. a.

**684** Lenin-Museum in Taschkent. 1970 von J. G. Rosanow

**685** Verwaltungsgebäude für Brücken- und Straßenbau in Tbilissi. 1976 von Z. Djalagania und G. Tschachawa

682

683

ganisation voraus, die nur in kollektiver Arbeit gelöst werden konnte. Nach dem Sieg über die Interventen galt es zunächst, die Schwerindustrie des Landes aufzubauen, Industrieanlagen, Kraftwerke und in deren Nähe neue Städte zu errichten. In komplexen Entwurfsbüros wurden Vorhaben wie das Dneprkraftwerk und neue Städte wie Magnitogorsk und Kusnezk projektiert und trotz der angespannten wirtschaftlichen Situation des Landes realisiert – Leistungen, die ohne Beispiel in der Geschichte sind.

Mit der Gründung des Bundes der Sowjetarchitekten, der 1932 die zahlreichen vorangegangenen Architektenvereinigungen mit unterschiedlichen Zielvorstellungen ablöste, begann ein neuer Abschnitt in der sowjetischen Architekturgeschichte, in dem der Konstruktivismus als »kosmopolitisch« abgelehnt und eine proletarische Klassenarchitektur, national in der Form und sozialistisch im Inhalt, propagiert wurde. Diese Forderung entsprach einer Kulturpolitik, die sich die Beseitigung der Gegensätze zwischen Stadt und Land zum Ziel setzte und deshalb auch die ästhetischen Maßstäbe und Bedürfnisse der traditionsverbundenen Landbevölkerung berücksichtigen mußte, die die moderne Architektur ablehnte. Das Volk, das bis zur Revolution noch in nahezu feudalistischen Verhältnissen gelebt hatte, sah in den Adelspalästen die Vorbilder für seine »Paläste« der Arbeit und Kultur. Schon in den zwanziger Jahren waren deshalb neben funktionellen auch eklektizistische Bauwerke entstanden. Wie in der bildenden Kunst wurden die Gegensätze zwischen den Vertretern der modernen und der traditionellen Richtung immer größer, bis der Historismus offiziell zur Grundlage der sozialistischen Architektur erklärt wurde. Bei dem Wettbewerb für den Bau des Sowjetpalasts, für den 160 Entwürfe aus 24 Ländern eingereicht und diskutiert wurden, schieden die Projekte moderner sowjetischer und westeuropäischer Architekten wie Ginsburg, Gropius, Perret und Le Corbusier aus. Angenommen wurde der Entwurf von Boris M. Jofan (1891–1976), bei dem ein 300 Meter hohes Gebäude von einem 60 Meter hohen Leninstandbild gekrönt werden sollte, wodurch das Bauwerk zugleich die repräsentativen und ideologischen Aufgaben eines Monuments übernahm.

Um die Eigenständigkeit der sozialistischen Architektur gegenüber der Westeuropas zu betonen, griffen viele Architekten auf die altrussischen Traditionen zurück. In den ver-

684

685

686

687

schiedenen Sowjetrepubliken kam noch die Besinnung auf lokale und volkstümliche nationale Bautraditionen hinzu. Aber auch die Antike, die Renaissance, der Barock und vor allem der russische Klassizismus schienen besser als der Funktionalismus geeignet, die Größe der sozialistischen Ideen und das Ziel der Epoche zum Ausdruck zu bringen. Das Wohnhaus auf der Mochowaja in Moskau, das die monumentale Säulenordnung der Palazzi eines Andrea Palladio verwendet, zeigt das Bestreben, die Wohnkultur der Arbeiterklasse in einem traditionsreichen Stil zu demonstrieren.

Die Architektur dieser Epoche weist vor allem auf dem Gebiet des Städtebaus bedeutende Leistungen auf. Ein besonderes Anliegen war die architektonische Gestaltung der Hauptstädte der Sowjetrepubliken. 1935 wurde – nach einem Ideenwettbewerb, an dem sieben Architektenbrigaden teilnahmen – der Generalplan für die Umgestaltung Moskaus veröffentlicht, nach dem der historische Stadtkern durch ein Netz breiter Radial- und Ringstraßen erweitert und die Rekonstruktion des Roten Platzes, des Alexandergartens, des Manegeplatzes und der Gorkistraße in Angriff genommen wurden. 1934 begann der Bau der Moskauer Metro, die – wenn auch die überladene Dekoration mancher Stationen als unangebrachter Pomp kritisiert werden kann – die kultivierteste der Welt wurde.

Obgleich der zweite Weltkrieg von der Sowjetunion ungeheure Opfer forderte, ging der Wiederaufbau der zerstörten Städte zügig voran. Die sieben Hochhäuser, die nach 1947 an markanten Punkten Moskaus entstanden, prägen noch heute die charakteristische Silhouette der Stadt. Das bedeutendste dieser Gebäude ist die Lomonossow-Universität, die von den Leninbergen die Stadt weithin beherrscht. Im Detail wirken die historischen Architekturelemente und die emblematische Bauplastik, mit denen diese gewaltigen Stahlgerüstkonstruktionen künstlerisch überfrachtet wurden, allerdings besonders anachronistisch. Selbst Ingenieurbauten dienten in dieser Zeit der ideologischen Repräsentation.

Nachdem bereits die Voraussetzungen für die Industrialisierung des Bauens existierten und der Historismus zu einem Hemmschuh für die künstlerische und technische Entwicklung geworden war, faßten 1955 das ZK der KPdSU und der Ministerrat den Beschluß »Über die Beseitigung allen überflüssigen Zierats im Bauwesen«. Im folgenden Jahr brachte der XX. Parteitag die endgültige Wende vom historistischen zum zeitgemäßen Bauen. Die Großblock- und Großplattenbauweise löste die konventionellen Verfahren ab. Immer größere Bauelemente bis zu ganzen Raumzellen wurden vorgefertigt und bei der Überdachung großer Hallen modernste Schalen- und Hängedachkonstruktionen angewandt. Die Wirtschaftlichkeit modernen Bauens kam vor allem dem Wohnungsbau zugute. Die

688

**686** Kindersanatorium in Jánské Lázně (ČSSR). 1980 von Z. Přáda und F. Troníček

**687** Zentrum Zalaegerszeg (Ungarn). 1977–1980 von G. Vadász

**688** Staatszirkus in Bukarest. 1960–1961 von N. Porumbescu

**689** Palast der Republik in Berlin. 1973–1976 von Heinz Graffunder, Karl-Ernst Swora u. a.

**690** Hotel »Panorama« in Oberhof. 1969–1970 von K. Martinković

**691** Neues Gewandhaus in Leipzig. 1975–1981 von Rudolf Skoda ästhetischen Werte des funktionellen Stils wurden in Experimentalsiedlungen neu erprobt und zur kulturvollen Lebensgestaltung eingesetzt. Auf dem von 1960 bis 1968 bebauten Moskauer Kalinin-Prospekt demonstriert das als Gemeinschaftsleistung der Mitgliedsländer errichtete 30geschossige RGW-Gebäude zugleich das Prinzip der sozialistischen Zusammenarbeit und des Erfahrungsaustauschs zwischen den befreundeten Ländern.

689

Auch in den Volksdemokratien begann nach dem zweiten Weltkrieg mit dem Aufbau des Sozialismus ein neuer Abschnitt in der Geschichte der Architektur. Nach der Schaffung sozialistischer Produktions- und Eigentumsverhältnisse konnten auch hier durch die Synthese von sozialistischer Stadtplanung und modernster Bautechnik bedeutende soziale Leistungen vollbracht werden. Ähnlich wie in den verschiedenen Sowjetrepubliken bewahrte die Architektur auch in den Volksdemokratien viele nationale und lokale Eigenheiten. Eine vordringliche Aufgabe neben der Wieder- und Neuerrichtung von Betrieben der Schwerindustrie und der Energiewirtschaft war die Beseitigung der Wohnungsnot, die der Krieg hinterlassen hatte. Nachdem man sich zunächst auf die Erweiterung der alten Städte durch Neubau-Wohnviertel konzentrierte, rückte die Konzeption der sozialistischen Stadt als historisch gewachsener und zugleich den neuen Lebensbedingungen entsprechender Gesamtorganismus in den Vordergrund. Eine wichtige Rolle spielten hierbei die denkmalpflegerische Rekonstruktion und die Sanierung der Altstädte, verbunden mit dem Bemühen, die historische und die moderne Stadt zusammenwachsen zu lassen, wie es polnische Städte wie Warschau, Gdansk und Wrocław beispielhaft vor Augen führen.

In der zweiten Hälfte der fünfziger Jahre erfolgte auch in der DDR der Übergang zum industriellen Bauen, vor allem zur Großplattenbauweise. 1973 wurde das Wohnungsbauprogramm beschlossen, das die Lösung der Wohnungsfrage bis 1990 vorsieht und planmäßig seiner Vollendung entgegengeht. Mit den Prinzipien der sozialen Gleichstellung, der offenen Bebauung und Durchgrünung und nicht zuletzt durch die angestrebte Synthese von Architektur und bildender Kunst zeigt der sozialistische Städtebau den Weg zur Gestaltung einer kulturvollen Wohnumwelt in einer hochentwickelten Industriegesellschaft. Allerdings ist auch der sozialistische Wohnungsbau von der wirtschaftlichen Leistungskraft des jeweiligen Landes abhängig. Wie und wofür diese genutzt wird, richtet sich aber nicht nach Profitinteressen von Unternehmern, sondern nach den Bedürfnissen der Wohnungsuchenden. Um ihre Wartezeit auf eine Wohnung zu verkürzen, wurden differenziertere Ansprüche zugunsten der Quantität zunächst zurückgestellt; auch der Wunsch nach einer unverwechselbaren, individuell gestalteten Lebens- und Wohnatmosphäre in den Neustädten konnte aus diesem Grund noch nicht ausreichend befriedigt werden. Doch werden bei der Projektierung neuer Wohngebiete immer stärker nicht nur primäre Nachfolgeeinrichtungen wie Kindergärten, Schulen, Kaufhallen und Krankenhäuser berücksichtigt, sondern auch Bauten und Freiräume vorgesehen, die der Kultur, dem Sport und der Erholung und somit der individuellen Lebensgestaltung dienen und darüber hinaus zu neuen Zentren für das Gemeinschaftsleben im Wohngebiet werden können.

690

691

692

»Die Kunst gehört dem Volke. Sie muß ihre tiefsten Wurzeln in den breiten schaffenden Massen haben. Sie muß von diesen verstanden und geliebt werden. Sie muß sie in ihrem Fühlen, Denken und Wollen verbinden und emporheben. Sie muß Künstler in ihnen erwecken und entwikkeln.« Mit diesen Worten kennzeichnete Lenin Wesen und Funktion der sozialistischen Kunst. Schon 1918 stellte er den Bildhauern mit seinem Plan der monumentalen Denkmalpropaganda wichtige ideologische Aufgaben: Die den Zarismus verherrlichenden Denkmäler sollten durch neue Monumente ersetzt werden, die die sozialistische Revolution und die demokratischen Traditionen würdig repräsentierten. Deshalb wurden vor allem den Führern der Arbeiterklasse Denkmäler errichtet. Wohl einmalig in der Idee ist die von 1920 bis 1932 geschaffene »Leniniana« – eine Folge von über einhundert graphischen und plastischen Leninporträts, in denen Nikolai A. Andrejew (1873–1932) die Persönlichkeit des Revolutionärs und Staatsmanns zu erfassen suchte. Neben die Bildnisplastik verdienter Persönlichkeiten aus Politik, Kunst und Wissenschaft trat die Gestalt des Arbeiters, Bauern und Rotarmisten, wie sie Iwan D. Schadr (1887–1941) heroisierte.

Auch unter den Bildhauern gab es zwischen den Vertretern der Avantgardekunst und den Anhängern der Tradition heftige Auseinandersetzungen. Da die Konstruktivisten ihre Stilmittel vor allem aus der Welt der Technik schöpften, konnten sie auf eine Plastik, die Träger sozialistischer Ideen sein wollte, nur wenig Einfluß gewinnen. Ihre extremsten Vertreter sahen in der Bildhauerkunst ohnehin ein überlebtes Ausdrucksmittel der bürgerlichen Gesellschaft. Sie akzeptierten lediglich eine Gebrauchskunst und forderten die Künstler auf, statt »unnützer« Kunstwerke Güter für den täglichen Bedarf zu gestalten. Einer der konsequentesten Produktionisten, Wladimir J. Tatlin (1885–1953), der 1919 einen Denkmalsbau für die III. Internationale in Form einer 400 Meter hohen, spiralförmigen Skelettkonstruktion entwarf, um deren Achse sich drei verschiedene Raumkörper drehen sollten, wandte sich schließlich der Produktgestaltung zu.

Da sich der Konstruktivismus für die sozialistische Plastik als ungeeignet erwies, lebten die Traditionen in der Bildhauerkunst weitaus stärker fort als in der Architektur. Zu Beginn der dreißiger Jahre bezeichneten sowjetische Schriftsteller und bildende Künstler ihr schöpferisches Vorgehen als sozialistischen Realismus, als eine Methode, die Welt vom Standpunkt eines Sozialisten zu betrachten, zu werten und darzustellen. Ebenso wie die Künstler der griechischen Klassik, der Renaissance oder wie die Realisten des 19. Jahrhunderts in ihren Werken für die Ideen der antiken beziehungsweise der bürgerlichen Demokratien eingetreten waren, wollten diese Künstler nunmehr den Ideen des Sozialismus und ihrer Überzeugung von seiner historischen Perspektive Ausdruck geben. Da die Gesellschaft Auftraggeber war, entstanden vor allem Bildwerke für den öffentlichen Raum. Neben der Denkmalsplastik spielte die Bauplastik als Ideenträger eine beson-

693
694

**692** Wera I. Muchina. Arbeiter und Kolchosbäuerin. 1937. Moskau, Gelände der Leistungsschau der Volkswirtschaft der UdSSR

**693** Nikolai D. Kolli. Roter Keil. Entwurf für ein Monument auf dem Woskressensk-Platz in Moskau. 1918

**694** Nikolai A. Andrejew. Büste der »Leniniana«. 1928–1932. Moskau, Zentrales Leninmuseum

695
696
697

dere Rolle. Mit der 25 Meter hohen Doppelplastik »Arbeiter und Kolchosbäuerin«, die auf der Pariser Weltausstellung von 1937 vom Pavillon der Sowjetunion herab der Welt die vorwärtsstürmende Kraft des Kommunismus demonstrierte, gelang Wera I. Muchina (1889–1953) eine Synthese von Architektur und Bildhauerkunst. Das monumentale Pathos konnte allerdings auch mißbraucht werden, wenn es – wie bei vielen Stalinmonumenten – der Verherrlichung eines einzelnen Menschen diente.

Während des Großen Vaterländischen Krieges schufen die Bildhauer eine Galerie der sowjetischen Helden, wobei wieder die Porträtplastik dominierte. Nach dem Krieg gehörte die Gestaltung von Sieges-, Befreiungs- und Mahnmalen für die Opfer des Faschismus zu den Hauptaufgaben. Mit der Überwindung des Personenkults legte die Plastik ihre äußerlichen Formen der Repräsentation ab. Sie durchbrach jetzt auch ihre stilistische Einengung auf die akademischen Traditionen des 19. Jahrhunderts und gewann eine breitere Ausdrucksskala.

Einen wichtigen Beitrag zur Erweiterung der Formensprache sozialistisch-realistischer Bildhauerkunst leisteten die Künstler der jungen Volksdemokratien, die sich ebenfalls mit der Gestaltung der neuen Inhalte auseinanderzusetzen begannen. Indem die Künstler ihr unterschiedliches nationales Formengut in die sozialistische Kunst einbrachten, bereicherten sie deren Ausdrucksmöglichkeiten. In Polen, in der ČSSR und in Ungarn, wo die von der Avantgarde geprägte Kunst der zwanziger und dreißiger Jahre zu den Zeugen nationaler Kultur und Selbständigkeit zählte, wurden die modernen Stilmittel hinsichtlich ihrer Aussagefähigkeit neu erprobt. In der DDR führten Bildhauer wie Fritz Cremer (geb. 1906) die Traditionen jener Künstler fort, die sich auch während der Zeit des Faschismus mit ihrem Werk für die Ideale der Demokratie und des Humanismus eingesetzt hatten. Vertreter einer jüngeren Generation wie Wieland Förster (geb. 1930) und Werner Stötzer (geb. 1931), haben die Leistungen der künstlerischen Avantgarde für sich verarbeitet. Obgleich auch ihnen das Mahnmal als wichtigste Aufgabe zur Bewältigung von Vergangenheit und Zukunft der Menschheit gilt, haben sie der sozialistischen Bildhauerkunst darüber hinaus die Welt individueller Gefühle erschlossen.

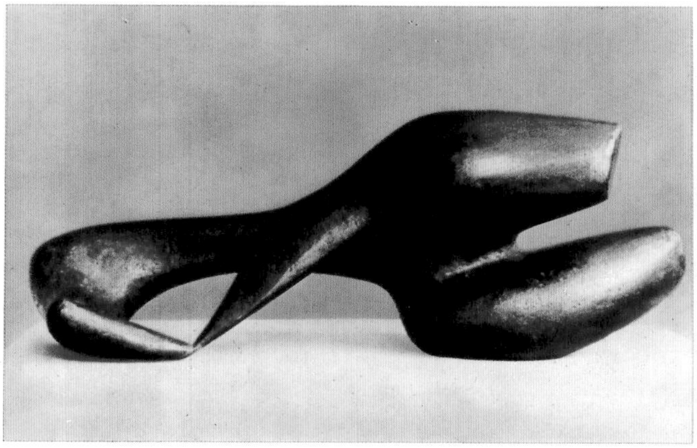

698

**695** Ion Vlasiu (Rumänien). Helden-Triptychon. 1967
**696** Imre Varga (Ungarn). Entwurf für das Partisanendenkmal in Ujpest. 1970. Budapest, Rat der Partisanen
**697** Jenny Mucchi-Wiegmann (DDR). Das Jahr 65. 1965. Berlin, Gabriele Mucchi
**698** Tadeusz Łodziana (Polen). Liegende. 1961

699

700

Da die Malerei am unmittelbarsten auf gesellschaftliche Veränderungen zu reagieren vermag, kamen die revolutionären Umwälzungen in dieser Kunstgattung zuerst zum Ausdruck. Die Malerei wurde zunächst auch das Experimentierfeld für die neu zu schaffende Architektur, Plastik, angewandte Kunst und Formgestaltung. Die meisten russischen Künstler begeisterten sich für die Ziele der Bolschewiki und stellten ihr Schaffen in den Dienst der sozialistischen Revolution. Kunst und Künstler verließen den Elfenbeinturm der Ästheten und gingen auf die Straße, um wieder »Nützliches« zu schaffen. »Die Straßen sind unsere Pinsel, die Plätze unsere Palette«, verkündete Wladimir Majakowski, die einflußreichste künstlerische Persönlichkeit der ersten Jahre. Ähnlich wie die Maler der französischen bürgerlichen Revolution von 1789 beteiligten sich die Künstler der sozialistischen Revolution an der Ausgestaltung von Massenumzügen und Volksfesten. Eisenbahnzüge wurden zur Propagierung der neuen Ideen genutzt und mit Bildern und Parolen bemalt.

Allerdings spiegelt sich in der Malerei auch noch deutlicher als in anderen Kunstgattungen wider, daß die Künstler sehr verschiedener Auffassung über das Aussehen einer sozialistischen Kunst waren. In den zwanziger Jahren gab es in der Sowjetunion zahlreiche Künstlergruppierungen mit unterschiedlichen Programmen. Kurz nach der Oktoberrevolution hatte der »Proletkult« großen Einfluß, eine linksextremistische Bewegung, die alle künstlerischen Traditionen als das Erbe von Ausbeutergesellschaften verwarf und vom Proletariat die Schaffung einer ganz neuen, industriell geprägten Kultur erwartete. Die Begeisterung für die moderne Technik teilte der Proletkult mit dem Konstruktivismus, der stärksten Strömung innerhalb der »linken Kunst«. Viele konstruktivistische Maler versuchten jedoch, ihre kubofuturistische Formgebung mit volkstümlichen Kunsttraditionen zu verschmelzen, um sie zu einer leicht lesbaren Sprache weiterzuentwickeln. Dieser betont naive Stil, der an die russischen Bilderbogen des 19. Jahrhunderts anknüpfte, erwies sich als geeignet für die von Lenin geforderte Agitationskunst. Wladimir W. Majakowski (1893–1930) setzte ihn bei seinen ROSTA-Fenstern ein, die zur Zeit der Intervention und des Bürgerkriegs zu aktuellen politischen, militärischen und wirtschaftlichen Ereignissen mit satirischen Mitteln in Bild und Text Stellung bezogen. Auch andere universelle Künstler wie Tatlin und El Lissitzky nutzten die lapidare, plakative Formensprache, um die revolutionären Ideen in das Volk zu tragen.

Neben den Konstruktivisten gab es eine starke Gruppe der

701

702

**699** Konstantin F. Juon. Neuer Planet. 1921. Moskau, Tretjakow-Galerie

**700** Nathan I. Altman. Petrokommune. 1919–1921. Leningrad, Russisches Museum

**701** Robert R. Falk. Dame in Rot. 1918. Moskau, Tretjakow-Galerie

**702** Kasimir S. Malewitsch. Der Datschenbewohner. 1910 bis 1930. Leningrad, Russisches Museum

**703** Alexander A. Deineka. Die Verteidigung Petrograds. 1927–1928. Moskau, Zentrales Museum der Roten Armee

**704** Kusma S. Petrow-Wodkin. Der Tod des Kommissars. 1928. Leningrad, Russisches Museum

russischen »Cézannisten«, die die von Frankreich beeinflußte Malkultur im Tafelbild fortsetzten. Zu ihnen gehörte Robert R. Falk (1886–1958), der als Professor für Malerei an den WChUTEMAS bis 1928 maßgeblichen Einfluß auf die Ausbildung der jungen Malergeneration hatte, sich dann aber von seinen kulturpolitischen Funktionen zurückzog und für zehn Jahre nach Paris ging. Kusma S. Petrow-Wodkin (1878–1939) hingegen, der ebenfalls der französischen Schule eng verbunden war und sich in den Jahren 1924/25 zu Studienzwecken in Paris aufhielt, verband dieses malerische Erbe mit dem der altrussischen Ikonenmalerei zu aussagekräftigen Werken revolutionärer Thematik.

Im Gegensatz zu den Konstruktivisten und Cézannisten lehnten die Mitglieder der 1922 gegründeten »Vereinigung der Künstler des revolutionären Rußlands« (AChRR) die moderne Kunst als formalistisch ab und griffen auf die Traditionen des russischen demokratischen Realismus der zweiten Hälfte des 19. Jahrhunderts zurück. Einige ihrer älteren Mitglieder wie Nikolai A. Kassatkin (1859–1930) kamen aus den Reihen der »Genossenschaft der Wanderaussteller«, die noch bis 1923 bestand und wegen ihrer demokratischen Haltung und kritisch-realistischen Darstellungsweise sehr populär war. Ihr Genrenaturalismus schien den Malern der AChRR die geforderte dokumentarische Treue beim bevorzugten Ereignisbild am besten zu gewährleisten. Da sich diese Auffassung auch bei den Kulturpolitikern durchsetzte, wurde sie in den dreißiger Jahren als verbindlich für einen volksverbundenen, parteilichen sozialistischen Realismus erklärt.

Die Vertreter der 1925 gegründeten »Gesellschaft der Staffeleibildmalerei« (OSt) erkannten die historische Begrenztheit des »Wanderer«-Realismus und bemühten sich, seine revolutionären Traditionen durch zeitgemäße Themen in einer spannungsvolleren Formensprache zu erneuern. Ein solches Werk schuf 1927/28 Alexander A. Deineka (1899–1969) mit seinem Wandbild »Die Verteidigung Petrograds«, auf dem das historische Ereignis ohne jede episodische Schilderung dargestellt ist und allein durch die Verbildlichung der Entschlossenheit der Kämpfer monumentalisiert wird.

1932 setzte der Beschluß des ZK der KPdSU zur Gründung eines einheitlichen Verbandes bildender Künstler der Sowjetunion der Vielzahl der Künstlervereinigungen und

703

704

Vielfalt der Stilrichtungen der zwanziger Jahre ein Ende, wodurch der sozialistische Realismus eine stilistische Einengung auf den Genrenaturalismus des 19. Jahrhunderts erfuhr. Dennoch gewann er thematisch durchaus an Breite. In den Jahren der Kollektivierung der Landwirtschaft und der Stachanowbewegung in der Industrie traten neben Landschaft, Bildnis, Stilleben und ähnliche tradi-

705

**705** Boris W. Joganson. Die Arbeiterfakultät marschiert. 1928. Kiew, Museum der Russischen Kunst
**706** Isaak I. Brodski. Lenin im Smolny. 1930. Moskau, Zentrales Leninmuseum

706

707

708

709

tionelle Themen der Malerei vor allem Darstellungen von Arbeitsprozessen und andere Szenen aus dem zeitgenössischen Leben. Das Geschichtsbewußtsein orientierte jedoch vor allem auf die Helden der Revolution und Führer des Sowjetstaats, von denen schließlich die Person Stalins in ihrer Bedeutung als militärische Führungskraft des Landes im zweiten Weltkrieg aus der Masse herausgehoben und zum Gegenstand des Personenkults wurde. Die Kunst der einzelnen Sowjetrepubliken bewahrte aber trotz der engen Realismusauffassung viele nationale Besonderheiten und verlieh der sozialistischen Malerei ihre Breite künstlerischer Handschriften. Vor allem im Kaukasus und in Mittelasien traten Künstler von lokal geprägter individueller Eigenart auf. Die Malerei der südlichen Republiken zeichnete sich – vornehmlich im Bild der heimatlichen Landschaft – durch eine intensive Farbigkeit aus, wie sie für das Schaffen von Martiros S. Sarjan (1880–1972) und Semjon A. Tschuikow (1902–1980) charakteristisch ist.

1957 wurden auf dem I. Unionskongreß der sowjetischen bildenden Künstler der vordergründige Naturalismus kritisiert und der Dogmatismus verurteilt. Es setzte ein anhaltender Prozeß der nationalen und individuellen stilistischen Differenzierung ein, der alle künstlerischen Anregungen aus Vergangenheit und Gegenwart auf ihre Aussagefähigkeit prüfte. Die nach 1960 auftretende Malergeneration besann sich auch wieder auf die Traditionen der zwanziger Jahre. Mit seiner »Partisanenmadonna« griff Michail A. Sawizki (geb. 1922) auf Petrow-Wodkins Bild »Das Jahr 1918 in Petrograd« zurück. Heute reicht die Spanne der sowjetischen Malerei von der zeichnerischen Strenge eines Tair T. Salachow (geb. 1928) über die malerische Dekorativität Minas K. Awetisjans (geb. 1928) bis zu der romantisch-poetischen Malerei von Olev Subbi (geb. 1930).

Das Gesicht der sozialistischen Kunst wurde nicht zuletzt durch den Beitrag jener Länder vielfältiger, die nach dem zweiten Weltkrieg mit dem Aufbau der neuen Gesellschaftsordnung begannen. Im Mittelpunkt standen auch hier die Diskussionen um Inhalt und Form. In den Jahren des kalten Krieges führten die politischen Spannungen zu einer strengen Abgrenzung von der spätbürgerlichen Kunst. Während in den westlichen Ländern die abstrakte Kunst zur Alleinherrschaft gelangte, setzte sich in den so-

710
711

zialistischen Staaten eine an der russisch-sowjetischen Kunst orientierte Realismusauffassung durch. Dennoch zeigte die Malerei in den Volksrepubliken lokal, national und historisch bedingte Besonderheiten. In jenen Ländern, die noch überwiegend agrarisch waren, hatten sich die Traditionen der Volkskunst und des Kunsthandwerks weitgehend erhalten. Diese wurden – so vor allem in Jugoslawien – nicht zuletzt durch das Laienschaffen weitergeführt, das in allen sozialistischen Ländern vom Staat eine besondere Förderung erfuhr. Die Volkskunst verlieh aber auch der artifiziellen Kunst oft ihr unverwechselbares nationales Kolorit. Das gilt vor allem für Rumänien und Bulgarien, wo die jahrhundertelange Türkenherrschaft Kunst und Künstler besonders eng mit dem Volk verband und wo die Farbigkeit der Volkskunst, ihre Ornamentik und ihr Sinn für Dekorativität der Malerei noch heute spezifische Züge verleihen. In Ungarn, Polen und der Tschechoslowakei, die bis in das 20. Jahrhundert um ihre politische Souveränität rangen, wurde die nationale Kultur außerdem von den demokratischen und revolutionären Bestrebungen geprägt, die von den fortschrittlichen Kreisen des nationalen Bürgertums, von der Intelligenz und der erstarkenden Arbeiterklasse getragen wurden und die auch die künstlerische Avantgarde vom Anfang unseres Jahrhunderts eng mit der politischen verbanden. So gehört in Ungarn die Darstellung des ungarischen Volkes und der heimatlichen Landschaft bis heute zu den wichtigsten Themen der sozialistisch-realistischen Malerei, wenngleich jüngere Künstler seit den siebziger Jahren auch Stilmittel der westlichen Moderne aufgriffen, um die als akademisch empfundenen Traditionen zu durchbrechen. In Polen und in der Tschechoslowakei hatte sich in den zwanziger Jahren eine national geprägte, sozial engagierte avantgardistische Malerei herausgebildet, die von den faschistischen Okkupanten bekämpft und nach der Befreiung zum Ausgangspunkt für die Gegenwartskunst wurde.

Auch in der Deutschen Demokratischen Republik spielten die Traditionen der proletarisch-revolutionären Kunst der zwanziger und frühen dreißiger Jahre und der antifaschistischen Widerstandskunst eine wichtige Rolle. Viele ihrer Vertreter, wie Otto Nagel, Hans und Lea Grundig, wurden bedeutende Repräsentanten der sozialistischen Malerei

712

713

14

**707** Martiros S. Sarjan. Der Ararat, vom Dwin aus gesehen. 1952. Moskau, Tretjakow-Galerie
**708** Semjon A. Tschuikow. Glückliche Mutterschaft. 1937. Frunse. Museum für Bildende Künste
**709** Tair T. Salachow. Bildnis des Komponisten Karajew. 1960. Moskau, Tretjakow-Galerie
**710** Minas K. Awetisjan. Erinnerung. 1973. Jerewan, Staatliche Gemäldegalerie Armeniens
**711** Olev Subbi. Herbstliches Interieur. 1970. Tallinn, Staatliches Kunstmuseum der Estnischen SSR
**712** Michail A. Sawizki. Partisanenmadonna. 1967. Moskau, Tretjakow-Galerie
**713** Sarkis Muradjan. Setzlinge. 1970
**714** Olga N. Gretschina. Rückkehr zur Erde. 1985

715

716

und erlangten auch als Lehrer Vorbildlichkeit für den künstlerischen Nachwuchs. Andere Maler, die ebenfalls auf ein umfangreiches und bedeutendes Werk zurückblickten – zu ihnen gehörten Curt Querner, Hans Jüchser (1894–1977), Otto Niemeyer-Holstein (1896–1984) und Theodor Rosenhauer (geb. 1901) – fanden erst im Laufe der sechziger Jahre, als der enge Realismusbegriff überwunden war, breite Anerkennung. Seitdem trat auch eine bereits an den Kunsthochschulen der DDR ausgebildete Malergeneration hervor, die vielfältige Anregungen selbständig verarbeitete und die Kunstszene um eine breite Skala individueller Handschriften bereicherte. Neben der feinsinnigen malerischen Kultur der Berliner um Harald Metzkes (geb. 1929) gibt es die eruptiv-dramatische Historienmalerei eines Bernhard Heisig (geb. 1925), das traditionsverbundene Epochenbild Werner Tübkes (geb. 1929) und die metaphorische Gedankenmalerei eines Wolfgang Mattheuer (geb. 1927). Die jüngere und jüngste Malergeneration fand neue Anregungen bei den deutschen Expressionisten, deren Mittel sie nutzte, um Aussagen über ihre Zeit und Gesellschaft emotional zu vertiefen. Ihre Parteilichkeit schließt nicht aus, daß ihre Sicht auf die Realität kritischer geworden ist, daß sie mit ihrem Schaffen auch dazu beitragen wollen, die Widersprüche in der sozialistischen Gesellschaft zu erkennen und zu überwinden.

Die bewußtseinsbildenden und kunstpädagogischen Aufgaben, die in Sowjetrußland das Volkskommissariat für Bildungswesen an die Kunst stellte, ließen die Druckgraphik in den Jahren der Revolution, der Intervention und des Bürgerkriegs zur wichtigsten Kunstgattung werden. Vor allem der Gebrauchsgraphik als der demokratischsten Kunst wandten sich bedeutende Künstler des Landes zu, um sie für die revolutionäre Großagitation zu nutzen. Da die Druckindustrie am Boden lag, galt es nach den Worten Majakowskis, »ein 150-Millionen-Volk durch eine Handvoll Künstler manuell zu bedienen«. So wurden die ROSTA-Fenster in Moskau und zahlreichen weiteren Städten des Landes mittels Schablonen bis zu Auflagen von 300 Exemplaren vervielfältigt.

Einer der bedeutendsten Vertreter des frühen sowjetischen Plakats war El Lissitzky. Sein 1919 entstandenes Plakat »Schlagt die Weißen mit dem roten Keil« zeigt, wie er die konstruktivistischen Formen- und Farbenexperimente

717

71

719
720
721

in den Dienst einer konkreten inhaltlichen Aussage stellte und zu einer Bildsprache weiterentwickelte, die auch von Analphabeten – und das war damals die Mehrheit des Volkes – verstanden wurde. Auch auf dem Gebiet der Typographie leistete El Lissitzky Pionierarbeit, deren Bedeutung über die Grenzen seines Landes hinausreichte. Zusammen mit Alexander M. Rodtschenko (1891–1956) führte er die Fotomontage als neue künstlerische Technik in die Buchkunst ein. Rodtschenko schuf seine ersten Fotomontagen zu einem Gedichtband von Majakowski. Er bestimmte darüber hinaus bis in die vierziger Jahre die Entwicklung der sowjetischen Fotografie.

Nach dem Plakat erlangten Pressezeichnung und Karikatur große Bedeutung bei der Mobilisierung der Massen. Die 1922 gegründete satirische Zeitschrift »Krokodil« hat diese Aufgabe über Jahrzehnte erfüllt. Zu den Mitarbeitern, die den Zeichenstil dieser Zeitschrift prägten, gehörte Dmitri S. Moor (1883–1946). Er lehrte als Professor für Polygraphie in Moskau und schuf bereits 1921 eine »Fibel des Rotarmisten«, die eigene Texte mit satirischen Zeichnungen vereinte.

In der Folgezeit ging die Buchillustration andere Wege als die Plakatkunst. Während für das politische Plakat und später auch für die Werbung in der Industrie die signalhaft verknappte konstruktivistische Formensprache eingesetzt wurde, knüpfte die Buchillustration vor allem an die Tradition der russischen Bilderbogen an. Da deren naiv-erzählender, formvereinfachender Stil nicht in Widerspruch zur Realismusauffassung geriet, konnte sich die Buchillustration im Gegensatz zur formbetonenden konstruktivistischen Plakatkunst kontinuierlich weiterentwickeln. Ein schulbildender Hauptmeister wurde Wladimir A. Faworski (1886–1964), der während der zwanziger Jahre an der polygraphischen Fakultät der WChUTEMAS lehrte und mit dem Holzstich eine in Vergessenheit geratene graphische Technik wiedererweckte. In Leningrad, das ebenfalls auf eine bedeutende Tradition sozialistischer Graphik und Buchkunst zurückblicken kann, wirkte Anatoli L. Kaplan (1902–1980). Mit seinen Lithographien zum jüdischen Volksleben und zu Werken der jüdischen Literatur wurde er über die Grenzen seines Landes hinaus bekannt.

Während des zweiten Weltkriegs, als das kämpferische Plakat einen neuen Aufschwung erlebte, knüpfte das Künstlerkollektiv Kukryniksy mit seinen TASS-Fenstern an Majakowskis ROSTA-Fenster an. Vor allem seit Ende der fünfziger Jahre griffen Plakatkünstler die Traditionen der zwanziger Jahre wieder auf und führten sie in lebendiger Auseinandersetzung bis in die Gegenwart fort.

Unter den Volksdemokratien trat Polen als bedeutendes Graphikland hervor. Seit 1960 findet in Kraków die vielbeachtete internationale Graphik-Biennale statt. Der Weltruf, den Polen vor allem in der Plakatkunst erlangte, beruhte auf einem neuen, nicht visuell-vordergründigen, sondern zum Nachdenken anregenden Plakatstil. Polens führende

**715** Corneliu Baba (Rumänien). Mitbürger. 1974. Bukarest, Rat für Sozialistische Kultur und Erziehung
**716** Wolfgang Mattheuer (DDR). Der übermütige Sisyphos und die Seinen. 1976. Dresden, Staatliche Kunstsammlungen
**717** Zanko Lavrenov (Bulgarien). Athoskloster. 1967
**718** Záboj Kulhavý (ČSSR). Ökologisches Problem. 1981
**719–721** Wladimir W. Lebedew. Matrose und Rotgardist. ROSTA-Fenster. 1920; El Lissitzky. Schlagt die Weißen mit dem roten Keil. Farblithographie. Plakat. 1920; Dmitri S. Moor. Hilf! Plakat. 1921.
**722, 723** Wladimir A. Faworski. Illustration zum »Buch Ruth«. Holzschnitt. 1925; Anatoli L. Kaplan. Illustration zu »Tewje der Milchmann«. Lithographie. 1957–1961

722
723

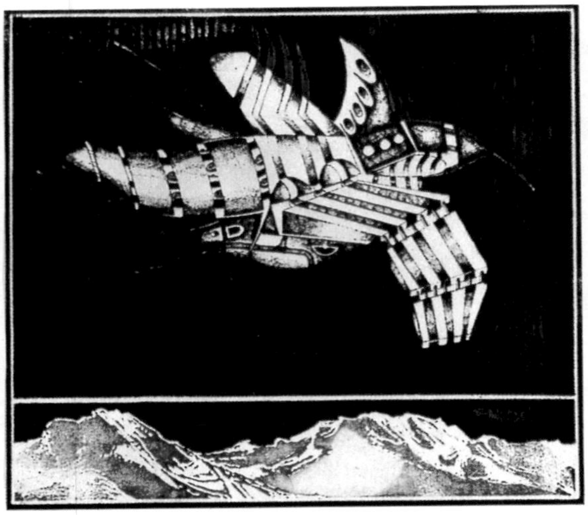

724
725
726

Stellung im Plakat belegen seit 1966 die Internationale Plakat-Biennale in Warschau und die Einrichtung des ersten Plakatmuseums der Welt. In der DDR vereinigt seit 1965 die Berliner »Intergrafik« engagierte Kunst aus aller Welt, die in den bewegenden Auseinandersetzungen ihrer Zeit Partei ergreift. Die Hauptaufgabe der Epoche, die Erhaltung des Friedens, verbindet die Graphiker der sozialistischen Länder mit allen humanistischen Künstlern, die mit ihrem Schaffen – über die gesellschaftlichen Unterschiede hinweg – an der Verantwortung für Gegenwart und Zukunft mittragen wollen.

Die russische Oktoberrevolution schuf auch für die angewandte Kunst neue soziale Grundlagen. Mit der »Produktionskunst« entstand eine künstlerische Disziplin, die erstmals die Befriedigung der praktischen und ästhetischen Bedürfnisse der Massen zum Ziel hatte. »Schlage dich heute, Revolutionär, auf den Barrikaden der Produktion!« Mit diesem Aufruf appellierte Majakowski an die Künstlerschaft, nicht in die Ateliers zurückzukehren, sondern ihr Können zum Nutzen des Volkes einzusetzen. Während die spätbürgerliche Ästhetik nur eine »reine«, zweckfreie Kunst gelten ließ und die weiterreichenden Ideen des Bauhauses diffamierte, legte die sozialistische Gesellschaft die ästhetische Gestaltung der Massenproduktion in die Hände der Künstler. Bereits 1918 gründete das Volkskommissariat für Bildungswesen eine Abteilung Industriekunst, und im Jahr darauf erhob die Allrussische Konferenz für Industriekunst die Forderung, daß die Kunst alle Bereiche des Alltags durchdringen solle. Seit 1920 bildeten in Moskau, Leningrad und einigen anderen Städten die »Höheren künstlerisch-technischen Werkstätten« (WChUTEMAS), die – ab 1927 unter dem geänderten Namen WChUTEIN – bis 1930 existierten, wie das Bauhaus in Deutschland auch Designer für die Industrie aus. Vor allem die Konstruktivisten wandten sich mit großer Begeisterung dieser Aufgabe zu. Viele waren als Lehrer an den WChUTEMAS tätig und vollzogen hier den Schritt von der Erprobung der Material- und Formgesetzlichkeiten zur praktischen Anwendung ihrer Erkenntnisse. Die Elementarlehre des Vorkurses wurde vor allem von Kasimir Malewitsch und Alexander Rodtschenko entwickelt. Zum Lehrkörper gehörte vorübergehend auch Wassily Kandinsky, der seine Erfahrungen an das Weimarer Bauhaus weitergab. Rodtschenko übernahm die metallverarbeitende Fakultät der Moskauer Werkstätten. Die Abteilung für Möbel und Innenarchitektur leitete seit 1925 El Lissitzky, der bereits transformierbare Einbaumöbel für Typenwohnungen entwarf.

Das Schaffen von Wladimir Tatlin kennzeichnet den Weg des sowjetischen Design. Dieser universale Künstler, der noch im Revolutionsjahr 1917 zusammen mit Rodtschenko für das Moskauer Künstlercafé »Pittoresque« eine dadaistisch-konstruktivistische Ausstattung schuf, entwarf we-

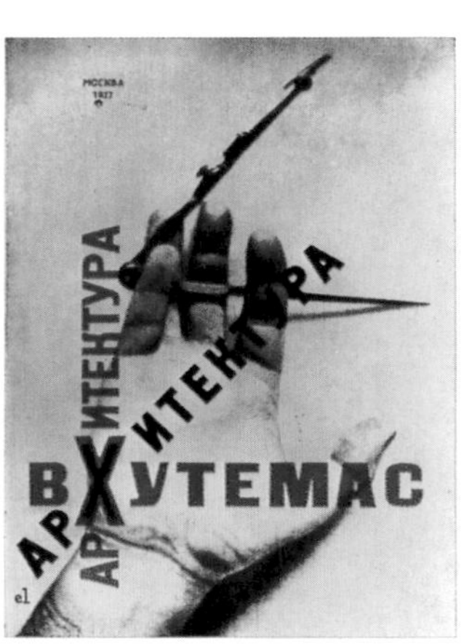

727

728

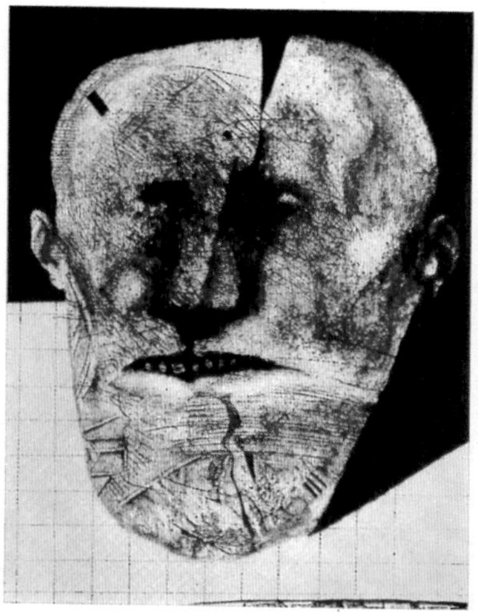

729
730
731

nige Jahre später Möbel, Geschirr und Bekleidung für den täglichen Gebrauch. Doch seine weiteren Arbeiten – wie die Konstruktion eines Segelflugzeugs – blieben »Laboratoriumsexperimente«, da seine Pläne wie die vieler anderer fortschrittsbegeisterter Künstler den ökonomischen Bedingungen des Landes vorauseilten. Dennoch erlangte das sowjetische Design schon nach kurzer Zeit internationales Ansehen. Dazu verhalfen ihm vor allem die von den besten Künstlern des Landes gestalteten Ausstellungen wie 1925 die Weltausstellung der dekorativen Künste in Paris, auf der Rodtschenkos Inneneinrichtung für einen Arbeiterklub Aufsehen erregte.

Als in den dreißiger Jahren die Voraussetzungen für den Übergang zur industriellen Serienfertigung gegeben waren, wurden die funktionellen Gestaltungsprinzipien als formalistisch abgelehnt und das Design auf einen dekorativen Schmuckstil reduziert. Dieser wurde in den sechziger Jahren endgültig überwunden. Seitdem griffen die sowjetischen Designer auch wieder auf die zukunftweisenden Ideen der zwanziger Jahre zurück. Mit der Gründung des zentralen Instituts für technische Ästhetik erhielt die Formgestaltung ein neues theoretisches Zentrum.

In der DDR wurden seit den sechziger Jahren die Leistungen des Bauhauses als vorbildlich anerkannt und dessen wissenschaftliche Lehrmethoden an den Fach- und Hochschulen für angewandte Kunst und Industrieformgestaltung weiterentwickelt. Die Hauptprinzipien sozialistischer Gestaltung: Zweckmäßigkeit, Dauerhaftigkeit und Schönheit dienen der Steigerung der Produktqualität und insgesamt der materiellen wie ästhetischen Bereicherung des Lebens. Nicht nur die Waren des Konsums, sondern die gesamte Arbeits- und Lebensumwelt werden zunehmend in eine komplexe Gestaltung einbezogen, wie sie erst in einer sozialistischen Gesellschaft möglich wird.

Auch das Problem der Massenbekleidung wurde in Sowjetrußland schon in den ersten Revolutionsjahren in Angriff genommen. Es entstanden Hochschulen und Werkstätten, an denen sich führende Künstler mit der Kleidung des Volkes beschäftigten. Während die Pariser Haute Couture noch viele Jahrzehnte die Arbeit für die Serienproduktion ablehnte und mit dem Modellkleid das Ideal modischer und gesellschaftlicher Exklusivität aufrechterhielt, gingen die Pioniere der sozialistischen Mode von den praktischen Bekleidungsbedürfnissen der arbeitenden Schichten und von den technischen Bedingungen der Massenproduktion aus. Sie vollzogen den ersten Schritt auf dem Weg zu einer kombinierbaren Kleidung und damit zum Entstehen eines neuen Bekleidungsstils, der anstelle von Geld und Rang die Persönlichkeit des Trägers zur Geltung bringt und die Kleidung in ihrer Gesamtheit erstmals zum Spiegelbild des kulturellen Niveaus der ganzen Gesellschaft macht.

**724–726** und **729–731** Arbeiten der Intergrafik-Ausstellung, Berlin 1987: Andrzej Kalina (Polen). Babel VI. Mischtechnik. 1986; Günther Brockhoff (BRD). Bedrohtes Land. Radierung; Guillermo Deisler (Chile). Santiago de Chile III. Klischeedruck. 1985; Theodor Hrib (Rumänien). Veteran. Radierung und Aquatinta. 1986; Winfried Wolk (DDR). Auf dem Karussell. Aquatinta; Jiři Altmann (ČSSR). Antonin Dvořak. Holzschnitt. 1984

**727** El Lissitzky. Einband zum Almanach der Kunstschule »WChUTEMAS«, Moskau 1927

**728** Alexander M. Rodtschenko. Bucheinband. 1930

**732** Alexandra A. Exter. Entwürfe für Massenbekleidung. Um 1923

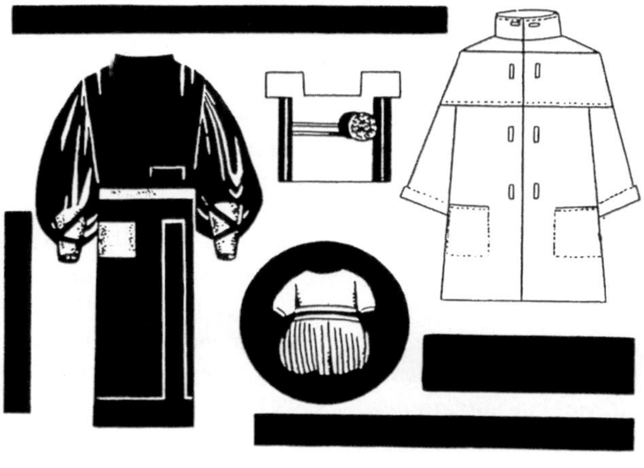

732

733

## *Architektur in der zweiten Hälfte des 20. Jahrhunderts*

*Das »neue Bauen« entwickelte sich nach dem zweiten Weltkrieg zum »international style«, der auf allen Kontinenten Verbreitung fand. Das UNO-Gebäude in New York, das 1950 bis 1952 von John O. Merill und Wallace Harrison erbaut wurde und Le Corbusier als Berater hatte, zählt heute schon zu den »Klassikern« der modernen Architektur. International wie der Stil waren auch die Architekten, die die Entwicklung weiterführten. Hallenbauten, die für die Olympiaden und andere Großveranstaltungen benötigt wurden, forderten zu immer kühneren technischen und künstlerischen Leistungen heraus. Zu den bedeutenden Erfindungen der Nachkriegsepoche gehört die Hängedachkonstruktion, die 1950 erstmals von Matthew Nowicki in Raleigh in den USA angewandt wurde. Zu den großen Neuerern zählt auch der Italiener Pier Luigi Nervi, der wie kein anderer Architekt den Stahlbeton zu formen verstand und bei dem 1956/57 mit vorgefertigten Bauelementen errichteten Sportpalast in Rom eine neue Einheit zwischen technischer und ästhetischer Gestaltung erzielte. Einer der phantasievollsten Architekten der Gegenwart ist der Japaner Kenzo Tange, dessen Große Halle für die Olympischen Spiele 1964 in Tokio durch ihre Dimensionen und die weiterentwickelte Hängedachkonstruktion aus Spannbeton ihre Vorgänger übertrifft.*

**733** UNO-Gebäude in New York. 1947–1950 von John O. Merill, Wallace Harrison u. a.

**734** Sporthalle in Raleigh (USA). 1950–1953 von Matthew Nowicki

**735** Kleiner Sportpalast in Rom. 1956–1957 von Pier Luigi Nervi

**736** Große Olympische Halle in Tokio. 1961–1964 von Kenzo Tange

734

735

736

737

## *Das Antikriegsbild in der spätbürgerlichen Gesellschaft*

*Während die »Revolution der Form« bei vielen Malern in einer »unpolitischen Kunst« endete, sind seit dem ersten Weltkrieg zahlreiche Künstler gegen die gesellschaftlichen Mißstände und vor allem gegen das vom Imperialismus immer wieder entfachte sinnlose Völkermorden aufgetreten. Das Kriegstriptychon von Otto Dix schildert die Kriegsgrauen mit den Mitteln des Verismus so hart und erbarmungslos, daß den Betrachter Entsetzen ergreift. Picasso bewies mit seinem Guernica-Bild, das den Überfall der deutschen faschistischen Luftwaffe 1937 auf die Zivilbevölkerung der baskischen Stadt zum Thema hat, daß auch die Sprache der modernen Kunst geeignet ist, Anklage zu erheben. Nach dem zweiten Weltkrieg, als sich die offizielle spätbürgerliche Malerei in die abstrakte Kunst flüchtete, haben realistische Maler wie Renato Guttuso mit neuen künstlerischen Mitteln – wie Simultandarstellung und Collagetechnik – auch ihr Urteil über den amerikanischen Vietnamkrieg gesprochen.*

**737** Otto Dix. Mitteltafel des Triptychons »Der Krieg«. 1929 bis 1932. Dresden, Staatliche Kunstsammlungen

**738** Pablo Picasso. Guernica (Ausschnitt). 1937. Madrid, Prado

**739** Renato Guttuso. Bericht aus Vietnam. 1965. Berlin, Staatliche Museen (Leihgabe)

738

739

740

## *Das Bildnis in der Kunst der DDR*

*Das Porträt, das aus der spätbürgerlichen Kunst nahezu verschwunden ist, hat in der sozialistischen Kunst seinen unbestrittenen Platz bewahrt. Während Bert Heller den Dichter und Theatermann Bertolt Brecht als einen mit Beruf und Berufung verwachsenen Geistesarbeiter darstellt, zeigt Willi Neubert den Arbeiter selbst, der seine Freizeit mit dem geistig anspruchsvollen Schachspiel ausfüllt. Wie wichtig Wissen und Bildung für den im Produktionsprozeß Stehenden heute geworden sind, demonstriert Willi Sittes »Chemiearbeiter am Schaltpult«. Bernhard Heisigs »Brigadier« zeichnet sich darüber hinaus durch Aufgeschlossenheit, Optimismus und eine unverwechselbare Individualität aus. Vertreter der jüngeren Künstlergenerationen beziehen noch stärker die Alltagsumwelt in das Bildnis ein und erweitern dessen Aussage auf gesellschaftliche wie private Bereiche.*

**740** Bernhard Heisig. Der Brigadier. 1970. Leipzig, Museum der bildenden Künste
**741** Bert Heller. Bildnis Bertolt Brecht. 1955. Berlin, Staatliche Museen
**742** Willi Neubert. Schachspieler. 1964. Dresden, Staatliche Kunstsammlungen
**743** Willi Sitte. Chemiearbeiter am Schaltpult. 1968. Dresden, Staatliche Kunstsammlungen
**744** Sieghard Gille. Frau B. mit Campingfreunden. 1973

741

742

743

744

745

## *Das Mahnmal in der sozialistischen Kunst*

*In den sozialistischen Ländern entstanden in den ehemaligen Konzentrationslagern und an jenen Orten, wo der faschistische Terror wütete, Gedenkstätten und Mahnmale, die die Erinnerung an die Millionen Opfer aller Nationen wachhalten und zugleich ein Appell an die Welt sein sollen, daß sich solches furchtbare Geschehen niemals wiederholen möge. Die Plastikgruppe vom KZ Buchenwald auf dem Ettersberg bei Weimar, die Fritz Cremer schuf, gibt dem trotz aller Leiden und angesichts des Todes ungebrochenen Widerstandswillen der Häftlinge Ausdruck. Das Mahnmal auf dem Gebiet des ehemaligen Konzentrationslagers Plaszów in Polen wählt dagegen das Sinnbild, um tausendfachen Mord anzuklagen und Unvorstellbarem Gestalt zu verleihen. Im ehemaligen KZ Salaspils bei Riga symbolisieren die auf dem Lagergelände verteilten, vor der weiten Ebene aufragenden oder niederstürzenden Figuren aus grob bearbeitetem Beton Leiden und Tod, aber auch Aufbegehren und Unbeugsamkeit – den Nachkommenden Vorbild und Mahnung.*

746

747

**745** Buchenwalddenkmal bei Weimar. 1952–1958 von Fritz Cremer
**746** Denkmal im ehem. Konzentrationslager in Płaszów (Polen). 1964
**747** Stürzender vom Denkmal im ehem. Konzentrationslager Salaspils (Lettische SSR). 1967
von L. W. Bukowski, O. Skarainis und J. P. Zarinš

# Nachbemerkung

Diese Kunstfibel will wie ein Lehrbuch, also übersichtlich und anschaulich, breiteste kunstinteressierte Kreise, vor allem Jugendliche, mit den wichtigsten Stilabläufen der europäischen Kunst bekannt machen. Sie will keine umfassende Kunstgeschichte sein, sondern deren Abläufe in ihren Hauptzügen charakterisieren und in ihren Besonderheiten anschaulich machen. Kunstgeschichte wird aber nicht nur als Stilgeschichte interpretiert, sondern als Teil des kulturellen Überbaus der jeweiligen Gesellschaftsordnung erklärt. Damit wird zugleich auch eine Antwort auf die Frage nach dem Entstehen und dem Wandel der Kunst gegeben.

Die Zielstellung, das Wesentliche einfach und anschaulich zu vermitteln, bestimmte den Aufbau der einzelnen Kapitel sowie die Auswahl der Bilder und deren Anordnung. Jedes Kapitel ist in gleicher Weise gegliedert: Nach einer knappen Charakterisierung der historischen Situation wird zuerst die Architektur der jeweiligen Epoche behandelt, dann Plastik und Malerei und schließlich die angewandte Kunst, inbegriffen die Mode.

Besondere Sorgfalt wurde auf die Auswahl und Zusammenstellung des Bildmaterials verwandt, das zwei Aufgaben erfüllen soll: Die dem Text unmittelbar zugeordneten Abbildungen dienen, ebenso wie die Zeichnungen von Grund- und Aufrissen oder von wichtigen Details, der Illustrierung des Inhalts. Die jedem Kapitel angeschlossenen Bildtafeln hingegen regen mit ihren Gegenüberstellungen zur vergleichenden Betrachtung an. Die beigefügten Erläuterungen vermitteln nicht nur kunstgeschichtliche Fakten, sondern sollen darüber hinaus zum tieferen Verständnis der Kunstwerke beitragen.

Die »Kunstfibel« erschien erstmals 1966. Die vorliegende Neuausgabe wurde grundlegend überarbeitet und aktualisiert – Bild und Text führen bis in die Gegenwart –, neu gestaltet und wesentlich erweitert, um den gestiegenen Leserbedürfnissen gerecht zu werden.

# Künstlerregister

## Fotonachweis

Ann Münchow, Aachen: 155; Rijksmuseum, Amsterdam: 412, 426; Cas Oorthuys, Amsterdam: 624; Studio Jacques Mer, Antibes: 658; Deutsches Archäologisches Institut, Athen: 100; Öffentliche Kunstsammlung, Basel: 310, 311, 335; Joachim Fritz, Basdorf: 452, 599; Staatliche Museen zu Berlin: 26, 28, 31–33, 40, 43–45, 47–49, 53, 55, 57, 60, 66, 67, 69–71, 74–76, 83–85, 92, 93, 95, 96, 98, 99, 101, 111, 112, 115, 118, 119, 124, 139, 213, 214, 233, 238, 269, 272, 273, 280, 299, 300, 301, 316, 317, 323, 344, 353, 379, 387, 390, 403, 407, 410, 416–419, 424, 426–429, 440–442, 457, 458, 470, 471, 473, 482, 485, 499, 501, 509, 524, 525, 527, 529, 537, 541, 557, 586, 589, 614, 627, 655, 662, 663; Märkisches Museum, Berlin: 4, 496, 497, 513, 574; Museum für Deutsche Geschichte, Berlin: 320; Meßbildarchiv des Instituts für Denkmalpflege (ehem. Staatliche Bildstelle), Berlin: 42, 121, 171, 174, 176, 180, 182, 188, 208, 212, 219, 225, 229, 251, 293, 431, 451, 453, 500, 512, 516, 528, 575, 576; ADN, Berlin: 682; Deutsche Staatsbibliothek, Berlin: 572; Bauakademie der DDR, Bauinformation, Berlin: 690; Zentrales Haus der DSF, Berlin: 692; Presseagentur Nowosti, Berlin: 733; Peter Garbe, Berlin: 744; Walter Köster Berlin: 598; Kurt Kümpfel, Berlin-Baumschulenweg: 660; Tassilo Leher, Berlin: 372; Dr. Gerhard Murza, Berlin: 689; Dr. Heinrich Trost, Berlin: 517; Jörg P. Anders, Berlin (West): 388, 492; H. Deecke, Berlin (West): 478; Photo L. Balsan: 29; Museum of Fine Arts, Boston: 65; Herzog Anton Ulrich-Museum, Museumsfoto B. P. Keiser, Braunschweig: 339; Foto Stickelmann, Bremen: 584; A. C. L., Brüssel: 504; University of Chicago: 50; Photo Credit Sandi Kronquist, University of Chicago: 594; The Art Institute of Chicago: 554; Chicago Architectural Photographing Co.: 521, 601; Gemäldegalerie Alte Meister, Dresden: 277; Staatliche Kunstsammlungen, Dresden, Photographische Abt.: 494, 669; Institut für Denkmalpflege, Dresden: 474; Sächsische Landesbibliothek, Abt. Deutsche Fotothek, Dresden: 23, 34, 61, 62, 79, 90, 102, 113, 129, 140, 156, 161, 167, 177, 181, 197, 200, 202–204, 207, 209, 211, 222, 223, 228, 235, 257, 261, 265, 295–297, 304, 309, 318, 319, 321, 324, 354, 368, 371, 374, 384, 386, 402, 404, 409, 413, 425, 434, 437, 494, 508, 515, 519, 523, 526, 529, 543, 560, 563, 577, 591, 597, 651, 652, 657, 679, 683, 688, 694, 697, 712, 715, 716, 737, 740, 742, 743; Deutsche Fotothek/Akademie der Künste der DDR: 650, 654, 661, 741, 745; VEB Verlag der Kunst, Dresden: 151, 307, 677, 678, 701; National Museum of Ireland, Dublin: 160; The Green Studio Ltd., Dublin: 169; Alinari, Florenz: Abb. S. 1; 105, 109, 110, 114, 116, 125–127, 131, 132, 137, 152, 162–165, 258, 263, 264, 267, 270, 271, 276, 278, 281–285, 325, 326, 328, 330, 331, 333, 334, 341, 343, 345, 346, 459, 735; Alinari-Giraudon: 367; Editioni Brogi: 260, 268, 332; Kunstverlag Michel, Frankfurt/M.: 607; Gabriele Busch-Hauck, Frankfurt/M.: 336; Museen der Stadt Gotha: 306; Landesmuseum für Vorgeschichte, Halle (S.): 1, 36; Foto Kleinhempel, Hamburg: 243, 322, 510, 578; Staatliche Kunsthalle, Karlsruhe: 535; Staatliche Kunstsammlungen, Kassel: 236; Rheinisches Bildarchiv, Köln: 255, 629; Dänisches Museum, Kopenhagen: 22; Museum der bildenden Künste, Leipzig: 405, 406, 420, 468, 484, 518, 546, 571; Museum des Kunsthandwerks, Leipzig: 429; VEB E. A. Seemann-Verlag, Leipzig: 486, 547, 549, 550, 653, 656; Heinrich Loew, Leipzig: 385, 411, 415, 436, 556, 562; Klaus-D. Sonntag, Leipzig: 691; Staatliche Ermitage, Leningrad: 16, 414, 438, 493, 580, 631; Staatliches Russisches Museum, Leningrad: 559; British Museum, London: 58, 59, 94, 123, 388; National Gallery, London: 422, 491, 585; Victoria & Albert Museum, London: 539; British Railways, London: 502; Foto Manso, Museo del Prado, Madrid: 398, 465; Kulturhistorisches Museum, Magdeburg: 498; Museo Poldi Pezzoli, Mailand: 287; Aldo Ballo, Mailand: 671; Bildarchiv Foto Marburg: 21, 63, 64, 72, 77, 80, 87, 88, 91, 108, 120, 138, 153, 157, 170, 172, 183, 186, 189–191, 194, 196, 199, 201, 205, 230, 231, 244, 246, 247, 250, 252, 254, 262, 266, 288–290, 294, 303, 314, 352, 364, 366, 370, 394, 395, 408, 430, 435, 445, 449, 475, 511, 589, 592, 596, 610; Staatliche Tretjakow-Galerie, Moskau: 561; Henry Moore, Much Hadham: 625; Bayerische Staatsgemäldesammlungen, München: 241, 305, 313, 421, 439, 540, 542, 558; Staatliche Antikensammlung und Glyptothek, München: 97; Bayerische Staatsbibliothek, München: 195; Hirmer Fotoarchiv, München: 159; Fritz Hege, Naumburg: 242; Metropolitan Museum, New York: 534; Solomon R. Guggenheim Museum, New York: 604; Photo Wayne Andrews, New York: 733, 734; Germanisches Nationalmuseum, Nürnberg: 315; O. Vaering, Oslo: 628; Rijksmuseum Kröller-Müller, Otterlo: 565–567; Bibliothèque Nationale, Paris: 444, 448; Photographie Giraudon, Paris: 56, 104, 168, 184, 206, 217, 237, 245, 248, 249, 253, 286, 361, 369, 373, 381, 401, 423, 433, 447, 450, 460, 462, 463, 477, 488, 489, 503, 530, 533, 538, 544, 545, 548, 579, 583; Archives Photographiques, Paris; 39, 380, 514; Documentation Photographique, Paris: 239, 366; Photographie Bulloz, Paris: 383; Photo Chevoyon, Paris: 520, 593, 600; Durand-Ruel & Cie., Paris: 555; Philadelphia Museum of Art: 634; Staatliche Schlösser und Gärten, Potsdam-Sanssouci: 360; Roland Handrick, Potsdam: 375, 377, 378, 432; Vladimir Fyman, Národní Galerie, Prag: 506, Rückseite Schutzumschlag; VEB Bild und Heimat, Reichenbach: 292; Anderson, Rom: 107, 122, 136, 256, 274, 327, 347, 349, 351, 355, 356, 359, 397; Thomas Helms, Schwerin: 224, 226, 227; William Morris Gallery, Walthamstow: 573; The Phillips Collection, Washington (D. C.): 551; Kunstsammlungen zu Weimar: 507; Klaus G. Beyer, Weimar: 145, 215, 220, 232, 291, 298, 362, 363, 376, 623; National Monuments Record, Whitehall: 391, 392, 454, 470; Kunsthistorisches Museum, Wien: 166; Österreichische Galerie, Wien: 581, 582; Naturhistorisches Museum, Wien: 6; Bildarchiv der Österreichischen Nationalbibliothek, Wien: 210; Foto Alpenland, Wien: 218, Foto Studio van Santvoort, Wuppertal: 487

ISBN 3-362-00148-3

2. Auflage, Lizenz-Nr. 414.235/82/89. LSV-Nr. 8103
Gestaltung: Henry Götzelmann
Printed in the German Democratic Republic
Gesamtherstellung:
INTERDRUCK Graphischer Großbetrieb Leipzig,
Betrieb der ausgezeichneten Qualitätsarbeit, III /18/97
625 788 0 02950